Basiswissen Soziale Arbeit

hrsg. von H. G. Homfeldt und J. Schulze-Krüdener

Lebensalter und Soziale Arbeit

Band 3

Jugend

Herausgegeben von

Jörgen Schulze-Krüdener

Schneider Verlag Hohengehren GmbH

Umschlaggestaltung: PE-Mediendesign, Elke Pfiffner, 88521 Ertingen

Gedruckt auf umweltfreundlichem Papier (chlor- und säurefrei hergestellt).

Bibliografische Information der Deutschen Nationalbibliothek

Die Deutsche Nationalbibliothek verzeichnet diese Publikation in der Deutschen Nationalbibliografie; detaillierte bibliografische Daten sind im Internet über ›http://dnb.d-nb.de‹ abrufbar.

Basiswissen Soziale Arbeit – Lebensalter und Soziale Arbeit
hrsg. von H. G. Homfeldt und J. Schulze-Krüdener

Bd. 1–6 ISBN 978-3-8340-0432-1

Bd. 1 Eine Einführung
ISBN 978-3-8340-0426-0

Bd. 2 Kindheit
ISBN 978-3-8340-0427-7

Bd. 3 Jugend
ISBN 978-3-8340-0428-4

Bd. 4 Junges Erwachsenenalter
ISBN 978-3-8340-0429-1

Bd. 5 Erwachsenenalter
ISBN 978-3-8340-0430-7

Bd. 6 Ältere und alte Menschen
ISBN 978-3-8340-0431-4

Schneider Verlag Hohengehren, Wilhelmstr. 13,
D-73666 Baltmannsweiler 2008

Printed in Germany – Druckerei Djurcic, Schorndorf

Inhaltsverzeichnis

Lebensbereiche und Lebensorte der Jugend

JÖRGEN SCHULZE-KRÜDENER

Lebensalter Jugend und Soziale Arbeit

Bedingungen des Aufwachsens in der Jugendphase und ihre Konsequenzen für Jugendliche, Jugendforschung und Soziale Arbeit

1. Von den Herausforderungen, die Jugendliche zu bewältigen haben

„Jung sein ist nicht nur eine Frage des Alters sondern auch der Zeit, in der man aufwächst. Über das Lebensalter definieren wir Wissenschaftler heute Jugend sowieso nicht mehr. (...) Die Jugendzeit ist als Vorbereitungszeit gedacht: Die Jugendlichen lernen, machen eine Ausbildung, entwickeln eine Persönlichkeit. Das hat es der Gesellschaft ermöglicht, sich weiter zu entwickeln. Jugend, das ist die Schmiere der Gesellschaft. (...) Als Jugendforscher würde ich sagen, die Jugendlichen brauchen kein Patentrezept gegen Zukunftsangst, denn sie haben keine. Jugendliche sind kluge Leute, sie wissen, dass ihnen viel abverlangt wird. Aber es gibt in der neueren Jugendforschung keine Hinweise, dass sie deswegen von Angst gebeutelt sind – im Gegenteil. Jugendliche antworten auf diese Herausforderung in der Regel mit Erhöhung ihrer Leistungsbereitschaft. Warum haben zum Beispiel Mädchen in letzter Zeit so gute Abiturnoten? Doch nicht, weil sie Zukunftsängste haben, sondern weil sie ganz genau wissen, es wird nicht leicht, also nehme ich mein Leben in die Hand. (...) In alten Lehrbüchern liest man zwar, dass die Jugend vom Ernst des Erwachsenenseins entlastet ist, aber wir Jugendforscher von heute sagen, Jugendliche müssen Jugend bewältigen. Das heißt: Die Gesellschaft stellt Erwartungen an die Jugendlichen, wie Schule oder das erfolgreiche Eingliedern in der Gesellschaft. Misslingt die Bewältigung der Jugend, wird das »bestraft«, indem die Betroffenen an die Ränder der Gesellschaft gedrängt werden. Deshalb ist die Jugendphase keine Spielwiese mehr" (Auszug aus dem Interview mit Richard Münchmeier auf Fragen der siebzehnjährigen Jenni Hertlein in der Wochenzeitung »Das Parlament« vom 12./19. Januar 2009, S. 2).

»Jugend als Schmiere der Gesellschaft«, »Jugend als Vorbereitungszeit«, »Jugend muss Jugend bewältigen«, »Jugend hat keine Zukunftsangst«, »Die Jugendphase ist keine Spielwiese mehr«, »Jugend an die Ränder der Gesellschaft gedrängt« – mit diesen markanten Worten umschreibt der »Jugendforscher und Sozialpädagoge« Richard Münchmeier die Situation und Herausforderungen der Jugend zu Beginn des 21. Jahrhunderts. Es gibt aber auch weitere Zuschreibungen der Jugend heute: Um nur einige zu nennen: • Jugendliche müssen sich mehr denn je mit ihrer eigenen Person auseinanderzusetzen, sich fragen, wer sie sind, wie sie sich sehen, wie sie von anderen gesehen werden möchten. Jugend heißt ein Aufwachsen mit zahlreichen Anforderungen (vgl. Mienert 2008).

• Die Anzahl Jugendlicher in schwierigen Lern- und Lebenssituationen ist beunruhigend gestiegen (vgl. Salzberg-Ludwig/Grüning 2007). Es ist auch die Rede von der »gefährlichen Jugend«: Von Jugendlichen, • die regelmäßig Alkohol und illegale Drogen konsumieren, die fremdenfeindlich und antisemitisch sind, • die Täter von Gewalt sind (vgl. Brumlik 2008; Kriminologisches Forschungsinstitut Niedersachsen e. V. 2009). So schön es vielleicht wäre, hier Klarheit zu schaffen – auf die Frage »Was ist Jugend« hält die interdisziplinäre Jugendforschung am Anfang des 21. Jahrhunderts keine eindeutige, unumstrittene Antwort bereit (vgl. Ittel/Merkens 2006).

Einigkeit hingegen besteht in der Jugendforschung, dass es eine eigene Jugendphase nicht immer und überall gegeben hat. Jugend hat im Zeithorizont der letzten zweihundert Jahre an sozialer Gestalt gewonnen, das heißt, diese Lebensphase ist (wie Kindheit und Alter auch) institutionalisiert worden, indem für diese Altersgruppe spezifische gesellschaftliche Regelungen (Jugendgesetzgebung, Schulpflicht etc.) getroffen und Organisationen (wie Jugendamt, Jugendverbände, Schule) gebildet wurden. In dieser Situation haben sich Alterstypisierungen herausgebildet, die unter anderen Aufgaben und Pflichten der Altersgruppen untereinander festlegen, die Entwicklungsnormen formulieren, die als Orientierung für die Angemessenheit für das (eigene oder fremde) Handeln dienen (vgl. Endepohls 1995) oder auch die Beziehungen zwischen den Generationen in der Gesellschaft, in Organisationen und in den Familien regeln (vgl. Lüscher/Liegle 2003). Lebensalter ist mit Blick darauf ein zentrales Kriterium für die gesellschaftliche Arbeitsteilung und die damit zusammenhängende Verfügung über Ressourcen. Manche Alterstypisierungen haben sich „auch rechtlich und wirtschaftlich formal institutionalisiert" (Kohli 1978, S. 14): Beispiele hierfür sind der Übergang zum rechtlichen Status des Erwachsenen (Volljährigkeit) und derjenige aus dem Berufsleben in den Ruhestand (als einer Erfindung der Neuzeit). Aber jeder Versuch, ein bestimmtes Alter als Kriterium beispielsweise für zivil- und strafrechtliche Mündigkeitsbestimmungen festzuschreiben, hat etwas Willkürliches und Situatives (und es verbietet sich insofern, ein bestimmtes Lebensalter absolut zu definieren; vgl. Marotzki/Nohl/Ortlepp 2006, S. 849). Ein weiteres Beispiel für die notwendige Anpassung an den immer rascheren sozialen Wandel ist, dass sich das Ruhestandsmodell früherer Jahrzehnte im 21. Jahrhundert überlebt hat: Höhere Bildung, bessere Gesundheit sowie ein vielfältiges Aktivitäts- und Interessenniveau haben eine ganz neue Qualität des Älterwerdens geschaffen (wozu auch maßgeblich beiträgt, dass sich zurzeit das Leben durchschnittlich um drei Monate pro Jahr verlängert; vgl. Druyen 2005). Und schließlich werden heranwachsende Kinder heute früher zu Jugendlichen, „sie akzelerieren körperlich und sozial; und junge Erwachsene geben immer später Charakterzüge von Jugendlichkeit auf" (Sander 2006, S. 258).

Die Jugendlichen heute sind eine Generation, die in den Begriffen der Postmoderne sich nicht nur auszudrücken weiß, sondern darin lebt: Es gibt unüberschaubar viele Lebensformen und Lebensstile, die sich fortwährend verändern und ein klares Bild der Jugend unmöglich machen. Hinzu kommen enorme Problemkonstellationen von Jugendlichen in Familie, Schule, Freizeit, Beruf und Gleichaltrigengruppen (vgl. Ferchhoff 2007). Ob in persönlichen Beziehungen sowohl im Familienkontext als auch jenseits der Familie (vgl. Lenz/Nestmann 2009) oder auf dem Arbeitsmarkt (vgl. Mansel/Kahlert 2007) – überall sind die Garantien, die eine langfristige Orientierung ermöglichen, durch kurzfristige Verbindungen ersetzt worden. Auch ob es jungen Menschen gelingt, einen Ausbildungsplatz zu erhalten und anschließend am Arbeitsmarkt Fuß zu fassen, wird zunehmend unsicherer, vielfach brüchig und zugleich prekär.

Seit dem letzten Drittel des 20. Jahrhunderts ist auch die Jugend diesem deutlichen Modernisierungs- und Individualisierungsprozess unterworfen, für die Begriffe wie »Entstrukturierung« (Olk 1985) oder »Biografisierung des Jugendalters in der zweiten Moderne« (Lenz 1998) geprägt wurden. „Damit ist gemeint, dass das gesellschaftliche Übergangs- und Integrationsarrangement Jugend an Selbstverständlichkeit und Verlässlichkeit eingebüßt hat. Jugend muss nun von den Jugendlichen stärker individuell »bewältigt« werden, die Chance, dass Jugend gelingt, und das Risiko des Scheiterns in und an der Jugendphase liegen dicht beieinander und sind biografisch unterschiedlich verteilt" (Böhnisch 2005, S. 144). Das herkömmliche Jugendmodell hat sich insofern pluralisiert, vielfach zeitlich verschoben und es gibt keinen einheitlich strukturierten Lebensabschnitt im Sinne einer weiblichen oder männlichen Normalbiografie. In einer Situation der gesellschaftlichen Unübersichtlichkeit, Enttraditionalisierung und Widersprüchlichkeit ist es nachvollziehbar und unbestritten, dass die Gewissheit ohne soziale Sicherheiten zu leben nicht ohne Spuren für das Selbstverständnis der Jugendliche bleiben konnte und Folgen für die Identitätsarbeit nach sich zieht: Identitätsentwicklung schlägt in zeitlich befristete Identifikation um (vgl. Keupp u. a. 2002). In dieser Situation wird es für die Jugendlichen im wachsenden Umfange zur Aufgabe, die Identitätsbildung und auch ihre Selbstdarstellung selbst zu bewerkstelligen.

Das Leben der Jugendlichen ist neben den zunehmenden Auflösungstendenzen der Familie (bzw. der Institution Ehe) und den Auswirkungen der gesellschaftlichen Strukturkrise auf die Erwerbsarbeit geprägt durch Politikverdrossenheit, Drogen- und Alkoholmissbrauch, sexuell übertragbare Krankheiten, mangelhafte Schulbildung, massive staatliche Kürzungen usw. Dies schließt aber nicht aus, dass Jung(sein) gleichsam ein Label ist, das sich gut verkaufen lässt und den Anforderungen des Marktes entspricht. Wer jung ist – so die Vorstellung – ist bestens informiert und hat die besten Ideen. „Jugend ist eine Technik, die in unterschiedlichen Diskursen, vom biologischen bis zum ästhetischen, vom moralischen bis zum politischen, Anwendung findet und die üblichen Weichen in das Leben der Erwachsenen vor sich her schiebt“ (Die Jugend heute 2006, S. 15).

In den letzten Jahrzehnten hat die Vielzahl gesellschaftlicher Modernisierungsprozesse zu einem Wandel der Lebensphasen als abgrenzbare Abschnitte im Lebenslauf geführt. Sowohl ihre zeitliche Erstreckung als auch ihre inhaltliche Ausgestaltung hat sich verändert. Standardisierte, universell anwendbare Formen des Überganges von einer Lebensphase zur anderen treten zugunsten stärker individualisierter Formen in den Hintergrund. Rituale, die den Eintritt in neue Lebensphasen für den Einzelnen, aber auch für Gesellschaft sichtbar markiert haben, gehen zunehmend verloren (vgl. Griese 2000). Der Verlust vorgegebener Ordnungen und Destandardisierungen im jugendlichen Lebenslauf und in der Lebensplanung (vgl. Schröder 1995) haben aber die Möglichkeitsräume für die Jugendlichen (abhängig von Schicht, Milieu, sozialer Lebenswelt) enorm erweitert und sie wie nie zuvor in die Lage versetzt (oder in anderer Lesart gezwungen), das einige Leben selbstverantwortlich zu planen. Und dadurch, dass Jugend nicht mehr einzig kulturelle Vorgaben übernimmt, ist sie auch zu einer (jugend-)kulturproduzierenden Größe geworden und eine immense Vielfalt von Erscheinungen jugendlichen Lebens hat sich entwickelt. Dazu hat beigetragen, dass die Familie ihre soziale Schutzzone ab Mitte des 20. Jahrhunderts mehr und mehr verloren hat und nur noch eingeschränkt erzieherische und sozialisatorische Funktion neben anderen Bildungs-, Erziehungs-, Konsum- und Freizeiteinrichtungen erfüllt. Jeder einzelne Jugendliche ist bei der Bewältigung der Lebensanforderungen auf sich gestellt. Die Jugendphase ist individualisiert im Sinne einer Jugendbiographie; die individuelle Lebensplanung wird offener und individuell entscheidungsabhängiger (vgl. Hurrelmann 2007, S. 9). Oder eingängiger gesagt: Die persönliche Biographie ist von jedem einzelnen Jugendlichen selbst zu »managen«, wie Qualifikationen und Kompetenzen erworben werden, wird dem Einzelnen überlassen (und im Fall eines Scheiterns ist jede bzw. jeder dafür letztlich selbst verantwortlich).

Deutlich wird, dass die skizzierte kulturelle Variabilität und Relativität auch für die Jugendphase und insbesondere für den Übergang vom Jugendalter zum Erwachsenenalter gilt. Hinzu kommt, wer ein Bild der Jugendphase heute zu zeichnen versucht, die demografischen Veränderungen zu beachten hat, die signalisieren, dass die Jugend gesamtgesellschaftlich betrachtet „zu einer Minderheit geschrumpft“ (Ferchhoff 2007, S. 14) ist. Aber ist das alles so eindeutig und werden die teilweise dramatischen Prognosen zu den Veränderungen im Bevölkerungsaufbau – zum Beispiel Jugend als demographisches Auslaufmodell – wahr werden? In einer Situation, in der die Bevölkerung altert, Menschen immer länger leben und es weniger Geburten gibt, wird nämlich „gerne übersehen, dass ein Vergleich zwei Betrachtungsrichtungen hat. Wir sehen nur die von *jünger nach älter* und übersehen die von *älter nach jünger*. Denn dadurch, dass wir immer älter werden, werden wir paradoxerweise auch jünger. Es sei nur auf die Unterscheidung von jungen und alten Alten verwiesen. Wir beurteilen mögliche Entwicklungen fast ausschließlich vom Standort der Geburt aus und kaum von dem des Todes. Eine solche, nur in eine Richtung beleuchtete Kombination von Zahlenverhältnissen und deren Bewertungen kann beträchtliche Folgen in einer Gesellschaft haben, die das Zentralphantom Wachstum pflegt“ (Walla/Eggen/Lipinski 2006, S. 10f.). Unabhängig hiervon zeichnet sich bereits jetzt ab: Demografischer Wandel ist ein zentrales Zukunftsproblem mit gravierenden gesellschaftlichen Auswirkungen und Herausforderungen, wobei gegenwärtige Probleme in die Zukunft projiziert werden. Durch Alterung und Schrumpfung bedingt gehen die Bedarfe in vielen Bereichen zurück, verändern sich strukturell, andere werden sich erweitern. So sehr die Entwicklung, dass die Menschen immer älter werden, zu begrüßen ist, bedeutet der demografische Wandel eine immense Herausforderung für jeden Einzelnen, für Familien, für die Gesellschaft, für die Politik, für die Wirtschaft und den Arbeitsmarkt, für die sozialen Sicherungssysteme, für die Soziale Arbeit und insbesondere auch für die Jugend (vgl. Schulze-Krüdener/Maxmini/Seibert 2008).

Das Besondere der Jugend ist ihre Verschiedenheit und insofern ihre Abgrenzbarkeit von den anderen Lebensphasen Kindheit, junges Erwachsenenalter, Erwachsenenalter, ältere und alte Menschen (vgl. Böhnisch 2005, Abels u. a. 2008). Die Jugend ist bereits schon deshalb eine besondere Phase im Leben, weil sie einerseits deutlich kürzer ist als die beiden anderen Lebensalter-Klassiker »Erwachsenenalter« und »Alter« und andererseits das Lebensalter Jugend mit bestimmten Entwicklungsaufgaben und Statuspassagen verbunden wird. Aber unter Berücksichtigung des weithin beobachtbaren Prozesses einer Entdifferenzierung der Lebensphasen ist Jugend auch dadurch gekennzeichnet, dass Anforderungen des Erwachsenenseins bereits in die Jugendphase hineinreichen und die Grenzen zwischen Jugend- und junges Erwachsenenalter mehr und mehr verschwimmen. So konstatiert bereits die Shell-Studie »Jugend ’81« Anfang der 1980er Jahre (Jugendwerk 1982, S. 101): „Wir sind *historische Augenzeugen*, wie sich gegenwärtig das *System der Altersgliederung*, das im Industriekapitalismus sich herausgebildet hat, *neu konstituiert*. Die durchschnittliche oder Normalbiographie differenziert sich aus, die klassische Jugendphase erhält einen sozialen »Aufbau«. Zwischen *Jugend und* Erwachsenensein tritt eine neue gesellschaftlich regulierte Altersstufe. Das heißt, zunehmend mehr Jüngere treten nach der Jugendzeit als Schüler nicht ins Erwachsenensein, sondern in eine Nach-Phase des Jungseins über. Sie *verselbständigen* sich in sozialer, moralischer, intellektueller, politisch, erotisch-sexueller, kurz gesprochen in *soziokultureller Hinsicht*, tun dies aber, *ohne wirtschaftlich auf eigene Beine gestellt zu sein*, wie das historische Jugendmodell es vorsieht.“ An dieser Stelle sei daran erinnert, dass ein solches Ineinanderübergehen von Jugend- und Erwachsenenstatus in ein junges Erwachsenenalter – in der Shell-Jugendstudie als *Leben als Nach-Jugendlicher* (ebd.) tituliert – und damit verbunden das frühe Vertraut machen mit dem Erwachsenenalter bereits vor ca. 250 Jahren ein Thema war – wenngleich diese Entwicklung zu jener Zeit »gegeißelt« wurde, wie die nachstehende Aussage des Rektors Warden Sewell von Radley College zeigt (zit. n. Gillis 1980, S. 114)

> „Wie ich es hasse, einen Jungen als Mann zu betrachten. (...) Das ist genauso schlimm, als wenn man ein Ei öffnete und darin ein halberwachsenes Küken fände. Was würde man dazu sagen: Ein Säugling mit Backenbart und Schnauzer? Nein, seht zu, dass Jungs Jungs – Kinder Kinder – und junge Männer junge Männer bleiben."

Mit Blick auf den seit einigen Jahren weithin beobachtbaren Strukturwandel der Jugendphase und Statuspassagen auf dem Weg zum Erwachsenensein stellen sich viele Fragen, zum Beispiel: Wann ist man jung? Wann beginnt dieses Lebensalter? Was zeichnet die Jugend von heute aus? Um es vorweg zu nehmen: „Die Jugend gibt es nicht" (Scheuch 1975) und sie ist infolgedessen auch „keine homogene Sozialgruppe, sondern umfasst unterschiedliche Jugenden" (Schäfers/ Scherr 2005, S. 23). Solche Feststellungen, aber auch weitere Fragen wie »was ist eigentlich los mit der Jugend«, »welche Ausdruckformen und Orientierungen haben Jugendliche«, »welche Rolle spielen Familie, Jugendhilfe, Schule, Arbeit für die Jugend«, »warum schafft es die Gesellschaft nicht, der Jugend Perspektiven zu bieten« und letztlich »welche Relevanz hat Jugend für die Soziale Arbeit (und umgekehrt)« bilden den Ausgangspunkt der Beschäftigung mit dem Lebensalter Jugend in diesem Sammelband. Zunächst ist in diesem einführenden Beitrag zu bestimmen, was genau unter Jugend zu verstehen ist.

2. Jugend als zeitlich ausgedehnte Lebensphase mit »vielen Gesichtern»

Wie alt ist man, wann man »jung« ist? Ist es eine Frage des Lebensalters, ob jemand zur Jugend gezählt wird oder nicht? Wird man mit achtzehn erwachsen, weil die derzeitigen gesetzlichen Regelungen den Beginn der Volljährigkeit hier ansetzen? Oder ist Jugend weniger eine Altersfrage sondern ein Lebensgefühl? Hat Hannelore Schlaffer recht, wenn sie in ihrem Essay »Das Alter. Ein Traum von Jugend« (2003) den kulturellen Topos der Jugend als erotische Bereitschaft definiert, die sublimiert den Namen Schönheit trägt? Ist Jugend somit ein idealer Wertbegriff oder wird Jugend – zum Beispiel manipuliert durch Werbung – zum Fetisch erhoben, der auf ein in vielen Kulturen hochgeschätztes Gut wie Jugendlichkeit des Alters, ewige Jugend, Neugier, Flexibilität, Offenheit etc. verweist, oder ist Jugend gar zum Kampfbegriff avanciert, der polemisch auf überkommende Strukturen gerichtet ist? Und schließlich: Ist Jugend ein Begriff, der allenfalls im Juristischen qua Gesetz definiert wird oder einer, der von allen Fragen des Alters abgekoppelt ist? Sind diejenigen somit zur Jugend zuzuordnen, die sich selbst dazu zählen und sich selbst so wahrnehmen? In der Studie »Altersträume: Illusion und Wirklichkeit« (Opaschwoski/Reinhardt 2007, S. 469) meinen immerhin drei von zehn Befragten »Altsein ist keine Frage des Lebensalters, sondern ist eine Frage der persönlichen Einstellung und auch des Bildungsgrads.«

Auch wenn in Teilen der Jugendforschung (bis heute) unterschiedliche Altersabgrenzungen vorgenommen werden, wie z. B. 14- bis 17-Jährige, 12- bis 25-Jährige oder 10- bis 30-Jährige, hat sich in der sozialwissenschaftlichen Diskussion insgesamt „durchgesetzt, die Jugend als eine zeitlich ausgedehnte Lebensphase" (Schäfers/Scherr 2005, S. 24) in der Biographie des Menschen zu begreifen, die sich zwischen Kindheit und jüngeres Erwachsenensein erstreckt, und sich als Übergangsphase darstellt, deren Beginn und Ende nicht eindeutig zu bestimmen sind. Für die Abgrenzung von Jugend zu den Lebensaltern Kindheit und Erwachsenensein spielen neben biologisch-körperlichen und intellektuellen Merkmalen auch kulturelle und soziale Aspekte eine Rolle. Körperliche Reife, juristische Mündigkeit, ökonomische Selbständigkeit oder Heirat werden als Abgrenzungskriterien herangezogen, doch diese Kriterien wechseln in unterschiedlichen gesellschaftlichen und historischen Kontexten und haben gleichsam ihre eigene Geschichte (vgl. Horn/Christes/Parmentier 1998). Jugend heute ist eine „*Lebensphase eigener Qualität* ... mit einem charakteristischen Stellenwert im menschlichen Lebenslauf, der sich aus der biologischen und psychologischen Entwicklung und zugleich den vielfältigen Vorgaben gesellschaftlicher Art ergibt" (Hurrelmann 2007, S. 40). Da für die Lebensphase Altersgruppenunterschiede konstitutiv sind, ist es sinnvoll zu unterscheiden zwischen (vgl.; a. a. O., S. 41, Schäfers/Scherr 2005, S. 24)

- einer pubertären Phase bzw. frühen Jugendphase (ca. 12–17 Jahre): Jugendliche im engeren Sinne;
- einer nachpubertären Phase bzw. mittleren Jugendphase (ca. 18–21 Jahre): die Heranwachsenden;
- der Phase nach dem Erreichen der vollen Rechtsmündigkeit bis zum Abschluss der Erstausbildung bzw. einer späten Jugendphase (22. bis ca. Ende des zweiten Lebensjahrzehnts): die jungen Erwachsenen.

In ähnlicher Weise unterscheidet das Kinder- und Jugendhilfegesetz (§ 7 SGB VIII): „Im Sinne dieses Buchs ist 1. Kind, wer noch nicht 14. Jahre alt ist, (...) 2. Jugendliche, wer 14, aber noch nicht 18. Jahre alt ist, 3. junger Volljähriger, wer 18, aber noch nicht 27 Jahre alt ist, 4. junger Mensch, wer noch nicht 27 Jahre alt ist."

Und um noch ein weiteres Beispiel anzuführen: Die UN-Generalversammlung definiert die Alterskohorte zwischen 15 Jahre und 24 Jahren als Jugendliche (vgl.

Resolution 50/81 der Generalversammlung 1995). In dieser Kategorie soll aber zwischen den Teenagern (13 bis 19) und den jungen Erwachsenen (20–24) unterschieden werden, da die Probleme auf soziologischer, psychologischer und gesundheitlicher Ebene stark differenzieren. Diese Definition wurde für das Internationale Jahr der Jugend gemacht, das 1985 abgehalten wurde und seitdem der 12. August der »Tag der Jugend« ist.

Auch wenn in der Jugendforschung, aber auch in der öffentlichen Diskussion meist unter Jugend eine bestimmte Altersphase zwischen Kindsein und Erwachsenensein und durch diese Zeitmarkierungen und Altersnormen die Wegmarkierungen durch das Jugendalter verstanden werden, ist dieses Lebensaltermodell von Jugend „nur scheinbar eindeutig; diese Eindeutigkeit basiert auf einer inhaltsleeren, rein formalen Definition, die man so formulieren könnte: Jugend umfasst die Gruppe junger Menschen, die zu einem gegebenen Zeitpunkt jung sind, einer bestimmten Altersspanne angehören. Was aber bedeutet jung sein, welche Inhalte, Chancen und Probleme sind damit verbunden, welche Bedingungen des Aufwachsens kennzeichnen dieses Alter, welche Anforderungen und Ressourcen finden Jugendliche vor? (...) Die Frage, wie das Jugend-Alter von der Kindheit einerseits, vom Erwachsenenalter andererseits abzugrenzen sei, wann Jugend beginnt und in welchem Alter sie endet, ist also keineswegs die Hauptfrage. Wichtiger ist es, von der Erkenntnis auszugehen, dass Jugend ein Strukturmuster darstellt, eine gesellschaftlich entwickelte und ausgestaltete Lebensform, die den Zweck hat, bestimmte gesellschaftliche Erfordernisse und Funktionen zu gewährleisten“ (Münchmeier 1998, S. 3).

Pointiert gesagt bedeutet dies, dass das, was Jugend bedeutet, wesentlich stärker durch die Vergesellschaftung der Jugendphase bestimmt ist als durch das Lebensalter selbst. Auch die Bemühungen, Jugend als eine gesellschaftliche Gruppe zu fassen, sind gleichermaßen so verbreitet wie falsch, denn jeder Versuch, die Jugend als Ganzes zu kennzeichnen und auf eine prägnante normative oder idealistische Formel zu bringen, ganz gleich mit welchem Etikett, verfehlt von vornherein die Wirklichkeit. Jugend ist keineswegs ein homogenes Gebilde. Die kollektivierende Verwendung von Begriffen wie Generation X, Y, XXL, Golf, @, Jugend 2009 usw. ist vielmehr Ausdruck des Wunsches sich „zwischen Differenzierung und Pauschalisierung hindurchzumogeln“ (Oswald 1997 zit. n. Griese 2007, S. 12) und hat wahrscheinlich „eher die Funktion, dass sie vorhandene Annahmen, Vorurteile und Stereotypen bekräftigt, als dass sie neue Sichtweisen vermittelt“ (Hornstein 1985, S. 348). Versuche der Porträtierung von Jugend in der Gegenwart auf eine griffige Formel und wenige zusammenfassende Sätze können sowieso immer nur eine Momentaufnahme sein. Normalitätsvorstellungen bzw. genauer: Normalitätswünsche der Gesellschaft, aber auch seitens der Jugendforschung, repräsentieren nicht die Realität des sich immer rascher wandelnden sozialen Lebens Jugendlicher und der Lebensphase Jugend, die heterogen und kontingent ist. Jugend hat viele Gesichter (vgl. Lenz 1988) und die Lebenswelt von 24-Jährigen ist nicht mit der Situation von 14-Jährigen vergleichbar: So stehen die Jugendlichen „in unterschiedlichen Kontexten (z. B. Stadt – Land, ethnische Herkunft, Sozialschichten); unterscheiden sich nach besuchtem Schultyp und angestrebtem Beruf, nach Konfession und Religiosität. (...) Meinungsumfragen ergeben Unterschiede in Zukunftsorientierung, Zielsetzungen und Wünschen; Unterschiede bestehen auch im Alltäglichen: in Fernsehgewohnheiten, im Alkohol- und Tabakgenuss, in der Einstellung zu Geld und zum Sparen, in Konsumgewohnheiten und Hobbies; Unterschiede selbst dort, wo Jugendliche scheinbar eindeutig über einen Leisten zu schlagen sind, in spezifisch jugendlichen, für Jugendliche erfundenen und produzierten Verhaltensweisen: Kleidung und Haartracht, Schmuck und Schminke, Musik und Tanz“ (Oswald 1994, S. 388).

3. Immer wieder gern aufs Neue: Erwachsene/Ältere beurteilen Jugend

Für die Erwachsenen ist das Verständnis der Jugendlichen durch die Erfahrungen des eigenen Lebens eher erschwert. „Alter ist die uns subjektiv am schwersten zugängliche Dimension. (...) Die Erwachsenen verstehen sich selber in ihrer Distanz zu sich (als einerseits diejenigen, die sie waren, und andererseits die, die sie jetzt sind) nur schwer. Wie sollen sie sich da freimachen können, um die Jungen zu verstehen“ (Rosenmayr 1988, S. 61). Vielfach spielen auch Neidgefühle der Älteren eine Rolle, die in ihrer Jugend Entbehrungen erlebten und Jugendliche aus diesen Gründen eher skeptisch betrachten. Im Blick zurück werden die zurückliegenden Jahren als die schönsten Lebensjahre bezeichnet und das Alter subjektiv in der eigenen Sicht- und Wahrnehmungsweise empfunden – was der Schriftsteller Max von der Grün eindrucksvoll so beschreibt:

> Als ich 5 Jahre alt war, war meine Mutter 25
> und ich fand sie *sehr alt.*
> Als ich 25 Jahre alt war und sie 45,
> fand ich sie *alt.*
> Als ich 45 Jahre war, war sie 65,
> und ich fand sie *sehr jugendlich.*
> Als ich 48 Jahre war, starb meine Mutter,
> und ich fand, sie sei *sehr jung gestorben.*

Werden die Erwachsenen befragt, wie sie die Jugendlichen sehen (vgl. Bertelsmann-Stiftung 2007), ergibt sich dementsprechend ein deutlich positiveres Bild von der eigenen als von der jüngeren Generation. Zwar finden die Erwachsenen die Jugendlichen mit großer Mehrheit (92,2 %) »sympathisch« und geben an, deren »Ansichten ernst zu nehmen« (91,5 %). Mit der Lebensführung der jungen Generation sind sie hingegen nicht einverstanden: So sind sie der Auffassung, dass Jugendliche »übermäßig viel Alkohol trinken« (70,5%) und »fremdes Eigentum nicht respektieren« (61,1 %). Als weitere negative Eigenschaften werden genannt: »Gewalt« (57,7%), »illegale Drogen« (57,7%) und »Vandalismus« (57,2%). Bei der Bewertung von Eigenschaften rangieren »konsumorientiert« (91%) und »nur auf den eigenen Vorteil aus« (64 %) im oberen Drittel. Zwischen diesen eher negativen Merkmalen liegt die »Kreativität« (75 %). Es folgen »Toleranz« (60%), »Fleiß und Ehrgeiz« (53%), »soziales Engagement« (44%), »Pflichtbewusstsein« (43%) und »Familienorientierung« (36%). Besondere Kompetenzen attestierten die befragten Erwachsenen den Jugendlichen in »technischen Fragestellungen« (92,3 %) und dass sie »gut mit anderen Menschen umgehen können« (73,1 %). Für die Politik und größerer Mitbestimmung sehen sie das anders: Die »Herabsetzung des Wahlalters auf 16 Jahre« lehnen 71,6% ab. Auch das gesellschaftliche Engagement scheint rund zwei Drittel der Erwachsenen bei Jugendlichen zu wenig ausgeprägt: Die Erwachsenen trauen darüber hinaus zu 40% den Jugendlichen nicht zu, die künftigen gesellschaftlichen Herausforderungen bestehen zu können. Soweit die wichtigsten Befunde dieser repräsentativen Befragung.

Dass Jugendliche von Erwachsenen häufig eher negativ beurteilt werden, ist stets ein aktuelles Thema gewesen – gestern, heute, zu jeder Zeit und unausweichlich? Ist dieser Sachverhalt Ausdruck davon, dass aus der in früheren Zeiten häufig anzutreffenden Projektion Erwachsener »Du sollst es einmal besser *haben*«, das Ehrgeiz und Tradition erforderte, das Gegenteil auf den Jugendlichen projiziert wird: »Du sollst es einmal besser *machen*»? Dies wiederum erfordert Erfahrung, Experiment und Fortschritt.

Wer kennt nicht die Klagen über die Jugenden in Vergangenheit und Zukunft:

- „Ich habe keine Hoffnung mehr für die Zukunft unseres Volkes, wenn sie von der leichtfertigen Jugend von heute abhängig sein sollte. Denn diese Jugend ist ohne Zweifel unerträglich, rücksichtslos und altklug. Als ich jung war, lehrte man uns gutes Benehmen und Respekt vor den Eltern. Aber die Jugend von heute will alles besser wissen und ist immer mit dem Munde vorweg."
- „Unsere Erde ist heruntergekommen in den letzten Jahren. Die Kinder gehorchen den Eltern nicht mehr. Das Ende der Welt ist nahe."
- „Unsere Jugend liebt den Luxus, hat schlechte Manieren, missachtet die Autorität und hat keinen Respekt vor dem Alter. Die heutigen Kinder sind Tyrannen. Sie stehen nicht mehr auf, wenn ein älterer Herr das Zimmer betritt, widersprechen ihren Eltern, sie schwätzen in Gesellschaft anderer, schlürfen beim Essen, tyrannisieren ihre Lehrer."
- „Ist es nicht so, dass sich die Demokratie selbst auflöst durch eine Unersättlichkeit der Freiheit: Wenn sich die Väter daran gewöhnen, ihre Kinder einfach gewähren

und laufen zu lassen, wie sie wollen, und sich vor ihren erwachsenen Kindern geradezu fürchten, ein Wort zu reden. Und wenn auch die Lehrer zittern bei solchen Verhältnissen vor ihren Schülern und schmeicheln ihnen lieber, statt sie sicher und mit starker Hand auf einem geraden Weg zu führen, so dass die Schüler sich nichts aus solchen Lehrern machen."

- „Auf diese Weise werden die Seele und die Widerstandskraft aller Jungen allmählich mürbe. Sie werden aufsässig und können es schließlich nicht mehr ertragen, wenn nur ein klein wenig Unterordnung von ihnen verlangt wird."
- „Am Ende verachten sie dann auch die Gesetze, weil sie niemand und nichts mehr als Herr über sich anerkennen wollen. Und das ist der schöne, jungenfrohe Anfang der Tyrannei."

Diese Zitatensammlung ist nicht etwa von heute, sondern von vor über 2000 Jahren – Hesiod, Platon und Aristophanes sind die Väter dieser Worte (vgl. Hofstätter 1981). Und heute?

- „Mangelnde Anstrengungsbereitschaft, Spaßhaltung, Selbstmitleid und eine unstillbare Konsumgier prägen das Bild eines großen Teils der heranwachsenden Jugend. Alkohol, Drogen und Rauchen gehören zum Aufwachsen selbstverständlich dazu und tragen das Ihre zur weiteren Verwahrlosung bei" (Bueb 2006, S. 66).
- „Irgendwann ist es selbst wohlmeinenden Eltern zu viel. Die personifizierte Krise steht ihnen in Gestalt der dreizehnjährigen Tochter, des vierzehnjährigen Sohnes gegenüber. Die ehedem süßen Kleinen scheinen sich in Monster verwandelt zu haben. Den Lehrern geht es nicht besser als den Eltern: Sie empfinden die Jugendlichen als Quellen fortgesetzter Störung. Die ganze Gesellschaft scheint die Pubertierenden als Inbegriff von Krise wahrzunehmen und antwortet auf ihr Verhalten mit Verboten, die sie als Fürsorge ummantelt. Selbst die Jugendlichen sehen sich in einer Krise: Sie haben sich mit ihren Ängsten und Sehnsüchten irgendwie zwischen ihrer verlorenen Kindheit und ihrer ungewissen Zukunft verlaufen, sind verunsichert über sich selbst und ihre Rolle, fühlen sich unverstanden, unerwünscht. Was ist das für eine seltsame Zeit, die wir mit Jugend und Pubertät bezeichnen. Kaum vorstellbar, dass hier gerade etwas ganz Tolles abläuft, dass die Pubertät in Wirklichkeit ein kultureller Glücksfall ist. Kaum zu glauben, dass zugleich eine ganze Gesellschaft meint, auf den Mut, den Gestaltungsdrang und das innovative Potential von jungen Menschen verzichten zu können?" (Dawirs/Moll 2009).

Wenn Erwachsene Jugendliche beobachten und beurteilen, über sie nachdenken, können die Interessen Erwachsener an Jugendlichen nicht uneigennützig sein, sondern sie folgen stets auch eigennützigen Motiven und tragen zum Auseinanderklaffen der Vorstellungen von Jugend bei den Erwachsenen und dem Selbstverständnis der Jugendlichen bei: „Im Eifer des Diskurses über Jugendliche und deren auffällige Probleme können wir die uns als Erwachsene betreffenden Fragen nach unseren bewussten und unbewussten Motiven verdrängen. Und in der Folge scheint es nur logisch, wenn wir nicht darüber diskutieren, inwiefern unsere Behauptungen in der Forschung und unsere Interpretation der Befunde ideologisch und interessensmäßig vorgeprägt sind. (...) Die Zielvorstellungen darüber, was Jugendliche am Ende der Adoleszenzphase erreicht haben sollten (...), sind also nicht rein sachlicher Natur, sondern von den unterschiedlichsten politischen und persönlichen Interessen Erwachsener geprägt" (Benz 2003, S. 15). Im Lichte dieser These ist die folgende Aufzählung von (einigen) Antworten auf die Frage, wann sich Erwachsene in unserer Gesellschaft für Jugendliche interessieren, zu betrachten (vgl. a.a.O., S. 16):

- wenn Jugendliche zum Problemfall in Familie, Schule und Beruf werden,
- wenn sie aggressiv auffällig sind,
- wenn sie die Ruhe Erwachsener stören, unangepasst oder revolutionär und radikal sind,
- wenn Jugendliche für Erwachsenen einen Nutzen bringen,
- wenn Erwachsene einander beweisen wollen, dass sie Jugendliche besser als andere Erwachsene verstehen,
- wenn Jugendliche als Wählerreservoir von Interesse sind,
- wenn Jugendliche als Kunden der Wirtschaft benutzbar sind,
- wenn Erwachsene die Interessen Jugendlicher erforschen wollen, um deren Bedürfnisse einzuschätzen, zu wecken und auszubeuten,
- wenn Jugendliche den Neid und die Missgunst der Erwachsenen erregen,
- wenn Jugendliche Ängste der Alten erregen, weil sie neue Kräfte entwickeln und die Alten aufs Altenteil abschieben und deren Plätze einnehmen wollen,
- wenn Jugendliche drohen, die Normen der Alten aufzukündigen.

Die These, dass manche Dinge, die gesellschaftlich als Jugendprobleme diskutiert werden, in Wirklichkeit keine Jugendprobleme sind, sondern sich Jugendliche als Projektfläche für Probleme von Erwachsenen hervorragend (zu) eignen (scheinen), ist nicht neu (vgl. von Trotha 1982, S. 273f.), aber dennoch immer wieder erwähnenswert. Gibt es noch weitere Gründe, wozu eine Gesellschaft eigentlich »Jugend« braucht?

So viel ist sicher: Jugend in der einen Gesellschaft ist nicht das Gleiche wie Jugend in der anderen. Bedeutsam sind in dieser Situation die Differenzen, aber auch Gemeinsamkeiten von »Jugend«, die sich interkulturell offenbaren. Georg Elwert (1998) gibt mit seinem Blick auf andere Kulturen mit ihren »jungen Kriegern« – den Jugendlichen – hierzu wichtige Hinweise. Es lohnt sich, hier einmal den Ethnologen ausführlicher zu Wort kommen zu lassen:

> „Die westafrikanischen jungen Krieger wiederum, unter denen ich einige Zeit lebte, verschaffen sich Prestige durch das Roden von Wald für neue Felder und durch – manchmal brutale – Streiche, zum Beispiel auf Kosten der Jungen aus Nachbardörfern. Physische Kraft und Wagemut zeichnete diese westafrikanischen Don-Kpä aus. Sie zogen beispielsweise in kleinen Gruppen als Wanderarbeiter nach Nigeria, trotzten den dortigen Straßenräubern und brachten neuen Reichtum und

neue Ideen heim; Ideen, die sie zu Hause nicht selten gegen das Establishment der Alten durchsetzen mussten. Sich im Risiko zu erweisen verschafft den jungen Kriegern jener Gesellschaften ihre Identität: Wer Grenzen der Sicherheit berührt hat, kann glauben, dass er der Herr seiner Existenz ist. Dieses Muster tritt quer über die Kontinente in sehr unterschiedlichen Kulturen dermaßen übereinstimmend auf, dass man denken könnte, es handele sich um eine anthropologische Universalie. Gewiss, die Altersspanne der Jugend wird in verschiedenen Gesellschaften unterschiedlich definiert, bisweilen auch in zwei oder drei Unterabschnitte geteilt. Sie mag auf sieben Jahren beschränkt sein, kann anderswo vom 15. bis zum 35. Lebensjahr währen. Doch wie das Jugendalter auch bestimmt sein mag, in allen diesen Fällen ist es ein besonderer Status, jung zu sein. Nur eben nicht überall. Wo sind die jungen Krieger, würde ein westafrikanischer Ethnologe wohl fragen, der die deutsche Gesellschaft untersucht. (...) Einen Denkanstoß kann der sozialanthropologische Vergleich (...) geben: Wir müssen uns ernsthaft fragen, welche Rolle die den jungen Kriegern entsprechende Altergruppe am Anfang von Modernisierungsprozessen spielt oder spielen könnte. Einfach wird es ihnen ja nicht gerade gemacht. Die Jungen werden durch Schule, Betrieb und durch die Geronten, der Altersklasse der Ältesten, geführten Vereine und Verbände organisiert. Das Prestige erringen vor allem diese Geronten – bis dass Ordensverleihung und Festschrift sie in den Ruhestand verabschieden. Jugendliches Prestige erringt lediglich eine unerreichbar kleine Minderheit von Stellvertretersjungen: die Sportler und Fernsehstars. (...) Wo wird aber die besondere Kreativität dieser Altersklasse gesellschaftlich produktiv eingebaut? (...) Wo kein Raum für junge Krieger existiert, schaffen sie sich einen. Kaum eine Altersklasse klagt – in unterschiedlichsten Kulturen – so leicht über Langeweile wie die Klasse der jungen Krieger. Auch hierzulande ist der Kampf gegen die Langeweile ein Motiv vieler Aktivitäten dieser Altersgruppe, von der Schlägerei bis zum Drogengenuss, action eben. Die schärfste action – und dies ebenfalls in den meisten Kulturen – ist die gefährliche Aktion; (...) etwa sich beim S-Bahn-Surfen aus dem Wagen hängen. All das ist verboten, ja sogar geächtet. (...) Es wird durchaus Ersatz geboten, freilich nur in den Medien – und damit in Form passiven Konsums. (...) Gewiss, jeder darf Rambo sein, aber nur als Zuschauer. Wer es im Alltag versucht, wird zum Straftäter. (...) Und jedes neu gefundene Risiko wird durch Verbote gezähmt. Selbst beim Bungee-Jumpen wacht der TÜV. Als Teil der gesellschaftlichen Selbstorganisation ist unserer Gesellschaft die Alterklasse der jungen Krieger untergegangen. (...) Selbstentfaltung zuzulassen – auch dann, wenn sie mit Risiken verbunden ist – Raum für die Selbstorganisation der Klasse der Jungen zu schaffen und sie mit Startkapitel auszustatten: Das stünde unserer Gesellschaft, die über ihre Modernisierung nachdenkt, wahrlich gut an."

Der Blick auf die »jungen Wilden« hierzulande und in anderen Kulturen unterstreicht (nochmals), wie sehr Konflikte, Probleme etc. Jugendlicher immer auch Konflikte Erwachsener sind – und dies wissen im Grunde alle Erwachsenen aus eigener Erfahrung. Erwachsene beobachten und beurteilen Jugendliche, auch um sich selbst als entweder erwachsen oder jugendlich bezeichnen zu können. Deutlich wird auch, dass unsere Gesellschaft die besonderen kreativen Fähigkeiten und Triebenergien des jugendlichen Lebensalters missachtet, der Jugend kaum Freiräume ein räumt und letztlich alles die Alten regeln (wollen). Auch in dieser Perspektive sind die bereits 1945 veröffentlichen »Teen-Age Bill of Rights« (vgl. Savage 2008, S. 463) ein Manifest der jugendlichen Welt. In der zehn Punkte umfassenden Liste der Probleme der heranwachsenden Jugendlichen wird gefordert, dass die Erwachsenen sich gefälligst anstrengen sollten, die Standpunkte der Jugendlichen zu verstehen:

- Das Recht, die Kindheit vergessen zu dürfen.
- Das Recht auf ein Mitspracherecht am eigenen Leben.
- Das Recht, Fehler zu machen, dies selbst herauszufinden.
- Das Recht, sich Regeln erklären, nicht auferlegen zu lassen.
- Das Recht auf Spaß und Gefährten.
- Das Recht, Annahmen zu hinterfragen.
- Das Recht auf Romantik.
- Das Recht auf eine faire Chance.
- Das Recht, sich auf eine eigene Lebensphilosophie zu erstreiten.
- Das Recht auf professionelle Hilfe, wann immer erforderlich.

4. Über Jugend wird häufig und kontrovers geforscht: Geschichte und Entwicklung der Karriere von Jugend als besondere Phase im Lebenslauf

Der eingangs beschriebene Strukturwandel der Jugendphase hat den Zuschnitt und die Aufgabenstruktur des Jugendalters verändert und das, was Jugend historisch-gesellschaftlich war, aufgelöst. In dieser Situation kommt der Jugendforschung und Jugendtheorie die Aufgabe zu, die Wandlungen von Jugend systematisch und empirisch zu verfolgen: etwa den Entstehungskontext und das Wissen über (Bilder der) Jugend, die möglichst genaue und differenzierte Beschreibung der jugendlichen Lebensformen, ihres konkreten Alltags, ihrer biographischen Entwürfe, ihrer Ausdrucksformen und Orientierungen verbunden mit der Analyse der gesellschaftlichen Modernisierungsschübe, innerhalb derer Jugend erst in ihrer jeweiligen zeithistorischen Form verstehbar wird.

Ist die öffentliche, mediale Auseinandersetzung mit Jugend(aspekten) in der Tendenz geprägt von gesamtgesellschaftlichen Entwicklungen und häufig sogar von tagespolitischen Ereignissen, so lässt sich im Gegensatz hierzu konstatieren, dass eine stark interdisziplinär angelegte Theoriediskussion permanent stattfindet (wenngleich auch hier konjunkturelle Zyklen beobachtbar sind): Die vorhandenen Ansätze sind dabei so zahlreich und differenziert wie die Ausformungen der Jugendphase selbst (vgl. Tamke 2008). Im Handbuch zur Jugendforschung (vgl. Krüger/Grunert 2002) werden klassischerweise psychologische, sozialisations- und handlungstheoretische, sozialökologische sowie kultur- und gesellschaftstheoretische Ansätze genannt und voneinander getrennt dargestellt. Griese (2007) differenziert nach sozialpsychologischen und kulturanthropologischen Ansätzen (Lewin, Mead, Erikson) und klassischen jugendsoziologischen Jugendtheorien (Mannheim, Schelsky, Eisenstadt, Tenbruck). Diese Unterscheidung der verschiedenen jugendtheoretischen Ansätze ist zwar systematisch, erzeugt aber eine Klarheit der Trennungslinien, die in dieser Form nicht vorhanden ist und auch nicht sein kann, da »alle Theorien des Jugendalters unterschiedliche Schwerpunkte haben, sich auf unterschiedliche Dimensionen und Facetten des komplexen Phänomens Jugend konzentrieren, für bestimmte Fragen größeres Erhellungs- und Erklärungspotential bieten als andere«. Genau hier setzt **Rolf Göppel** (in diesem Band) an und untersucht, auf welche Fragen »Theorien des Jugendalters« eine Antwort geben (können) und welche »Jugendtheorien« bei welchen Fragen ihre Schwerpunkte haben. Es wird bei der Beantwortung dieses anspruchsvollen Fragenkatalogs nicht nur der Stand der Debatte umfassend und präzise ausgelotet, sondern es werden weitreichende Chancen eröffnet, den Aufmerksamkeitswert einer sich um differenzierende theoretische Analysen bemühten Jugendforschung zu erhöhen.

Zu den Aufgaben und der Leistungsfähigkeit der Jugendforschung

Es ist unbestritten, dass die Jugendforschung einer der etabliertesten Zweige sozialwissenschaftlicher Forschung ist (vgl. Krüger/Grunert 2002a). Mit Blick darauf ergänzt Hartmut M. Griese (2007, S. 6), dass in „keinem anderen Land der Welt (...) – allerdings nicht kontinuierlich, sondern sporadisch und ereignisorientiert – so viel und so kontrovers über Jugend geforscht und diskutiert" wird wie in Deutschland. In dieser Situation stellt sich die Frage, was Jugendforschung zu leisten hat. Hornstein (1985, S. 361) versteht Jugendforschung als eine kritische Instanz, die durch ihre differenzierten Analysen »Klischees« über die Jugend auflöst und in Frage stellt. Voraussetzung hierfür ist, dass sich die in den vergangenen beiden Jahrzehnten einen enormen Aufschwung erfahrende Jugendforschung der Jugend unvoreingenommen nähert und die Jugendlichen selbst zu Wort kommen lässt (was im Umkehrschluss naturgemäß bedeutet, das dies nicht immer der Fall war bzw. ist).

Die Entwicklung, die die »Bibel der Jugendforschung«, die Shell-Jugendstudien, genommen hat, ist quasi Trendsetter für die inhaltlichen Entwicklungen und methodischen Zugänge, die die Jugendforschung insgesamt in den zurückliegenden Jahrzehenten genommen hat: Mit den ersten Shell-Jugendstudien – die erste repräsentative Studie »Jugend zwischen 15 und 24. Eine Untersuchung zur deutschen Jugend im Bundesgebiet« wurde im Jahr 1952 vorgelegt – war die Jugend mit ihren Einstellungstrends und Entwicklungen (spätestens) zu einem bevorzugten Objekt geworden. Es wurde untersucht, wie sich der gesellschaftliche Wandel auf die Jugend auswirkte. In den 1970er Jahren trat die Idee, mit den Jugendstudien einen globalen Überblick über Werte und Einstellungen der jungen Generation zu schaffen, in den Hintergrund. Die Shell-Studien folgten nun in erster Linie einen speziellen Fokus, etwa der Frage, wie kann die Eingliederung der Jugend in die Erwachsenenwelt optimal gelingen. Die Studie »Jugend '81« markierte eine Trendwende in der Jugendforschung. Wurden bisher die Vorstellungen der Erwachsenen auf die Jugend projiziert, galt es nun herauszufinden, wie sich die Jugendlichen selbst wahrnehmen und in der darauffolgenden Studie (1985) einen Vergleich der Werte/Einstellungen von Jung und Alt (unter Generationenaspekten) zu ermöglichen. In den neunziger Jahren des letzten Jahrhunderts konzentrierte man sich wieder stärker auf ein konkretes Thema, etwa das Verhältnis der Jugend zur Gesellschaft (im vereinigten Deutschland) oder die multikulturelle Gesellschaft. Erstmals wurden in der Shell-Jugendstudie auch in Deutschland lebende ausländische Jugendliche mit einbezogen. Beginnend mit der 14. Shell-Jugendstudie »Jugend 2002« wird schwerpunktmäßig dem Wertewandel und den politischen Werten sowie Einstellungen der Jugend nachgespürt (vgl. Shell Deutschland 2002).

Das Terrain der wissenschaftlichen Begründung, Interpretation und Vermessung von Jugend teilen sich unterschiedliche Disziplinen. Dominiert in der ersten Hälfte des 20. Jahrhunderts das Paradigma der Entwicklungspsychologie, erlangt nach 1945 die jugendsoziologische Forschung eine gewisse Führungsrolle (vgl. Zinnecker 2004, S. 486). Auch wenn seit den 1970er Jahren in den pädagogischen Betrachtungen und Analysen zur Jugend eine Rückbesinnung auf spezifische pädagogische Strömungen, Traditionen und Gegenstände unübersehbar ist, gibt es – so Ferchhoff (2000, S. 55) – „keine oder kaum eine Differenz zu psychologischen Analysen und soziologischen Betrachtungsweisen. Die *Jugend der Pädagogik* wurde und wird mit der *Jugend der Soziologie* und der *Jugend der Psychologie* oftmals in eins gesetzt."

Jugend als vielfach »begehrtes Forschungsobjekt« verhindert aber nicht, dass Jugend nach wie vor „einer der schillerndsten Begriffe der fachwissenschaftlichen und öffentlichen Diskussion (ist)" (Hornstein/Thole 2008, S. 451). Es lassen sich mindestens drei Gründe hierfür anführen: Erstens mangelt es den Jugendforscher(inne)n aus den unterschiedlichen Richtungen der sozialwissenschaftlichen Disziplinen an „gegenseitiger Anerkennung und Wahrnehmung ihrer Arbeiten" (Ittel/Merkens 2006, S. 7). Neben dieser von der komplexen Thematik her „zwingend" vorgegebenen Grenzüberschreitungen in benachbarte Disziplinen kommt zweitens hinzu, dass sich der »Gegenstand Jugend« mit dem „herkömmlichen begrifflichen und methodischen Besteck der einzelnen Disziplinen nur unzulänglich fassen (lässt)" (Hornstein u. a. 1981, S. 5). Und schließlich drittens (unmittelbar damit zusammenhängend) bezeichnen die Beiträge der Soziologie, Psychologie, Biologie und Sozialen Arbeit die Besonderheiten und damit die zentralen und bestimmenden Aspekte des Jugendalters unterschiedlich (vgl. Fend 2000, S. 22; Böhnisch 2005, S. 139ff. Rendtorff/Burckhardt 2008, S. 95f.):

- Die *soziologische Perspektive* spricht von der Jugend als historische Bedingtheit einer nach Alter sortierten gesellschaftlichen Gruppe von Menschen, die eigene, sich von anderen Lebensaltern abgrenzende jugendkulturelle Sinndeutungen, Gesellungsformen, Umgangs-, Mode- und Medienstile hervorbringt.
  Im Verständnis »Jugend als Werk der Gesellschaft« (Fend 2000, S. 129ff.) sind gesellschaftliche Makrostrukturen gleichsam das Gefäß der Humanentwicklung. Die veränderten Kontexte des Aufwachsens – etwa Veränderungen infolge von Modernisierungsprozessen in Familie, Nachbarschaften, Schule, Ausbildung, Beruf usw. – bestimmen Individuation und Identitätsarbeit heutiger Jugendlicher. Ein besonderes Problemfeld bilden Risikofaktoren wie Devianz/Kriminalität, Gewalt, selbstschädigendes Verhalten und Drogen. Das Jugendalter wird als Moratorium und damit als eine Zwischenphase bezeichnet, in der die Anforderungen der Erwachsenenwelt noch nicht in vollem Umfange gelten. Jugend ist insgesamt eine gesellschaftliche, historisch gewachsene und sich permanent wandelnde Formation.

- In der *(Entwicklungs-)Psychologie* ist eher die Rede von der Adoleszenz, um auszudrücken, dass Besonderheiten der psychischen Gestalt und des psychischen Erlebens im Rahmen eines Entwicklungsmodells zu beachten sind. Der Begriff der Adoleszenz wird in der Regel unterschieden in Prä-Adoleszenz (10–12 Jahre), frühe (13–15), späte (18–20) und Post-Adoleszenz (21–25), so dass (die eigentliche) Adoleszenz im engeren Sinne die Jahre zwischen 15 und 17 Jahre bezeichnet.
  Die Suche nach dem inneren Entwicklungsprogramm bestimmt die »Jugend als Werk der Natur« (vgl. Fend 2000, S. 33ff.). Hierbei geht es heute aber nicht mehr wie in der Vergangenheit um Phasentheorien, sondern um die Funktionsreifung (z.B. körperliches Wachstum, kognitive Entwicklung, Geschlechtsreife). Davon abzugrenzen ist die »Jugend als Werk seiner Selbst« (a.a.O., S. 205ff.), das dem handlungstheoretischen Konzept der Entwicklungsaufgaben folgt und sich als Ringen um den eigenen Identitätsentwurf zusammenfassen lässt. Als die sechs wesentlichsten lebensphasenspezifischen Entwicklungsaufgaben nennt Helmut Fend (a.a.O., S. 222ff.) den Körper bewohnen lernen, Umgang mit Sexualität, Umbau der sozialen Beziehungen, Berufswahl, Bildung, Identitätsarbeit (wobei von der prinzipiellen Lösbarkeit dieser gesellschaftlich zugemuteten Entwicklungsaufgaben ausgegangen wird).

An anderer Stelle wird nach der Bedeutsamkeitseinschätzung der Entwicklungsaufgaben im Jugendalter gefragt: In der Sicht der Jugendlichen nehmen Peers, engere Beziehungen zu Freund/Freundin und Beruf die ersten drei Rangplätze mit geschlechtsspezifischen Unterschieden ein; Partnerschaft/Familie die letzten. Dazwischen befinden sich Veränderungen des Körpers und des eigenen Aussehens akzeptieren, sich von den Eltern ablösen, eine eigene Weltanschauung entwickeln, Klarheit über sich gewinnen, eigene Zukunftsperspektiven entwickeln und letztendlich sich das Verhalten aneignen, das in unserer Gesellschaft zur Rolle einer Frau/eines Mannes gehört (vgl. Oerter/Dreher 2002, S. 269ff.).

- In *biologischer Perspektive* wird der Begriff der Pubertät überwiegend verwendet, wenn die biologischen Veränderungen (wie das Wachsen, das Reifen der sexuellen Funktionen des Körpers, die Menarche) thematisiert werden.
- In *Perspektive der Sozialen Arbeit* wird Jugend als Experimentier- und Bewältigungsraum bezeichnet und damit auch als eine „Phase der Erprobung und des Austestens von normativen Regeln und Grenzen, in der die Grenzen zwischen Jugendkultur und Devianz oft fließend sind" (Böhnisch/Schröer/Thiersch 2005, S. 145). Die Jugendphase stellt sich für jeden einzelnen Jugendlichen biografisch sowie sozial unterschiedlich dar und ist nach dem jeweiligen individuellen Bewältigungsprofil zu gestalten. Ziel ist die soziale Integration Jugendlicher und das darauf gerichtete sozialpädagogische Handeln wird als „erzieherische Hilfe zur Lebensbewältigung" (Böhnisch 1992, S. 11) bezeichnet.

Krüger/Grunert (2002a, S. 29ff.) setzen bei der Formulierung notwendiger Entwicklungsperspektiven für die Jugendforschung genau an diesen unterschiedlichen disziplinären Zugängen an und plädieren sowohl für eine verstärkte (insbesondere auch kulturvergleichende) erziehungswissenschaftliche als auch für die interdisziplinäre Ausrichtung der Jugendforschung, die auf einem umfassenden, wiederum interdisziplinär orientieren Theoriedesign beruht (und in der Forschungspraxis die verschiedenen Varianten der Triangulation quantitativer und qualitativer Verfahren wie etwa die Verknüpfung von Fall- und Surveystudien oder Komplementäritätsmodelle Anwendung finden). Aufgabe zukünftiger Jugendforschung ist es ferner, die Trennung in eine akteursbezogene und eine strukturbezogene Forschung zu überwinden. Das Feld der Jugendforschung ist aber nicht nur multidisziplinär auszurichten, „sondern auch ausdrücklich anwendungsorientiert. Dies erzeugt Bedarfe nach theoretischen Konzepten, die ein Passungsverhältnis zu anwendungsnaher, disziplinübergreifender Empirie aufweisen" (Zinnecker 2003, S. 37). Im Hinblick darauf wird an anderer Stelle gefordert (Münchmeier 1998, S. 13), die Jugendforschung von einer einstellungsbezogenen Jugendforschung hin zu einer „Lebenslagenforschung des Jugendalters" zu erweitern, die Analyse objektiver Bedingungen, „von den die 'subjektive' Bewältigung der Jugendphase abhängig ist", zu intensivieren und neue sozialstrukturelle Forschungszugänge zu verfolgen. Die Hauptfrage einer solchen Jugendforschung könnte lauten: „Wie bewältigen Jugendlichen (als Personen) die Jugend (als gesellschaftliche Anforderungsstruktur?" (ebd.). Damit wird deutlich, dass erziehungswissenschaftliche Jugendforschung den Horizont des Gesellschaftlichen immer im Blick haben muss. Weitere »thematische und strukturelle Pflöcke« für eine erziehungswissenschaftlich angelegte »innovative« Jugendforschung bilden die Aspekte »Geschlecht« und »Kultur«, wobei es grundsätzlich immer auch um Fragen der Anerkennung sowie um Gerechtigkeit und Gleichheit geht (vgl. **Sabine Andresen**, in diesem Band). Jugendforschung ist aber nicht nur »innovativ« anzulegen und »multidisziplinär« auszurichten, sondern auch international vergleichend. Eine solche international vergleichende Jugendforschung kann einerseits über die Lebenslagen Jugendlicher in anderen Kontexten und Kulturen »informieren« und andererseits »quasi einen Blick von außen auf den eigenen Kontext und seine besondere gesellschaftliche und kulturelle Konstruktion von Jugend« ermöglichen. Wird der letzte Ansatz gewählt, zeigt sich am Beispiel der europäisch vergleichenden Jugendforschung (vgl. **Andreas Walther**, in diesem Band), dass in den verschiedensten europäischen Regionen Jugend im Kontext gesellschaftlicher Modernisierung diskutiert wird und die diesbezüglichen (Modernisierungs-)Theorien als Interpretationsfolie gegenwärtiger Lebenslagen Jugendlicher dienen. Im Folgenden werden zwei Beispiele für europaweite Themenschwerpunkte der Jugendforschung angeführt: (1) Die Analyse der »Risiken sozialer Ausgrenzung in brüchigen und prekären Übergangsverläufen« und die Suche nach sog. Benachteiligungsfaktoren (Geschlecht, Ethnizität, Migration etc.) sowie (2) die Rolle von »(Wohlfahrts-)-Regimes beim Übergang von der Jugend zum Erwachsenensein«. Die Relevanz eines internationalen Vergleichs liegt (auch) darin zu zeigen, »dass und wie Jugend unterschiedlich sozial konstruiert und institutionalisiert ist, um damit einen Zugang zur reflexiven Dekonstruktion von Normalität zu eröffnen. Dieses Überwinden von Normalität benötigt Soziale Arbeit, um sich ihrer Funktion als Mitregentin im Lebenslaufregime bewusst zu werden, aber auch weil sich im Kontext der Entstandardisierung von Lebensläufen die gesellschaftlichen Grundlagen ihrer Normalitätsannahmen wandeln« (ebd.).

Die Shell-Jugendstudien, aber auch viele andere (inter-)nationale Jugenduntersuchungen und die vorliegenden Jugendberichte machen deutlich, dass Jugend Motor des Wandels war und Jugend sich auch zukünftig weiter entwickeln und wandeln wird (vgl. Sander 2006, S. 258). Jugend stellte historisch betrachtet das Hergebrachte in Frage, verkörperte neue Werte und Ideen, rebellierte gegen alte Normvorstellungen, lehnte die politischen und moralischen Grundsätze ab, widersetzte sich kulturellen Traditionen etc. Heute ist das Jugendleben – so eine Einschätzung unter vielen anderen – tendenziell zu einer »vorherrschenden Gemütsverfassung« geworden; einige jugendkulturelle Lebensstile (wie Musik, Mode) verwenden Chiffren und Symbole, die Erwachsene lesen und verstehen können (und letztendlich in die »common culture« integriert werden; vgl. Die Jugend heute 2006).

Angesichts dieser Situation wird im Nachfolgenden ein Überblick über die Entstehung der modernen Jugend, ihrem Wandel und den Tendenzen ihrer (vermeintlichen) Auflösung gegeben, der auf wichtige Entwicklungen, Befunde und Einschätzungen der Jugendforschung zurückgreift und auf Veränderungen der Jugendphase eingeht. Ein Anspruch auf vollständige Erfassung aller Facetten der Geschichte der Jugend, ihrer historischen Genese bis heute, ist damit aber nicht gesetzt (vgl. ausführlich Gillis 1980, Mitterauer 1986, Fend 1988, von Bühler 1990, Speitkamp 1998, Andresen 2005).

Von der Entdeckung der Jugend – historische und konzeptionelle Grundlegungen

Jugend und insbesondere Jugend als eine eigene Jugendphase hat es nicht immer und überall gegeben, wenngleich es „natürlich (...) zu allen Zeiten der Menschheitsgeschichte institutionelle Formen und Riten gegeben hat, die symbolisch den Übergang ins Erwachsenenalter regelten“ (Dudek 2002, S. 333). In der Vormoderne, also in der Antike, im Spätmittelalter und in der Frühen Neuzeit, gab es keinen universellen Begriff von Jugend, wenngleich auch hier Heranwachsende (als ein von Jugend unterscheidbarer Begriff) eine besondere erzieherische und gesellschaftlich kontrollierende Aufmerksamkeit zuteil wurde (vgl. Horn 1998, Vogelgesang 1994). Jugend im modernen Sinn ist erst im 19. Jahrhundert entstanden bzw. wurde in dieser Zeit »entdeckt«. Zuvor war die Lebensform Heranwachsende stärker als Übergang konzipiert, wurde nicht gegen die Erwachsenenwelt gelebt, sondern als Schritt zu ihr hin. Zur Bezeichnung von (männlichen) Jugendlichen verwendete man bis gegen Ende des 19. Jahrhunderts den Begriff Jüngling (vgl. Hornstein 1965).

Werfen wir einen Blick auf das vorindustrielle Europa (vgl. Mittenauer 1986), zeigt sich, dass der Lebensabschnitt Heranwachsende (Jüngling/Jungfrau, jugendliche Arbeiter, Knechte, Burschen, Handlungsgehilfen, Lehrlinge, Gesellen, Zöglinge usw.) sowohl durch ein außerfamiliäres Wohnen und Arbeiten als auch durch eine starke Abhängigkeit bis hin zur Ausbeutung geprägt war. Neben der Reduzierung auf die Rolle von Dienstpersonal und billigen Arbeitskräften unterlagen Jugendliche sehr rigiden Sexual- und Heiratsnormen. Nach einer kurzen Kindheit wurden die Heranwachsenden »übergangslos« in das Erwachsenenleben integriert. Eine altersabhängige Ausbildung oder Beschäftigung gab es nicht. Die Erziehung und Berufsvorbereitung war, wenn überhaupt davon die Rede sein kann, hart und auf Unterwerfung angelegt. Ein geschützter Jugendraum, wie wir ihn heute kennen, war unbekannt. Die Regelung der »geschlossenen Gütervererbung«, die für die mittelalterlicher Stände der Kaufleute, Handwerker und Bauern charakteristisch war, erzeugte an hohes Maß an sozialer Ungleichheit zwischen den Geschwistern. Zudem führte die manchmal recht lange Wartezeit bis zur Übergabe des Hofes oder Betriebes zu erheblichen Spannungen zwischen den Generationen.

Während das Mittelalter keine eigenständige Jugendphase kannte, änderte sich dies in der Epoche der bürgerlichen Aufklärung im 18./19. Jahrhundert: Es gab eine Entwicklung vom »Jüngling« zum »Jugendlichen« (vgl. Roth 1983). Es war die Zeit tiefgreifender ökonomischer, politischer und sozialer Umgestaltungen (Industrialisierung, Verstädterung, Auflösung der Ständeordnung, Revolutionen). Es entstanden neue gesellschaftliche Teilsysteme und Ordnungen für Wirtschaft, Politik, Recht, Erziehung und Wissenschaft, an denen prinzipiell jede/jeder teilhaben konnte. Insbesondere Politik und Bildung wurde – gestützt auf die Leitlinien der Aufklärung (Selbstbestimmung, Autonomie, Individualität, Selbstverwirklichung) – Sache aller. An die Stelle tradierter sozialer Privilegien und qua Geburt zugeschriebener gesellschaftlicher Positionen und Rechte, traten nun – in Folge der Aufwertung und Vergrößerung individueller Handlungs- und Entscheidungsfreiheit – Wahlmöglichkeiten im Hinblick auf die eigene Lebensgestaltung. Damit wurden ursprünglich gesellschaftlich vorgezeichnete Lebenspläne individuell verfügbar und gerieten in die Hoheit des Einzelnen. Dieses veränderte Individualitäts- und Freiheitsverständnis hatte nun unmittelbare Konsequenzen für die Rolle von Jugend und für die Gestaltung der einzelnen Entwicklungsphasen. Es war insbesondere Jean Jacques Rousseau, der in seinem 1792 erschienenen Entwicklungs- und Erziehungsroman »Emile« (vgl. 2001) ein neuartiges pädagogisches Selbstverständnis formulierte, dass zum Meilenstein in der Geschichte der Pädagogik wurde: „Mit seinem Jugendbild wird pädagogisch das Bewusstsein einer natürlichen Eigenwertigkeit des Jugendalters vorbereitet und hier liegt erstmals die Vision einer subjektiv gelingenden Identitätsfindung in einer entfremdeten Gesellschaft vor, die zwei Aspekte betont: Jugend ist einmal Zeit der Ideal-Bildung, in der der junge Mensch seine Zukunftspläne entwirft, seine sexuelle Reife erfährt, Mitmenschlichkeit und Verantwortung ausbildet. Sie ist andererseits auch die Zeit des Moratoriums, an dessen Ende mit der Familiengründung die ökonomische Selbständigkeit steht“ (Dudek 2002, S. 336).

Ausgangspunkt der Erziehungstheorie Rousseaus bildet die Überzeugung, dass Jugend eine je eigene, von der Erwachsenenexistenz qualitativ sich unterscheidende Wesenart besitzt. Sie stellt eine Lebensform mit eigenem Recht und positivem Wert dar, die erzieherisch zu begleiten sind. Erziehung sei aber nicht auf Stände und Traditionen auszurichten, sondern auf den Menschen selbst, seine eigenen Erfahrungen, Gefühle und Leidenschaften, vor allem aber auf die Stadien seines Lebensweges: die Jugend als eigene Erlebnis- und Existenzweise. Gerade diese Annahme einer stufen- und periodenabhängigen Entwicklung und die daraus gefolgerte Forderung, dass die Erziehungsmethode sich diesen Entwicklungsschritten entsprechend zu ändern habe, kann nicht hoch genug eingeschätzt werden. Denn dadurch wurde die öffentliche Diskussion über Erziehungsfragen eigentlich erst in Gang gebracht. Jugend wurde nun nicht länger als lästige, unvermeidbare Übergangsphase im Prozess der Integration in ständisch vordefinierte Lebenszusammenhänge verstanden, sondern stellte jetzt einen gesellschaftlich positiv besetzten Abschnitt des Lebens dar. In dieser Lebensphase konnten und sollten die Jugendlichen – von den gesellschaftlichen Anforderungen und Zwängen abgetrennt und geschützt – zu sich selbst finden und sich auf diese Weise auf ihr späteres Leben in der Gesellschaft vorbereiten. Rousseau (2001) hat diesen Prozess der Personenwerdung im »Emile« folgendermaßen umschrieben: »Wir werden sozusagen zweimal geboren: einmal zum Dasein und das andere Mal zum Leben.« Rousseaus Entwurf des Jugendkonzepts entfaltete in der Folgezeit historische Wirkung. Die Grundmuster dieses bis heute (nach-)wirkenden Verständnisses von Jugend bündelt Jürgen Zinnecker (2004, S. 483ff.) in vier Punkte, die allesamt bestimmende Denkfiguren für die Phase des Aufwachsens sind:

- *Jugend als kultureller Wert*: Die Jugendzeit tritt aus dem Bannkreis pragmatischer Regelungen der Generationenabfolge heraus und Jugend wird mit Werten wie positive Persönlichkeit oder erwünschter Träger gesellschaftlichen Fortschritts ausgestattet.
- *Jugend als pädagogische Provinz*: Der Jugendraum als eigenständige Provinz pädagogischen Handelns hat als konstitutive Momente von Jugend, dass die Jugendlichen in von Pädagogen geformten Erziehungsmilieu leben, sie in ein pädagogisches Verhältnis Jugendlicher – väterlicher Freund/Begleiter eingebunden sind und der Pädagoge / die Pädagogin (in Abkehr zum ständischen Modell der Erziehung) Partei für den Jugendlichen ergreift (und nicht mehr nur Werte, Regel etc. vermittelt).
- *Jugend als Moratorium*: Die Jugendzeit ist außerhalb des gesellschaftlichen Lebens mit seinen belastenden Verpflichtungen wie Arbeit, Elternschaft angesiedelt. Jugend hat ein Anrecht auf eine Schonzeit zur Identitätsentwicklung, Selbstfindung und Selbsterprobung.
- *Jugend als Entwicklungsaufgabe und produktive Krise*: Die Entstehung von Identität ist Teil der Jugendphase und die Identitätskrise ihr Markenzeichen. Der Lebensabschnitt Jugend ist ein von bestimmten Entwicklungsaufgaben – etwa die Erarbeitung einer Geschlechtsrolle, die emotionale Unabhängigkeit vom Elternhaus, das Eingehen von Gleichaltrigenbeziehungen – geprägter Lebensabschnitt, die von den Jugendlichen bewältigt werden müssen.

Dass Jugend als »zweite Geburt«, die Rousseau als eine Phase des Lernens und sich Entwickelns beschreibt, sehr schnell auch restriktive Züge annahm, zeigt ein

Blick auf die deutsche Bildungs- und Jugendpolitik zu jener Zeit. Beginnend mit der sukzessiven »Scholarisierung der Jugend« (vgl. Mitterauer 1986) und damit der Einführung der allgemeinen Schulpflicht (in Preußen Ende des 18. Jahrhunderts), der Jugendgesetzgebung und durch das sich etablierende System der Jugendfürsorge im ausgehenden 19. Jahrhunderts wurde eine zunehmende Reglementierung und Disziplinierung jugendlicher Bedürfnisse vorgenommen: „Die Durchsetzung von Jugend erfolgt in Form einer Flut von Jugendschutzgesetzen, der Einrichtung von Jugendgerichten und Jugendgefängnissen, von Arbeitsvermittlungen und Wohlfahrtseinrichtungen und des Wachstums von Jugendorganisationen, die das Ziel hatten, den Jugendlichen und jungen Arbeiter außerhalb von Schule und Arbeit zu erreichen" (von Trotha 1982, S. 260). Aus der Vorstellung einer natürlichen Erziehung, wie sie Rousseau vertritt, wurde – getragen vom „sozialpädagogischen Regime" (Zinnecker 2004, S. 493) – eine staatlich verordnete Erziehung. Jugend wurde in ein System sozialer Kontrolle eingebunden, rechtlich normiert und fand ihre Ausformung in der Sozialdisziplinierung (vgl. Peukert 1986). „Die Erfindung des Entwicklungs- und Schonraumes der Jugend ist die Erfindung einer Struktur sozialer Kontrolle der Sozialisation, in der die Entlastungen und Freiheiten des Heranwachsenden bezahlt werden mit dem Preis einer kontinuierlichen und effektiven sozialen Kontrolle" (von Trotha 1982, S. 269). Dies stellte den Beginn einer strikten Chronologisierung des Lebensabschnitts Jugend dar, wobei in keiner anderen Lebensphase „Alternormierungen und altersbezogene Regeldichte vergleichbar hoch (sind)" (Zinnecker 2004, S. 487). Und bezogen auf die weitere historische Genese heißt es weiter resümierend: „Je mehr wir uns zeitlich der Gegenwart nähern, um so deutlicher wird, dass wir die Geschichte der Jugend sowohl als eine Geschichte des Zugewinns, der Verallgemeinerung und Anreicherung des Jugendmoratoriums darstellen können, als auch eine Geschichte des kulturellen und sozialen Verfalls, der Verflachung und Diffundierung" (a.a.O., S. 494).

Mit dem sich zu Beginn des 20. Jahrhunderts allgemein durchsetzenden Jugend-Konzept waren freilich andere Vorstellungen verbunden als die „idealistischen Bilder vom deutschen oder christlichen Jüngling. Der Begriff des Jugendlichen ist zunächst in der Rettungshausbewegung des 19. Jahrhunderts vorgeprägt und betont vor allem die devianten und pädagogisch zu bearbeitenden Aspekte einer in materieller und seelischer Not aufwachsenden Jugend. Vor allem entwicklungspsychologische Forschungen *(maßgeblich Eduard Spranger mit seiner »Psychologie des Jugendalters« 1924, JSK)* haben dann im 20. Jahrhundert das Bild der Jugend von einer gefährlichen oder doch problematischen Altersphase entmythologisiert und darauf verwiesen, dass man in dieser problematischen Altersphase pädagogisch am besten mit Toleranz, Verständnis und vor allem Geduld reagieren solle" (Sander/Vollbrecht 2000a, S. 10). Die Idealgestalt bzw. das Leitbild von Jugend im Sinne Sprangers war „der aktiv nach Sinn suchende, sein innerstes Wesen entfaltende, in die verschiedensten Lebensbereiche aktiv hineinwachsende, literarisch-ästhetisch produktive Jugendliche, der in seinem Lebensgefühl zwischen Ekstase und tiefer Depression wechselt und nur von ferne und mit viel Zurückhaltung die Idealfigur des anderen Geschlechtes sucht" (Fend 1988, S. 192).

Im Nationalsozialismus wurde der „Mythos Jugend zugunsten einer generationsübergreifenden Volksgemeinschaftsideologie und mit ihm das oppositionelle Potential (liquidiert)" (Dudek 2002, S. 338). Im Dritten Reich wurde alles jung und der Begriff wird derartig aufgeladen, dass das Lebensalter nichts mehr anzeigt. „Das »Ganze«, nämlich das »Volk als Ganzes«, werde sich nun »seiner Jugend, seiner ewigen Jugend bewusst«, die gesamte »nationalsozialistische Bewegung sei eine »Bewegung der Jugend«, schreibt Will Vesper 1934. Das ganze Volk habe im nationalsozialistischen »Jungbrunnen« seine »Jugendlichkeit« wiedergefunden" (Die Jugend von heute 2006, S. 120). Die Nachkriegsjugend und auch das öffentliche Jugendbild nach 1945 wurde durch das Schlagwort der »skeptischen Generation« (Schelsky 1957) geprägt, jenem Jugendbild, in dem eine ganze Generation als entpolitisiert, nur am eigenen Fortkommen interessiert und nach Verhaltenssicherheit in Familie, Beruf, Ausbildung und Alltag bestrebt beschrieben wurde. Die »skeptische Generation« ist willens, „sich der Welt auf Erwachsenenniveau zu stellen. Der Schluss, den Schelsky aus seinen Beobachtungen zog, traf die Pädagogen tief: Sie seien es, die einen eigenen Jugendraum forderten, nicht die Jugendlichen. Die moderne Gesellschaft verlange Rollenverhalten auf Erwachsenenniveau, wenn die Pädagogen etwas anderes wollten, dann würden sie die Jugend von der Auseinandersetzung mit der Realität nur abhalten. (...) Die totale Pädagogisierung hielt er für eine »Zivilisationsgefahr der modernen Gesellschaft«" (Abels 2000, S. 83). Wenngleich dieser Versuch einer Gesamtporträtierung von Jugendlichen mit ihren Chancen und Risiken in der Industriegesellschaft auf breite Resonanz in Politik und in der öffentlichen Diskussion traf, war diese Pauschalisierung bereits damals (auch empirisch) nicht unwidersprochen geblieben (vgl. Jaide 1961). Auch die in dieser Zeit (im Rückgriff auf amerikanische Vorbilder) entstandenen jugendlichen Subkulturen wie die Halbstarken oder Teenager-Kultur, die das provokativ Lässige, das Unordentliche, das Anti-Soldatische betonten (vgl. Dudek 2002, S. 339f.) widersprachen nachhaltig dem Bild von Jugend als einer »skeptischen Generation«.

In den 1960er Jahren setzte eine enorme Verlängerung der Bildungs- und Ausbildungszeiten für die Mehrheit der Jugendlichen ein, die zu einer in dieser Form und Breite unbekannten peer-group-Bildung führte, die einen eigenen Erfahrungs- und Erlebnisraum darstellten und die Tendenz zur Bildung alltagshomogener Gruppen forcierte. In der Lebensphase Jugend vollzog sich damit ein Wandel des Konzeptes Jugendmoratorium: Wurde bis dahin »Jugend als Übergangsmoratorium« verstanden, d.h. als kurzschrittiger und mit wenig sozialem und kulturellem Eigengewicht ausgestatteter Lebensabschnitt und Einstiegsphase in das Erwachsenensein, wurde gegen Ende der 1980er Jahre »Jugend als Bildungsmoratorium« konstituiert: Jugend in diesem Sinne ist ein „relativ eigenständiger Lebensabschnitt, in dessen Rahmen sich spezifische soziale Lebensweisen, kulturelle Formen und politisch-gesellschaftliche Orientierungsmuster ausbilden. Im Zentrum dieses Modells der Jugendphase steht die organisierende Kraft eines ausdifferenzierten Systems von Bildungs- und Ausbildungseinrichtungen und dadurch generierter Bildungs- und Ausbildungslaufbahnen" (Zinnecker 1991, S. 10). Diese historische Transformation zu einer „laufbahnförmigen Durchstrukturierung" (ebd.) einer verlängerten Jugendphase außerhalb und vor der Teilhabe an Erwerbsarbeit führte dazu, dass unter anderen Bildungsabschlüsse entwertet und die zuvor festen Koppelungen zwischen Bildungs- und Berufstiteln entkoppelt wurden. Hinzu kommt, dass infolge der Verlängerung der Ausbildungszeit die Abhängigkeit von Eltern oder anderen Finanzquellen wächst, was wiederum der Tendenz zu einer eigenständigen Lebensführung entgegensteht. Allesamt sind dies Entwicklungen, die aus heutiger Perspektive als soziale, kulturelle Ungleichheit zu entschlüsseln sind (vgl. Zinnecker 2003, S. 54).

Nahezu zeitgleich mit dieser Scholarisierung der Jugendphase, die zu einer Egalisierung von Jugend führte, kam es zur Herausbildung und Stabilisierung von zahlreichen eigenständigen jugendlichen Teilkulturen (oder auch Subkulturen), die „nach Inhalten und »Stilen« (und zugehörigen »Accessoires«), der Größe und altersmäßigen Besonderheit, der latenten aber auch offen aggressiven Abgrenzung und Abweichung von der Welt der Erwachsenen, ihren kulturellen und politischen Standards (variieren)" (Schäfers 2006, S. 121). Die Fülle, Vielfalt und Transität von Jugendkulturen haben die Lebenswelten Jugendlicher gravierend verändert (vgl. Müller-Bachmann 2002). Zwar gab es bereits auch davor jugendkulturelle Gesellungsformen, zum Beispiel der Wandervögel um die Jahrhundertwende, die Wilden Cliquen der Weimarer Republik oder die Edelweißpiraten und Swinger in der NS-Zeit, aber ab den 1950er Jahren ist es zu einem regelrechten Boom gekommen (um nur einige Beispiele zu nennen: neben den bereits erwähnten Halbstarken die Hippies, Provos, Spontis, Punk, Skinheads, Hooligans usw.; vgl. Farin 2006). Solche jugendkulturellen Rahmungen lassen sich auch als Ausdruck einer »generationstypischen Unbefangenheit der Jugend« verstehen: Jugend tritt aus der Familie heraus, ist dem Neuen, Gegenwärtigen gegenüber offen und dem Vergangenen gegenüber rücksichtslos (vgl. Böhnisch/Schröer/Thiersch 2005, S. 143).

Da hier nicht alle weiteren Entwicklungen und Verästelungen der Geschichte der Jugend verfolgt werden können, an dieser Stelle das Fazit von Wilfried Ferchhoff (2000, S. 69) zur Situation der Jugend am Ende des 20. Jahrhunderts: „Jugendliche können so gesehen in gewissen Grenzen durchaus als produktive

Gestalter ihrer Entwicklungsaufgaben betrachtet werden. Sie können diese nur dann *sinnvoll* erfüllen, wenn sie gesellschaftliche Strukturen für sich ein Stück weit selbstgesteuert, handlungskompetent und persönlich im Kontext tendenzieller Handlungsfreiräume erschließen. Während die Anteile der Selbsterziehung und Selbstsozialisation im Laufe des gesamten 20. Jahrhunderts enorm zugenommen haben, ist vor allem der Mythos Jugend und vielerorts die idealisierende pädagogische Semantik zurückgeschraubt worden. An Stelle verschiedener politischer Funktionalisierungen von und Heilserwartungen an *Jugend* sind immer mehr ausdifferenzierte, ökonomisch-globalisierte, mediatisierte und peer-group-orientierte Funktionalisierungen getreten, die das pädagogisch-professionalisierte Anliegen der Erziehung und Bildung nicht einfacher – insbesondere auch im Medium der erwarteten und gewünschten Selbsterziehung – werden lassen." Das Bild der Jugend ist gegen Ende des 20. Jahrhunderts weitgehend durch eine verlängerte Jugendphase geprägt, die sich durch einen relativen Wohlstand sowie einem selbstverständlichen Rückgriff auf materielle Ressourcen, kulturelle und Konsumautonomie bestimmen lässt.

Allerdings steht diesem Bild einer (vermeintlich) gut situierten Jugend der Strukturwandel der Arbeitsgesellschaft mit dem damit einhergehenden sich verknappenden Jugendarbeitsmarkt, der Jugendarmut, den Orientierungsproblemen Jugendlicher oder der Konkurrenzsituation im Aus- und Bildungsbereich entgegen (vgl. Sander/Vollbrecht 2000a, S. 27). Hinzu kommt, dass sich seit den 1990er Jahren im Gefolge der PISA-Untersuchungen eine Neuvermessung der Bildungsmobilisierung erfolgte: Jugend als Kristallisationspunkt bildungspolitischer Praxis wurde durch die Kindheit abgelöst. Damit einhergehend hat sich die gesellschaftliche Bedeutung von Jugend verändert – so zumindest die Einschätzung von Böhnisch/Schröer/Thiersch (2005, S. 146f.): „Sie ist keine strategische Sozialgruppe einer entwicklungsbewussten Gesellschaft mehr. Sie ist nicht mehr Bühne der Gesellschaftspolitik. ... Der Zusammenhang von Jugend und gesellschaftlicher Erneuerung hat sich entkoppelt. Der damit gegebene Entwertungsprozess der zentralen Figur Jugend geht einher mit einer Entwicklung, die als *Entgrenzung* bewertet werden muss. (...) Gleichzeitig äußert sich die Entgrenzung des Jugendalters darin, dass die Übergänge in den Erwachsenenstatus für viele nicht mehr übersehbar und kontrollierbar ist." In der Jugendforschung haben neben dem Begriff Entgrenzung noch weitere Begrifflichkeiten Eingang gefunden, die das Ende einer bestimmten Fassung von Jugend anzeigen: „Das reicht von Ende, Auflösung (...) bis hin zur Verflüchtigung und Erosion, die eher Fragen nach dem Aggregatzustand auslösen" (Tamke 2008, S. 32). Aber an gleicher Stelle wird mit Blick auf solche Zuschreibungen des Lebensalters Jugend konstatiert, dass diese unangebracht sind, da der immer schon konstruktive Charakter von Jugend heute weniger real ist als früher. Als Indiz für diese Einschätzung soll an dieser Stelle einzig angeführt werden, dass bereits Trutz von Trotha in seinem Beitrag »Zur Entstehung von Jugend« aus dem Jahr 1982 (S. 269ff.) den Prozess des Niederganges von Jugend ankündigt: Jugend hat als eine Organisationsform der Sozialisation und als System der sozialen Kontrolle ihren Zenit in den Industriegesellschaften überschritten.

5. »Man forscht nie aus«: Trends der Jugendforschung und Konsequenzen für die Soziale Arbeit

Die heutigen Lebensbedingungen und Lebensentwürfe der Jugendlichen wie auch die Herausforderungen, mit denen die Jugend unter den veränderten Bedingungen des Aufwachsens in der Moderne fertig werden müssen, können nur verstanden werden, wenn wir diese in unsere Gesellschafts- und Kulturentwicklung einordnen.

Fassen wir an dieser Stelle die bisherigen Ausführungen in gebotener Kürze zusammen, macht der Blick in die Geschichte der Jugend bis zu Beginn des 21. Jahrhunderts deutlich, dass diese Lebensphase als „gesellschaftlich bedingt und historisch wandelbar“ (Dudek 2002, S. 335) zu sehen ist. Modernisierungsprozesse – so die übereinstimmende Diagnose der sozialwissenschaftlichen Forschung – haben die sozialen und kulturellen Gestalten von Jugend grundlegend verändert. War die erste Moderne, die die Ablösung traditioneller durch industrielle Gesellschaften zum Inhalt hatte, durch das Entstehen der (männlichen) Jugend gekennzeichnet, wird diese im Verlauf der zweiten Moderne (im Kontext einer breitflächigen Enttraditionalisierung) verbreitet, entstandardisiert und letztlich im Hinblick auf die Generationen- und Geschlechterbeziehungen informalisiert. Jugend ist keine Naturtatsache, sondern ein historisches, gesellschaftliches Phänomen (vgl. Schäfers/Scherr 2005, S. 20) und zugleich „ein soziales, kulturelles und pädagogisches Konstrukt“ (Horn 1998, S. 6). Die Jugendphase ist rückblickend betrachtet sowohl Resultat als auch Vorreiter gesellschaftlicher Entwicklungen.

Wie erwähnt kannten nicht alle Zeiten wir wie heute eine mehrjährige Jugendzeit. In Europa setzte sich erst im 18. Jahrhundert langsam die Jugend als neue und zusätzliche Phase im Lebenszyklus durch und brauchte bis zum Zeitpunkt einer universellen Relevanz als Lebensphase für alle gut 200 Jahre. Erst beginnend im 20. Jahrhundert setzte nach und nach die Karriere von Jugend als eigenständige Lebensphase im Lebenslauf ein (vgl. Sander/Vollbrecht 2000a, S. 7). Hierbei ist jedoch zu berücksichtigen, dass Jugend bis zum Beginn des 20. Jahrhunderts das Privileg eines kleinen, überschaubaren Kreis der bürgerlich akademischen (vor allem männlichen) Jugend war (vgl. Grunert/Krüger 2000, S. 197). Im Gegensatz hierzu ist heute der Impuls der Jungen, des Jugendlichen in unserer Gesellschaft allgegenwärtig und die soziale Gestalt Jugend wurde noch „nie zuvor (...) so intensiv diskutiert, thematisiert und erforscht wie im 20. Jahrhundert; und nie zuvor konnte sich aus der Altersspanne Jugend (die außerhalb des klassischen Erwachsenenalters liegt) eine so universale Idealfigur für fast alle Erwachsenen entwickeln“ (Sander/Vollbrecht 2000a, S. 7).

In der von Michael Mitterauer (1986, S. 92f.) vorgelegten umfassenden Darstellung des historischen Wandels der Jugend, wie er sich in Europa vom Mittelalter bis in die Moderne vollzog, werden eine Reihe von Entwicklungen beschrieben, die Jugend als eine »Phase vielfacher Teilübergänge« bestimmen und Tendenzen zur Entstehung der Jugend aufzeigen: • die Tendenz zur Entritualisierung der Statusübergänge, • die Differenzierung der Jugendzäsuren, • die Tendenz zu mehr Selbstbestimmung, • den Bedeutungsverlust milieuspezifischer Besonderheiten und letztlich • der Abbau der differenzierten geschlechtsspezifischen Muster. Das moderne Verständnis von Jugend weist aber noch weitere (historische) Bezüge auf: Einerseits ein „Jugendkonzept, für das Jugend eine Phase der ökonomischen Abhängigkeit, der Unterordnung unter wachsende Autoritäten und ein Status eingeschränkter Rechte ist; andererseits Jugend als eine Phase der individuellen Persönlichkeitsentwicklung, in der Heranwachsende von den Zwängen der Erwerbsarbeit freigestellt und in der durch pädagogische Einwirkungen bewirkt werden soll, dass diese Entwicklung in wünschenswerte Bahnen verläuft“ (Schäfers/Scherr 2005, S. 19).

Werden die Stationen des Hineinwachsens in das Erwachsenendasein von Jugend heute mit denen aus früheren Alterskohorten verglichen, fallen (teilweise gravierende) Veränderungen auf. Da an dieser Stelle die Fülle der Befunde der Jugendforschung (1) zu den vielfältigen Ausdrucksformen/Lebensstilen/Orientierungen im Jugendalter und (2) zu unterschiedlichen Lebensbereiche/Lebensorte der Jugend nicht angemessen verdichtet wiedergegeben werden kann, fasse ich im Weiteren einige bedeutende Trends kursorisch zusammen (wobei bereits erwähnte Tendenzen nochmals »kompakt« angeführt werden).

An dieser Stelle zunächst aber der Hinweis, dass in den Beiträgen des vorliegenden Sammelbandes zum erstgenannten Bereich »Ausdrucksformen, Lebensstile und Orientierungen im Jugendalter« ausführlicher auf die vier ausgewählten Aspekte • Jugendkulturen, • Medien, • Gesundheit und • Sexualität und Geschlecht eingegangen wird. Ebenfalls in vier Beiträgen werden darauf aufbauend als zentrale »Lebensbereiche und Lebensorte der Jugendliche« die • Jugendhilfe, • Familie, • Schule und • Arbeit herausgestellt.

Überblicke und Bilanzen zu weiteren jugendlichen Ausdrucksformen, Stilen und Orientierungen, aber auch zu anderen relevanten Lebensorten im Jugendalter (Stadt, Straße, Jugendhaus etc.) finden sich vor allen in den vorliegenden Handbüchern (z.B. Markefka / Nave-Herz 1989, Sander / Vollbrecht 2000, Schröer / Struck / Wolff 2002, Krüger / Grunert 2002, Bingel / Nordmann / Münchmeier 2008). Ergänzend zu den Aspekten, die in diesem Band Eingang gefunden haben, wird dort detaillierter auf andere wichtige Gebiete der Jugendforschung wie die Frage der Jugend in der mobilen Gesellschaft, nach den religiösen Orientierungen von Jugendlichen, von Partizipation oder auf soziale Konfliktfelder wie Armut, Gewalt, Delinquenz etc. eingegangen – um nur einige zu nennen.

Im Weiteren werden einige wesentliche Befunde aus der Jugendforschung pointiert zusammengefasst, die allesamt wichtige Impulse für das Verständnis von Jugend heute geben und deren Kenntnisse für die Gestaltung des sozialpädagogischen Umgangs und Arrangements mit dieser Altersgruppe erforderlich sind:

- ***Die Jugend befindet sich zwischen Schonraum und Verselbständigung*** (vgl. Münchmeier 1988): Die Jugendlichen können infolge der gesellschaftlichen Umbrüche und damit eingehend den Veränderungen der familiaren Strukturen immer weniger einen experimentellen Freiraum nutzen. Sie müssen ihren Weg durch die Jugendphase als einen subjektiv biographischen Lebensabschnitt, der so früh wie nie noch beginnt und kein eindeutig markiertes Ende hat, zunehmend individueller bewältigen. Auf der einen Seite werden sie früher eher soziokulturell erwachsen, auf der anderen Seite sind sie sozioökonomisch länger vom Elternhaus etc. abhängig und materiell betrachtet Spätzünder. Jugend bleibt insofern eine Vorbereitungsphase (ohne damit Abgeschlossenheit oder ein Vorbereitetsein zu implizieren), in der sich strukturell und unvermeidbar widersprüchlich das Verhältnis zwischen Erwachsenengeneration und Jugend stellt.
- ***Die Jugend heute kann nicht ohne die Perspektive »weiblich« und «männlich« betrachtet werden*** (vgl. Maurer 2008). Die Zugehörigkeit zu einem bestimmten Geschlecht bestimmt nach wie vor entscheidend über die gesellschaftlichen, sozialen Teilhabe-Möglichkeiten, die Zuteilung von bestimmten Handlungsmöglichkeiten, den Zugang zu Ressourcen und auch die Vision, welches Leben lebbar/zu leben sei. Analog zeigen sich geschlechtsspezifische Wege durch die Jugendphase beispielsweise im Umgang mit dem Körper, der Geschlechterdifferenz wie auch der konkreten Ausgestaltung von Freundschaften (vgl. Breitenbach 2008), aber auch dadurch, dass Jungen und Mädchen mit unterschiedlichen Erwartungen konfrontiert werden und ihre Jugendbiographien anders verlaufen (und folgerichtig die Orientierung der Jugendbiographien an männlichen Mustern abzulehnen ist). Und dies trotz des Umstandes, dass weibliche und männliche Jugendliche heute in etwa die gleichen Bildungsmöglichkeiten oder vergleichbare Experimentierräume für Beziehungen haben, die sich an herkömmlichen Rollenbildern orientieren. Die Kategorie Geschlecht ist somit bei der Betrachtung von Entwicklung und gesellschaftlicher Positionierung von Jugendlichen stetig mitzudenken.
- ***Eltern haben für die Jugendlichen heute trotz vieler Unkenrufe nach wie vor eine hohe Bedeutung*** (vgl. **Martina Gille** und **Sabine Sardei-Biermann**, in diesem Band). Die Jugendlichen beurteilen nach den Ergebnissen des DJI-Jugendsurvey 2003 – eine repräsentative Befragung von Jugendlichen und

jungen Erwachsenen im Alter von 12 bis 29 Jahren – ihr Verhältnis zu den Eltern ganz überwiegend als »partnerschaftlich, vertrauensvoll und gut«, was auch gelegentliche Meinungsverschiedenheiten oder Auseinandersetzungen nicht ausschließt. Da es schwieriger wird und länger dauert, sich beruflich zu etablieren, verbleiben die Jugendlichen »immer länger im Elternhaus«. Ferner zeigt sich, dass feste Partnerschaften zunehmend in früheren Lebensabschnitten eingegangen werden, wobei dieser Wunsch nach verbindlichen und dauerhaften Beziehungen eine Reaktion darauf ist, dass Jugendliche in ihrer Lebenswelt zunehmend die »Instabilität von sozialen Nahbeziehungen« (Trennung der Eltern, Patchwork-Familien) erfahren. Solche Erfahrungen tragen mit dazu bei, dass die »Heiratsneigung« deutlich zurückgeht und die Familiengründung weiter nach hinten verschoben wird. Weibliche Jugendliche gehen – im Vergleich zu männlichen Jugendlichen – in einem früheren Alter Partnerbeziehungen ein; ihre Partner sind also in der Regel einige Jahre älter als sie selbst.

- ***Die Jugend heute ist eine Generation von angepassten jungen Menschen*** (vgl. Hurrelmann 2008). Die Jugendlichen sind in erster Linie auf den Status quo ausgerichtet und wollen die Position ihrer Eltern halten, mit deren Erziehung sie zufrieden sind. Die Ergebnisse der letzten beiden Shell-Jugendstudien belegen eine grundsätzliche Scheu vor verbindlichen Entscheidungen. Dies führt letztlich dazu, dass heute aus der Jugend nur ein geringer Impuls zur Verselbständigung zu erwarten ist.
- **Schule bestimmt den Alltag Jugendlicher grundlegend** (vgl. **Merle Hummrich**, in diesem Band). Jugendliche treffen mit unterschiedlichen Voraussetzungen und Lebenslagen auf die Schule. Schule ist aus dem jugendlichen Alltag »kaum wegzudenken« und »entlastet die Familie von der Vermittlung von Sachbezügen«. Als »funktionaler Bestandteil der gesellschaftlichen Integration« ist Schule eine pädagogische Institution, in der soziale Ungleichheit sich ausdrückt, Benachteiligung mit produziert wird und zugleich abgebaut werden soll. In dieser Situation hat Schule den Auftrag, einerseits die »Freisetzungspotentiale« zu nutzen, andererseits sich an den »leistungsbezogenen Habitus« anzupassen. Dieser doppelten Aufforderung der Schule begegnen Jugendliche vor dem Hintergrund »milieu-, geschlechts- und ethnizitätsspezifischer, aber auch individueller Voraussetzungen«, die sich als bildungsförderlich oder als bildungshemmend erweisen können. Empirisch gut belegt ist, dass Schule für die »Entwicklung des jugendlichen Selbstwertgefühls« bedeutsam ist und unter Bedingungen der Leistungskontrolle und des Leistungsdrucks auch »Leistungsangst« entstehen kann, die nicht ausschließlich Jugendliche mit »schwachen« Leistungen betrifft.
- ***Die bildungsoptimistische Perspektive für die Jugendlichen wird brüchig*** (vgl. Hafeneger 2007): Auch wenn die junge Generation schulisch noch nie so gut

qualifiziert wie zuvor ist, die Bildungsmotivation weiter ansteigt und Jung sein heute vor allem »Schülerin und Schüler« sein bedeutet, ist sie doch gespalten: Gute schulische Abschlüsse bedeuten nicht naturgemäß gute berufliche Chancen. Jugend heute lernt ohne zu wissen, ob ihnen Bildung hilft (und damit letztendlich ohne zu wissen, ob der Übergang in die Erwerbsarbeit, eine eigene Existenz, die gesellschaftliche Anerkennung, der Erwachsenenstatus etc. auch tatsächlich erreichbar ist). Dieses Qualifikationsparadox trägt dazu bei, dass es insbesondere bei auftretenden Schulleistungsschwierigkeiten zu massiven Belastungen des Schülerinnen- und Schülerdaseins kommt. Diese für das Bildungssystem signifikante Spaltung gilt mit Blick auf die Krise der Arbeitsgesellschaft (Arbeitslosigkeit, Abbau von Stellen etc.) auch und vor allem für die »Jugend im Übergang in Arbeit«, also dem Ausbildungssystem in Verzahnung mit dem Beschäftigungssystem (vgl. **Andreas Oehme**, in diesem Band). Insgesamt zeigt sich hier ein sehr hohes Gefälle nach sozialer Herkunft im Blick auf Bildungsaspiration, Schulerfolg und auch persönlicher Zuversicht. Von den sozialen Spaltungen wie Armut und Arbeitslosigkeit sind Jugendliche besonders betroffen, weil ihnen Entwicklungs-, Teilnahme- und Integrationsperspektiven genommen werden. Dies birgt die Gefahr, dass Jugendliche im Verdrängungswettbewerb zur Bestätigung und Verfestigung der eigenen sozialen Situation in der Gesellschaft ausgegrenzt werden. Vor diesem Hintergrund sind »Bildung, Ausbildung, Beschäftigung und die entsprechende Unterstützung in Übergangssituationen so zu gestalten, dass sie der biographischen Heterogenität der Jugendlichen entspricht und dabei keine soziale Benachteiligung (re-)produziert. Dazu bedarf es einer Vielfalt von ganz verschiedenen Angeboten und Projekten, die im Zusammenspiel eine flexible Struktur ergeben und ausgehend von ihren konkreten biographischen Situationen Jugendlichen die konstruktive Bewältigung von Übergängen und die Suche nach neuen Formen von Arbeit ermöglichen.«

- ***Bildung ist mehr als Schule: Der Jugendverband als wichtiger Bildungsort*** (vgl. Schulze-Krüdener u.a. 2008). Bildung ist der umfassende Prozess der Entwicklung und Entfaltung derjenigen Fähigkeiten, die Jugendliche in die Lage versetzen, zu lernen, Leistungspotentiale zu entwickeln, zu handeln, Probleme zu lösen und Beziehungen zu gestalten. Gelingende Lebensführung und soziale Integration bauen ebenso auf Bildungsprozesse in Familien, der beruflichen Bildung, in der Jugendhilfe auf (und nicht nur in der Schule). Mit je eigenen Zielsetzungen und vielfältigen Inhalten, Methoden und Arbeitsweisen wird auch in den unterschiedlichen Jugendverbänden ein breites Bildungsangebot eröffnet. So ermöglicht der Jugendverband als Bildungsort (1) die Aneignung und die aktive Auseinandersetzung mit kulturellen Errungenschaften, Wissensbeständen und Traditionen; eröffnet (2) Gelegenheit, das junge Menschen Anschluss an die Gesellschaft finden und dort integriert werden und schließlich fördert der Jugendverband als Bildungsort (3) die Entwicklung einer selbstbestimmten Form der Lebensführung und damit der Identitätsfindung. Unabhängig hiervon ist eine übergreifende Verknüpfung der unterschiedlichen Bildungsinstitutionen – also auch der Schule – auf gleicher Augenhöhe der Partner erforderlich. Ein Schlüsselwort dieses umfassenden Bildungsverständnisses ist Ganztagsbildung.

- ***Die heutigen Jugendlichen sind politikabstinent*** (vgl. Hurrelmann 2008). Das jugendliche politische Interesse und die (verfasste) politische Partizipation klaffen immer weiter auseinander. Politisches Engagement ist den meisten zu lang, zu mühsam und zu aussichtslos. Die Bereitschaft zum Sich-Engagieren ist daran gebunden, dass das Mitmachen einen unmittelbaren Effekt erbringt, der nach eigenen Maßstäben nützlich ist. Von der großen Mehrheit der Jugendlichen wird Demokratie als Staats- und Gesellschaftsform befürwortet, aber zugleich ist eine »beunruhigend« große Distanz zur traditionellen Politik zu beobachten. Ausländerfeindlichkeit, Antisemitismus und Rechtsextremismus prägen das Weltwelt einer Minderheit von Jugendlichen (vgl. Kriminologisches Forschungsinstitut Niedersachsen 2009).
- ***Gewalttätige und gewaltbereite Jugendliche stellen eine marginale Gruppe dar*** (vgl. Kriminologisches Forschungsinstitut Niedersachsen 2009). Die Entwicklung der Jugendgewalt zeigt seit 1998 insgesamt eine rückläufige Tendenz. Meist sind jugendliche Gewalttäter zuvor in ihrer Biographie, meist als Kinder in der Herkunftsfamilie, Opfer von Gewalt gewesen. Personale Gewalt – so die mittlerweile wohl konsensfähige Erkenntnis – ist in der Regel eine Reaktion auf Ungleichheiten und Ungerechtigkeiten, Diskriminierungen, Stigmatisierungen und Exklusionen. Dies vermag auch mit zu erklären, warum Jugendliche mit Migrationshintergrund häufiger Gewalttaten begehen als deutsche Jugendliche. Fest steht, dass Gewalt zunehmend ethnisiert, sozial-familiär und durch die Mitgliedschaft in einer devianzgeneigten Gleichaltrigengruppe verstärkt wird (vgl. Griese 2007, S. 167f.).
- ***Die (neuen) Medien spielen eine immer größer werdende Rolle für heutige Jugendliche*** (vgl. **Nadia Kutscher**, in diesem Band). Die Jugend heute wird vielfach als »die Mediengeneration schlechthin charakterisiert«, anderenorts aber auch als eine »durch das jugendliche Medienhandeln gefährdete bzw. gefährdende Generation«. Unbestritten und weithin beobachtbar ist, dass der jugendliche Alltag von medialen Bezügen mitkonstituiert ist, wobei die jeweiligen Nutzungsweisen vom »qualifikatorischen Bildungskontext« abhängen. Die unterschiedlichen Prozesse der Medienaneignung finden in den Sozialisationsfeldern Familie, Peers, Jugendhilfe und Schule statt: »Diese sind jeweils beeinflusst durch die Rahmenbedingungen, institutionellen Ausrichtungen und Funktionen der jeweiligen Aneignungsräume sowie die sich darin realisierenden sozialen Beziehungen.« Generell ist zu konstatieren, dass das

»Medienhandeln von Jugendlichen in alltagsbezogenen Anerkennungsstrukturen und lebensweltlichen Relevanzen eingebettet ist.«

- ***Die diversen, nicht überschaubaren Jugendkulturen sind lebensweltliche Praxen und Lebensstile, die sich grenzüberschreitend ausbreiten*** (vgl. **Benno Hafeneger**, in diesem Band). Die gleichaltrigen Gesellungsformen besitzen im Alltag der jungen Generation nach wie vor einen hohen Stellenwert. Jugendkulturen sind Gleichaltigenräume und »Orte, um sich zu erproben, darzustellen, Selbständigkeit auszuleben, sich widerzuspiegeln, zu protestieren, Übergänge und Krisen zu bewältigen, sich auszutauschen, um Körperlichkeit und Erotik, politisch-kulturelle Orientierung und Beziehungen leben zu können.« In dieser Situation stellen Jugendkulturen immer auch ein »Stück Verortung, Sicherheit und Heimat« dar, die sich in immer schnelleren Rhythmen als populäre, urban-globale »In-Kulturen« deuten lassen und als kulturelle Produktivkraft beschleunigend auf den Globalisierungsprozess wirken.
- ***Formen und Felder jugendlicher Brauchinszenierung sind eine oft übersehene, bisweilen ignorierte Facette des heutigen jugendkulturellen Jugendlebens*** (vgl. Schulze-Krüdener 2009). (Regionale) Jugendbräuche mit historischen Wurzeln oder alten Traditionen wie Mailehenversteigerung, Schariwari, Misrule, Pfingstquak, Laxemkochen, Martinsfeuer, Fastnacht, Schützenfest, Kirchweih usw. sind weder überholt, antiquiert noch rückwärtsgewandt, sondern gehören zum Jugendalltag und sind ein relevanter Teil im Ensemble jugendeigener Kommunikations-, Gruppen- und Erlebnismuster. In dieser Situation erhalten kulturelle Praxisformen – wobei jeder Ort und jede Gemeinde eigene Namen und Formen entwickelt haben – ihre identitätsstiftende Funktion und verschaffen den Jugendlichen nicht nur einen Experimentierraum zur Selbstinszenierung, Selbstgestaltung und Selbstfindung, sondern zudem ein Selbstbehauptungs- und Abgrenzungspotential. Jugendbräuche sind Ressource und Aktionsfeld jugendkultureller Selbststilisierung, Vergemeinschaftung und Praxis.
- ***Das gesunde Aufwachsen von Jugendlichen heute ist eine gesellschaftliche Herausforderung, da wachsende materielle Ungleichverteilung eine gesundheitliche Ungleichheit forciert*** (vgl. **Hans Günther Homfeldt**, in diesem Band). Die Gesundheit von Jugendlichen steht erst seit geraumer Zeit im Fokus der Aufmerksamkeit, denn landläufig galt die Jugend als eine besonders gesunde Altersgruppe. Mittlerweile ist aber auch empirisch gut belegt, dass soziale Determinanten wie die Lebensbedingungen (Armut, Bildungsdefizite, Arbeitslosigkeit, schlechte Wohnverhältnisse) und Faktoren des persönlichen Lebensstils (Rauchen, Ernährung, Sport, Alkohol etc.), aber auch soziale Klasse, Geschlecht und Ethnizität Einflussgrößen für den Gesundheitszustand von Jugendlichen wie auch für die gesundheitliche Ungleichheit sind. Hierbei zeigt sich, dass diese sozialen Einflussgrößen in der Jugend im Sinne

einer »transitorischen Identitätsentwicklung« für die nachfolgenden Lebensphasen und damit zugleich für die gesundheitliche Entwicklung im weiteren Lebensverlauf »von prägender Bedeutung« sind. Deutlich wird aber auch, dass im Jugendalter das Geschlecht eine differenzierende Variable ist und differente somatische Kulturen bei weiblichen und männlichen Kulturen auszumachen sind: So geht beispielsweise der Trend dahin, dass Jungen bis zur Pubertät mehr gesundheitliche Probleme als Mädchen haben, danach kehrt sich dieser Trend um.

- ***Für das Jugendalter typisch ist die Aufgabe, sich mit dem sexuell gewordenen geschlechtlichen Körper zu befassen*** (vgl. **Barbara Rendtorff**, in diesem Band). Das heißt vor allem, dass die Jugendlichen die (beginnenden) körperlichen Veränderungen in ihr eigenes Selbstbild übernehmen müssen. Bei der »körperlichen Sorge«, etwa in Bezug auf das Erleben des sexuell werdenden Körpers, auf Aussehen und Attraktivität oder auf sexuelle Beziehungen und Praktiken existieren eine Vielzahl von auffälligen Differenzen zwischen weiblichen und männlichen Jugendlichen, die in der Mehrheit als »Folgen persistenter gesellschaftlicher Konventionen« gedeutet werden müssen, aber auch auf die »unterschiedliche Körperausstattung« zurückzuführen sind. Typisch für das Jugendalter sind auch sogenannte riskante Praktiken, mit denen der »Körper gefordert, ausgetestet, manchmal sogar aufs Spiel gesetzt wird«: Beispiele hierfür sind das selbstschädigende, autoagressive Verhalten, Essstörungen oder andere auffällige Störungen wie Alkohol- oder Drogenprobleme.
- ***Die sportliche Betätigung Jugendlicher, der Umgang mit ihrem Körper und Bewegung ist ein für die Moderne typischer Trend*** (vgl. Schulze-Krüdener 1999). Für viele Jugendliche zählt der Sport zu den Selbstverständlichkeiten im Alltag und ist zur „jugendspezifischen Alltagsnorm“ (Zinnecker 1989, S. 136) geworden. Unter den jugendlichen Freizeitaktivitäten nehmen sportive Praxen die dominierende Stellung ein und stehen im Zentrum ihrer Bewegungskultur. Im Zuge des steigenden Interesses an körperlicher Betätigung und Inszenierungen des Körpers haben Körpererfahrungen auf der Suche nach personaler und sozialer Identität an Gewicht gewonnen (vgl. Schliermann/Stoll 2008), sind ein wichtiges Symbol der Selbstvergewisserung und werden auch als Statussymbol zur sozialen Platzierung eingesetzt.

Mit Blick auf diese (und weitere) Trends der Jugendforschung liegen eine Reihe von Jugendbildern vor, die teilweise auch normative Setzungen über Jugend (etwa Sehnsucht nach, hochfliegende Erwartungen an und Angst vor Jugend; Jugend als Unreife, Gefährdung und Bedrohung; Jugendbilder zwischen Krisendiagnosen und Erlösungsversprechen) beinhalten (bzw. verfolgen). Weiteres kommt hinzu: Die sich wandelnden Jugendbilder (auch Mädchen-/Jungenbilder) „werden von der Gesellschaft, den Medien und auch den Jugendlichen selbst produziert; haben lange Tradierungen und kommen neu auf den Markt. Die Bilder zeigen immer auch, wie eine Gesellschaft mit ihrer Jugend umgeht bzw. über die junge Generation denkt und auch, wie eine Jugend mit sich und der Welt umgeht bzw. über sich denkt“ (Hafeneger 2007, S. 38). Um nur einige solcher Bilder der Jugend zu nennen, die in ihrer verallgemeinernden Weise die unterschiedlichen Lebenswelten und Lebensprobleme der Jugendlichen eher zudecken als aufschließen:

- Jugend als »Problem«, als »zu erziehende Größe«, als »Moratorium«, als »Ergebnis der Verhältnisse«, als »Entwicklungsaufgabe«, als »Motor für gesellschaftliche Prozess und Kreativität«, als »labile Phase der Identitätsbildung« (vgl. Sander/Volbrecht 2000a, S. 9).
- Jugend als »Hoffnungsträger«, als »Gefahr und Gefährdung«, als »Erziehungsobjekt«, als »Partner« (vgl. Hafeneger 1995).
- Jugend als »action-and-fun-Jugendlicher«, als »rechtsradikaler Gewaltjugendlicher«, als »Opfer gesellschaftlicher Verhältnisse«, als »Mehrheitsjugendlicher« (vgl. Griese 2007, S. 14).

Auch wenn die Jugendphase „ihre traditionelle Gestalt und Selbstverständlichkeit als festumrissener und geregelter Übergangsstatus in die Erwachsenenwelt eingebüßt hat“ (Ferchhoff 2007, S. 15), ist es zu Beginn des 21. Jahrhunderts fahrlässig und falsch, vom »Verschwinden der Jugend« als kulturelles und soziales Phänomen oder vom »Ende der Lebensphase Jugend« zu sprechen. Nichtsdestotrotz sind doch „neue Mischungen und Durchdringungen (zu) beobachten, die das Jugendalter gegenwärtig charakterisieren. Allen voran wird das Verhältnis von Arbeit, Bildung und Alltagsleben ... neu sortiert“ (Schröer 2006, S. 31). Jugend ist zu Beginn des 21. Jahrhunderts mit sozialen Problemen wie Arbeitslosigkeit, Ausbildungsplatznot, Konkurrenzdruck massiv konfrontiert oder wie es bereits die 12. Shell-Jugendstudie (1997) mit dem legendär gewordenen Satz »Die gesellschaftliche Krise hat die Jugend erreicht« auf den Punkt gebracht hat.

Weithin beobachtbar ist, dass aus dem Strukturwandel der Arbeitsgesellschaft für die Soziale Arbeit massive An- und Herausforderungen erwachsen. Auch die »Entwertungstendenzen der Jugend« ziehen die Soziale Arbeit in ihren Bann. Die Soziale Arbeit „galt über viele Jahre als Anwalt der Jugend im Interesse einer Neugestaltung von Gesellschaft. Sie sollte die sozialen Räume öffnen, die die Jugendlichen benötigen, um ihren Eintritt in die öffentliche Sphäre der Gesellschaft nicht in den ausgetretenen Wegen der Vorgängergenerationen machen zu müssen. Längst wird der sozialpädagogische Anspruch reduziert; sie wird primär zuständig für diejenigen Kinder, die den »positionalen Wettbewerb« nicht entsprechend bewältigen und hat sich um die privaten Verhältnisse zu kümmern, in denen die Kinder gemäß ihrer Fähigkeiten gefördert werden“ (Böhnisch/Schröer/Thiersch 2005, S. 141). Dieser Neuvermessung entsprechend dreht sich die öffentliche und (bildungs-)politische Aufmerksamkeit im wachsenden Umfang weg von der Jugendphase hin zu einer sozialräumlichen Infrastruktur für Kinder. Damit einher geht, dass ein eher positives Jugendbild immer weniger existiert und sich der Blick auf die Jugend wieder weitaus stärker auf die sozialen Risiko- und Gefährdungszonen von Jugend fokussiert. Die letzten Shell-Jugendstudien zeigen, dass die allermeisten Jugendlichen mit ihrem Lebensabschnitt, der sich durch ein sehr hohes Ausmaß von Lebenskunst und eine ausgeklügelte Strategie der Lebensführung auszeichnet, klar kommen. Aber eine groß gewordene Gruppe von 35 bis 40 Prozent hat bei der alltäglichen Lebensbewältigung erhebliche Schwierigkeiten und benötigt Hilfe und Unterstützung (vgl. Hurrelmann 2008, S. 301). Programme unter dem Etikett »Fördern und Fordern« etwa zur Bekämpfung von Jugendarbeitslosigkeit oder der Ausbau der »Hilfen zur Erziehung« usw. folgen letztlich diesem Trend.

Die massiv individualisierende Formel »Fördern und Fordern« hat dazu geführt (vgl. **Mike Seckinger** und **Eric van Santen**, in diesem Band), dass Unterstützungs- und Förderungsbedürfnisse nicht mehr im Kontext von vorhandenen Ungleichheitsbedingungen betrachtet werden und etwa im Arbeitsfeld der Jugendberufshilfe ein Rückzug der Jugendhilfe festzustellen ist. Auch weitere Veränderungen sind in der Jugendhilfe weithin beobachtbar, die eng mit der bereits erwähnten aktuellen Fokussierung der Kinder- und Jugendhilfe auf die Förderung und Unterstützung von Kindern (und mit den Tendenzen einer »Entgrenzung der Jugend«) verbunden sind. Diese Neujustierung der Jugendhilfe vernachlässigt nämlich, dass »es spezifische Ursachen für einen Bedarf an Jugendhilfeleistungen im Jugendalter gibt und gesellschaftlich-bedingte Benachteilungen durch Jugendhilfeaktivitäten oftmals nicht beendet, sondern lediglich teilweise kompensiert werden können, was wiederum ein Fortbestehen des Bedarfs bedeutet. Kinder als Opfer ihres sozialen und gesellschaftlichen Umfeldes können sich als schutzbedürftige Kinder der Sympathie der Öffentlichkeit sicher sein. Werden sie jedoch älter und fangen an, sich in ihrem privaten, sozialen und gesellschaftlichen Umfeld gegen eben diese Verhältnisse zu wehren, können sie fest mit einer Verurteilung dieses Verhaltens von Seiten der Öffentlichkeit rechnen. Mit steigendem Alter werden also die Opfer zu Tätern umdefiniert. Die Jugend muss sich für ihr Verhalten rechtfertigen und ihre Eltern werden dann mit der Frage konfrontiert, warum sie nicht in der Lage waren oder sind, ihre Kinder zu erziehen.« Im Sog solcher Deutungshoheiten lässt sich dann auch erklären, warum zunehmend nicht mehr nur die Jugendlichen selbst von den Angeboten der Jugendarbeit profitieren sollen, sondern die Gesellschaft als Ganzes.

Unbestritten ist, dass das Lebensalter Jugend eine zentrale Bedingung des Aufwachsens in modernen Gesellschaften ist (vgl. Andresen 2005, S. 9). Hat sich in einer Situation, in der die Jugend heute nunmehr im Schattenfeld des sozialpolitischen Interesses stehen muss, die Jugend zu Beginn des 21. Jahrhunderts vom historischen »Zufallsprodukt« (vgl. Zinnecker 2004, S. 490), dass »zur selben Zeit wie die Dampfmaschine erfunden wurde« (vgl. Herrmann 1982, S. 16), über die Jugend als »Frühwarnsystem«, »Seismograph«, »Spiegel« der Gesellschaft (vgl. Griese 2007, S. 11) zu einer Jugend entwickelt, die »vom Fokus an den Rand« gedrängt wird?

Für Jürgen Blandow (2008, S. 146f.) ist und bleibt Jugend bereits – „fast qua Definition – eine Herausforderung. Für die Jugendlichen selbst, für ihre Eltern, für (sozial-)pädagogische Institutionen. Es gilt, die Gegenwart zu gestalten und Entwicklungsprobleme auf dem Weg zum Erwachsenenwerden zu bewältigen, es muss gelernt werden zu begleiten und schließlich loszulassen und die nachwachsende Generation ist in die Geschichte der Gesellschaft aufzunehmen, damit sie die Zukunft gestalten kann. (...) Die wichtigste Herausforderung für Sozialpädagogik und Sozialarbeit liegt darin, sich ihrer Verantwortung für die nachwachsende Generation zu stellen und sich dort einzumischen, wo Ungerechtigkeit und Ausgrenzung dem entgegen stehen." Auf diesem Hintergrund besteht Einigkeit darüber, dass das Lebensalter der Jugend zu den „Klassikern des sozialpädagogischen Engagements" (Hanses/Homfeldt 2009, S. 151) gehört und die sozialpädagogische Beschäftigung mit dem Lebensalter Jugend stets eine Doppelperspektive erfordert: Die Analyse der Charakteristika dieser Lebensphase als auch die Veränderungen in den Lebensverläufen und Lebensentwürfen (vgl. Hanses/Homfeldt 2008, S. 2). Um dieses zu gewährleisten, hat die zukünftige Jugendforschung nicht einzig aufzuzeigen, wie Jugend zu sein hat, sondern hat den jugendlichen Alltag, ihre Lebensstile, Ausdrucksformen, Orientierungen, Lebensentwürfe, Biographien etc. zu erfassen und die Besonderheiten dieser Lebensphase zu deuten (vgl. Göppel 2005). Aufgabe für die Fachkräfte der Sozialen Arbeit, die viele Jugendliche durch die lange Phase des Jungseins begleiten und an denen sich die Jugendlichen reiben, mit denen sie sich streiten und auseinandersetzen, ist es, ihren Blick noch intensiver auf die Jugendlichen selbst zu richten. Soziale Arbeit hat Antworten zu finden, wie sie Strukturen der Ungerechtigkeiten bekämpft, Ausgrenzung skandalisiert und Bildungsprozesse angesichts der Vergesellschaftsformen von Jugend im 21. Jahrhundert überhaupt möglich macht (vgl. Schröer 2002, S. 83). Dies kann aber nur umgesetzt werden, wenn Soziale Arbeit es versteht, die Befunde der Jugendforschung ins sozialpädagogische »Denken und Handeln« zu integrieren und eine »Soziale Arbeit des Jugendalters« weiter vorantreibt. Und schlussendlich: Jugend ist immer so gut auf die Zukunft vorbereitet, wie es ihnen die Gesellschaft gestattet.

Trier, im April 2009

Literatur

Abels, H. (2000): Die »Jugend« der Soziologie. In: Sander, U./Vollbrecht, R. (2000): Jugend im 20. Jahrhundert. Sichtweisen – Orientierungen – Risiken. Neuwied u. a.: Luchterhand, S. 75–100

Abels, H. u. a. (2008): Lebensphasen. Eine Einführung. Wiesbaden: VS Verlag

Andresen, S. (2005): Einführung in die Jugendforschung. Darmstadt: Wissenschaftliche Buchgesellschaft

Benz, U. (2003): Verlust, Trauer, Neuanfang. Schwierigkeiten der Adoleszenz für Jugendliche und Erwachsene. In: Dies./Benz, W. (Hrsg.): Jugend in Deutschland. Opposition, Krisen und Radikalismus zwischen den Generationen. München: dtv, S. 13–27

Bertelsmann-Stiftung (2007): Jugendliche aus Sicht der Erwachsenen. Eine Untersuchung der Bertelsmann Stiftung in Kooperation mit Prof. Dr. Dr. Helmut Schneider. Gütersloh

Bingel, G./Nordmann, A./Münchmeier, R. (Hrsg.): (2008): Die Gesellschaft und ihre Jugend. Strukturbedingungen jugendlicher Lebenslagen. Opladen & Farmington Hills: Verlag Barbara Budrich

Blandow, J. (2008): Jugend. In: Hanses, A./Homfeldt, H.G: (Hrsg.): Lebensalter und Soziale Arbeit. Bd. 1: Eine Einführung. Baltsmannsweiler: Schneider Verlag, S. 131–151

Böhnisch, L. (1992): Sozialpädagogik des Kindes- und Jugendalters. Eine Einführung. Weinheim/München: Juventa

Böhnisch, L. (2005): Sozialpädagogik der Lebensalter. Eine Einführung. 4., überarb. Auflage. Weinheim/München: Juventa

Böhnisch, L./Schröer, W./Thiersch, H. (2005): Sozialpädagogisches Denken. Wege zu einer Neubestimmung. Weinheim/München: Juventa

Breitenbach, E. (2008): Wege durch die Adoleszenz. Mädchenfreundschaften als zentrale weibliche Beziehungspraxis. In: Rendtorff, B./Burckhardt, S. (Hrsg.): Schule, Jugend und Gesellschaft. Ein Studienbuch zur Pädagogik der Sekundarstufe. Stuttgart: Kohlhammer, S. 132–143

Brumlik, M. (2008): Ab nach Sibirien? Wie gefährlich ist unsere Jugend? Weinheim/Basel: Beltz

Bueb, B. (2006): Lob der Disziplin. Eine Streitschrift. 7. Aufl. Berlin: Ullstein Buchverlage

Dawirs, R.R./Moll, G.H. (2009): Die Pubertät ist anstrengend. Aber ein kultureller Glücksfall. Das Problem sind nicht die Kinder – sondern die Eltern. In: chrismon. Ausgabe von 02.2009, S. 30–31

Die Jugend von heute. The Youth of Today (2006). Hrsg. von der Schirn Kunsthalle Frankfurt: Verlag der Buchhandlung Walther König

Dudek, P. (2002): Geschichte der Jugend. In: Krüger, H.-H./Grunert, C. (Hrsg.): Handbuch Kindheits- und Jugendforschung. Opladen: Leske + Budrich, S. 333–349

Druyen, T. (2005): Die große Alterswende. In: Aus Politik und Zeitgeschichte. H. 49-50, S. 17–25

Elwert, G. (1998): Kein Platz für Junge Wilde. In: Die Zeit. Ausgabe vom 26. März 1998, S. 51

Endepohls, M. (1995): Lebensphasen im Wandel. Alltagspsychologische Definitionen des Jugend- und Erwachsenenalters. Diss. Bonn

Farin, K. (2006): Jugendkulturen in Deutschland 1950–1989. Bonn: Bundeszentrale für politische Bildung

Fend, H. (1988): Sozialgeschichte des Aufwachsens. Bedingungen des Aufwachsens und Jugendgestalten im zwanzigsten Jahrhundert. Frankfurt/Main: suhrkamp

Fend, H. (2000): Entwicklungspsychologie des Jugendalters. Opladen: Leske + Budrich

Ferchhoff, W. (2000): Die »Jugend« der Pädagogik. In: Sander, U./Vollbrecht, R. (2000): Jugend im 20. Jahrhundert. Sichtweisen – Orientierungen – Risiken. Neuwied u.a.: Luchterhand, S. 32–74

Ferchhoff, W. (2007): Jugend und Jugendkulturen im 21. Jahrhundert. Lebensformen und Lebensstile. Wiesbaden: VS Verlag

Gillis, J.R. (1980): Geschichte der Jugend. Traditionen und Wandel im Verhältnis der Altersgruppen und Generationen in Europa von der zweiten Hälfte des 18. Jahrhunderts bis zur Gegenwart. Weinheim/Basel: Beltz

Göppel, R. (2005): Das Jugendalter. Entwicklungsaufgaben – Entwicklungslinien – Bewältigungsformen. Stuttgart: Kohlhammer

Griese, H.M. (Hrsg.) (2000): Übergangsrituale im Jugendalter. Jugendweihe, Konfirmation, Firmung und Alternativen: Positionen und Perspektiven am „runden Tisch". Münster u. a.: Lit

Griese, H.M. (2007): Aktuelle Jugendforschung und klassische Jugendtheorien. Ein Modul für erziehungs- und sozialwissenschaftliche Studiengänge. Berlin: Lit

Grunert, C./Krüger, H.-H. (2000): Zum Wandel der Jugendbiographien im 20. Jahrhundert. In: Sander, U./Vollbrecht, R. (2000): Jugend im 20. Jahrhundert. Sichtweisen – Orientierungen – Risiken. Neuwied u. a.: Luchterhand, S. 192–210

Hafeneger, B. (1995): Jugendbilder. Zwischen Hoffnung, Kontrolle, Erziehung und Dialog. Opladen: Leske + Budrich

Hafeneger, B. (2007): Die Zukunft der Jugend. Zwischen Schule, Ausbildung und Freizeit. In: Der Pädagogische Blick. H. 1, S. 36–45

Hanses, A./Homfeldt, H.G. (2008): Zur Einführung. In: Dies. (Hrsg.): Lebensalter und Soziale Arbeit. Bd. 1: Eine Einführung. Baltmannsweiler: Schneider Verlag, S. 1–4

Hanses, A./Homfeldt, H. G. (2009): Biografisierung der Lebensalter in Zeiten eines sich transformierenden Wohlfahrtsstaates. Herausforderung und Optionen für die Soziale Arbeit. In: Kessl, F./Otto, H.-U. (Hrsg.): Soziale Arbeit ohne Wohlfahrtsstaat. Zeitdiagnosen, Problematisierungen und Perspektiven. Weinheim/München, S. 149–164

Herrmann, U. (1982): Was heißt „Jugend". Jugendkonzeptionen in der deutschen Sozialgeschichte. In: Ders. (Hrsg.): Jugend. Jugendproblem. Jugendprotest. Stuttgart u. a.: Kohlhammer, S. 11–27

Hofstätter, P.R. (1981): Jugend zwischen Revolte und Anpassung. Köln

Horn, K.-P. (1998): Was ist denn eigentlich die Jugend? Moderne Fragen und vormoderne Antworten. In: Ders./Christes, J./Parmentier, M. (Hrsg.): Jugend in der Vormoderne. Annäherungen an ein bildungshistorisches Thema. Köln u. a.: Böhlau, S. 1–20

Horn, K.-P./Christes, J./Parmentier, M. (Hrsg.) (1998): Jugend in der Vormoderne. Annäherungen an ein bildungshistorisches Thema. Köln u. a.: Böhlau

Hornstein, W. (1965): Vom „jungen Herrn" zum „hoffnungsvollen Jüngling". Wandlungen des Jugendlebens im 18. Jahrhundert. Heidelberg: Quelle & Meyer

Hornstein, W. u. a. (1981): Jugend ohne Orientierung. Zur Sinnkrise der gegenwärtigen Gesellschaft. Weinheim/Basel: Beltz

Hornstein, W. (1985): Jugendforschung – kennt sie die Jugend. In: Deutsches Jugendinstitut (Hrsg.): Immer diese Jugend! Ein zeitgeschichtliches Mosaik. 1945 bis heute. München: Kösel-Verlag, S. 351–362

Hornstein, W./Thole, W: (2008): Jugend. In: Kreft, D./Mielenz, I. (Hrsg.): Wörterbuch Soziale Arbeit. Aufgaben, Praxisfelder, Begriffe und Methoden der Sozialarbeit und Sozialpädagogik. 6., überarb. u. akt. Aufl., Weinheim/München: Juventa, S. 451–455

Hurrelmann, K. (2007): Lebensphase Jugend. Eine Einführung in die sozialwissenschaftliche Jugendforschung. 9., aktual. Aufl. Weinheim/München: Juventa

Hurrelmann, K. (2008): Jugendliche 2008. Sind sie auf die Zukunft vorbereitet? In: deutsche jugend, H. 7-8, S. 301–307

Ittel, A./Merkens, H. (Hrsg.) (2006): Interdisziplinäre Jugendforschung. Jugendliche zwischen Familie, Freunden und Feinden. Wiesbaden: VS Verlag

Jaide, W. (1961): Die neue Generation. Eine Untersuchung über Werthaltungen und Leitbilder der Jugendlichen. München: Juventa

Jugendwerk der Deutschen Shell (1982). Jugend '81. Lebensentwürfe, Alltagskulturen, Zukunftsbilder. Bd. 1. Hamburg

Keupp, H. (2002): Identitätskonstruktionen. Das Patchwork der Identitäten in der Spätmoderne. Reinbek: Rowohlt

Kohli, M. (1978): Erwartungen an eine Soziologie des Lebenslaufs. In: Ders. (Hrsg.): Soziologie des Lebenslaufs. Darmstadt/Neuwied: Luchterhand, S. 9–31

Kriminologisches Forschungsinstitut Niedersachsen e.V. (2009): Jugendliche in Deutschland als Opfer und Täter von Gewalt. Erster Forschungsbericht zum gemeinsamen Forschungsprojekt des Bundesministeriums des Innern und des KFN. Hannover

Krüger, H.-H./Grunert, C. (Hrsg.) (2002): Handbuch Kindheits- und Jugendforschung. Opladen: Leske + Budrich

Krüger, H.-H./Grunert, C. (2002a): Geschichte und Perspektiven der Kindheits- und Jugendforschung. In: Dies. (Hrsg.): Handbuch Kindheits- und Jugendforschung. Opladen: Leske + Budrich, S. 11–39

Lenz, K. (1988): Die vielen Gesichter Jugend. Jugendliche Handlungstypen in biographischen Portraits. Frankfurt/New York: Campus

Lenz, K. (1998): Zur Biografisierung der Jugend. Befunde und Konsequenzen. In: Böhnisch, L./Rudolph, M./Wolf, B. (Hrsg.): Jugendarbeit als Lebensort. Jugendpädagogische Orientierungen zwischen Offenheit und Halt. Weinheim/München: Juventa, S. 51–74

Lenz, K./Nestmann, F. (Hrsg.) (2009): Handbuch Persönliche Beziehungen. Weinheim/ München: Juventa

Lüscher, K./Liegle, L. (2003): Generationenbeziehungen in Familie und Gesellschaft. Konstanz: UVK Verlagsgesellschaft

Mansel, J./Kahlert, H. (Hrsg.) (2007): Arbeit und Identität im Jugendalter. Die Auswirkungen der gesellschaftlichen Strukturkrise auf Sozialisation. Weinheim/München: Juventa

Markefka, M./Nave-Herz, R. (Hrsg.) (1989): Handbuch der Familien- und Jugendforschung. Bd. 2: Jugendforschung. Neuwied/Frankfurt am Main: Luchterhand

Marotzki, W./Nohl, A.-M./Ortlepp, W. (2006): Einführung in die Erziehungswissenschaft. Opladen & Farmington Hills: Verlag Barbara Budrich

Maurer, S. (2008): Geschlecht. In: Hanses, A./Homfeldt, H.G. (Hrsg.): Lebensalter und Soziale Arbeit. Bd. 1: Eine Einführung. Baltmannsweiler: Schneider Verlag, S. 49–63

Mienert, M. (2008): Total Diffus. Erwachsenenwerden in der jugendlichen Gesellschaft. Wiesbaden: VS Verlag

Mittenauer, M. (1986): Sozialgeschichte der Jugend. Frankfurt/Main: suhrkamp

Müller-Bachmann, E. (2002): Jugendkulturen Revisited. Musik- und stilbezogene Vergemeinschaftungsformen (Post-)Adoleszenter im Modernisierungskontext. Münster u. a.: Lit

Münchmeier, R. (1998): „Entstrukturierung" der Jugendphase. Zum Strukturwandel des Aufwachsens und zu den Konsequenzen für Jugendforschung und Jugendtheorie. In: Aus Politik und Zeitgeschichte. H. 31, S. 3–13

Oerter, R./Dreher, E. (2002): Jugendalter. In: Ders./Montada, L. (Hrsg.): Entwicklungspsychologie. 5., vollständig überarb. Aufl. Weinheim u. a.: Beltz

Olk, T. (1985): Jugend und gesellschaftliche Differenzierung – Zur Entstrukturierung der Jugendphase. In: Zeitschrift für Pädagogik. 19. Beiheft, S. 290–301

Opaschowski, H.W./Reinhardt, U. (2007): Altersträume. Illusion und Wirklichkeit. Darmstadt: Primus Verlag

Oswald, H. (1994): Der Jugendliche. In: Lenzen, D. (Hrsg.): Erziehungswissenschaft. Ein Grundkurs. Reinbek: Rowohlt, S. 383–405

Peukert, D.J.K. (1986): Grenzen der Sozialdisziplinierung: Aufstieg und Krise der deutschen Jugendfürsorge von 1878 bis 1932. Köln: Bund Verlag

Rendtorff, B./Burckhardt, S. (2008): Teil III: Das Jugendalter. Kurze Einführung in den Themenblock. In: Dies. (Hrsg.): Schule, Jugend und Gesellschaft. Ein Studienbuch zur Pädagogik der Sekundarstufe. Stuttgart: Kohlhammer, S. 95–99

Rosenmayr, L. (1988): Alter und Jugend. Historische Ideen, soziale Realisierung. In: Hoffmann, H. (Hrsg.): Jugendwahn und Altersangst. Frankfurt/Main: Athenäum, S. 41–89

Roth, L. (1983): Die Erfindung des Jugendlichen. München: Juventa

Rousseau, J.-J. (2001): Emile oder Von der Erziehung. 13., unv. Auflage. Paderborn u. a.: Schöningh

Salzberg-Ludwig, K./Grüning, E. (Hrsg.) (2007): Pädagogik für Kinder und Jugendlichen in schwierigen Lern- und Lebenssituationen. Stuttgart: Kohlhammer

Sander, U. (2006): Jugend. In: Krüger, H.-H./Grunert, C. (Hrsg.): Wörterbuch Erziehungswissenschaft. 2., durchgesehene Aufl. Opladen & Farmington Hills. Verlag Barbara Budrich, S. 253–259

Sander, U./Vollbrecht, R. (2000): Jugend im 20. Jahrhundert. In: Dies. (Hrsg.): Jugend im 20. Jahrhundert. Sichtweisen – Orientierungen – Risiken. Neuwied u. a.: Luchterhand, S. 7–30

Sander, U./Vollbrecht, R. (Hrsg.) (2000a): Jugend im 20. Jahrhundert. Sichtweisen – Orientierungen – Risiken. Neuwied u. a.: Luchterhand Jugend im 20. Jahrhundert.

Savage, J. (2008): Teenager. Die Erfindung der Jugend (1875–1945). Frankfurt/New York: Campus

Schäfers, B./Scherr, A. (2005): Jugendsoziologie. Einführung in Grundlagen und Theorien. 8. Aufl. Wiesbaden: VS Verlag

Schäfers, B. (2006): Jugend. In: Ders./Kopp, J. (Hrsg.): Grundbegriffe der Soziologie. 9. Aufl. Wiesbaden: VS Verlag, S. 120–122

Schelsky, H. (1957): Die skeptische Generation. Eine Soziologie der deutschen Jugend. Düsseldorf: Eugen-Diederichs

Scheuch, E. (1975): Die Jugend gibt es nicht. Zur Differenziertheit der Jugend in heutigen Industriegesellschaften. In: von Hentig, H. (Hrsg.): Jugend in der Gesellschaft. Ein Symposium. München: dtv, S. 54–78

Schliermann, R./Stoll, O. (2008): Wirken Sportangebote der Jugendsozialarbeit auf ausgewählte Persönlichkeitsbereiche. In: neue praxis, H. 2, S. 188–200

Schlaffer, H. (2003): Das Alter. Ein Traum von Jugend. Frankfurt: suhrkamp

Schröder, H. (1995): Jugend und Modernisierung. Weinheim/München: Juventa

Schröer, W. (2002): Jugend. In: Ders./Struck, N./Wolff, M. (Hrsg.): Handbuch Kinder- und Jugendhilfe. Weinheim/München: Juventa, S. 81–97

Schröer, W. (2006): Zum „Verschwinden der Jugend." In: sozialextra, H. 2, S. 31–32

Schröer, W./Struck, N./Wolff, M. (Hrsg.) (2002): Handbuch Kinder- und Jugendhilfe. Weinheim/München: Juventa

Schulze-Krüdener, J. (1999): Zur Vernachlässigung des Sports in der Jugendarbeit. In: deutsche jugend, H. 5, S. 219–226

Schulze-Krüdener, J. (2009): Jugendbrauchtum im Blick sozialpädagogischer Ethnografie. Eine Entdeckungsreise in eine wenig beachtete jugendkulturelle Szene. In: Thole, W. u. a. (Hrsg.): Auf unsicherem Terrain. Ethnographische Forschung im Kontext des Bildungs- und Sozialwesens. Wiesbaden: VS Verlag (im Erscheinen)

Schulze-Krüdener, J./Maxmini, N./Seibert, L. (2008): Demografischer Wandel als Herausforderung und Chance für Institutionen und Organisationen der Sozialen Arbeit in der Region Trier. Reihe Wissenschaft und Praxis H. 42, Trier

Schulze-Krüdener, J. u. a. (2008): Die bunte und vielfältige Welt der Pfadfinderinnen und Pfadfinder. Jugendverbandsstudie am Beispiel der Deutschen Pfadfinderschaft Sankt Georg im Bistum Trier. Forschungsendbericht. Ms. Trier

Shell Deutschland (2002): 50 Jahre Shell Jugendstudie. Von Fräuleinwundern bis zu neuen Machern. Ullstein

Speitkamp, W. (1998): Jugend in der Neuzeit. Göttungen: Vandenhoeck & Ruprecht

Spranger, E. (1924): Die Psychologie des Jugendalters. Leipzig

Tamke, F. (2008): Jugenden, soziale Ungleichheit und Werte. Theoretische Zusammenführung und empirische Überprüfung. Wiesbaden: VS Verlag

Vogelgesang, W. (1994): Lebenswelten Jugendlicher im Wandel. In: Hahn, A. (Hrsg.): Grundbegriffe und theoretische Ansätze der Soziologie. unv. Textreader. Trier, S. 1–30

von Bühler, J.-C. (1990): Die gesellschaftliche Konstruktion des Jugendalters. Zur Entstehung der Jugendforschung am Beginn des 20. Jahrhunderts. Weinheim: Deutscher Studien Verlag

von Trotha, T. (1982): Zur Entstehung von Jugend. In: Kölner Zeitschrift für Soziologie und Sozialpsychologie. 34. Jg., S. 254–277

Walla, W./Eggen, B./Lipsinski, H. (2006): Der demografische Wandel. Herausforderungen für Politik und Wirtschaft. Verlag W. Kohlhammer. Stuttgart

Zinnecker, J. (1989): Die Versportung jugendlicher Körper. In: Brettschneider, W.-D./Baur, J./Bräutigam, M. (Hrsg.): Sport im Alltag von Jugendlichen. Sportwissenschaftliche und sozialwissenschaftliche Beiträge. Schorndorf: Verlag Karl Hofmann, S. 133–159

Zinnecker, J. (1991): Jugend als Bildungsmoratorium. Zur Theorie des Wandels der Jugendphase in west- und osteuropäischen Gesellschaften. In: Melzer, W. u. a. (Hrsg.): Osteuropäische Jugend im Wandel. Weinheim/München, S. 9–24

Zinnecker, J. (2003): Jugend als Moratorium. Essay zur Geschichte und Bedeutung eines Forschungskonzepts. In: Reinders, H./Wild, E. (Hrsg.): Jugendzeit – Time Out? Zur Ausgestaltung des Jugendalters als Moratorium. Opladen: Leske + Budrich, S. 37–64

Zinnecker, J. (2004): Jugend. In: Benner, D./Oelkers, J. (Hrsg.): Historisches Wörterbuch der Pädagogik. Weinheim/Basel: Beltz, S. 482–496

Jugend als Lebensalter: Theorien, Sichtweisen, Forschung

ROLF GÖPPEL

Theorie(n) der Jugend: ein Überblick über die Jugenden

1. Jugend im Singular oder im Plural?

Von „Jugenden" im Plural zu sprechen, ist ungewöhnlich und irritierend. Das Textverarbeitungsprogramm, mit dem der vom Herausgeber vorgeschlagene Arbeitstitel für diesen einführenden Beitrag eingetippt wurde, akzeptiert diese Pluralbildung nicht und unterringelt sie auf dem Bildschirm als vermeintlichen orthographischen Fehler rot. Es gibt Wörter in der deutschen Sprache, die im Prinzip nur im Singular vorkommen und keine Pluralbildung zulassen, wie etwa Stolz, Mut, Hass, Treue, Gesundheit, Menschheit, Weiblichkeit, Alter, Kindheit, Jugend ...

Dennoch taucht in den letzten Jahren die Rede von den „Jugenden" im Plural in der Jugenddiskussion sporadisch auf. So enthält etwa Scherrs Band „Soziologische Basics" einen Beitrag zum Stichwort „Jugenden" (Scherr 2006) und jüngst ist von Susanne Tamke der Band „Jugenden, Soziale Ungleichheit und Werte" erschienen. Forsch und eher kontrafaktisch wird dort auf dem Klappentext behauptet: „Die Auffassung von Jugend im Plural ist wissenschaftlicher Konsens. Die sozialstrukturelle Verankerung dieser Pluralität wird in diesem Buch thematisiert. Jugenden werden als Ausdruck sozialer Ungleichheit im Jugendalter verstanden, die über ein mehrdimensionales Konzept der sozialen Lage abgebildet werden können" (Tamke 2008). Dabei hat die Autorin einerseits sicherlich recht, dass es in der Jugendforschung seit langem ein Bewusstsein von der Pluralität der Lebenslagen, der Befindlichkeiten, Probleme und Wertorientierungen bei Jugendlichen und ein entsprechendes Bemühen um differenzierte Beschreibungen gibt, dennoch ist die Rede von den „Jugenden" im Plural auch innerhalb der Sozialwissenschaften keineswegs allgemeiner Konsens. Man kann die Propagierung der Rede von den Jugenden wohl auch als explizite soziologische Kritik gegenüber allen Bemühungen verstehen, so etwas wie eine einheitliche Gesamtkonfiguration „der Jugend" bzw. eine „psychologische Gesamtcharakteristik des Jugendalters" (Spranger 1925) ausmachen zu wollen und damit, bei allen sich wandelnden gesellschaftlichen Einflüssen und Moden, doch so etwas wie einen „natürlichen, reifungsbedingten Wesenskern" der jugendtypischen Phänomene und Probleme zu postulieren. „Jugenden" wäre dann eine soziologische Plural-Kategorie wie etwa „Rollen", „Schichten", „Klassen", „Milieus", „Lebenslagen", etc. – lauter Begriffe zur Beschreibung sozialer Differenzierung, die zunächst rein formal und inhaltlich wandelbar sind und eine nähere Bestimmung erst mit Bezug auf bestimmte Gruppierungen in bestimmten Gesellschaftsformationen erhalten.

Im Hinblick auf *Kindheit* ist diese regelwidrige Pluralbildung inzwischen schon etwas geläufiger. Immerhin gibt es seit geraumer Zeit die angesehene, von Behnken und Zinnecker herausgegebene grüne Juventa-Reihe mit dem Titel „Kindheiten". In jedem Band findet man darin einen knappen Text, der die Programmatik der Reihe erläutert. Darin heißt es u. a.: „Der Titel 'Kindheiten' verweist darauf, daß es um die wissenschaftliche Erschließung von kindlichen Lebenswelten an unterschiedlichen Orten und in verschiedenen Zeiträumen geht. Der Wandel von Kindheit in Lang- und Kurzzeitperspektive interessiert hier ebenso wie der Vergleich soziokultureller Umwelten von Kindern in der Gegenwart. Der Plural bezieht sich auch auf Untersuchungsverfahren, Wissenschaftsdisziplinen und Fragestellungen. Kindheit erscheint in einem anderen Licht, wenn der Darstellung eine Fallstudie oder ein Kindersurvey, eine psychologische oder eine kulturwissenschaftliche Fragestellung zugrunde liegt."

2. Vielfalt der Lebenslagen und Lebensorientierungen im Jugendalter

Es geht also, wenn man dieses Programm auf die hier zur Diskussion stehende Kategorie der *Jugend* transponiert, um eine doppelte Differenzierung: Zum einen um die Verdeutlichung der Tatsache, dass das, was Jugend kennzeichnet, an unterschiedlichen sozialen Orten, in unterschiedlichen Lebenslagen und in unterschiedlichen Zeiträumen sehr verschieden aussehen kann, zum anderen aber auch darum, dass in den verschiedenen Wissenschaften durch die unterschiedlichen theoretischen und methodischen Zugänge durchaus recht differente Bilder von Jugend konstruiert werden, dass dabei jeweils anderes als das Typische, Charakteristische, Entscheidende im Hinblick auf das Jugendalter in den Blick kommt. In erster Hinsicht wären dann u. a. die folgenden Differenzaspekte, -facetten, -dimensionen von Jugend zu thematisieren:

- Männliche Jugend – weibliche Jugend
- Frühes, mittleres, spätes Jugendalter
- Jugend in unterschiedlichen Ländern, Kulturkreisen
- Jugend unterschiedlicher Epochen, unterschiedlicher Jugendgenerationen
- Unterschicht-, Mittelschicht-, Oberschichtjugend
- Gestreckte Jugendphase – verkürzte Jugendphase
- Bürgerliche Jugend – proletarische Jugend – Hartz IV Jugend
- Großstadtjugend, Kleinstadtjugend, Landjugend
- Jugendliche mit/ohne Migrationshintergrund
- Familienjugend – Jugend in sozialpädagogischen Institutionen
- Bildungsferne Jugend – bildungsbeflissene Jugend
- Hauptschuljugend, Berufsschuljugend, gymnasiale Jugend, studentische Jugend

- Christliche, muslimische, areligiöse Jugend
- Linke, rechte, apolitische, entpolitisierte Jugend
- Angepasste, aufmüpfige, idealistische, pragmatische, materialistische Jugend
- Jugendzentrierte Jugend – familienzentrierte Jugend
- Labile, gefährdete, krisenverstrickte Jugend – stabile, ich-starke, selbstbewusste Jugend
- Delinquente, verwahrloste, gewaltbereite Jugend – gesetzeskonforme, leistungsbereite, sozial engagierte Jugend

All diese Dimensionen lassen sich auch noch beliebig kombinieren, so dass man bei entsprechender systematischer Ausdifferenzierung auf eine immense Vielzahl von Unterkategorien käme, in die man die konkret empirisch vorfindbaren Jugendlichen dann einsortieren könnte. Dies macht in jedem Fall deutlich: „Jugend" ist kein monolithischer Block, sondern ein höchst vielgestaltiges, schillerndes Phänomen.

3. Vielfalt der Generationenlabels

Natürlich könnte man bei dem Stichwort „Jugenden" auch und vor allem an die unterschiedlichen „Jugendgenerationen" denken, die von verschiedenen Autoren mit markanten „Generationenlabels" versehen wurden, mittels derer versucht werden sollte, die jeweilige „Generationsgestalt", d.h. das Typische, Spezifische dieser Generation auf den Punkt zu bringen. In diesem Sinne wurden in den letzten fünfzig Jahren etliche Jugendgenerationen beschrieben. Da gab es die „suchende und fragende Generation" der ersten Nachkriegsjahre, ihr folgte dann in den fünfziger Jahren die von Schelsky so bezeichnete „skeptische Generation", die Anfang der sechziger Jahre von der sogenannten „Generation der Unbefangenen" abgelöst wurde. Ein deutlicher Wandel ergab sich dann Ende der 1960er Jahre, als mit Jugendprotest und Studentenunruhen die „kritische Generation" auf den Plan trat. Da sich die großen Hoffnungen auf gesamtgesellschaftliche Umwälzungen, die mit dieser Zeit verbunden waren, doch nicht erfüllten, wurde die nachfolgende Jugendgeneration bisweilen als die „desillusionierte Generation" tituliert. Da es aber dennoch zu vielfältigen Veränderungen im Generationenverhältnis und im Lebensstil gekommen war, war auch von der „alternativen Generation" die Rede. Anfang der achtziger Jahre gab es noch eine heftige Debatte um die „Null-Bock-Generation" einerseits, um den so genannten „Neuen Sozialisationstypus" andererseits, d.h. um die Frage, ob sich die neue Jugendgeneration durch einen verstärkten Narzissmus, eine ausgeprägte Selbstbezogenheit und Verletzlichkeit, durch das Ausweichen vor Sachanforderungen und durch symbiotische Verschmelzungswünsche von früheren Jugendgenerationen unterscheide (vgl. Ziehe 1975, Häsing/Stubenrauch/Ziehe 1981). Seitdem haben sich kaum mehr einheitliche Etiketten durchgesetzt, sondern es ist in der Jugendforschung eher von einer „Pluralisierung jugendlicher Lebensformen- und -stile“ die Rede, von Widersprüchen, die die gegenwärtige Jugendsituation kennzeichnen (vgl. Baacke/Heitmeyer 1985, Hornstein 1990), bzw. von der „Jugend zwischen Moderne und Postmoderne“ (Helsper 1991), womit ja auch angedeutet ist, dass es kaum noch einheitliche Konturen gibt. Die zwei empirischen Jugendstudien, die gewissermaßen der ersten Jugendgeneration des neuen Jahrtausends auf den Puls gefühlt haben, haben dagegen wiederum markante Slogans gesucht, um das Gesamtbild ihrer Ergebnisse auf einen Nenner zu bringen. Bei Zinnecker u. a. (2003) lautet dieser „null zoff & voll busy“. Gewissermaßen als Credo dieser Generation gilt nämlich der folgende Satz aus dem Fragebogen, der besonders hohe Zustimmungswerte erfahren hat: „Man sollte sein Leben leben und froh sein, wenn man nicht von außen belästigt wird“. Hurrelmann (2002) hat in der Shell Jugendstudie von 2002 zur Kennzeichnung der aktuellen Jugendgeneration die umstrittene Bezeichnung von den „Ego-Taktikern“ geprägt, um den hohen Grad der Selbstzentriertheit heutiger Jugendlicher auf den Punkt zu bringen.

Auch außerhalb der wissenschaftlichen Jugendforschung haben sich freilich Autoren an der Suche nach prägnanten Generationsbeschreibungen beteiligt: Anfang der neunziger Jahre hat im Gefolge von Douglas Couplands Roman die Rede von der „Generation X“ eine weite Verbreitung gefunden. Dabei bleibt diese Etikette freilich zunächst ziemlich offen und unbestimmt. „X“ steht für eine unbekannte Größe und wurde häufig auch in dem Sinn verwendet, dass die Jugendgeneration der neunziger Jahre sich nicht durch eindeutige Charakteristika beschreiben lässt. Das Buch „Generation Golf“ von Florian Illies (2001), das sich in etwa auf die gleiche Alterskohorte der zwischen 1965 und 1975 Geborenen bezieht, die auch Coupland im Blick hatte, zeichnet für die deutsche Jugendgeneration dieser Zeit freilich ein ganz anderes Bild. Hier ist es eher das verwöhnte Anspruchsdenken, die politische Naivität, die oberflächliche Lebenseinstellung sowie die Lust am Konsum, an der Selbstinszenierung und am schönen Schein, die bei dieser „Generationeninspektion“ als charakteristisch beschrieben werden. Klaus Farin hat mit seinem Buch „generation kick.de“ vor allem die Event-Kultur und die permanente Suche nach aufregenden Erlebnissen, nach stimulierenden Gruppenerfahrungen und nach provozierenden Selbstinszenierungen in den diversen jugendkulturellen Szenen in den Mittelpunkt gerückt (vgl. Farin 2001). Ein weiteres Generationenlabel hat der Freizeitforscher Horst Opaschowski (1999) mit der Bezeichnung „Generation@“ geprägt. Im Zentrum dieser Studie steht die Auswirkung der neuen Medien auf die Alltags- Freizeit- und Kommunikationskultur der heutigen Jugendlichen und jungen Erwachsenen. Dabei wird ein Trend zu distanzierten und eher oberflächlichen Kommunikationsformen deutlich (SMS, Chats, E-Mails, Foren). Es wird vor der Gefahr der Vereinsamung der „Bildschirmmenschen“ gewarnt und vor der Tendenz zur Unverbindlichkeit und zur Beliebigkeit der Lebensstile, davor, dass Menschen sich künftig „durch ihr Leben zappen werden wie heute durch die TV-Kanäle." Eine weitere, in jüngster Zeit, u. a. durch einen entsprechenden Spiegel-Titel populär gewordenes Generationenlabel ist das von der „Generation Praktikum", welches auf die für viele Jugendliche zunehmend schwieriger und langwieriger gewordenen Übergänge vom Ausbildungssektor in den regulären Arbeitsmarkt verweist.

4. Vielfalt der Deutungsperspektiven

Zwar sind diese Generationenlabels durchaus jeweils auch das Resultat einer bestimmten Deutungsperspektive, sie sind aber nicht diese Deutungsperspektive selbst. Die andere naheliegende Differenzierungsmöglichkeit wäre deshalb die nach unterschiedlichen wissenschaftlichen Deutungsperspektiven und methodischen Zugangsweisen und den damit sich jeweils ergebenden unterschiedlichen Vorstellungen davon, was den Kern des Jugendphänomens ausmacht. Im ersten Teil des Buchs „Das Jugendalter – Entwicklungsaufgaben – Entwicklungskrisen – Bewältigungsformen" (Göppel 2005) wurde vom Autor unter dem Titel „Das Jugendalter in unterschiedlichen theoretischen Deutungsperspektiven" in diesem Sinne versucht, einen Überblick über die wichtigsten Zugänge zu geben. Insgesamt werden dort zwanzig verschiedene Betrachtungsweisen unterschieden:

- Jugend als klar definierter Altersabschnitt oder als kaum abgrenzbare Lebensphase?
- Jugend als Geisteshaltung, als lebenslanges Ideal, als Versprechen und als Verklärung
- Jugend als „zweite Geburt"
- Jugend als „Sturm und Drang" und als „Hineinwachsen in die einzelnen Lebensgebiete"
- Jugend als Sehnsucht und als „seelische Ergänzungsbedürftigkeit"
- Jugend als Umstrukturierung libidinöser Besetzungen angesichts der Inzest-Schranke
- Jugend als Kampf um die Herrschaft zwischen Ich und Es
- Jugend als psychosoziales Moratorium und als Ringen um Identität
- Jugend als Suche nach narzisstischer Bestätigung
- Jugend als „Stimmverlust"
- Jugend als Veränderung des Denkstils und als Kompetenzerwerb
- Jugend als Emotionaler Aufruhr und als Bemühen um „Coolness"
- Jugend als Ausdruck eines „Hormonschubes" bzw. eines „Gehirnumbaus"
- Jugend als „Zeitgeistseismograph" und als „gesellschaftliche Avantgarde"
- Jugend als „gesellschaftliches Konstrukt"

- Jugend als Selbstsozialisation und Selbstinitiation
- Jugend als Rebellion und Provokation
- Jugend als Risiko
- Jugend als Verdichtung von „Entwicklungsaufgaben“
- Jugend als ein besonders intensives, subjektiv jedoch höchst unterschiedlich erlebtes Lebensgefühl.

In diesen Formulierungen „Jugend als ...“ wurde einerseits versucht, bestimmte Richtungen der Jugendtheorie zusammenfassend prägnant auf den Punkt zu bringen, andererseits wurden auch einzelne markante Positionen bedeutender Autorinnen und Autoren in dieser Form zu einer entsprechenden Kennzeichnung verdichtet. Dabei wurde weiterhin versucht, eine gewisse Zuordnung zu treffen, indem diese Positionen zu „klassischen“, „psychoanalytischen“, „entwicklungspsychologischen“, „soziologischen“ und „pädagogischen Positionen“ gruppiert wurden. Diese Liste von Betrachtungsperspektiven kann freilich, selbst wenn sie relativ umfangreich geraten ist, keineswegs Anspruch auf Vollständigkeit erheben. Es lassen sich durchaus etliche weitere Konzepte und Leitideen in der entsprechenden Literatur ausfindig machen, die hätten berücksichtigt werden können: Jugend als „Bildungsmoratorium“, als „Statuspassage“, als „generationale Ordnung“, als „altersphasenspezifische Status-Rollen-Konfiguration“, als „Faktor sozialen Wandels“...

5. Vielfalt der methodischen Zugänge

Natürlich ist es auch klar, dass die unterschiedlichen Arten von Fragen, auf die die Jugendforschung Antworten zu geben versucht, auch unterschiedliche methodische Zugangsweisen für eine sinnvolle Beantwortung erforderlich machen. Fragen nach den derzeit vorherrschenden Meinungen, Einstellungen, Werthaltungen, Zukunftserwartungen in der nachwachsenden Generation werden typischerweise durch repräsentative Surveystudien, also durch großangelegte Fragebogenerhebungen angegangen. Andere Fragestellungen, die eher auf die Ursachen und Bedingungen für günstigere und ungünstigere Durchgänge durch das Jugendalter abzielen, erfordern aufwändige Längsschnittstudien, bei denen eine bestimmte Kohorte von Jugendlichen mehrere Jahre hinweg wissenschaftlich begleitet wird. Neben Befragungen, Interviews, Testverfahren, Experimentalsituationen etc., kommen dabei dann bisweilen sogar moderne bildgebende Verfahren zum Einsatz, mittels derer der „Gehirnumbau“ in der Pubertät dokumentiert werden soll. Wieder andere Fragen, bei denen die unterschiedlichen subjektiven Erlebnisweisen und die typischen Identitätsbildungsprozesse Jugendlicher im Vordergrund stehen, sind eher durch narrative und kasuistische Zugänge, bei denen die Betroffenen sich möglichst ausführlich und frei über sich und ihr Leben, ihre Probleme und ihre Ziele äußern können, zugänglich. Eine spezifische

Form der Kasuistik stellen dabei natürlich die Fallbeschreibungen und die damit zusammenhängenden Theoretisierungen dar, die im Zusammenhang mit psychoanalytischer Gesprächssituation entstehen. Um den Besonderheiten des jugendlichen Kommunikations- und Gesellungsverhaltens, den Wandlungen der Jugendsprache und der Jugendkultur, den Sozialprozessen in Cliquen und Szenen wissenschaftlich nachzugehen, sind oftmals teilnehmend beobachtende oder ethnographische Zugänge sinnvoll. Natürlich auch, um kulturvergleichende Betrachtungen über Gestalt und Verlauf des Jugendalters anzustellen. Um Fragen über die historische Genese und Wandelbarkeit des Jugendalters zu beantworten bedarf es häufig der systematischen Analyse bestimmter Bild- und Textdokumente, die darüber Auskunft geben können, wie das Jugendleben in anderen Zeiten beschaffen war, bzw., wenn die historischen „Jugendgestalten", die rekonstruiert werden sollen, nicht so weit zurückliegen, der Befragung von Zeitzeugen, die Auskunft über das Jugendleben in früheren Generationen geben. Für die Beantwortung von Fragen nach den spezifischen Charakteristika des „gesellschaftlichen Teilsegments Jugend", etwa im Hinblick auf die Herausbildung der Konfiguration von Jugend als „Bildungsmoratorium" oder im Hinblick auf die Voraussetzungen für die gelingende Integration Jugendlicher in den ökonomisch-produktiven Sektor und nach den Möglichkeiten der kulturellen, politischen und konsumbezogenen Teilhabe von Jugendlichen, sind in der Regel komplexe Analysen soziodemographischer Daten erforderlich.

6. Was soll, was kann eine „Theorie der Jugend" leisten?

Auf verschiedenen Wegen Daten über verschiedene Aspekte des Jugendalters zu sammeln, führt jedoch noch nicht automatisch zu einer „Theorie der Jugend". Es stellt sich also zunächst die grundlegende Frage, was eine „Theorie der Jugend" bzw. „der Jugenden" überhaupt ist und was sie leisten soll, bzw. wozu sie nützlich sein könnte. Ganz allgemeine gesprochen ist eine Theorie ein zusammenhängendes, in sich möglichst stimmiges Gefüge von Aussagen, das dazu dient, einen bestimmten Ausschnitt der Wirklichkeit besser verstehbar zu machen. „Besser verstehbar zu machen" kann dabei jedoch je nach Wissenschaftstradition und Wissenschaftsverständnis wiederum durchaus Unterschiedliches bedeuten:

- Den Kern einer Sache, das trotz der Vielfalt der phänomenalen Ausprägung Gemeinsame, Einheitliche, Verbindende herauszuschälen,
- das zentrale strukturierende Prinzip, die innere Logik, nach dem etwas aufgebaut ist, zu erläutern,
- die Einordnung bzw. Klassifikation eines Einzelphänomens im Rahmen eines komplexen Ordnungszusammenhangs plausibel zu begründen,

- die Voraussetzungen zu benennen, die für das Eintreten eines bestimmten Zustandes erforderlich sind,
- die Entstehung, die Genese, die Gewordenheit eines bestimmten Zustandes zu rekonstruieren,
- die inneren Zusammenhänge, die Dynamik, die Funktionsprinzipien eines komplexen Systems zu entschlüsseln,
- das Zusammenspiel der Kräfte, Tendenzen, Einflüsse zu beschreiben, die den Verlauf eines Prozesses bestimmen,
- die Gesetzmäßigkeiten, die Determinanten, die kausalen Wirkmechanismen anzugeben, die es gestatten aus dem gegenwärtigen Zustand X auf den künftigen Zustand Y zu schließen, die also eine Prognose künftiger Zustände und Ereignisse ermöglichen,
- die zunächst verborgenen oder widersprüchlich erscheinenden Motive der handelnden Personen zu ergründen und empathisch nachvollziehbar zu machen,
- die unterschwellige symbolische Bedeutung bestimmter Bilder, Darstellungen, Aussagen sichtbar zu machen ...

Hans Oswald (1994, S. 388) hat vor einiger Zeit die allgemeinen „Aufgaben von Theorien des Jugendalter“ folgendermaßen bestimmt: „das gegenwärtige Sosein der Jugendlichen erklären, und zwar (1.) durch vorangegangene Ereignisse, (2.) durch gesellschaftliche Bedingungen und (3.) durch aktive Auseinandersetzungen der Jugendlichen mit diesen Ereignissen und Bedingungen. Zuletzt zielt dies auf eine Erklärung des Ergebnisses, nämlich der künftigen Erwachsenen und ihrer Einordnung in die Gesellschaft.“ Gleichzeitig macht Oswald freilich deutlich, dass die Realisierung dieser anspruchsvollen doppelten Aufgabe von „Erklärung und Prognose“ auf „große Schwierigkeiten“ stößt (ebd.). Er führt diese Schwierigkeiten auf vier Faktoren zurück: Die Tatsache, dass „die Jugend“ eben ein enorm heterogenes Gebilde ist, die Tatsache, dass „die Gesellschaft“, in die hinein die Jugendlichen sich integrieren sollen, auch nichts Statisches, sondern in ständigem Wandel begriffen ist, die Tatsachen weiterhin, dass alle Jugendtheorien in bestimmte Menschenbildannahmen eingelagert sind und dass hier zudem unvermeidlich immer bestimmte Bewertungen mit hineinspielen – etwa wenn in entsprechenden Studien über den Grad der Bewältigung/Nichtbewältigung von bestimmten Entwicklungsaufgaben befunden werden soll. Deshalb kommt er schließlich auch zu dem Fazit, „dass Erklärungen aus allgemeinen Strukturmerkmalen der Gesellschaft in Form gesamtgesellschaftlicher Theorien der Jugend fragwürdig“ seien und er plädiert statt solcher Groß- und Gesamttheorien über die Jugend für „Theorien mittlerer Reichweite, die sich auf Teile der Jugend und Einzelprobleme richten“ (a. a. O., S. 389).

Es wird auch im Folgenden mehr um einen Überblick über eine Vielfalt solcher „Theorien mittlerer Reichweite, die sich auf Teile der Jugend und Einzelprobleme richten“ gehen, sowie um die grundlegenden Fragerichtungen, Konzeptionalisierungsformen und Konstruktionsvarianten, die mit jenen Jugendtheorien gegeben sind, als um „Groß- und Gesamttheorien“. Natürlich kann auf dem begrenzten Raum auch keine differenzierte Entfaltung all der einzelnen theoretischen Zugänge zum „Phänomen Jugend“ oder gar eine ausführliche Darstellung all der konkreten Einzelergebnisse und Erkenntnisse dieser ganz unterschiedlichen theoretischen Zugänge geleistet werden. Doch gerade bei einer solchen Übersicht stellt sich schon das nächste Problem: In welcher Abfolge und Gliederung sollen die einzelnen Ansätze vorgestellt werden? Wie kann man Struktur und Ordnung in dieses komplexe Feld bringen? Wie kann man auf so begrenztem Raum all den vielfältigen konkreten historischen und gegenwärtigen Ausprägungen von Jugend, von Jugendleben, Jugendproblemen und Jugendkultur einerseits und all den unterschiedlichen theoretischen Ansätzen zur Beschreibung und Analyse von Jugend andererseits gerecht werden?

7. Wie lässt sich die Vielfalt der Jugendtheorien sinnvoll ordnen und gliedern?

Wie haben andere Autoren, die versucht haben, solche Überblicksdarstellungen zu geben, das Strukturierungsproblem gelöst? Helmut Fend hat in seiner „Entwicklungspsychologie des Jugendalters“ (Fend 2000) – die ja letztlich mehr ist als eine Entwicklungspsychologie, weil sie durchaus auch die gesellschaftlichen Aspekte des Wandels von Jugend als Generationenzusammenhang thematisiert und zudem Leitlinien einer Pädagogik des Jugendalters formuliert – die berühmten drei „Seinszustände“ aus Pestalozzis „Nachforschungen“ zum Gliederungsprinzip gemacht. Entsprechend ist der erste Teil seines Buches, in dem es primär um die biologischen und reifungsbedingten Aspekte des Heranwachsens geht, mit der Überschrift „Der Jugendliche als Werk der Natur“ versehen, der zweite Teil, in dem es um die historischen Wandlungen der Jugendphänomene geht, ist mit „Der Jugendliche als Werk der Gesellschaft“ überschrieben und der dritte und umfangreichste Teil, in dem die unterschiedlichen Formen der Auseinandersetzung Jugendlicher mit den zentralen Entwicklungsaufgaben des Jugendalters behandelt werden, firmiert unter dem Titel: „Der Jugendliche als Werk seiner selbst“ (vgl. Fend 2000). Hurrelmann unterscheidet in seinem vielgelesenen Buch „Lebensphase Jugend“, in dem er eine „Einführung in die sozialwissenschaftliche Jugendforschung“ zu geben beansprucht, drei „Theorien der Persönlichkeitsentwicklung“ im Jugendalter: „Psychologische Theorien und Konzepte“, „Soziologische Theorien und Konzepte“ und schließlich den „integrierenden Ansatz der Sozialisationstheorie“ (Hurrelmann 2007[9]). Eine größere Bandbreite von Theorieansätzen wird im „Handbuch der Kindheits- und Jugendforschung“ von Krüger und Grunert (2002) präsentiert: In sieben unterschiedlichen Beiträgen werden dort „Psychologische Entwicklungstheorien“ (Flammer), „Psychoanalytische Ansätze“ (Erdheim), „Sozialisationstheoretische Ansätze“ (Geulen), „Sozialökologische Ansätze“ (Engelberth/Herlt), „Gesellschaftstheoretische Ansätze“ (Mierendorf/Olk), „Geschlechtertheoretische Ansätze“ (Hagemann/White) und „Kulturtheoretische und kulturvergleichende Ansätze“ (Renner) vorgestellt.

Da es hier nicht darum gehen kann, die Palette der Theorieansätze, die in diesem Handbuch auf 180 Seiten ausgebreitet wird, auf 10 Seiten zu komprimieren und einen systematischen Abriss der gängigen Jugendtheorien in Kürzestform zu präsentieren, soll ein anderer Weg eingeschlagen werden. Es liegt auf der Hand, dass die unterschiedlichen Theorieansätze, auch wenn sie alle unter der Generalrubrik „Theorien des Jugendalters“ firmieren, doch unterschiedliche Schwerpunkte setzen, sich auf unterschiedliche Dimensionen und Facetten des komplexen Phänomens „Jugend“ konzentrieren, für bestimmte Fragen größeres Erhellungs- und Erklärungspotential bieten als für andere. Vermutlich wird keine Jugendtheorie für sich beanspruchen können, alle Bereiche und Aspekte gleichermaßen abzudecken.

8. Auf welche Fragen versuchen „Theorien des Jugendalters“ eine Antwort zu geben?

Ein einprägsamer hermeneutischer Merkspruch lautet: „Um einen Text zu verstehen, muss man die Frage verstehen, auf die dieser Text eine Antwort zu geben versucht“. Ähnliches gilt wohl auch für das komplexere Gebilde einer Jugendtheorie. Nun stellt sich im Zusammenhang mit dem Thema „Jugend“ natürlich eine Vielfalt sehr unterschiedlicher Fragen. Und dabei gibt es durchaus keine scharfe Trennlinie zwischen jenen Fragen, die sich besorgte Eltern, Erzieher und Lehrer immer wieder stellen, angesichts der Probleme, die sie bei den Heranwachsenden in ihrem persönlichen Umfeld wahrnehmen und angesichts der Herausforderungen, denen sie sich bisweilen gegenübergestellt sehen, und jenen Fragen, die in wissenschaftlichen Studien und Publikationen über das Jugendalter behandelt werden.

Es soll im Folgenden also zunächst ein solcher Katalog möglicher/geläufiger Fragen im Hinblick auf „die Jugend“ zusammengetragen werden – zunächst bewusst kunterbunt und unsystematisch – und es sollen dann im nächsten Schritt einige Sortierungen und Wegweisungen erfolgen, im Hinblick darauf, bei welchen Theorieansätzen man im Bezug auf welche Fragen die gehaltvollsten, differenziertesten, originellsten Antworten erwarten kann. Dabei soll keineswegs der Eindruck erzeugt werden, als hätten die einzelnen Theorieansätze ihre „Zuständigkeitsbereiche“ fein säuberlich abgetrennt wie Schrebergartenparzellen und als gäbe es nicht bei vielen Fragen durchaus so etwas wie Theoriekonkurrenz und Theoriegegensatz. Dennoch soll es im Folgenden primär um die Schwerpunkte und die „angestammten Domänen“ der einzelnen Ansätze gehen. Mögliche bzw. geläufige Fragen im Hinblick auf „die Jugend(en)“ sind in diesem Sinn etwa die folgenden:

1. Wann beginnt, wann endet eigentlich die „Lebensphase Jugend“, von welchen physischen/psychischen Reifungsprozessen bzw. von welchen sozialen Errungenschaften/Zugeständnissen ist dies abhängig? Gibt es so etwas wie einen „Normalfahrplan“ durch das Jugendalter und wie sehen sinnvolle interne Differenzierungen dieser Lebensphase aus?
2. Wenn der Nachwuchs in die Pubertät kommt und der Körper einen offensichtlichen „Gestaltwandel“ erfährt, was passiert dann eigentlich im „Geist“ und in der „Psyche“ der Heranwachsenden? Machen auch ihre Denk-, Gefühls- Erlebnisstrukturen einen entsprechenden „Gestaltwandel“ durch?
3. Inwiefern verläuft der Persönlichkeitswandel, der hier stattfindet typischerweise eher kontinuierlich im Sinne einer allmählichen Horizonterweiterung, d. h. einer graduellen Differenzierung von Kenntnissen und eines ständigen Zuwachses an Kompetenzen, inwiefern verläuft er diskontinuierlich und ist vor allem durch Brüche, Krisen und Konflikte gekennzeichnet?
4. Welche Rolle spielen bei diesen offensichtlichen Veränderungsprozessen, die im Jugendalter stattfinden, eigentlich die Hormone? Inwiefern sind sie für die neuerwachenden sexuellen Interessen und Aktivitäten, inwiefern sind sie aber auch für die oftmals zu beobachtende Stimmungslabilität und „Dünnhäutigkeit“ sowie für die steigende Konflikt- und Risikobereitschaft verantwortlich zu machen?
5. Wenn das Gehirn das materielle Substrat für all unser Wahrnehmen, Denken und Fühlen darstellt – was weiß die moderne Hirnforschung über die entsprechenden „Umbauprozesse“, die in jener Lebensphase in unserem Zentralorgan stattfinden?
6. Wie lässt sich die sogenannte „säkulare Akzeleration“ erklären, die Tatsache, dass die Geschlechtsreife heute bei Jugendlichen etwa zweieinhalb Jahre früher einsetzt als noch vor 100 Jahren? Wie ist es möglich, dass die gesellschaftlichen Bedingungen des Aufwachsens so deutlich selbst auf basale biologische Parameter wie das Menarchealter durchschlagen?
7. Wie verändert sich im Jugendalter das Welterleben der Jugendlichen? Inwiefern sind sie nun zu komplexeren kognitiven Prozessen, zu reiferen moralischen Urteilen, zu vertiefter Introspektion und zu differenzierter Empathie und Perspektivübernahme fähig? In welchen Schritten und Stufen entwickeln sich jene Fähigkeiten? Von welchen Bedingungen/förderlichen Erfahrungen sind sie abhängig?

8. Welche Rolle spielt die jeweilige „Vorgeschichte“ des Jugendlichen, seine Kindheitserfahrungen für den Entwicklungsverlauf im Jugendalter. Gibt es eine weitgehende Determination der grundlegenden Persönlichkeitsstrukturen durch die Erfahrungen der frühen Kindheit oder stellt das Jugendalter eine „zweite Chance“ dar, in dem sich viele Strukturen und Dispositionen noch einmal „verflüssigen“ und neu ordnen?
9. Wie verändern sich die innerpsychischen Strukturen im Jugendalter? Wie verschiebt sich etwa die Balance zwischen den Instanzen „Es“, „Ich“ und „Über-Ich“ unter dem Eindruck des „pubertären Triebschubs“, des durch die Reifungsprozesse erstarkten „Es“? Welche Bedeutung kommt in dieser Entwicklungsphase der neuen Struktur des „Ich-Ideals“ zu, die sich nun herausbildet und welche „Abwehrmechanismen“ ergreift das „Ich“, um mit den Ansprüchen des erstarkten „Es“ und des gleichermaßen fordernden „Über-Ich“ zurechtzukommen?
10. Wie lassen sich die zentralen „Entwicklungsaufgaben“ beschreiben, mit denen ein Jugendlicher sich im Verlauf der Jugendphase auseinandersetzen muss? Inwiefern kann man somit sagen, dass erfolgreiche Entwicklung eine aktive Leistung des Subjekts ist, bei der eine Auseinandersetzung sowohl mit objektiven Gegebenheiten, als auch mit normativen Erwartungen der Umwelt als auch mit persönlichen Wünschen und Zielen stattfinden muss?
11. Was bedeuten die Veränderungen, die die Jugendlichen an ihrem eigenen Körper erleben für deren subjektives Empfinden? Wie werden diese körperlichen Wandlungen psychisch verarbeitet? Mit welchem Maß an Freude, Stolz, Verunsicherung, Scham werden diese Veränderungen erlebt? Welche Strategien der Betonung, der Verbergung, der bewussten Beeinflussung und Korrektur werden angewandt?
12. Welche Rolle spielt es angesichts der beträchtlichen altersmäßigen Variationsbreite der körperlichen Reifungsprozesse dabei für die Jugendlichen, ob sie eher „Frühentwickler“ oder „Spätzünder“ sind oder sich „Mainstream“ befinden? Mit welchen Herausforderungen und Problemen sind die einen, mit welchen die anderen konfrontiert?
13. Welche Rolle spielt die aufkommende Sexualität, die neue Qualität der Anziehung zwischen den Geschlechtern für die Entwicklung im Jugendalter? In welchen typischen Schritten vollzieht sich diese Annäherung? Welche Sehnsüchte, Unsicherheiten, Ängste, Ambivalenzen, Risiken und Kränkungen sind damit verbunden?
14. Beruht die gängige Klage von Eltern und Lehrern, dass der Umgang mit Pubertierenden oftmals sehr anstrengend und nervenzehrend ist, auf Klischees und Vorurteilen über dieses Alter oder gibt es handfeste Belege dafür, dass die Konflikthäufigkeit in jenem Alter eher zu- und die Lernbereitschaft eher abnimmt?

15. Welchen tieferen Sinn haben die Ablösungskonflikte mit den Eltern? Was passiert hier in der vertrauten Eltern-Kind-Beziehung? Welche Dynamik spielt sich in den Familien typischerweise ab und welches neue Gleichgewicht muss sich hier im „Familiensystem“ einstellen?
16. Wovon – von welchen Vorerfahrungen während der Kindheit und von welchen Anpassungsbereitschaften auf Seiten der Eltern und der Kinder – hängt es ab, ob diese Konflikte besonders heftig und schmerzlich verlaufen oder ob die Beziehung zwischen Eltern und Kindern auch in dieser turbulenten Zeit einigermaßen intakt bleibt?
17. Inwiefern verändern sich mit der Pubertät die Freundschaftsbeziehungen und das „Gesellungsverhalten“ der Jugendlichen? Welche Ansprüche und Erwartungen werden nun an echte Freunde gestellt?
18. Welche Rolle spielen die Cliquen für den jugendlichen Entwicklungsprozess und welche Chancen und welche Probleme bringt diese veränderte Sozialstruktur für den einzelnen Jugendlichen mit sich? Was bedeutet es für die weitere Entwicklung, in solche Cliquenstrukturen integriert/nicht integriert zu sein? Was kennzeichnet die Jugendlichen, die hier „tonangebend“ sind und was die, die eher unauffällig mitlaufen oder gar ausgegrenzt werden?
19. Wie entwickelt sich in jenem Altersabschnitt das Verhältnis zwischen den Einflüssen der Peergroup und dem Einfluss der Eltern? Inwiefern verlieren die Eltern hier zunehmend an Einfluss, inwiefern bleiben sie auch weiterhin für bestimmte Fragen und Probleme durchaus hochbedeutsam?
20. Müssen die Eltern in jener Phase eher ohnmächtig zuschauen, ist es also eher Zufall, welche Tendenzen und Strömungen seitens der Gleichaltrigengruppe Einfluss auf einen Heranwachsenden gewinnen, oder ist es so, dass Kinder aus schwierigen, konfliktbelasteten Familienmilieus anfälliger sind, sich devianten Peergroups anzuschließen?
21. Welchen Sinn haben die sich ständig wandelnden jugendkulturellen Moden und Stile? Wer „erzeugt“ sie, wie kommt ihre Verbreitung zustande und wie werden sie von den Jugendlichen „benutzt“, d. h. welche Funktion haben sie im Zusammenhang mit den Abgrenzungs- und Zugehörigkeitsbedürfnissen der Jugendlichen?
22. Was bedeutet „Identität“ als zentrale Entwicklungsaufgabe des Jugendalters? Inwiefern hängt die Gewinnung von „Identität“ mit der ernsthaften Auseinandersetzung und Exploration von unterschiedlichen Lebensorientierungen und persönlichen Stilen einerseits, mit einer gewissen Festlegung andererseits zusammen? Wie laufen Prozesse der Identitätssuche bei Jugendlichen konkret ab und was zeichnet gelungene/prekäre Identitätsfindungsprozesse aus? Welche „Formen“ von Identität sind heute überhaupt angemessen/zeitgemäß/erreichbar?

23. Welche Rolle spielt die Geschlechtlichkeit, das Junge- bzw. Mädchen-Sein dabei? Inwiefern entwickeln sich weibliche und männliche Jugendliche in jenem Alter unterschiedlich, was ihre Interessen, ihre Wünsche, ihre Sorgen, ihr Selbstwertgefühl, ihre Risikobereitschaft, ihre Verwundbarkeit, etc. anbelangt? Inwiefern hängt dies mit der in der Gesellschaft bestehenden Geschlechterordnung und den entsprechenden medialen Rollenvorbildern zusammen?
24. In welchen Etappen entwickelt sich typischerweise das Sexual- und Partnerschaftsverhalten Jugendlicher? Wann machen die Jugendlichen heute im Durchschnitt welche Art von sexuellen Erfahrungen und wie haben sich diese Durchschnittswerte sowie die Motive und Erlebnisweisen im Zusammenhang mit diesen sexuellen Erfahrungen im Lauf der letzten Jahrzehnte verändert?
25. Wie ist es um das Gesundheits- und Risikobewusstsein der Jugendlichen bestellt? Wie viel Prozent der Jugendlichen trinken in welchem Alter wie häufig welchen Mengen und Arten von Alkohol? Wie viele rauchen und wie viele konsumieren in welcher Intensität illegale Drogen? Welche Motive stekken dahinter und wie ist das Ganze eingebettet in bestimmte jugendtypische Suchbewegungen, Rituale, Ideologien?
26. Inwiefern unterscheiden sich heutige Jugendliche in ihren Interessen, Einstellungen, Werthaltungen, Zukunftserwartungen von Jugendlichen früherer Generationen? Welche Zeitverläufe lassen sich hier im Hinblick auf bestimmte Fragestellungen aufzeigen?
27. Inwiefern lassen sich bei den heutigen Jugendlichen bestimmte „Typen" identifizieren, prägnante Muster von Einstellungen, Wertorientierungen und Alltagspraxen, die häufig in bestimmten „Milieus" in Verbundform vorkommen und die es gestatten, ein Stück Übersicht in die komplexe Vielfalt der individuellen Denk- und Lebensformen zu bringen?
28. Seit wann gibt es historisch überhaupt so etwas wie eine eigenständige „Jugendphase" als einen gesellschaftlich institutionalisierten, durch bestimmte Erwartungen, Anforderungen Freiräume und Zugeständnisse charakterisierten Entwicklungsraum? Und welche „Konstruktionen", welche leitenden Ideen von der Eigenart, vom Sinn und von den Gefährdungen dieser Jugendphase waren zu welcher Zeit vorherrschend?
29. Wie kann man die komplexe Wechselwirkung zwischen kulturellen und ökonomischen Strukturen der Gesellschaft und den entsprechend unterschiedlichen Ausprägungen des Jugendalters verstehen? Inwiefern hängt überhaupt die Existenz einer Jugendphase, als eines heute in westlichen Kulturen für mehr oder weniger alle Jugendlichen durchgesetzten und zugestandenen „Bildungsmoratoriums", zusammen mit der Entwicklung der gesellschaftlichen Produktivkräfte und des damit verbundenen gesteigerten Bedarfs an höherer Qualifikation bei der nachwachsenden Generation?

30. Welche „Jugendgenerationen“, welche markanten „Generationsgestalten“, die durch typische gemeinsame Erfahrungen, Vorstellungen, Ideale, Ausdrucksformen, Stile etc., geprägt sind, lassen sich unterscheiden und wie haben die von den unterschiedlichen Jugendgenerationen ausgegangenen Impulse jeweils gesellschaftlich „nachgewirkt“?
31. Welche Rolle spielt die Jugend im gesellschaftlichen Gefüge? Inwiefern kann sie als „Seismograph“ für gesellschaftliche Spannungen und als „Avantgarde“ für neue Entwicklungstendenzen gelten? Inwiefern als Motor für gesellschaftliche Modernisierung?
32. Inwiefern gibt es „universelle Grundmuster“ des Verlaufs der Jugendphase und der jugendtypischen Probleme und Konflikte, inwiefern sind diese Muster „kulturspezifisch“, also abhängig von der jeweiligen gesellschaftlichen und kulturellen Rahmensituation?
33. Inwiefern unterscheidet sich Jugend, je nachdem, ob sie in einer modernen, von permanenter Veränderungsdynamik gekennzeichneten „heißen Gesellschaft“ stattfindet, in der die Zukunft offen und unabsehbar ist oder in einer eher statischen, archaischen „kalten Gesellschaft“, in der die Zukunft eher eine Fortschreibung und Wiederholung dessen darstellt, was seit jeher in der Vergangenheit der Fall war?
34. Welche Bedeutung haben die in vielen Kulturen zu beobachtenden „Initiationsriten“, die den Übergang des Jugendlichen in die Erwachsenengesellschaft markieren. Was wird in diesen Prozeduren symbolisch zum Ausdruck gebracht? Was sind die Rudimente/Äquivalente solcher Initiationsriten in unserer Kultur?
35. Welche Bedeutung hat die demographische Konstellation einer Gesellschaft, etwa die Relation der unter 18-jährigen Gesellschaftsmitglieder zu den über 60-jährigen für die Ausprägung des Jugendalters? Inwiefern macht es einen Unterschied, ob man eher in einer „geburtenreichen Kohorte“ aufwächst oder aber mit dem Bewusstsein, dass man als Jugendlicher und damit als kunftige Arbeitskraft und Rentenzahler gesamtgesellschaftlich eher ein „knappes Gut“ darstellt?
36. Welche Bedeutung hat die gesamtgesellschaftliche Stimmungslage, die Frage, ob der öffentliche Diskurs in der Zeit, in der Jugendliche sensibel werden, für die gesellschaftlich-historischen Rahmenbedingungen ihres Lebens, eher von Zukunftsoptimismus und Fortschrittsglaube oder aber von Unheilsbotschaften und Untergangsszenarien beherrscht ist, für die Befindlichkeit und das Weltvertrauen dieser Generation?
37. Welche Bedeutung hat es für das Selbstbewusstsein der jeweiligen Jugendgeneration und für das Generationenverhältnis, wenn „Jugendlichkeit“ quer durch alle Altergruppen zum Ideal erhoben und in der Konsumwerbung permanent propagiert wird. Was bedeutet es, wenn sich im Hinblick

auf einen rasanten technologischen Fortschritt Jugendliche vielfach als kompetenter im Umgang mit den neuen Techniken erleben als die erfahrenere, reifere Elterngeneration?

38. Welche Bedeutung hat der jeweilige „soziale Ort“ (Bernfeld) an dem ein Jugendlicher aufwächst für seine Alltagsgestaltung, seine Befindlichkeit, seine Wertorientierung, seine Zukunftsentwürfe und sein Selbstwirksamkeitserleben? Inwiefern unterscheiden sich hier „gymnasiale Jugendliche“ aus bürgerlichen Milieus von „bildungsfernen Jugendlichen“, die um ihre prekären Zukunftsperspektiven wissen? Woraus schöpfen die Jugendlichen in solch unterschiedlichen Lebenslagen jeweils ihre soziale Anerkennung?

39. Welche Rolle spielen die Prozesse der Individualisierung, der zunehmenden Entbindung von Traditionen und der zunehmenden Freiheit bzw. des zunehmenden Zwangs zur Planung und Steuerung der eigenen Biographie für das Hinweinwachsen Jugendlicher in die Gesellschaft? Welche neuen Orientierungsprobleme entstehen mit der zunehmenden Vielfalt von Lebens- und Handlungsoptionen und der gleichzeitigen steigenden Unsicherheit bezüglich der langfristigen Auswirkungen gegenwärtiger Weichenstellungen?

40. In welchem Spannungsverhältnis zueinander stehen gerade im Jugendalter die grundlegenden Tendenzen nach Individuation einerseits – also der Wunsch, sich zu einer ganz einzigartigen, unverwechselbaren Person zu entwickeln – und nach Integration andererseits – also der Wunsch, nicht als Sonderling aus dem Rahmen zu fallen, Anerkennung zu finden, Freunde zu haben, Zugehörigkeit zu erleben?

41. Inwiefern haben die gerade unter Jugendlichen sehr populären neuen Kommunikationsmedien (Handys, Internet, E-Mails, Chatrooms, Blogs, Soziale Netzwerke wie Facebook, SchülerVZ, StudiVZ) etc, und die dadurch gegebenen neuen Möglichkeiten der Informationsbeschaffung, der Verabredungspraxis, des Spiels mit Zweit- und Drittidentitäten in anonymen Kommunikationsräumen, sowie die damit entstandenen neuen Formen der öffentlichen Selbstpräsentation und Freundschaftsbezeugung den Charakter des Jugendalters tiefgreifend verändert?

42. Wenn es in einschlägigen empirischen Studien relativ gut belegt ist, dass es mit dem Jugendalter zu einem deutlichen Anstieg der Prävalenz psychischer Krisen und Störungen kommt, dass es zudem in diesem Alter einen deutlichen Anstieg der Delinquenzraten und eine verbreitete Tendenz zum riskanten Umgangs mit Alkohol und Drogen bei Jugendlichen gibt – was ist der Hintergrund für diese Phänomene und wie lässt sich beim einzelnen Jugendlichen ausmachen, ob es sich dabei um „jugendtypisches Explorations- und Experimentierverhalten“ oder aber um erste Schritte einer „delinquenten Karriere“ bzw. einer „Drogenlaufbahn“ handelt?

43. Von welchen Grundideen ist das Generationenverhältnis in einer bestimmten Gesellschaft geprägt? Was will eigentlich im Kern die ältere Generation von der jüngeren (Schleiermacher 1826) und was will, was erwartet die jüngere Generation von der älteren (vgl. Müller 1995)? Kann man Jugendliche verstehen und wollen diese überhaupt von den Erwachsenen verstanden werden (vgl. Göppel 2005)? Wie kann trotz aller Irritation und bisweilen berechtigter Empörung auf beiden Seiten, ein hilfreicher, und förderlicher pädagogischer Umgang in jenem Lebensalter aussehen?

44. Wenn man Jugend als bestimmtes Teilsegment der Gesellschaft auffasst, was ist die besondere Charakteristik dieses Teilsegments, was ist ihre spezifische Funktion im gesellschaftlichen Gefüge? Welche besonderen gesellschaftlichen Rechte und Pflichten werden den Jugendlichen zuerkannt? Welche Teilhabemöglichkeiten haben sie am System der ökonomisch produktiven Arbeit, am gesellschaftlichen Reichtum, am System der politischen Willensbildung? Welches Maß an Gerechtigkeit bzw. Ungerechtigkeit besteht hier zwischen den Generationen?

45. Inwiefern ist „Jugend" als bestimmtes Teilsegment der Gesellschaft weniger durch das chronologische Alter als vielmehr durch eine besondere „Status-Rollen-Konfiguration" geprägt, eine Konfiguration, für die vor allem die Spannung charakteristisch ist, dass die Jugendlichen in bestimmten Hinsichten (Konsum, Freizeit, Sexualität) durchaus als vollwertige Mitglieder der Gesellschaft agieren können und ihnen entsprechende Freiheiten zugestanden werden, dass sie aber in anderen Hinsichten (Erwerbsarbeit, ökonomische Unabhängigkeit, Familiengründung) zunächst noch abhängig und unselbständig bleiben.

46. Wie verlaufen die Prozesse der Weitergabe des kulturellen Erbes und der Integration der nachwachsenden Generation in das gesellschaftliche Gefüge? Wie fördern Gesellschaften die Akzeptanz der bestehenden gesellschaftlichen Ordnungen und Institutionen, wie organisieren sie die Qualifizierung des Nachwuchses für die immer komplexer werdenden Prozesse der Arbeitswelt? Welche Rolle spielt die Jugend andererseits für den gesellschaftlichen Wandel und für den technisch-ökonomischen Fortschritt?

47. Wenn Jugendzeit heute fast durchgängig „Schulzeit" ist, wenn sich die Idee von der Jugend als „Bildungsmoratorium" also weitgehend durchgesetzt hat, wie ist dann eigentlich das Verhältnis der Jugendlichen zur Schule und zur Bildung beschaffen? Wie entwickelt sich das Verhältnis der Jugendlichen zu jener Institution, die einen Großteil ihrer täglich zur Verfügung stehenden Zeit und Energie beansprucht? Warum gibt es gerade in der Pubertät häufig eine ausgeprägte Distanzierung von der Schule und eine entsprechende Häufung und Verschärfung der Konflikte?

48. Wenn die Jugendzeit aber auch die Zeit ist, in der die Jugendlichen den größeren historisch-gesellschaftlichen und kulturellen Rahmen ihres Lebens erstmals bewusster wahrnehmen, häufig einen neuen ernsthafteren Zugang zu politischen, philosophischen, psychologischen, religiösen Fragen suchen, sich auf neue Art mit Literatur, Musik und Kunst auseinandersetzen, wenn gerade die Jugendkulturen zudem häufig eigene ästhetische Ansprüche, neue kreative Stile und Praxen hervorbringen, inwiefern müssen dann vor allem die autonomen Explorations-, Aneignungs- und Abgrenzungsprozesse der Jugendlichen als genuine Bildungsprozesse verstanden werden?

9. Welche Jugendtheorien haben bei welchen Fragen ihre Schwerpunkte?

Natürlich wäre diese nun schon ziemlich umfangreich geratene Liste noch weiter verlängerbar. All die notierten Fragen können durchaus als Ausdifferenzierung jener Kernfragen nach dem „gegenwärtigen Sosein der Jugendlichen“ und dessen individuell-biographischer und gesellschaftlicher Bedingtheit verstanden werden, die zu erhellen nach Oswald (1994) die Aufgabe von Theorien des Jugendalters darstellt. Dabei lässt sich vermuten, dass keine einzelne Theorie des Jugendalters in der Lage ist, alle diese Fragen gleichermaßen zu beantworten, sondern dass die unterschiedlichen Theorieansätze durchaus unterschiedliche „Domänen“ haben, Fragebezirke, auf die sich ihr Interesse und ihre Erklärungskraft in besonderer Weise konzentrieren. Deutlich dürfte im Blick auf die Anordnung weiterhin auch geworden sein, dass die Fragen des Fragenkatalogs sich von jenem Pol, der eher nach den „natürlichen“, „biologischen“, „reifungsbedingten“ Veränderungen im Zusammenhang mit dem Jugendalter fragt, allmählich zu jenem anderen Pol hinbewegen, an dem es primär um die Jugend als ein gesellschaftliches Phänomen, als eine besondere „Status-Rollen-Konfiguration“ geht. Dies entspricht ja auch den beiden grundlegenden Verständnisweisen des Begriffs „Jugend“. Er kann nämlich einerseits bezogen sein auf die *Lebensphase, die von der individuellen Person durchlaufen wird*, die mit bestimmten typischen Erfahrungen, Entwicklungsaufgaben und Krisen verbunden ist und die individuell-biographisch dann als die „eigene Jugendzeit“ erinnert wird. Er kann aber andererseits auch auf *ein kollektives Gebilde, eine bestimmte gesellschaftliche Teilgruppe der Gesellschaft* in einer bestimmten Phase der gesellschaftlichen Entwicklung bezogen sein, also auf *eine bestimmte „Jugendgeneration“* und auf die Erwartungen, Einschränkungen, Zwänge, Zumutungen und Zugeständnisse, mit denen diese Teilgruppe sich seitens der Erwachsenen konfrontiert sieht. Und damit natürlich auch auf die Art und Weise, wie die jeweilige Jugendgeneration mit diesen Vorgaben und Erwartungen umgeht, inwieweit sie sie akzeptiert oder aber gegen die sie rebelliert, welches Selbstverständnis, welche

Ideale, welche Idole, welche Moden, welche Stile sie hervorbringt. Und daraus ergeben sich dann wiederum kollektive Bilder und Vorstellungen von den Eigentümlichkeiten dieser speziellen Jugendgeneration.

Fragen nach den Abgrenzungen der Jugendphase gegenüber der Kindheitsphase und gegenüber dem Erwachsenenalter sowie Vorschläge für die interne Differenzierung dieser Altersphase *(Frage 1)* stammen überwiegend aus dem Bereich der *entwicklungspsychologischen Jugendtheorien.* Ihre Domäne haben diese freilich bei der differenzierten Beschreibung der unterschiedlichen Aspekte des „geistigen Gestaltwandels“ der in dieser Zeit stattfindet und zu veränderten Wahrnehmungs- und Urteilsstrukturen führt *(Frage 2).* Bedeutsam wurden hier vor allem *klassische Entwürfe der Jugendpsychologie* aus den 1920er Jahren, die versucht haben, so etwas wie eine „Gesamtcharakteristik“ dieser neuen, sich im Jugendalter herausbildenden „Seelengestalt“ zu liefern (vgl. Bühler 1921, Spranger 1925) sowie später Jean Piaget mit seinen Thesen zur geistigen Entwicklung des Menschen als ständigem Äquilibrationsprozess und zu den neuen Errungenschaften, die mit dem Erreichen der „Stufe der formalen Denkens“ in der Pubertät einhergehen (vgl. Piaget 1974). Auch über die Rolle der Gleichaltrigen für die Herausbildung reiferer, autonomerer moralischer Urteilsstrukturen hat er bereits wichtige Beiträge geliefert (vgl. Piaget 1983).

Dabei kann man sagen, dass die Jugendpsychologie lange Zeit eher von *Diskontinuitäts- von Metamorphosen und Krisenvorstellungen* geprägt war *(Frage 3).* Besonders dramatisch kommen diese etwa in der häufig gebrauchten und auf Rousseau zurückgehenden Rede vom Jugendalter als „zweiter Geburt“ zum Ausdruck (vgl. Rousseau 1995, Spranger 1925, Bittner 1984). Später gab es jedoch auch Kritik an dieser Sichtweise und es wurden eher *Kontinuitäts- und Kompetenzzuwachsmodelle* favorisiert (vgl. Offer 1984).

Die Frage nach den pubertätsbedingten körperlichen Reifungsprozessen und nach den physiologischen Hintergründen der in der Jugendpsychologie immer wieder beschriebenen markanten Änderungen der Erlebens- und Verhaltensweisen *(Frage 4, 5, 6)* ist eine Domäne *der biologisch-medizinischen Jugendforschung.* Während hier traditionell den Hormonen eine bedeutsame Rolle, gerade für die im Jugendalter typischen Stimmungsschwankungen und für die Widersprüchlichkeiten im Verhalten zugeschrieben wurde, hat sich hier die Aufmerksamkeit in den letzten Jahren deutlich auf die Hirnforschung verlagert, da diese mit ihren bildgebenden Verfahren überraschenderweise nachweisen konnte, dass mit der Pubertät ein tiefgreifender neuronaler „Umbau“ in bestimmten Hirnarealen einhergeht (vgl. Giedd u. a. 1999, Strauch 2003, Singer 2002).

Wenn auch nicht direkt mit bunten Hirnscanbildern belegt, sondern eher in entsprechenden Persönlichkeitsentwicklungsmodellen postuliert, hat auch die *psychoanalytische Jugendforschung (Frage 8, 9)* schon lange die These vertreten, dass es im Jugendalter zu einem markanten Umbau des „psychischen Apparates" kommt, dass die bisherige Balance der psychischen Instanzen ins Wanken kommt und neue Strukturen ausgebildet werden. Hierbei spielte traditionell immer auch die Frage nach der Rolle und nach der Veränderbarkeit der in früher Kindheit geprägten basalen Persönlichkeitsstrukturen für die Verläufe im Jugendalter eine wichtige Rolle. Und natürlich fanden im Rahmen der psychoanalytischen Diskussion über das Jugendalter stets die Fragen nach der innerpsychischen Verarbeitung der körperlichen Entwicklungsprozesse und nach dem Erleben der neuen Qualität der intrapersonalen Attraktionsprozesse, also die Themen „Körperlichkeit" und „Geschlechtlichkeit" *(Fragen 11, 12, 13)* eine besondere Aufmerksamkeit (vgl. S. Freud 1905, A. Freud 1984, Blos 1973, Winnicott 1978, Erikson 1981, Ziehe 1975, Erdheim 2002, Sichtermann 2002, Rentdorff 2003). Aber auch die Veränderungen der bisherigen „Objektbeziehungen", sprich, die Fragen nach den tieferen Ursachen und nach dem tieferen Sinn der bisweilen recht heftig verlaufenden Auseinandersetzungen mit den Eltern im Jugendalter *(Frage 14, 15, 16)* wurden gerade von Autoren, die ihre psychoanalytische Grundorientierung um eine systemische Perspektive erweitert hatten, vielfach ausführlich erörtert (vgl. Richter 1963, Stierlin 1994).

Die Darstellung der Herausforderungen und Probleme des Jugendalters entlang eines Kanons von zentralen *„Entwicklungsaufgaben" des Jugendalters (Frage 10)*, hat sich in verschiedenen Gesamtdarstellungen des Jugendalters aus entwicklungspsychologischer bzw. pädagogischer Sicht bewährt und weitgehend durchgesetzt (vgl. Dreher/Dreher 1985, Fend 2000, Flammer-Alsaker 2002, Göppel 2005). Dies liegt vermutlich vor allem daran, dass dieses integrative, von Havighurst (1948, 1956) stammende Konzept es erlaubt, die Gesamtpalette der jugendtypischen Phänomene und Probleme in den Blick zu nehmen und dabei zum einen reifungsbedingte körperliche und seelische Veränderungen, zum anderen gesellschaftliche Normalitätsvorstellungen und Forderungen und zum dritten auch noch individuell verschiedene subjektive Wahrnehmungsweisen und Bewältigungsformen in ihrer Wechselwirkung systematisch aufeinander zu beziehen und dabei schließlich auch noch die Frage nach den sinnvollen und hilfreichen pädagogischen Unterstützungsmöglichkeiten aufzuwerfen.

Die Entwicklung der sozialen Beziehungen Jugendlicher, die erweiterten Möglichkeiten der Fähigkeit zur Perspektivübernahme und die veränderten Erwartungen und Ansprüche hinsichtlich von Freundschaftsbeziehungen, sowie die differenzierteren und komplexeren Begründungen für die Beurteilung von Fragen der Gerechtigkeit und Fairness *(Fragen 17, 18, 19, 20)* wurden ebenfalls in der Tradition der Entwicklungspsychologie vielfach erforscht und in unterschiedlichen Stufenmodellen differenziert beschrieben (vgl. Dunphy 1963, Youniss 1982, Turiel 1983, Selman 1984, Damon/Hart 1982, Kohlberg 2001). Gerade unter der Perspektive einer *ökologischen Entwicklungspsychologie* wurde die große Bedeutung diesen erweiterten Lebens- und Einflusssphären der Jugendlichen betont und die Spannungen und Wechselwirkungen zwischen den Sphären erforscht (vgl. Bronfenbrenner 1981).

Einen weiteren eigenständigen, stärker soziologisch und kulturtheoretisch geprägten Bereich der Erkundung des jugendlichen Soziallebens stellt die Beschreibung und *Analyse von Jugendkulturen und Jugendszenen* als eigene Sozialgefüge dar *(Frage 21, 22)*. Hier wurden vor allem auf die kreativen Potentiale, die in den Jugendkulturen enthalten sind, abgehoben, aber es wurden auch die Ambivalenzen und die problematische Aspekte der Vermarktung jugendkultureller Stile und der Anfälligkeit für extreme politische Positionen und für problematische Konsummuster thematisiert (vgl. Baacke 1993, Ferchhoff/Sander/Vollbrecht 1995, Schröder, A./Leonhardt 1998, Großegger/Heinzlmaier 2002, Hennecka/Janalik/Schmidt 2005).

Natürlich bieten gerade die jugendkulturellen Szenen auch Räume und Muster für die Erkundung des eigenen Selbst und seiner Wirkung auf andere – gewissermaßen also „provisorischer Identitätshülsen“, in denen man sich erproben kann (vgl. Göppel 2005). Und gerade die Identitätsthematik *(Frage 22)* und die entsprechend ausgerichtete *identitätstheoretische Jugendforschung* stellt sicherlich einen der zentralen Gravitationspunkte in der Diskussion über das Jugendalter in den letzten Jahrzehnte dar. Maßgeblich angestoßen wurde diese Thematik durch die Beiträge von Erik Erikson in den 1950er und 1960er Jahren (vgl. Erikson 1966). Seitdem hat die Diskussion über die Bedeutung der Identitätsthematik im Jugendalter sich in mancher Hinsicht von der ursprünglichen Position Eriksons, der die Ausbildung einer relativ stabilen Identität als zentrales „Erfolgskriterium“ für eine gelingende Entwicklung im Jugendalter ansah, wegbewegt, hin zu eher flexiblen, pluralen, mehrschichtigen, balancierenden Identitätsmodellen (vgl. Marcia 1966, Krappmann 1971, Nunner-Winkler 1990, Keupp/Höfer 1997, Keupp u. a. 1999). Dennoch ist eine Jugendtheorie, die nicht auf die Kernthematik der „Identitätsarbeit“ eingeht, die unabweislich im Jugendalter ansteht, auch heute kaum denkbar.

Einen zentralen Teilaspekt der Identitätsthematik stellt sicherlich die Frage nach der Geschlechtsidentität, nach dem eigenen Mädchen- oder Junge-Sein dar, die im Jugendalter noch einmal ganz neu bearbeitet und beantwortet werden muss *(Frage 23)*. Hier gibt es eine eigene Tradition *„geschlechtertheoretischer Ansätze“ der Jugendforschung* (vgl. Hagemann-White 2002), die in unterscherschiedlichem Maß von feministischen, psychoanalytischen und sozialisationstheoretischen Einflüssen geprägt sind und die den unterschiedlichen Facetten dieser Problematik nachgehen: den massiven und subtilen Formen der Benachteiligung in einer Gesellschaft, die nach wie vor von einem eher hierarchischen Geschlechterverhältnis geprägt ist, den Konstruktionen von Geschlechterstereotypen in den Medien und in der Konsumwerbung, dem „doing gender“, d. h. den aktiven eigenständigen Bemühungen der Subjekte, für sich selbst Orientierung und

Prägnanz in der Geschlechterpolarität zu finden und dies auch nach außen zu demonstrieren (vgl. Brown/Gilligan 1997, Tillmann 1992, Helfferich 1994, Rentdorff/Moser 1999, Millhofer 2000, Flaake 2001, Roth 2002).

Zur eigenen Geschlechtsidentität gehört auch die Klarheit bezüglich der eigenen sexuellen Orientierung, die im Jugendalter nach Möglichkeit gefunden werden muss, die Entwicklung von normativen Orientierungen im Hinblick auf den Umgang mit der eigenen Sexualität, die Ausbildung von entsprechenden Ansprüchen und Erwartungen an einen potentiellen Sexualpartner sowie die psychische Verarbeitung der konkreten Erfahrungen, die bei der allmählichen Eroberung der sexuellen Sphäre gemacht werden *(Frage 24)*. Im *Überschneidungsfeld von Jugendforschung und Sexualforschung* hat sich hier ein eigener Forschungszweig entwickelt, der seit vielen Jahren nicht nur der Frage nachgeht, wie viele Jugendliche in welchem Alter welche Formen sexueller Erfahrung gemacht haben, sondern der auch die Veränderungen in den damit zusammenhängenden Einstellungen, Erwartungen, Ansprüchen, Ängsten und Lüsten bei den Jugendlichen differenziert nachzeichnet und diese mit den grundlegenden gesellschaftlichen Veränderungstrends im Hinblick auf das Geschlechterverhältnis und mit den Tendenzen zur Allgegenwärtigkeit sexualisierter Bilder in den Medien in Zusammenhang bringt (vgl. Sigusch 1998, Schmidt/Lange 1993, Kluge 1998, Lange 1999, Schmidt 2005, BZgA 2002, 2006).

Da Entwicklungs- und Identitätsbildungsprozesse im Jugendalter nicht selten auch recht krisen- und konflikthaft verlaufen, da die Kurven für die Beteiligung an riskanten Unternehmungen, für die Verwicklung in delinquente Aktivitäten und für die Prävalenz psychischer Störungen nachweislich mit der Pubertät einen ziemlich steilen Anstieg nehmen, gibt es auch diverse *Theorieansätze, die aus dem klinisch-jugendpsychiatrischen Bereich bzw. aus dem epidemiologischen und kriminologischen Bereich stammen* und die Erklärungsansätze für diese steigenden Tendenzen zum Risiko, zur Delinquenz, zum Drogengebrauch, zur Gewaltbereitschaft und zur Entwicklung seelischer Störungen bei Jugendlichen zu bieten versuchen (vgl. Engel/Hurrelmann 1991, Freitag/Hurrelmann 1999, du Bois 2000, Deutsch-Wenglorz 2001, Raithel 2001, Hurrelmann u.a. 2003, Streeck-Fischer 2004, Beck u.a. 2005, Seiffge-Krenke 2007, BZgA 2002, 2008) *(Fragen 8, 16, 25, 42)*.

Die Einstellungen, Einschätzungen, Überzeugungen, Vorlieben, Werthaltungen und Verhaltenstendenzen, die auch „durchschnittliche", nicht spezifisch gefährdete Jugendlichen in vielen anderen bedeutsamen Lebensfragen und Lebensbereichen haben – etwa im Hinblick auf persönliche und gesellschaftliche Zukunftserwartungen, im Hinblick auf den Erziehungsstil der Eltern und auf eigene Bildungsambitionen, im Hinblick auf gesellschaftliche Institutionen und politische Parteien, im Hinblick auf Freizeitpräferenzen, Mediennutzung und jugendkulturelle Orientierungen etc. *(Fragen 25, 26, 27, 36, 37, 38, 39, 41)* –

werden immer wieder in großen *Surveystudien* untersucht, in denen gewissermaßen versucht wird, der jeweils aktuellen Jugendgeneration umfassend „auf den Puls zu fühlen" (vgl. Shell Deutschland 2002, Zinnecker u.a. 2003, Gille u.a. 2006). Am bekanntesten sind dabei die alle drei, vier Jahre durchgeführten „Shell-Jugendstudien" geworden, in denen über die Jahre eine enorme Menge an Daten über die Jugendlichen unterschiedlicher Jahrgänge gesammelt wurden. Wenn man auch nicht davon sprechen kann, dass diese Studien eine eigene „Theorie des Jugendalters" hervorgebracht hätten oder auf einer einheitlichen Theorie des Jugendalters beruhen, so wird doch auch dort neben der Präsentation der Einzelergebnisse immer wieder auch der Versuch unternommen, „das gegenwärtige Sosein der Jugendlichen" (Oswald 1994, S. 388) auf der Folie von gesamtgesellschaftlichen Veränderungstrends zu erklären. Natürlich werdend dabei dann auch vielfältige alters-, geschlechts-, schicht- und bildungsspezifische Differenzierungen vorgenommen. Zur Reduktion der Komplexität wird bisweilen versucht, die Vielfalt der unterschiedlichen Einstellungen und Orientierungen der Jugendlichen clusteranalytisch zu einigen markanten „Jugendtypen" zu verdichten, oder aber einprägsame „Generationenlabels" zu formulieren, die das Charakteristische der aktuell untersuchten Jugendgeneration auf den Punkt bringen sollen.

Gerade der langfristige Vergleich der Antworttendenzen auf bestimmte, immer wieder in den Fragebögen auftauchende Kernfragen, ermöglicht es, interessante Verschiebungen in den Einstellungen der Jugendlichen über die Jahre hinweg zu verfolgen und historische Entwicklungslinien nachzuzeichnen (Fragen 26, 29, 30, 31). Helmut Fend (1988) hat in seinem Buch „Sozialgeschichte des Aufwachsens" auf der Basis dieser Daten und entsprechender Zeitvergleiche eine Art *„Modernisierungstheorie der Jugend"* vorgelegt und das Pendeln der unterschiedlichen „Jugendgestalten des zwanzigsten Jahrhunderts" zwischen der primären Ausrichtung auf die individuell persönliche Lebensplanung und dem Anspruch, zur Verbesserung der gesellschaftlichen Lebensbedingungen beizutragen, differenziert beschrieben.

Auch über weiter zurückgehend Jugendgenerationen gibt es aus dem Bereich der *historischen Jugendforschung* zahlreiche Studien über die Einbindung der Jugendlichen in den jeweiligen Zeitgeist und zu verschiedenen Teilaspekten des Jugendlebens in unterschiedlichen Epochen und Lebenslagen (vgl. Muchow 1962, Hornstein 1966, Zinnecker 1997, Levi/Schmitt 1997, Dudek 2002). Dabei wird immer wieder auch die Frage thematisiert, seit wann man eigentlich überhaupt von einer eigenständigen „Lebensphase Jugend" sprechen kann und in welchen Etappen und durch welche Einflüsse sich das Modell von „Jugend als Bildungsmoratorium", das zunächst für eine dünne Schicht bürgerlicher Jugendlicher reserviert war, allmählich allgemein durchgesetzt hat *(Frage 28, 29).*

Wenn man bei dem Vergleich der „Jugenden" nicht historisch in immer fernere Epochen zurückgeht, sondern geographisch in andere Regionen und andersgeartete Kulturen vordringt, dann ergeben sich natürlich auch hier vielfältige Differenzen *(Fragen 32, 33, 34)*. Dies ist das spezielle Feld der *ethnographischen und kulturvergleichenden Jugendforschung*. Hier hat seit Margret Meads Klassiker „Coming of Age in Samoa" (1928) immer wieder die Frage interessiert, inwieweit die aus westlichen Gesellschaften bekannten Muster der Jugendkrise und des Jugendprotestes universelle Muster sind, die sich quasi naturhaft aus dem „Entwicklungsprozess der Seele selbst" ergeben, den schmerzhaften Umwandlungen und „Verschalungen" (Spranger 1925) bzw. inwiefern sie eher als Produkte einer spezifischen kulturellen Lage und einer bestimmten Ausformung des Generationenverhältnisses verstanden werden müssen. Und es gab natürlich ein großes Interesse für die vielfältigen Formen der Initiationsriten mittels derer in zahlreichen „primitiven Kulturen" weltweit der Übergang der Heranwachsenden in den Status eines vollwertigen Mitglieds der Erwachsenengesellschaft symbolisch markiert wird (vgl. Bettelheim 1982, Renner 2002). In jüngerer Zeit haben in der Diskussion über das Jugendalter vor allem die von der Ethnologie einerseits, von der Psychoanalyse andererseits inspirierten Arbeiten von Mario Erdheim (1982) große Aufmerksamkeit gefunden. Angesichts der Tatsache, dass in der Folge der Migration auch hierzulande immer häufiger Jugendlicher unterschiedlicher ethnischer und kultureller Herkunft und Prägung Umgang miteinander haben hat sich auch eine eigenständige „interkulturelle Jugendforschung" entwickelt, die den Chancen und Problemen, die sich aus diesen Entwicklungen ergeben, den möglichen Horizonterweiterungen und Verständigungsproblemen, den interkulturellen Freundschafen und Konflikten, nachgehen (vgl. Sauter 1999, Reiners 2003).

Wenn man schließlich weder historisch weit zurückgeht in andere Epochen, noch geographisch den Blick weit fortwendet in andere Regionen und Kulturen, auch dann bleiben im Hinblick auf unsere eigene gegenwärtige gesellschaftliche Lage viele Probleme zu klären bezüglich der von Schelsky formulierten klassischen Grundfragen einer *gesellschaftstheoretischen Jugendforschung*: „Was bedeutet die Jugend für die Gesellschaft?" und „Was bedeutet die Gesellschaft für die Jugend" (Schelsky 1957, S. 26). Mierendorff und Olk haben in jüngerer Zeit das Grundprogramm einer „gesellschaftstheoretisch angeleiteten Kindheits- und Jugendforschung" auf die Formel gebracht, es gehe in ihr darum, „die komplexen Wechselwirkungen, zwischen Gesellschaft, ihrer Struktur, Wirtschaftsweise, Kultur auf der einen Seite und Kindheit/Jugend, ihren Institutionalisierungsformen, Kulturen und Deutungen sowie Verhaltensweisen auf der anderen Seite aufzuklären" (Mierendorff/Olk 2002, S. 117). Alle grundlegenden Entwicklungs- und Strukturmerkmale der Gesellschaft – der wirtschaftlich-technologische Entwicklungsstand, der Urbanisierungsgrad, die Altersstruktur der Gesellschaft, die Homogenität oder Heterogenität der ethnischen Herkunft und Zugehörigkeit der Bevölkerung, die Einkommensverteilung, die Organisation der sozialen Sicherungssysteme, die Verfasstheit der staatlichen Ordnung und die damit gegebenen politischen Teilhabemöglichkeiten, die bestehende familien-, bevölkerungs-, jugend- und steuerpolitische Gesetzgebung, die Verteilung der Bevölkerung auf soziale Schichten und Milieus, die Strukturen des Arbeitsmarkts und des Bildungssystems sowie die Veränderungen der Medien- und Konsumlandschaft ... all dies kann systematisch auf die Frage hin untersucht werden, welche Bedeutung es für die Ausprägung der Jugend in dieser Gesellschaft hat und wie Jugendliche mit diesen gesellschaftlichen Gegebenheiten, die sie vorfinden, umgehen *(Fragen 35, 36, 37, 38, 39, 40, 41, 43, 44, 45, 46)*.

Eine Fragestellung, die bei diesen gesellschaftstheoretischen und strukturanalytischen Ansätzen vielleicht weniger, die aber bei fast allen anderen Ansätzen und Richtungen der Jugendtheorie im Hintergrund deutlich mitschwingt und häufig den Anlass und die Legitimation für die ganzen aufwendigen Forschungsbemühungen darstellt, ist die Frage danach, welche Art von Unterstützung den Jugendlichen bei ihrem schwierigen Weg durch das Jugendalter und hin zur verantwortlichen und autonomen Lebensgestaltung von Seiten der Erwachsenen zukommen kann. Welche Angebote, welche Impulse, welche Institutionen, welche pädagogischen Haltungen sind hier in welcher konkreten Situation sinnvoll und hilfreich? Dies ist das weite Feld der *sozialpädagogischen Jugendtheorie*, bei der die grundlegende Frage nach dem Generationenverhältnis, nach dem förderlichen pädagogischen Bezug, nach den Verstehens- und Verständigungsmöglichkeiten, nach der Gestaltung sinnvoller Angeboten für unterschiedliche Zielgruppen und für unterschiedliche Gefährdungs- und Problemlagen zur Diskussion steht (vgl. Brenner/Hafenegger 1996) *(Frage 40, 43, 46)*.

Und schließlich lassen sich vielfältige Ansätze zu einer *bildungstheoretischen Jugendtheorie* benennen, welche die unterschiedlichen Formen beschreiben, in denen Jugendliche versuchen, „die Welt der Kultur und des Geistes" für sich zu erobern, neue kreative Ausdrucksformen zu entwickeln und eine eigenständige Position hinsichtlich weltanschaulicher, moralischer, politischer und religiöser Fragen zu finden. Dabei geht es einerseits darum, den autonomen Experimentier- und Suchbewegungen der Jugendlichen nachzuspüren, aber auch darum, zu fragen, welche Impulse, welche Rahmenbedingungen, welche Unterstützungsmaßnahmen notwendig sind, damit diese Suchprozesse möglichst fruchtbar verlaufen. Nicht selten haben diese Ansätze dann auch eine durchaus schulkritische Note, indem sie die Frage aufwerfen, woran es eigentlich liegt, dass die Schule als die zentrale „Bildungseinrichtung", die die Gesellschaft für den Nachwuchs eingerichtet hat und sich Jahr für Jahr viele Milliarden Euro kosten lässt, in den Augen der jugendlichen Adressaten oftmals eher als Zwangsanstalt und „dröge Zumutung" denn als Chance und Inspirationsquelle und für fruchtbare Bildungsprozesse erlebt wird (vgl. Zinnecker 1992, Kanders u. a. 1996, Ziehe 1997,

Maas 2000, Helsper / Böhme 2002, Bittner 2003, Fend 2004, Göppel 2008) *(Fragen 46, 47, 48).*

10. Schluss: Noch einmal: Jugend im Singular oder im Plural?

Lässt sich nach dem Durchgang durch all die verschiedenen Lebenslagen, Deutungsmuster und Theorieansätze die Frage beantworten, ob von „Jugend" künftig besser im Singular oder im Plural zu sprechen ist? Sind es unterschiedliche „Jugenden", die in Samoa oder in den USA, in Neukölln oder in Starnberg gelebt werden? Sind es unterschiedliche „Jugenden", die Jugendliche der Geburtsjahrgänge 1920, 1950 und 1980 erlebt haben? Sind es unterschiedliche „Jugenden", die von den unterschiedlichen Theorieansätzen, in bezug auf die Jugendlichen hier und heute, „konstruiert" werden? Die Differenzen sind offensichtlich und ihnen muss in der Jugendtheorie und in der Jugendforschung fraglos Aufmerksamkeit geschenkt werden. Dennoch sollte man die „Weisheit der Sprache" auch nicht verachten, die sich hier gegen die Pluralbildung sperrt und damit doch so etwas wie einen gemeinsamen Erfahrungskern, einen phänomenalen Grundbestand von Entwicklung, Umbruch, Veränderung nahe legt, der die Jugendlichen mit neuartigen Empfindungen konfrontiert und vor neue Herausforderungen stellt. In diesem Sinne scheint es mir sinnvoller im Hinblick auf die notwendigen historischen, kulturellen, lebenslagenspezifischen Differenzierungen von „Jugendgestalten", „Jugendkulturen", „Jugendformen" zu sprechen, als von „Jugenden". Und auch die unterschiedlichen Jugendtheorien sollten nicht einfach ihre je eigenen „Jugenden" konstruieren, sondern ihren spezifischen Beitrag zum Verständnis der unterschiedlichen Facetten dessen, was insgesamt „Jugend" ausmacht, beisteuern.

Literatur

Baacke, D./Heitmeyer, W. (Hrsg.), 1985: Neue Widersprüche. Jugendliche in den achtziger Jahren. Weinheim, München

Baacke, D., 1979: Die 13- bis 18jährigen. Eine Einführung in die Probleme des Jugendalters. 2. Aufl., München, Wien, Baltimore

Baacke, D., 1993[2]: Jugend und Jugendkulturen. Darstellung und Deutung. Weinheim und München

Beck, N./Warnke, A./Adams, G/Zink-Jakobeit, K. (Hrsg.), 2005: Krisen im Kindes- und Jugendalter. Pädagogisch-therapeutische Interventionen. Lengerich

Bettelheim, B., 1982: Die symbolischen Wunden. Pubertätsriten und der Neid des Mannes. München

Bittner, G., 1984: Das Jugendalter und die Geburt des Selbst. In: Neue Sammlung, 24. Jg., 4, S. 331–344

Bittner, G., 2003: Plädoyer für eine Jugend-Schule. Die vergessenen „Adressaten“ der Sekundarstufe I. In: Fröhlich, V./Göppel, R.: Was macht die Schule mit den Kindern? – Was machen die Kinder mit der Schule? Psychoanalytisch-pädagogische Blicke auf die Institution Schule. Gießen, S. 92–109

Blos, P., 1973: Adoleszenz. Eine psychoanalytische Interpretation. Stuttgart

Brenner, G./Hafeneger, B., 1996: Pädagogik mit Jugendlichen. Bildungsansprüche, Wertevermittlung und Individualisierung. Weinheim und München

Bronfenbrenner, U., 1981: Die Ökologie der menschlichen Entwicklung. Stuttgart

Brown, L./Gilligan, C., 1997: Die verlorene Stimme. Wendepunkte in der Entwicklung von Mädchen. München

Bühler, Ch., 1921/1967: Das Seelenleben des Jugendlichen. Stuttgart,

Bundeszentrale für gesundheitliche Aufklärung (BzgA) (Hrsg.), 2002, 2006: Jugendsexualität. Wiederholungsbefragung von 14–17-Jährigen und ihren Eltern. Ergebnisse der Repräsentativbefragung, Köln

Bundeszentrale für gesundheitliche Aufklärung (BzgA) (Hrsg.), 2002: Ergebnisse der Wiederholungsbefragung „Drogenaffinität Jugendlicher in der Bundesrepublik Deutschland 2001“ Köln

Bundeszentrale für gesundheitliche Aufklärung (BzgA) (Hrsg.), 2008: Die Drogenaffinität Jugendlicher in der Bundesrepublik Deutschland 2008. Alkohol-, Tabak-, und Cannabiskonsum Erste Ergebnisse zu aktuellen Entwicklungen und Trends. Köln

Coupland, 1994; Generation X. Geschichten für eine immer schneller werdende Kultur. München

Damon, W./Hart, D., 1982: The Development of Self-Understanding from Infancy through Adulthood. Child Development, 53. Jg., S. 831–857

Deutsch, W./Wenglorz, M. (Hrsg.), 2001: Zentrale Entwicklungsstörungen bei Kindern und Jugendlichen. Aktuelle Erkenntnisse über Entstehung, Therapie und Prävention. Stuttgart, S. 164–188

Dreher, E. & Dreher, M., 1985: Entwicklungsaufgaben im Jugendalter: Bedeutsamkeit und Bewältigungskonzepte. In Liepmann, D./Stiksrud, A. (Hrsg.), Entwicklungsaufgaben und Bewältigungsprobleme in der Adoleszenz. Göttingen, S. 56–70

Du Bois, R., 2000: Jugendkrisen. Erkennen, verstehen, helfen. München

Dudek, P., 2002: Geschichte der Jugend. In: Krüger, H.-H./Grunert, C. (Hrsg.): Handbuch Kindheits- und Jugendforschung. Opladen, S. 333–352

Dunphy, D.C., 1963: The social structure of urban adolescent peer groups. In: Sociometry, 26. Jg., S. 230–246

Engel, U./Hurrelmann, K., 1991: Was Jugendliche wagen. Eine Längsschnittstudie über Drogenkonsum, Streßreaktionen und Delinquenz im Jugendalter. Weinheim und München

Engelbert, A./Herlth, A., 2002: Sozialökologische Erklärungsansätze. In: Krüger, H.-H./ Grunert, C. (Hrsg.): Handbuch Kindheits- und Jugendforschung. Opladen, S. 99–116

Erdheim, M., 1982: Die gesellschaftliche Produktion von Unbewusstheit. Eine Einführung in den enthnopsychoanalytischen Prozeß. Frankfurt/M.

Erdheim, M., 2002: Psychoanalytische Erklärungsansätze. In: Krüger, H.-H./Grunert, C. (Hrsg.): Handbuch Kindheits- und Jugendforschung. Opladen, S. 43–64

Erikson, E. H., 1966: Identität und Lebenszyklus. Frankfurt/M.

Erikson, E. H., 1981[7]: Das Problem der Ich-Identität. In: ders.: Identität und Lebenszyklus. Frankfurt/M.

Erikson, E. H., 1981: Jugend und Krise. Die Psychodynamik im sozialen Wandel. Frankfurt, Berlin, Wien

Farin, K., 2001: generation kick.de. Jugendsubkulturen heute. München

Fend, H., 2000: Entwicklungspsychologie des Jugendalters. Opladen

Fend, H., 1988: Sozialgeschichte des Aufwachsens. Bedingungen des Aufwachsens und Jugendgestalten im zwanzigsten Jahrhundert. Frankfurt

Fend, H., 2004: Was stimmt in deutschen Bildungssystemen nicht? – Wege zur Erklärung ihrer Funktionsweise und Wege der Reform. In: Schavan, A. (Hrsg.): Bildung und Erziehung. Perspektiven auf die Lebenswelten von Kindern und Jugendlichen. Frankfurt

Ferchhoff, W./Sander, U./Vollbrecht, R, (Hrsg.), 1995: Jugendkulturen – Faszination und Ambivalenz. Einblicke in jugendliche Lebenswelten. Weinheim und München

Flaake, K., 2001: Körper, Sexualität und Geschlecht. Studien zur Adoleszenz junger Frauen. Gießen

Flammer, A./Alsaker, F. D., 2002: Entwicklungspsychologie der Adoleszenz. Die Erschließung innerer und äußerer Welten im Jugendalter. Bern

Flammer, A., 2002: Psychologische Entwicklungstheorien. In: Krüger, H.-H./Grunert, C. (Hrsg.): Handbuch Kindheits- und Jugendforschung. Opladen, S. 11–42

Freud, A., 1984: Das Ich und die Abwehrmechanismen. Frankfurt/M.

Freud, S., 1970: Drei Abhandlungen zur Sexualtheorie (1905). In: Studienausgabe, Bd. V Sexualleben Frankfurt/M., S. 37–146

Geulen: D., 2002: Sozialisationstheoretische Ansätze. In: Krüger, H.-H./Grunert, C. (Hrsg.): Handbuch Kindheits- und Jugendforschung. Opladen, S. 83–98

Giedd J. N./Blumenthal, J./Jeffries, N. O., et al., 1999: Brain development during childhood and adolescence: a longitudinal MRI study. In: Nature Neuroscience, 2(10), S. 861–863

Gille, M./Sardei-Biermann, S./Gaiser, W./de Rijke, J., 2006: Jugendliche und junge Erwachsene in Deutschland. Lebensverhältnisse, Werte und gesellschaftliche Beteiligung 12–29-jähriger. Wiesbaden

Göppel, R., 2005: Das Jugendalter. Entwicklungsaufgaben – Entwicklungskrisen – Bewältigungsformen. Stuttgart u. a.

Göppel, R., 2005a: Der anthropologische Sinn der vielfältigen jugendkulturellen Phänomene. In: Henecka, H.-P./Janalik, H./Schmidt, D. (Hrsg.): Jugendkulturen. Heidelberg, S. 13–32

Göppel, R., 2005b: Kann man Jugendliche verstehen? – Wollen Jugendliche verstanden werden? – Verstehen Jugendliche sich selbst? In: Bittner, G. (Hrsg.): Menschen verstehen – Wider die „Spinnweben des dogmatischen Denkens". Würzburg, S. 142–154

Göppel, R., 2008: Ermöglicht oder verhindert die Schule „Bildungserfahrungen"? In: Göppel, R./ Lenhart, V./Schön, B./Strittmatter-Haubold, V. (Hrsg.): Bildung ist mehr als PISA misst. Weinheim

Großegger, B./Heinzlmaier, B., 2002: Jugendkultur Guide. Wien

Hagemann-White, C, 2002: Geschlechtertheoretische Ansätze. In: Krüger, H.-H./ Grunert, C. (Hrsg.): Handbuch Kindheits- und Jugendforschung. Opladen, S. 143–164

Häsing, H./Stubenrauch, H./Ziehe, Th. (Hrsg.), 1981[4]: Narziß. Ein neuer Sozialisationstypus? Bensheim

Havighurst, R.J., 1948: Developmental tasks and education. New York, David McKay

Havighurst, R.J., 1956: Research on the developmental-task concept. In: The School Review, 64. Jg., S. 215–223

Helfferich, C., 1994: Jugend, Körper und Geschlecht. Opladen

Helsper, W. (Hrsg.), 1991: Jugend zwischen Moderne und Postmoderne. Opladen

Helsper, W./Böhme, J., 2002: Jugend und Schule. In: Krüger, H.-H./Grunert, C. (Hrsg.): Handbuch Kindheits- und Jugendforschung. Opladen, S. 567–596

Hennecka, H./Janalik, H./Schmidt, D. (Hrsg.), 2005: Jugendkulturen. Heidelberg

Hornstein, W., 1966: Jugend in ihrer Zeit. Geschichte und Lebensformen des jungen Menschen in der europäischen Welt. Hamburg

Hornstein, W., 1990: Aufwachsen mit Widersprüchen – Jugendsituation und Schule heute. Stuttgart

Hurrelmann, K./Klocke, A./Melzer, W./Ravens-Sieberer, U. (Hrsg.), 2003: Jugend-Gesundheitssurvey. Internationale Vergleichsstudie im Auftrag der Weltgesundheitsorganisation WHO. Weinheim

Hurrelmann, K., 1994, 2007[9]: Lebensphase Jugend. Eine Einführung in die sozialwissenschaftliche Jugendforschung. Weinheim

Illies, F., 2001: Generation Golf. Eine Inspektion. Frankfurt/M.

Kanders u. a., 1996: Das Bild der Schule aus der Sicht von Schülern und Lehrern. In: Rolff, H.-G. u. a. (Hrsg.): Jahrbuch der Schulentwicklung Bd.9. Weinheim, S. 57–113

Keupp, H./Ahbe, Th./Gmür, W./Höfer, R./Mitzscherlich, B./Kraus, W./Strauss, F., 1999: Identitätskonstruktionen. Das Patchwork der Identität in der Spätmoderne. Reinbek

Keupp, R./Höfer, R. (Hrsg.), 1997: Identitätsarbeit heute. Klassische und aktuelle Perspektiven der Identitätsforschung. Frankfurt/M.

Kluge, N., 1998: Sexualverhalten Jugendlicher heute. Ergebnisse einer repräsentativen Jugend- und Elternstudie über Verhalten und Einstellungen zur Sexualität. Weinheim und München

Kohlberg, L., 2001: Moralstufen und Moralerwerb. Der kognitiv-entwicklungstheoretische Ansatz. In: Edelstein, W./Oser, F./Schuster, P. (Hrsg.): Moralische Erziehung in der Schule. Entwicklungspsychologie und pädagogische Praxis. Weinheim und Basel, S. 35–62

Krappmann, L., 1971: Soziologische Dimensionen der Identität. Stuttgart

Lange, C., 1999: Jugendsexualität. Veränderungen seit 1970, Unterschiede zwischen West- und Ostdeutschland und der Einfluss von AIDS. In: Behörde für Schule, Jugend und Berufsbildung Hamburg (Hrsg.): Jugendsexualität und sexuelle Sozialisation. Hamburg, S. 5–17

Levi, G./Schmitt, J.-C. (Hrsg.), 1997: Geschichte der Jugend von der Aufklärung bis zur Gegenwart. Frankfurt/M.

Maas, M., 2000: Jugend und Schule. Ideen, Beiträge und Reflexionen zur Reform der Sekundarstufe I. Hohengehren

Marcia, J., 1966: Development and validation of ego-identity status. In: Journal of Personality and Social Psychology, 5. Jg., S. 551–558

Mead, M., 1928: Coming of Age in Samoa. New York

Mierendorff, J./Olk, Th., 2002: Gesellschaftstheoretische Ansätze. In: Krüger, H.-H./ Grunert, C. (Hrsg.): Handbuch Kindheits- und Jugendforschung. Opladen, S. 117–142

Milhoffer, P., 2002: Wie sie sich fühlen, was sie sich wünschen. Eine empirische Studie über Mädchen und Jungen auf dem Weg in die Pubertät. Weinheim und München

Muchow, H. H., 1962: Jugend und Zeitgeist. Morphologie der Kulturpubertät. Reinbek

Müller, B., 1995: Wozu brauchen Jugendliche Erwachsene? Über Jugendarbeit und Jugendkultur. In: Deutsche Jugend, 43. Jg., S. 160–169

Nunner-Winkler, G., 1990: Jugend und Identität als pädagogisches Problem. In: Zeitschrift für Pädagogik 36. Jg., S. 671–686

Offer, D., 1984: Das Selbstbild normaler Jugendlicher. In: Olbrich, E./Todt, E. (Hrsg.): Probleme des Jugendalters. Berlin

Opaschowski, H., 1999: Generation@. Die Medienrevolution entlässt ihre Kinder: Leben im Informationszeitalter. Hamburg

Oswald, H., 1994: Der Jugendliche. In: Lenzen, D. (Hrsg.): Erziehungswissenschaft. Ein Grundkurs. Reinbek, S. 383–405

Piaget, J., 1983: Das moralische Urteil beim Kinde. Stuttgart

Piaget, J., 1974: Theorien und Methoden der modernen Erziehung. Frankfurt/M.

Raithel, J. (Hrsg.), 2001: Risikoverhaltensweisen Jugendlicher. Formen, Erklärungen und Prävention. Opladen

Reinders, H., 2003: Interethnische Freundschaften bei Jugendlichen 2002: Ergebnisse einer Pilotstudie bei Hauptschülern. Hamburg

Rendtorff, B., 2003: Kindheit, Jugend und Geschlecht. Eine Einführung in die Psychologie der Geschlechter. Weinheim

Rendtorff, B./Moser, V. (Hrsg.), 1999: Geschlecht und Geschlechterverhältnisse in der Erziehungswissenschaft. Opladen

Renner, E., 2002: Kulturtheoretische und Kulturvergleichende Ansätze. In: Krüger, H.-H./Grunert, C. (Hrsg.): Handbuch Kindheits- und Jugendforschung. Opladen, S. 165–188

Richter, H. E., 1963: Eltern, Kind und Neurose. Reinbek

Roth, M., 2002: Geschlechtsunterschiede im Körperbild Jugendlicher und deren Bedeutung für das Selbstwertgefühl. In: Praxis Kinderpsychologie und Kinderpsychiatrie, 51. Jg., S. 150–164

Rousseau, J. J., 1995: Emil oder über die Erziehung. 12. unveränderte Auflage. Paderborn, München, Wien, Zürich

Sauter, S., 1999: Wir sind „Frankfurter Türken“. Adoleszente Ablösungskonflikte in der Einwanderungsgesellschaft. Frankfurt/M.

Schelsky, 1957: Die skeptische Generation. Düsseldorf/Köln

Scherr, A., 2006: Jugenden. In: ders. (Hrsg.): Soziologische Basics. Eine Einführung für Pädagogen und Pädagoginnen. Wiesbaden, S. 86–91

Schmid, G./Lange, C., 1993: Von der „sexuellen Befreiung“ zum „Geschlechterkampf“. Veränderungen der Jugendsexualität zwischen 1970 und 1990. In: Kind – Jugend – Gesellschaft 3, S. 75–78

Schmidt, G., 2005[2]: Das neue DER DIE DAS. Über die Modernisierung des Sexuellen. Gießen

Schröder, A./Leonhardt, U., 1998: Jugendkulturen und Adoleszenz. Verstehende Zugänge zu Jugendlichen in ihren Szenen. Neuwied

Seiffge-Krenke, U., 2007: Psychoanalytische und tiefenpsychologisch fundierte Therapie mit Jugendlichen. Stuttgart

Selman, R. L., 1984: Die Entwicklung des sozialen Verstehens. Frankfurt/M.

Shell Deutschland (Hrsg.), 2002: 50 Jahre Shell Jugendstudien. Vom Fräuleinwunder bis zu den neuen Machern. München

Sichtermann, B., 2002: Frühlingserwachen. Pubertät – Wie Sex und Erotik alles verändern. Reinbek bei Hamburg

Sigusch, V., 1998: Jugendsexualität – Veränderungen in den letzten Jahrzehnten. In: Deutsches Ärzteblatt, 95. Jg., Heft 20, S. 1240–1244

Singer, W., 2002: Was kann ein Mensch wann lernen? In: Killius, N./Kluge, J./Reisch, L. (Hrsg.): Die Zukunft der Bildung. Frankfurt, S. 78–99

Spranger, E., 1925: Psychologie des Jugendalters. Heidelberg, Quelle & Meyer 1972[9].

Stierlin, H., 1994: Individuation und Familie. Studien zur Theorie und therapeutischen Praxis. Frankfurt/M.

Strauch, B., 2003: Warum sie so seltsam sind. Gehirnentwicklung bei Teenagern. Berlin

Streeck-Fischer, A. (Hrsg.), 2004: Adoleszenz – Bindung – Destruktivität. Stuttgart

Tamke, F., 2008: Jugenden, soziale Ungleichheit und Werte. Theoretische Zusammenhänge und empirische Überprüfung. Wiesbaden

Tillmann, J., 1992: Jugend weiblich – Jugend männlich. Sozialisaation, Geschlecht, Identität. Opladen

Turiel, E., 1983: The Development of Social Knowledge. Morality and Convention. Cambridge, Cambridge University Press

Winnicott, D.W., 1978: Das Jugendalter. Der mühsame Weg durch die Stagnation. In: ders.: Familie und individuelle Entwicklung. München

Youniss, J., 1982: Die Entwicklung und Funktion von Freundschaftsbeziehungen. In: Edelstein, W./Keller, M. (Hrsg.): Perspektivität und Interpretation. Frankfurt/M., S. 78–1009

Ziehe, Th.; 1981[4] (Original 1975): Pubertät und Narzissmus. Sind Jugendliche entpolitisiert? Frankfurt/M. und Köln

Zinnecker, J. (Hrsg.), 1982: Schule gehen Tag für Tag. Schülertexte. München

Zinnecker, J./Behnken, I./Maschke, S./Stecher, L., 2003: null zoff & voll busy. Die erste Jugendgeneration des neuen Jahrhunderts. Opladen

Zinnecker, J., 1997: Metamorphosen im Zeitraffer: Jungsein in der zweiten Hälfte des 20. Jahrhunderts. In: Levi, G./Schmitt, J.-C. (Hrsg.): Geschichte der Jugend von der Aufklärung bis zur Gegenwart. Frankfurt/M.

ANDREAS WALTHER

Jugend in Europa: Lebenslagen und Institutionalisierungsweisen im Vergleich

Ein internationaler Blick auf Jugend muss im Rahmen eines Sammelbandbeitrags zwangsläufig oberflächlich ausfallen – oder er muss fragmentarisch anhand einiger ausgewählter Beispiele Prinzipien und Potenziale der international vergleichenden Jugendforschung verdeutlichen. Dazu ist zuallererst die Funktion eines solchen Beitrags zu klären: geht es um Information über Lebenslagen Jugendlicher in anderen Kontexten und Kulturen, ist ein solcher Beitrag in der Tat zu kurz; geht es dagegen darum, über den internationalen Vergleich quasi einen Blick von außen auf den eigenen Kontext und seine besondere gesellschaftliche und kulturelle Konstruktion von Jugend zu erhalten, können ausgewählte Aspekte der Institutionalisierung und der Lebenslagen von Jugend genügen. Im Folgenden soll deshalb der zweite Ansatz verfolgt werden. Eine erste Einschränkung ist dabei insofern eine regionale als der Blick auf Europa beschränkt wird. Diese Beschränkung ist keineswegs selbsterklärend, sondern könnte durchaus als eurozentristisch kritisiert werden, zumal sie den heuristischen Gehalt sozialanthropologischer Theorien zur Allgemeingültigkeit von Riten und Passagen von der Kindheit zu voller gesellschaftlicher Teilhabe (vgl. Eisenstadt 1956; van Gennep 1986) genauso unterschlägt wie etwa ethnopsychoanalytische Untersuchungen zum Zusammenhang zwischen Kultur, Institution, Pubertät und Adoleszenz (vgl. Erdheim 1982). Sie hat aber zum einen den Vorteil, dass bei allen institutionellen und kulturellen Unterschieden zwischen den europäischen Gesellschaften insofern eine Vergleichbarkeit besteht, dass sie über Vorstellungen einer Lebensphase oder Lebenslage Jugend verfügen – wenn auch in unterschiedlicher Ausprägung. So hat der zunehmende Einfluss der EU im Bereich von Jugendpolitik dazu geführt, dass bei aller Unterschiedlichkeit nationaler Altersbestimmungen, Jugend in der Regel entlang der Altersgruppe von 15 bis 24 Jahren bestimmt wird[1]. Zum anderen hat sich in den letzten drei Jahrzehnten, unterstützt durch den Prozess der europäischen Integration bzw. die Initiativen der Europäischen Union und des Europarats eine europäische Jugendforschung formiert, die einen gemeinsamen Rahmen bietet, innerhalb dessen sich Unterschiede in den Lebenslagen und Institutionalisierungsweisen von Jugend identifizieren, benennen und vergleichend untersuchen lassen. Im Folgenden soll deshalb zuerst ein Überblick über Themen und Theorien europäischer Jugendforschung

[1] Diese Altersgruppe liegt z. B. den Statistiken von Eurostat zugrunde, auch wenn die Eurobarometer-Untersuchung von 2007 erstmals Jugendliche zwischen 15 und 30 befragte. Das EU-Programm Jugend in Aktion richtet sich an Jugendliche von 15 bis 28; vgl. http://www.ec.europa.eu/youth).

gegeben werden. Im Anschluss daran werden ausgewählte statistische Daten zu den Lebenslagen junger Frauen und Männer in Europa dargestellt. Diese werden eingebettet in ein Vergleichsmodell zur institutionellen Strukturierung des Jugendalters, anhand dessen sich nicht nur unterschiedliche Lebenslagen, sondern auch unterschiedliche Bedeutungen von Jugend erklären lassen. Abschließend wird der mögliche Ertrag einer vergleichenden Jugendforschung für die Soziale Arbeit reflektiert.

1. Themen und Theorien europäischer Jugendforschung

Seit den 1980er Jahren hat sich die europäische Jugendforschung darauf verständigt, Jugend im Kontext gesellschaftlicher Modernisierung zu diskutieren. Bereits Musgrove verortet die Ausdifferenzierung bzw. Institutionalisierung der Jugendphase in einen explizit europäischen Modernisierungskontext zwischen Industrialisierung und Erziehung und damit als gesellschaftlich notwendige Folge von individueller Freisetzung und Entkoppelung von Familie und Arbeit (vgl. Musgrove 1964). Das sich um die Ausdifferenzierung von Erwerbsarbeit herum formierende Lebenslaufregime (vgl. Kohli 1985) erforderte eine Phase der Vorbereitung auf Anforderungen des Erwachsenenstatus, die mit der Entwicklung eines öffentlichen Bildungssystems auch institutionell ausgestaltet wurde.

Modernisierungstheorien dienen aber auch der Interpretation gegenwärtiger Lebenslagen Jugendlicher. So werden die Verlängerung, Entgrenzung oder Entstandardisierung der Jugendphase als Aspekte reflexiver Modernisierung in spätmodernen Gesellschaften gedeutet (vgl. Cavalli/Galland 1995, EGRIS 2001, du Bois-Reymond/Chisholm 2006, Furlong/Cartmel 2006, Leccardi/Ruspini 2006, France 2007). Die Eigenständigkeit der Jugendphase bedeutet infolge der Entkoppelung von Bildung und Beschäftigung eine zunehmende „indirectness" von Jugend in Bezug auf den Erwachsenenstatus, der sie historisch erst ermöglicht hat – oder: Jugend heißt weniger Erwachsenwerden im herkömmlichen Sinne als die individualisierte Entwicklung von Lebensentwürfen und Lebensstilen (vgl. Mørch 2003, S. 57f.).

Entlang dieser Frage verläuft eine Trennungslinie zwischen einer an Fragen des Übergangs in Arbeit und Erwachsensein (youth transitions) und einer an jugendkulturellen Stilen und Praktiken (cultural studies) orientierten Jugendforschung, die besonders stark in der britischen Jugendforschung als solche wahrgenommen und thematisiert wird, obwohl gerade die Arbeiten der sogenannten Birmingham School beide Perspektiven verbanden (Cohen/Ainley 2000; vgl. Willis 1977). Die Übergangsforschung hat sich von der Analyse der zunehmenden Risiken in den Übergängen junger Frauen und Männer von der Schule in die Arbeit aus entwickelt und fragt von da nach ihren Lebenschancen bzw. allgemeineren Perspektiven sozialer Integration (vgl. z.B. Evans/Heinz 1994,

Bynner/Chisholm 1998, Blossfeld u. a. 2005, du Bois-Reymond/Chisholm 2006, Furlong/Cartmel 2006, Bendit/Hahn-Bleibtreu 2008, Schoon/Silbereisen 2009). Die Jugendkulturforschung untersucht demgegenüber stärker Lebensstile als Praktiken der reflexiven Identitätsbalance angesichts von Ungewissheit und Zukunftsoffenheit, ohne dabei sozioökonomische Faktoren notwendigerweise zu negieren. Im Gegensatz zur Übergangsforschung hat sich in der kulturbezogenen Jugendforschung kaum eine vergleichende Forschung entwickelt. Neben der Konzentration auf subjektive Praktiken und Sinnbezügen im Kontext partikularer Szenen konzentriert, liegt dies unter anderem daran, das inter*nationaler* Vergleich kaum ohne den Bezug auf national identifizierbare institutionelle Strukturen auskommt, während ein inter*kultureller* Vergleich nur bedingt national- von jugendkulturellen Phänomenen unterscheiden kann (vgl. Fornäs 1995, Miles 2000, Weller 2003, Bennett/Kahn-Harris 2004, Titley 2004, Feixa 2005).[2]

Die Frage Übergang oder Jugendkultur verweist auf zwei weitere Themen europäischer Jugendforschung, die eng miteinander verwoben sind: soziale Ungleichheit und das Verhältnis zwischen sozialer Struktur und individuellem Handeln in der Ausdifferenzierung der Lebenslage bzw. Lebenslagen Jugend. Vor allem die britische übergangsbezogene Jugendforschung verweist dabei auf die „epistemological fallacies" des modernisierungstheoretischen Individualisierungsdiskurses (Beck), der die Strukturierung der Übergänge und Lebenschancen Jugendlicher durch soziale Herkunft, Geschlecht und Ethnizität (‘class, gender and race‘) unterschätze (vgl. Furlong/Cartmel 2006, S. 138ff.). Sie folgt dabei einer strukturalistischen Interpretation der Bourdieu'schen Reproduktionstheorie, der zufolge das Wechselspiel zwischen sozialräumlich ungleichen Zugängen zu Ressourcen und Möglichkeiten und individuellem Habitus auch im Kontext sich auflösender kollektiver Formen von Vergesellschaftung einer ‘Vererbung‘ sozialer Ungleichheit gleichkommt (vgl. Ball u.a. 2000). Die Analyse sozialer Ungleichheit fragt allerdings nicht mehr nur danach, warum Arbeiterkinder selber wieder ArbeiterInnen werden, sondern zunehmend nach Risiken sozialer Ausgrenzung in brüchigen und prekären Übergangsverläufen (vgl. MacDonald 1997, Castel 2000, Kieselbach u. a. 2001).

Konzentrierte sich die Forschung in den 1980er und 1990er Jahren noch auf Jugendarbeitslosigkeit als Ursache und/oder Folge riskanter Übergänge, hat sich – beeinflusst durch eine humankapitalorientierte Proklamierung der Wissensgesellschaft durch die EU – seit der Jahrtausendwende der Fokus nach vorne auf

[2] Insofern als Englisch die Sprache und britische Zeitschriften und Verlage die Publikationsorte sind, mittels derer sich europäische Jugendforschung hauptsächlich verständigt, wird diese in vielen Bereichen von englischen AutorInnen und Forschungsansätzen dominiert. Dies gilt sowohl für die internationale Veröffentlichung nationaler Forschung, erst recht aber für international vergleichende Untersuchungen. Wichtigste Zeitschriften sind das *Journal of Youth Studies* (Routledge; http://www.tandf.co.uk/journals/carfax/13676261.html) und *YOUNG. Nordic Journal of Youth Research* (Sage; http://you.sagepub.com/). Auch wenn beide Zeitschriften generell offen für unterschiedliche Ansätze und Themen sind, so ist das Profil des Journal of Youth Studies doch eher von übergangsbezogenen, das von YOUNG eher von jugendkulturbezogenen Beiträgen geprägt.

Fragen der Bildungsbeteiligung bzw. -benachteiligung verschoben (vgl. du Bois-Reymond 2007). Neben Bildung im Sinne kulturellen Kapitals ist auch die ungleiche Verteilung sozialen Kapitals, d.h. die Beziehungen und Netzwerke, auf die junge Frauen und Männer im Übergang zurückgreifen können, zum Thema geworden. Ob diese sich auf enge Kontakte beschränken, die zwar Schutz und Geborgenheit vermitteln, aber über vertraute und unter Umständen benachteiligte Milieus nicht heraus weisen (bonding social capital), oder ob sie Zugänge in andere soziale Milieus, Institutionen oder Arbeitsmarktsegmente eröffnen (bridging social capital), korrespondiert mit ökonomischem und kulturellem Kapital (vgl. Helve/Bynner 2007, Pohl u.a. 2005).

Sozusagen zwischen einer übergangsstrukturellen und einer jugendkulturellen Forschung hat sich ein Strang biographischer Jugendforschung ausdifferenziert, der im Sinne der Dualität von Struktur (vgl. Giddens 1988), das Wechselspiel zwischen Handeln und Struktur in den Mittelpunkt rückt (vgl. Lange 2008; Raithelhuber 2008). Hier wird untersucht, wie junge Frauen und Männer die sozialen Strukturen, die ihren Alltag und ihre Biographien rahmen, jeweils subjektiv interpretieren, in subjektive Handlungsentscheidungen umsetzen und damit diese Strukturen reproduzieren oder verändern (vgl. Walther u.a. 2006, du Bois-Reymond 2007, Henderson u.a. 2007). In dem Maße, wie die individualisierte Produktion von Ungleichheit individuelle (Bildungs-)Entscheidungen ins Zentrum des Interesses rückt, bedeutet dies nach subjektiven Motivationskarrieren zu fragen, die selbst ein Resultat subjektiver Handlungserfahrungen im sozialen Kontext sind und – im Sinne einer sozialen Ungleichheit von Motivation – auf die unauflösliche Dialektik zwischen Struktur und Handeln hinweisen (vgl. Walther u.a. 2006, Walther 2009a). Sowohl José Machado Pais (2003) als auch Carmen Leccardi (2005) analysieren etwa subjektive Zeithorizonte junger Frauen und Männer, wobei neben sozioökonomischen Ressourcen auch die defizitären institutionellen Übergangsstrukturen in Portugal und Italien dazu beitragen (siehe unten), dass ihr Handeln weniger von Zukunftsentwürfen als von einer „ausgedehnten Gegenwart“ bestimmt ist (Pais 2003, S. 119ff.). In Bezug auf die Thematisierung sozialen Kapitals fragt eine biographische Jugendforschung zwar auch nach der ungleichen Reichweite und Tragfähigkeit informeller Netzwerke, ohne dabei aber die Analyse auf die Reproduktion von Ungleichheit zu reduzieren, sondern über die Aufmerksamkeit für subjektive Relevanzen auch offen zu bleiben für neue Strukturierungen, die sich aus „individuellen Systemen sozialen Kapitals“ (Raffo/Reeves 2000, S. 154) ergeben können (vgl. Pohl u.a. 2005, Helve/Bynner 2007).[3]

[3] Das 2006–2009 von der EU finanzierte Forschungsprojekt „Youth – Actor of Social Change“ (UP2YOUTH) führt eine international vergleichende Sekundäranalyse zum Verhältnis von Struktur und Handeln junger Frauen und Männer in Bezug auf die Themen Übergänge in die Elternschaft, Übergänge von Jugendlichen mit Migrationshintergrund in die Arbeit sowie Partizipation Jugendlicher durch (http://www.up2youth.org).

2. Ausgewählte Aspekte und Indikatoren zu Lebenslagen junger Frauen und Männer in Europa

Versucht man sich ein Bild über die unterschiedlichen Lebenslagen junger Frauen und Männer in Europa zu verschaffen, stellt sich schnell die Frage nach der Vergleichbarkeit gängiger Indikatoren und entsprechender Daten. In dem Maße, in dem sich europäische Jugendforschung vor allem als Übergangsforschung konstituiert hat, sind die am meisten untersuchten Indikatoren und rezipierten Daten diejenigen zu Jugendarbeitslosigkeit und Bildungsbenachteiligung – auch weil im Zuge der Offenen Methode der Koordinierung der EU zunehmend europäische beschäftigungs- und bildungspolitische Ziele der Jugendforschung Themen vorgeben, vor allem die Frage nach den für das Erreichen (oder Nichterreichen) dieser Ziele verantwortlichen Faktoren (vgl. Otten/Lauritzen 2004, Thimmel 2004).

Im Gegensatz zu Untersuchungen in den 1980er Jahren, die bei der vergleichenden Auswertung nationaler statistischer Daten regelmäßig an Grenzen unterschiedlicher Erhebungsmethoden und -kriterien stießen, liegen dank des europäischen statistischen Dienstes Eurostat und der europäischen Arbeitskräfteerhebung inzwischen nach gleichen Methoden erhobene Daten vor (vgl. Müller/Gangl 2003)[4]. Deren Aussagekraft ist dennoch nach wie vor begrenzt als etwa die *Jugendarbeitslosenquote* ('youth unemployment rate') herkömmlicherweise als Anteil der arbeitslosen Jugendlichen an den jugendlichen Erwerbspersonen, d. h. der Summe der beschäftigten und arbeitlos gemeldeten und damit dem Arbeitsmarkt zur Verfügung stehenden Jugendlichen gemessen wurde. Diese Zahlen sind jedoch kaum vergleichbar, weil in unterschiedlichen Ländern der Anteil der jugendlichen Erwerbspersonen an allen Jugendlichen unterschiedlich hoch ist – entsprechend des jeweiligen Anteils derer in Bildung oder Ausbildung und derer, die weder als beschäftigt, in Bildung/Ausbildung oder arbeitslos registriert sind. Deshalb vergleicht Eurostat inzwischen auch den Anteil der Arbeitslosen an allen 15–24Jährigen ('youth unemployment ratio'), wobei deutlich wird, dass die Jugendarbeitslosenquote nur bedingt im Sinne des absoluten Ausmaßes an Jugendarbeitslosigkeit in verschiedenen Ländern interpretiert werden kann (siehe Tabelle 1; vg. Walther/Pohl 2005).

[4] Siehe http://www.ec.europa.eu/eurostat

Tab. 1: Arbeitslosigkeit Jugendlicher (15–24 Jahre) in der EU 2006 (Quelle: Eurostat)

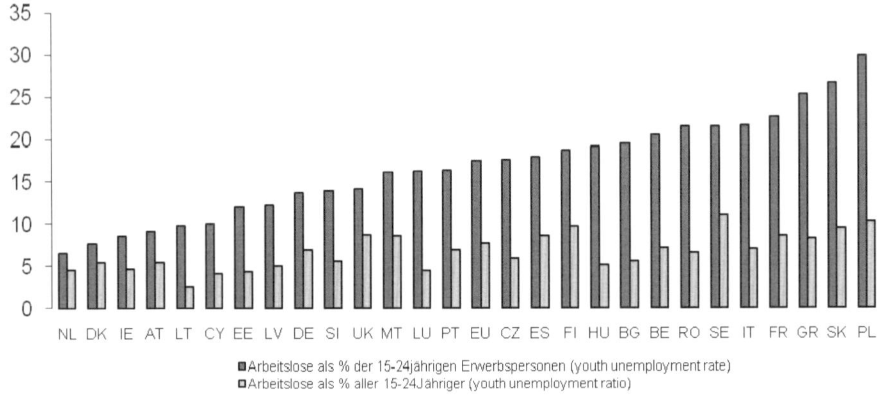

Ein ähnlich diffuses Bild ergibt sich beim Vergleich der *Bildungsabschlüsse*-Tabelle 2). Seit dem Ausrufen der sogenannten Lissabon-Strategie 2000 ist ein zentrales Ziel der EU – und damit auch der nationalen Regierungen – die Steigerung der Bildungsabschlüsse und die Senkung des Anteils der sogenannten 'early school leavers'. Diese sind mit SchulabbrecherInnen im Deutschen nur ungenügend übersetzt sind, da auch alle diejenigen gemeint sind, die nach der Sekundarstufe 1 (Hauptschulabschluss oder Mittlere Reife) keinen weiteren Bildungs- oder Berufsabschluss erwerben (Europäische Kommission 2008; vgl. Walther/ Pohl 2005).

Tab. 2: Jugendliche (18–24 Jahre) nicht in Bildung oder Ausbildung und mit höchstens einem Abschluss der Sekundarstufe 1 (early school leavers) in der EU 2006 (Quelle: Eurostat)

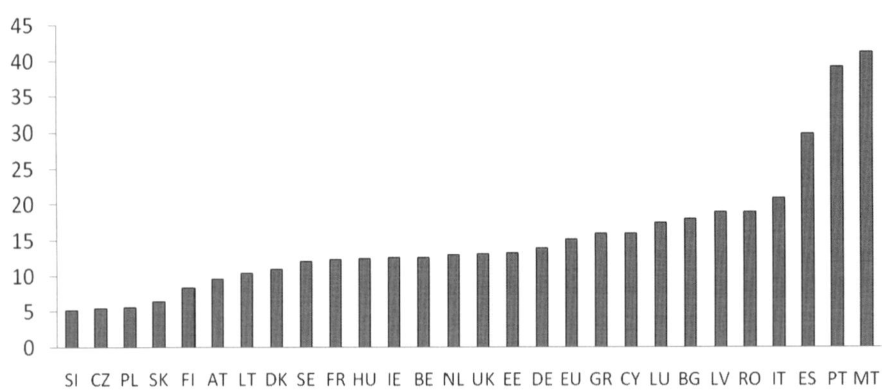

Im internationalen Vergleich bleiben sowohl Fragen nach den Ursachen als auch nach den Konsequenzen des 'frühen Verlassens der Schule' unklar. Zwar gehen die meisten nationalen Studien – wie auch die internationalen Leistungsvergleiche der OECD zum Kompetenzerwerb (PISA-Studien, vgl. OECD 2008) – davon aus, dass soziale Herkunft eine wichtige Rolle für den Schulerfolg spielt, doch kann dies nicht erklären, warum in osteuropäischen Ländern wie etwa Polen, in denen Ungleichheit keineswegs geringer ausgeprägt ist als in Deutschland, der Anteil der 'early school leavers' nur ein Drittel beträgt. Dies stellt auch den allgemein als gültig anerkannten Zusammenhang zwischen niedrigen Bildungsabschlüssen und Jugendarbeitslosigkeit in ein anderes Licht. So ist nicht nur die Reihenfolge der Länder in Bezug auf Jugendarbeitslosigkeit und niedrige Bildungsabschlüsse keineswegs identisch (nicht einmal ähnlich). Vielmehr gehen niedrige Anteile an 'early school leavers' sowohl mit niedriger (z. B. Österreich) als auch mit hoher Jugendarbeitslosigkeit (z. B. Polen) einher wie umgekehrt hohe Anteile von Bildungsbenachteiligung sowohl mit mittlerer (z. B. Portugal) als auch mit hoher Jugendarbeitslosigkeit (z. B. Italien; siehe Tabellen 1 und 2; vgl. Walther/Pohl 2005).

Armut birgt als statistischer Indikator für Ungleichheit und Lebenschancen ebenfalls einige Unschärfen, und zwar auch dann, wenn ein relativer Armutsbegriff (bei Eurostat 60 % des Durchschnittseinkommens) zugrunde gelegt wird. So ist es wenig aussagekräftig, wenn nach Eurostat 2006 in Ungarn 17 % aller jungen Frauen und Männer (18–24 Jahre) als 'arm' galten, und im nationalen Diskurs auch als 'arm' adressiert werden (vgl. Walther/Zentner 2008), in Dänemark dagegen 35 % (EU-Durchschnitt bei 20 %). Für einen Vergleich der Lebenslagen dänischer und ungarischer Jugendlicher müsste sowohl die Kaufkraft der gesamten Bevölkerung berücksichtigt werden als auch Muster jugendlicher Lebensführung. So fallen (dänische) Studierende, die von zu Hause ausgezogen sind – ob sie nun in einem Wohnheim oder einer Wohngemeinschaft, von elterlichen Zuwendungen oder staatlichem Bildungsgeld leben – häufig unter die statistische Armutsgrenze, auch wenn dies zeitlich begrenzt und kulturell in der Regel nicht als Armut konnotiert ist (Walther/Pohl 2005, S. 60ff., vgl. Fahmy 2007).

Ungleiche Lebenschancen und Risiken im Übergang von der Schule in die Arbeit werden auch auf europäischer Ebene nicht nur in Bezug auf soziale Herkunft, sondern auch in Bezug auf Geschlecht sowie Ethnizität und Migration analysiert.

Geschlecht war in der europäischen Übergangsforschung von Anfang an ein Thema, v. a. im Sinne einer Benachteiligung junger Frauen (vgl. Drew et al. 1998, Tham 2002, Hammer 2003). Überall in Europa haben junge Frauen in Sachen Bildungsbeteiligung und Bildungserfolg die jungen Männer nicht nur ein-, sondern überholt. Lange galten sie dennoch auf dem Arbeitsmarkt als prinzipiell benachteiligt. Seit den späten 1990er Jahren sind aber etwa in Nordeuropa und Großbritannien, die Arbeitslosenzahlen der jungen Männer deutlich über den der jungen Frauen und dies bei einer deutlich gestiegenen Frauenerwerbsbeteiligung. Benachteiligungen bestehen deshalb dennoch fort, wenn man Arbeitszeit, Vergütung und Mobilität berücksichtigt, wenn auch zumindest in diesen Ländern in abnehmendem Maße (siehe http://www.ec.europa.eu/eurostat). In Südeuropa hat sich an der geschlechtsspezifischen Segmentation der Arbeitsmärkte dagegen wenig geändert, was neben traditionellen Geschlechter- und Familiennormen auch am Mangel an öffentlicher Kinderbetreuung und unterschiedlichen Dynamiken des Wandels zur Dienstleistungsgesellschaft liegt (vgl. Häußermann/Siebel 1997, Pfau-Effinger 2000, du Bois-Reymond 2008). In Mittel- und Osteuropa sind die Frauenerwerbsquoten – wenn auch im EU-Mittel – weit unter das Niveau während des Sozialismus gesunken, weshalb Pascal und Manning (2000) Frauen auch als Transformationsverliererinnen bezeichnen. Eine Forschungsaufmerksamkeit für Lebenslagen junger Männer und damit überhaupt eine auf europäischer Ebene wahrnehmbare Jungen- und Männerforschung entsteht erst seitdem im Kontext der Wissensgesellschaft Bildungsbenachteiligung zum Problem geworden ist (vgl. France 2007, S. 92ff., Hodgson 2008).

Insgesamt scheint sich das Forschungsinteresse jedoch von Geschlecht hin zu *Ethnizität und Migration* als Benachteiligungsfaktoren zu verschieben, während Perspektiven der Intersektionalität unterschiedlicher Benachteiligungen bislang eher randständig bleiben (vgl. Phoenix 2006). Dass *Ethnizität* nicht nur in Bezug auf MigrantInnen der ersten, zweiten oder dritten Generation ein Faktor von Benachteiligung ist, wird v.a. angesichts der auf EU-Ebene besonders problematisierten Situation der Roma in Mittel- und Osteuropa deutlich; so wie etwa in Großbritannien Jugendliche aus bestimmten asiatischen 'communities' überdurchschnittliche Bildungsabschlüsse erreichen (Heckmann 2008, Mørch u.a. 2008). Forschungsbedarf besteht jedoch noch darüber, wie sozio-ökonomische Faktoren (Lebenslagen von MigrantInnen und ethnischen Minderheiten sind meist durch unterdurchschnittliche Einkommen, unqualifizierte Jobs und benachteiligte Wohnsituation geprägt), externe Zuschreibungen und Diskriminierungen, kulturelle Werte und Traditionen sowie Strategien der Bewältigung von Rassismus und Marginalisierung zur Reproduktion von Benachteiligung durch Bildung führen. Zusätzlich wird das Bild auch auf europäischer Ebene noch durch die neuen Dimensionen Transnationalität und Transmigration differenziert (vgl. Vertovec/Wessendorf 2004).

Ein weiteres Thema europäisch vergleichender Jugendforschung ist *Partizipation*, auch dies wesentlich mit initiiert durch Versuche der Europäischen Kommission und des Europarats eine europäische Jugendpolitik zu etablieren (vgl. Europäische Kommission 2001, 2008). Auch wenn die Forschungsförderung lange aufgrund der politischen Zielsetzung, Jugendlichen eine europäische Identität zu vermitteln, enggeführt wurde (vgl. Otten/Lauritzen 2004; ÖIJ 2005), sind in den letzten Jahren sowohl statistische Daten erhoben als auch Surveys und qualitative Studien durchgeführt worden, die zumindest eine Differenzierung in der Thematisierung von Partizipation erlauben. So enthält die regelmäßig durchgeführte Befragung Jugendlicher durch das Eurobarometer inzwischen Fragen und Aussagen zur Mitgliedschaft Jugendlicher in Organisationen, die zeigen, dass sich bei den jungen Frauen und Männern allgemeine nationale Trends niederschlagen, d.h. hohe Anteile in Skandinavien, den Niederlanden und den deutschsprachigen Ländern, mittlere in Westeuropa, niedrige in Süd-, Mittel- und Osteuropa (vgl. Eurobarometer 2007). Untersuchungen zur politischen Partizipation zeigen, dass dies jedoch wenig – wie in früheren Interpretationen – über unterschiedliche politische Interessen aussagt, sondern primär über unterschiedliche Formen öffentlichen Lebens. Genauso fallen allgemein beklagte Rückgänge in der Wahlbeteiligung sehr unterschiedlich aus – darin ebenfalls übergreifenden nationalen Mustern folgend – wie auch die jeweils alternativ gewählten Formen von Engagement. Ist etwa in Österreich der Anteil Jugendlicher, die Mitglied in sozialen oder politischen NGOs sind, überdurchschnittlich hoch, beteiligen sich in Frankreich oder Italien mehr Jugendliche an Demonstrationen oder Streiks, während in Finnland politisch korrekter Konsum besonders stark ausgeprägt ist (vgl. Spannring u.a. 2008). Sowohl international vergleichende wie nationale Jugendforschung fängt darüber hinaus erst langsam an, Partizipation junger Frauen und Männer lebensweltlich und biographisch zu kontextualisieren. So existieren kaum Untersuchungen dazu, was politische Partizipation subjektiv bedeutet bzw. welche von den Erwachsenen gemeinhin nicht als Partizipation wahrgenommenen und anerkannten Handlungen Jugendlicher, wie etwa Graffiti oder Skateboarding auf öffentlichen Plätzen, in dem Sinn partizipatorisch gemeint sind als sie öffentliche Artikulationen von Interessen und Bedürfnissen sind (vgl. Reutlinger 2005, Loncle/Muniglia 2008). Eine europäische Studie, in der dies versucht wurde, ist das YOYO-Projekt (Youth Policy and Participation) zum Zusammenhang von Motivation und Partizipationsmöglichkeiten benachteiligter Jugendlicher im Rahmen von Maßnahmen in Bezug auf den Übergang von der Schule in die Arbeit. Auch wenn die qualitative Anlage keine generalisierbar-vergleichende Ergebnisse erlaubt, so zeigt sie doch deutlich, dass manche Übergangssysteme Jugendlichen mehr Wahl- und Mitsprachemöglichkeiten bieten als andere und dementsprechend Jugendliche ihre Erfahrungen mit staatlichen Institutionen unterschiedlich beschreiben und bewerten (vgl. Walther u.a. 2006).

Diese fragmentarischen Hinweise auf unterschiedliche Lebenslagen Jugendlicher in Europa weisen auf die begrenzte Aussagekraft scheinbar allgemeingültiger quantitativer Indikatoren hin – zumindest solange sie nicht kontextualisiert werden. So sagen ähnliche prozentuale Anteile arbeitsloser Jugendlicher nur wenig aus, solange nicht berücksichtigt wird, ob Arbeitslosigkeit die gleiche Bedeutung für sie hat; und zwar sowohl im Sinne der kulturellen Deutung von Arbeitslosigkeit im jeweiligen Kontext als 'normale' Begleiterscheinung von Übergängen in die Arbeit oder stigmatisiert als individuelles Scheitern; als auch in Bezug auf die biographischen Konsequenzen von Arbeitslosigkeit im weiteren Lebensverlauf. Nur über das In-Beziehung-Setzen isolierter Vergleichsdaten mit den jeweiligen sozio-ökonomischen und soziokulturellen Kontexten lassen sich Aussagen über ihre Vergleichbarkeit treffen, lassen sie sich verstehen (vgl. Walther 2009b). Im Folgenden soll deshalb ein heuristisches Vergleichsmodell vorgestellt werden, dass im Kontext einer Reihe von europäischen Übergangsstudien entwickelt worden ist, die sich entsprechend der oben skizzierten Ansätze als biographische Jugendforschung verstehen. Das heißt, es basiert auf Untersuchungen, in denen statistische und Survey-Daten, institutionenbezogene Analysen und qualitative Narrationen Jugendlicher aufeinander bezogen wurden. Es erlaubt Aussagen über unterschiedliche idealtypische Institutionalisierungsweisen von Jugend, in denen Struktur und Handeln dialektisch verwoben sind.

3. Institutionalisierungsweisen von Jugend in Europa

Ein Vergleich der Strukturen der Jugendphase kann sich als Ausgangspunkt an Vorarbeiten vergleichender Wohlfahrtsforschung zu unterschiedlichen Formen der institutionellen Regulierung des Verhältnisses zwischen Individuum, genauer: der Aufgabenteilung zwischen Familie, Staat und Markt für die Existenzsicherung der Individuen orientieren (vgl. z. B. Esping-Andersen 1990, Schmid 2002, Opielka 2004). Dabei werden Typen von Wohlfahrtsstaaten danach unterschieden wie stark sie die Individuen von der Abhängigkeit vom Markt entlasten, die sich allerdings eher auf die allgemeine „Gestalt" von Wohlfahrtsstaaten als auf die Beschreibung von Detailstrukturen beziehen (Kaufmann 2003, S. 51). Diese Typen als „Wohlfahrtsregimes" zu bezeichnen macht deshalb Sinn, weil die Verbindung sozio-ökonomischer Strukturen, institutioneller Arrangements und soziokultureller Muster die Legitimität von Ansprüchen der und Zumutungen an die Individuen und damit ein „Klima der Normalität" bestimmt, das nicht nur politische, sondern auch individuelle bzw. biographische Entscheidungen prägt. Stefan Lessenich (1995) weist auf die lebenslaufstrukturierende Macht des Wohlfahrtsstaates hin, der über die Absicherung der Individuen hinaus auch einen Anreiz zu einer erwerbsarbeitszentrierten Lebensführung ausübt. Dabei variiert die Regulierung von Lebensläufen entsprechend nationalstaatlicher Strukturen und unterschiedlicher gesellschaftlicher Entwicklungspfade.

Ein Teilaspekt dieser Lebenslaufstrukturen ist die Institutionalisierung der Jugendphase als jeweils unterschiedlich strukturierte Vorbereitung auf Erwachsenenstatus und Erwerbsarbeit. Allerdings erfordert eine Erweiterung von Wohlfahrtsregimes zu *Regimes des Übergangs von der Jugend zum Erwachsensein* die Einbeziehung zusätzlicher institutioneller Dimensionen, hinter denen außerdem kulturelle Deutungsmuster von Jugend sichtbar werden:

- *Schule* ist selektiv-differenzierend oder eher gesamtschulisch strukturiert, *berufliche Bildung* mehr oder weniger standardisiert mit unterschiedlicher Aufgabenverteilung zwischen Schule, Betrieb und Ausbildungswerkstätten (vgl. Allmendinger 1989, OECD 2008);
- *Arbeitsmärkte* bieten flexible Zugänge oder sind, gestützt auf standardisierte Berufsprofile, absichernd nach innen und geschlossen nach außen (vgl. Müller/Shavit 1998, Müller/Gangl 2003; Blossfeld u. a. 2005), und basieren auf unterschiedlich normativ aufgeladenen Arbeitsbegriffen (vgl. Walther 2000);
- *Doing-Gender-Mechanismen* in Bildungssystem und Familienpolitik (v. a. Kinderbetreuung) führen zu Unterschieden in der weiblichen Erwerbstätigkeit (vgl. Sainsbury 1999);
- *„Benachteiligung“* im Übergang in die Arbeit wird entweder individuellen Defiziten oder strukturellen Problemen zugeschrieben; Integrationsmaßnahmen zielen eher auf allgemeine oder auf berufliche Bildung, auf Beschäftigungsfähigkeit oder persönliche Lebensplanung (vgl. Walther 2002; McNeish/Loncle 2003; Walther/Pohl 2005);
- Aufbauend auf unterschiedlichen Vorstellungen von und Erwartungen an *Jugend* orientiert sich *Jugendpolitik* eher an den bürgerschaftlichen Interessen und Rechten Jugendlicher oder – schützend und korrigierend – an Risiken und Problemlagen; ist z. B. Jugendhilfe ein eigenständig institutionalisierter Bereich, Teil der allgemeinen sozialen Dienste oder des Gesundheitswesens; gelten je nach jugendpolitischen Bereichen unterschiedliche Altersgrenzen (vgl. IARD 2001; Mamier u. a. 2003; Walther 2006a)?
- Schließlich stellt auch die *Finanzierung* jugendrelevanter Politikbereiche (Bildung, Familien und Kinder, Arbeitsmarktpolitik) eine wichtige Vergleichsdimension dar, die nicht nur unterschiedliche Institutionalisierungsweisen ermöglicht, sondern gleichzeitig auch den volkswirtschaftlichen Stellenwert der Jugendphase in einer Gesellschaft symbolisiert.

Basierend auf dem gegenwärtigen Forschungsstand lassen sich vier Typen von Übergangsregimes, verstanden als Institutionalisierungsweisen von Jugend, unterscheiden (siehe Tabelle 3; vgl. IARD 2001, Walther/Pohl 2005, Walther 2006a, Walther u. a. 2006):

1) Das *universalistische Übergangsregime* beschreibt vor allem die Situation in den nordischen Ländern (Dänemark, Schweden, Norwegen, Finnland) und verdankt seine Bezeichnung dem individuellen Zugang aller volljährigen BürgerInnen zu sozialer Sicherung, einschließlich eines allgemeinen und

nicht rückzahlbaren Bildungsgeldes für die Dauer einer Erstausbildung oder eines Studiums. Dies schlägt sich vor allem in hohen Bildungsausgaben nieder. „Bildung für alle" heißt außerdem, dass berufliche und allgemeine Bildung flexibel in einem System integriert sind, in dem vier von fünf SchulabgängerInnen die Hochschulreife erhalten. Benachteiligung wird individuell zugeschrieben, aber strukturell durch Erweiterung der Zugänge ins und das Angebot flexibler Unterstützung im regulären Übergangssystem beantwortet. Vielfältige, niedrigschwellige Beratungsangebote von der Schule bis in die Arbeitsmarktpolitik sind primär auf die Stärkung intrinsischer Motivation für eine individuelle Lebensplanung und -gestaltung ausgerichtet, die zentraler Aspekt des Jugendbegriffs ist und sich in breit gefächerten Wahlmöglichkeiten auf allen Stufen des Übergangs ausdrückt. Das Ziel von Jugendpolitik ist nicht nur Jugendliche beim Erwachsenwerden, sondern auch beim 'Jung-Sein' zu unterstützen.

2) Der *liberale Regimetyp*, vorrangig in den angelsächsischen Ländern (Großbritannien und Irland) vertreten, stellt individuelle Rechte und Verantwortlichkeiten der Marktsubjekte in den Vordergrund. Jugend ist vor allem durch die Erwartung früher ökonomischer Unabhängigkeit charakterisiert. Ab dem 18. Lebensjahr besteht zwar ein individueller Anspruch auf Sozialhilfe, deren Sätze sind jedoch niedrig und der Bezug ist an rigide Pflichten gekoppelt. Entsprechend einer vorrangigen Deutung von „Jugend als Problem" wird Benachteiligung in erster Linie als fehlende Arbeitsbereitschaft interpretiert und mit Druck und Sanktionen beantwortet. Dies zeigt sich auch in Jugendhilfe und Jugendarbeit, die zunehmend als Kontrollinstanz des Bildungssystems in Bezug auf benachteiligte Jugendliche instrumentalisiert werden. Gleichzeitig bestehen aber auch Wahlmöglichkeiten, vor allem weil die an die gesamtschulische Pflichtschulzeit anschließende Oberstufe radikal flexibilisiert wurde und sich berufs- und allgemeinbildende Elemente im Rahmen des modularisierten Bildungssystems individuell kombinieren und anrechnen lassen. Auch der Arbeitsmarkt ist flexibilisiert und bietet vielfältige Zugangsmöglichkeiten, einschließlich einer hohen Frauenerwerbsquote, birgt aber gleichzeitig hohe Risiken von Prekarität, die weitestgehend individuell bewältigt und kompensiert werden müssen.

3) Das *erwerbsarbeitszentrierte Übergangsregime*, vor allem in den kontinentalen europäischen Ländern einschließlich Deutschland, basiert auf der Koppelung eines selektiven Schulsystems an ein standardisiertes Berufsbildungssystem, das wiederum Grundlage ist für die Spaltung in einen Kern von Normalarbeitsverhältnissen – basierend auf einem normativen Begriff von Arbeit als 'Beruf' und einem angenommenen männlichen Normallebenslauf – und eine prekäre Peripherie. Institutionell bedeutet Jugend in erster Linie die Zuweisung zu bestehenden sozialen bzw. beruflichen Positionen mittels

eines „Bildungsmoratoriums“ (Zinnecker 1991). Scheiternde Übergänge in ein Normalarbeitsverhältnis werden individuell zugeschrieben. Berufsvorbereitende Maßnahmen sollen Bildungs- oder Sozialisationsdefizite kompensieren, führen allerdings häufig in reine Warteschleifen und prekäre Positionen. Diese Spaltung zeigt sich auch in der Trennung zwischen Sozialversicherung und Sozialhilfe. Jugendliche und junge Erwachsene haben hierauf keinen automatischen, von der Familie unabhängigen Anspruch. Insofern als Jugendpolitik vorrangig als Jugend*hilfe* institutionalisiert ist, wird die Jugendphase eher über die Risiken und Problemlagen des Aufwachsens als über eigene Interessen wahrgenommen.

4) In Bezug auf die südeuropäischen Länder spricht man vom *unter-institutionalisierten Übergangsregime*. Trotz eines durchlässigen Schulsystems, in dem teilweise über 70% der SchulabgängerInnen die Hochschulreife erreichen, zeichnet sich der Übergangsprozess aufgrund fehlender Berufsbildungsstrukturen und eines Arbeitsmarktes, der sehr stark alters-, regional- und geschlechtsspezifisch segmentiert ist, vor allem durch eine lange Wartephase, eine hohe Jugendarbeitslosenrate und informelle Arbeit aus. Während Jugendpolitik und Jugendarbeit nur marginal entwickelt sind, sind Angebote der Jugendhilfe im allgemeinen Sozialdienst oder dem Gesundheitswesen angesiedelt (Jugend als Problem). Das Statusvakuum junger Frauen und Männer wird durch fehlende Ansprüche auf Sozialleistungen unterstrichen. Hierdurch bleiben sie länger als in anderen Regimes vollständig von der Familie abhängig. Vor allem für junge Frauen bedeutet dies eine stärkere Kontrolle durch die Herkunftsfamilie und eine deutlich höhere Arbeitslosigkeit.

Das Modell der Übergangsregimes beschränkt sich bislang auf westeuropäische Gesellschaften (sowie Nordamerika, Australien und Neuseeland). Die *post-sozialistischen Länder* Mittel- und Osteuropas lassen sich aufgrund fehlender Vergleichsdaten, der starken Dynamik des sozialen, wirtschaftlichen und institutionellen Wandels und ihrer zunehmenden Diversifizierung weder den bisherigen Regimetypen noch einem eigenen, fünften post-sozialistischen Regimetyp zuordnen. Im Transformationsprozess dienen westeuropäische Institutionalisierungsweisen als Vorbilder. So orientiert sich Polen stark am liberalen Modell, Bulgarien am erwerbsarbeitszentrierten – ohne dabei bislang über eine unter-institutionalisierte Realität hinauszukommen –, allein Slowenien orientiert sich auch am universalistischen Modell. Diese Orientierungen gehen mit dem sozialistischen Erbe einer Normalität verlässlicher, wenn auch nicht frei wählbarer Übergangsoptionen – einschließlich einer hohen Frauenerwerbsbeteiligung – partikulare Mischungsverhältnisse ein (vgl. Chisholm/Kovacheva 2002). Die Begrenzung des Modells betrifft erst recht Konstellationen in Latein- und Südamerika, Afrika oder Asien.

Tab. 3: Übergangsregimes in Europa (Walther u. a. 2006; 2009b)

Regimetypen und Länder	***Schule***	***Ausbildung***	***Soziale Sicherung***	***Arbeits-regime***	***Frauen-erwerbs-tätigkeit***	***Ziele von Übergangs-politiken***	***Jugend-politik***	***Benach-teiligungs-begriff***	***Jugend-begriff***	***Ausgaben in % des BIP 2004*:***	***Bildung***	***Aktive AMP***	***Familie Kinder***
Universalis-tisch: Dänemark Finnland Schweden	Durch-lässig	Flexible Stan-dards (v.a. Schule)	Staat	Offen, geringe Risiken	Hoch	(Allgemein-) Bildung	universalis-tisch	Individualisiert und struktur-bezogen	Individuelle Entwicklung (Ressource)	DK: S: FIN:	8,5 7,4 6,4	 1,5 1,0	3,9 3,0 3,0
Erwerbsarbeits-zentriert: Deutschland, Frankreich, Niederlande, Österreich	Selektiv	Standardisiert (v.a. Betrieb, außer F)	Staat / Familie	Geschlos-sen, gerin-ge Risiken	Mittel	Berufs-bildung	protektionis-tisch	Individualisiert	Zuweisung zu sozialen Positionen (Problem/ Ressource)	D: F: NL: A:	4,7 5,9 5,1 5,5	0,9 0,7 1,1 0,4	3,0 2,5 1,3 3,0
Liberal: Irland, Großbritannien	Durch-lässig	Flexibel, niedri-ge Standards (teils Schule, teils Betrieb)	Staat / Familie	Offen, hohe Risi-ken	Hoch	Erwerbsar-beit (Employability)	gemeinwe-senbasiert	Individualisiert	Frühe Unab-hängigkeit (Problem)	IRL: GB:	4,4 5,4	0,5 0,2	2,5 1,7
Unter-institutionalisiert Griechenland, Italien, Portugal, Spanien	Durch-lässig	Niedrige Stan-dards und Rele-vanz (v.a. Schule)	Familie	Geschlos-sen, hohe Risiken	Niedrig	‚Irgendein' Status	zentralis-tisch	Struktur-bezogen	Jugend ohne klaren Status (Problem/ Ressource)	GR: I: PT: ES:	3,9 4,7 5,6 4,3	0,2 0,6 0,6 0,6	1,7 1,1 1,2 0,7
Postkommunis-tische Staaten Bulgarien, Polen, Slowenien	Eher durch-lässig	Neustrukturie-rung, time lag (teils Schule, teils Betrieb)	Familie / Staat	Geschlos-sen, hohe Risiken	Niedrig/ Mittel	Trend zu (Aus)Bildung und Er-werbsarbeit	Keine An-gaben	Strukturbezo-gen und Individualisiert	Jugendstatus im Übergang (Problem/ Ressource)	PL: SK: SL: BG: RO:	5,6 4,3 6,0 4,3 3,4	K.D. 0,1 K.D. 0,5 0,1*	0,9 1,8 2,0 K.D. K.D.

**Daten von Eurostat*

Angesichts seiner allgemeinen Züge, seiner regionalen Begrenztheit und seiner Statik hat das Modell der Übergangsregimes primär einen heuristischen Wert. Die Relevanz eines solchen Modells für die vergleichende Jugendforschung und Sozialpädagogik liegt darin, dass es unterschiedliche Konstellationen des Aufwachsens und der Unterstützung von Jugendlichen verdeutlicht. Die These der Pfadabhängigkeit von Regimes besagt, dass diese Konstellationen durch die Verflechtung sozio-ökonomischer, institutioneller und kultureller Strukturen und Muster nur eine bestimmte Variationsbreite von politischen Handlungsansätzen und Deutungsmustern und damit von Wandel zulässt. Die Befunde des internationalen GLOBALIFE-Projektes zeigen auch, dass globale Tendenzen der Arbeitsmarktflexibilisierung in unterschiedlicher Weise durch wohlfahrtsstaatlich gerahmte Übergangsstrukturen gefiltert werden und dementsprechend die Übergänge junger Frauen und Männer in unterschiedlicher Weise und Stärke Ungewissheit und Unsicherheit ausgesetzt sind (vgl. Blossfeld u. a. 2005).

Dass Regimes jedoch nicht nur analytisch, sondern auch in der Lebenswirklichkeit Jugendlicher greifbar werden, zeigt sich sowohl in der Analyse qualitativer Daten zu Übergangserfahrungen als auch in Survey-Ergebnissen zur Lebenssituation Jugendlicher.

Das Eurobarometer fragt beispielsweise Jugendliche regelmäßig danach, woher sie den Hauptanteil ihres Einkommens beziehen. Dabei zeigt sich, dass ausgerechnet in Dänemark, wo Jugendliche offensichtlich große Spielräume des Ausprobierens genießen, ohne sich von vornherein an Arbeitsmarkterfordernissen orientieren zu müssen, der Anteil derer, die von eigener Erwerbsarbeit leben, am höchsten ist, noch höher als in Großbritannien, wo dies das oberste politische und kulturelle Credo ist. Während dort der Anteil der Sozialleistungsempfänger am höchsten ist, zeigt sich die universalistische Wohlfahrtstätigkeit in Dänemark vor allem in einem hohen Anteil derer, die von Bildungsvergütungen, dem allgemeinen Bildungsgeld leben. In Italien ist erwartungsgemäß der Anteil derer am höchsten, die primär von der Familie unterstützt werden. Deutschland fällt interessanterweise durch den hohen Anteil an JobberInnen auf, worunter wahrscheinlich in erster Linie Studierende fallen, die nur zu geringem Anteil und nur auf Rückzahlbasis staatlich unterstützt werden. Die mittel- und osteuropäischen Länder weisen ähnliche Konstellationen auf wie Italien, allerdings zeigt sich die universalistische Ausrichtung Sloweniens am überdurchschnittlich hohen Anteil derer, deren Haupteinkommensquelle eine (staatliche) Bildungsvergütung ist (siehe Tabelle 3; vgl. Eurobarometer 2007, S. 129).

Tab. 4: Primäre Einkommensquellen Jugendlicher (15–30 Jahre) in ausgewählten EU-Ländern 2007 (Quelle: Eurobarometer 2007)

	Erwerbs-einkommen	*Sozial-leistungen*	*(Aus)Bildungs-vergütung*	*Familie*	*Neben-/ Aushilfsjob*	*Schwarz-arbeit*
Dänemark	56,9	4,6	21,7	5,4	5,0	1,2
Deutschland	35,2	6,3	13,2	25,9	15,0	0,5
Italien	37,0	0,2	1,5	49,8	8,9	1,6
UK	55,8	11,3	11,4	13,8	14,9	0,3
Bulgarien	40,5	1,3	1,2	48,7	6,1	1,0
Slowenien	33,9	3,5	13,8	23,8	20,9	0,8
EU	43,2	4,5	7,0	31,0	10,1	1,2

Die biographische Wirksamkeit unterschiedlicher Regime zeigt sich schließlich auch, wenn man Jugendliche mit brüchigen Übergangsverläufen im Rahmen qualitativer Übergangsforschung nach Erfahrungen mit staatlicher Unterstützung befragt (vgl. Walther u. a. 2006), eine Frage, die nur ganz wenige mit einem eindeutigen 'Ja' beantworten. Ein erster Typ von Antworten lässt sich mit *„Ja, aber …"* zusammenfassen, *„… das bringt doch nichts"*, etwa in Bezug auf Berufsberatung und Berufsvorbereitung. Diese jungen Frauen und Männer beschreiben Erfahrungen mit staatlicher Hilfe als ambivalent: Hilfe, die nicht ausreicht, die nicht angemessen ist und/oder mit undurchschaubaren Verfahren, als erniedrigend empfundenen Bedingungen oder Stigmatisierung verbunden ist. Dieser Typ von Antworten überwiegt im Kontext des erwerbsarbeitszentrierten, auf Normalisierung zielenden Übergangsregimes in Deutschland und den Niederlanden sowie im liberalen Übergangsregime in Großbritannien und Irland mit einem hohen Druck zu sofortiger, auch prekärer Erwerbseinmündung. Der zweite Typ lässt sich schlichtweg mit *„Nein …"* zusammenfassen: *„Wir sind allein … Wenn Du Freunde hast, ok … Ansonsten vergiss es."* Diese befragten jungen Frauen und Männer sind nie mit entsprechenden staatlichen Angeboten in Berührung gekommen und fühlen sich im Stich gelassen. Allerdings sind staatliche Akteure auch nicht unbedingt diejenigen, denen sie angemessene Hilfeleistungen zutrauen, sondern sogar die Gegenfrage provozieren: *„Welcher Staat?"* Für die meisten jungen Erwachsenen in Italien, Portugal, Spanien oder Bulgarien ist Hilfe ausschließlich in informellen Kontexten von Peers und Familie verortet. Der dritte Typ sieht auf den ersten Blick genauso aus: *„Nein … eigentlich nicht."* Für diese jungen Erwachsenen sind allerdings weder das Bildungsgeld, das sie unabhängig von ihren Eltern erhalten, noch die vielfältigen Beratungsangebote im normalen Bildungssystem, erwähnenswert. Beide Leistungen werden häufig nicht als Hilfe wahrgenommen, da alle Jugendlichen einen allgemeinen Rechtsanspruch auf sie haben und sie dementsprechend auch nicht als Kontrolle empfunden werden: *„Ich treffe die Entscheidungen, es ist meine Bildung."* Dieser Typ überwiegt im universalistischen Regimetyp, z. B. in Dänemark (Walther u. a. 2006, S. 135 ff.).

4. Ertrag des internationalen Vergleichs für die sozialpädagogische Jugendforschung

Dieser fragmentarische Überblick über Diskurse, Indikatoren und Befunde europäisch vergleichender Jugendforschung kann keinesfalls ein zusammenhängendes Bild ergeben, auch nicht wenn ein scheinbar abgeschlossenes Modell wie das der Übergangsregimes dies vielleicht suggeriert. Er kann aber vielleicht darauf hinweisen, dass und wie Jugend unterschiedlich sozial konstruiert und institutionalisiert ist und damit einen Zugang zur reflexiven Dekonstruktion von Normalität eröffnen. Dieses Überwinden von Normalität benötigt sozialpädagogische Forschung und Praxis, um sich ihrer Funktion als „Mitregentin im Lebenslaufregime" (Schefold 2001, S. 1133), und zwar einem bestimmten Lebenslauf- oder Übergangsregime, bewusst zu werden; zumal wenn sich im Kontext der Entstandardisierung von Lebensläufen die gesellschaftlichen Grundlagen ihrer Normalitätsannahmen wandeln (vgl. Stauber u. a. 2007; Dewe/Otto 1996; Treptow 2005). Dies schließt Vorstellungen und Deutungsmuster von Jugend und jugendlichen Lebenslagen sowie von Benachteiligung genauso ein wie die Dominanz eines Selbstverständnisses als – primär problembezogene – Jugend*hilfe* oder als – primär recht- und interessenbezogene – Jugend*politik* (vgl. Hornstein 1999).

So sind aus der vergleichenden Übergangsforschung beispielsweise Überlegungen hervorgegangen, inwieweit das „Orientierungsdilemma" einer nachrangigen und kompensatorischen Jugendberufhilfe (vgl. Galuske 1993) Ausdruck der Anpassung an die im erwerbsarbeitszentrierten Übergangsregime typische Kombination selektiver Schule, standardisierter Ausbildung und segmentierter Arbeitsmärkte ist und eine fachliche Weiterentwicklung deshalb nicht an institutionellen Strukturen, sondern an Unterstützungsbedürfnissen im Kontext entstandardisierter Lebensläufe ansetzen muss. Mit Blick auf das universalistische Übergangsregime ließe sich eine solche Perspektive *als Sozialpädagogik des Übergangs* umschreiben, die eher an der Ermöglichung biographisch relevanten lebenslangen Lernens quer zu formalen, non-formalen und informellen Bildungsorten als an der Anpassung an obsolete normalbiographische Erwerbsstrukturen orientiert ist. Eine Perspektive, die allerdings auf institutionell-politische Voraussetzungen eine Integrierte Übergangspolitik voraussetzt, die unterschiedliche jugendrelevante Politikbereiche flexibel koordiniert (vgl. Walther 2006b; Stauber u. a. 2007).

Der Beitrag zeigt außerdem, dass weder die Interpretation von Daten zu unterschiedlichen Lebenslagen Jugendlicher noch Analysen unterschiedlicher Institutionalisierungsweisen von Jugend ohne den Bezug auf weitere gesellschaftliche Kontexte auskommen. Kontextwissen zu systematisieren ist wesentliche Funktion des Modells der Übergangsregimes. Auch wenn es auf vergleichender Forschung basiert, kann es nicht beanspruchen, vergleichendes Wissen in ausreichendem Maße bereit zu stellen, besonders nicht in einer Perspektive sozialen Wandels. Es kann einen Ausgangspunkt darstellen, etwa was die Auswahl von – unterschiedlichen oder ähnlichen – Vergleichsländern betrifft, es enthält Vorschläge zur Operationalisierung von Vergleichsdimensionen, die je nach Forschungsgegenstand entweder weiter zu konkretisieren oder zu erweitern sind, und es bietet einen Rahmen für die Interpretation von neuen vergleichenden Befunden (vgl. Walther 2009b). Das Modell ist schließlich auch hilfreich bei der realistischen Einschätzung von Perspektiven der Praxisentwicklung durch das 'Lernen von den Anderen'. Diesbezügliche Erwartungen sind zwar legitim, müssen aber dennoch enttäuscht werden, wenn es darum geht, gute Praxis aus anderen Kontexten zu übertragen. Das Regimemodell zeigt über die Verflochtenheit und Pfadabhängigkeit institutioneller Strukturen der Jugendphase und des Übergangs zum Erwachsensein, dass „Politikimporte" nur begrenzt möglich sind, was nicht zuletzt die Folgen der PISA-Studien in Deutschland eindrucksvoll bestätigen. Dies heißt nicht, dass 'Lernen von den Anderen' nicht möglich sei oder besser: Lernen an der Auseinandersetzung mit Anderem als Suche nach „funktionalen Äquivalenten" für andere Praxis unter Berücksichtigung der jeweiligen Kontextbedingungen (vgl. Walther 2000, Schmid 2002, Walther/Pohl 2005). Dies heißt aber auch, sich nicht nur mit anderen Methoden der Jugendhilfe oder Übergangspolitik auseinander zu setzen, sondern auch mit ihren möglicherweise unterschiedlichen Bedeutungen und Zielen und den dahinter stehenden unterschiedlichen Begriffen und Vorstellungen von Jugend.

Literatur

Allmendinger, J., 1989: Educational Systems and Labour Market Outcomes', European Sociological Review, Vol. 5, No. 3, S. 231–250

Ball, S. J./Maguire, M./Macrae, S., 2000: Choice, Pathways and Transitions Post-16: New Youth, New Economics in the Global City, Routledge Falmer

Bendit, R./Hahn-Bleibtreu, M. (Hrsg.), 2008: Youth transitions. Processes of social inclusion and patterns of vulnerability in a globalised world. Opladen, Farmington Hills: Barbara Budrich

Bennett, A./Kahn-Harris, K. (Hrsg.), 2004: *After Subculture: Critical Studies in Contemporary Youth Culture*, London, Palgrave

Blossfeld, H.-P./Klijzing, E./Mills, M./Kurz, K. (Hrsg.), 2005: Globalization, Uncertainty and Youth in Society. London: Routledge

Bynner, J./Chisholm, L., 1998: Comparative Youth Transition Research: Methods, Meanings and Research Relations, in: European Sociological Review, 14(2), S. 131–150

Castel, R., 2000: Metamorphosen der sozialen Frage. Konstanz: UVK

Cavalli, A./Galland, O. (Hrsg.), 1995: Youth in Europe. London: Pinter

Chisholm, L./Kovacheva, S., 2002: Exploring the European youth mosaic. Strasbourg: Council of Europe

Cohen, P./Ainley, P., 2000: In the country of the blind: youth studies and cultural studies in Britain, in: Journal of Youth Studies, 3(3), S. 79–96

Dewe, B./Otto, H.-U., 1996: Zugänge zur Sozialpädagogik. Reflexive Wissenschaftstheorie und kognitive Identität. Weinheim, München: Juventa

Drew, E./Emerek, R./Mahon, E. (Hrsg.), 1998: Women, Work and the Family in Europe, London: Routledge

du Bois-Reymond, M., 2007: Europas neue Lerner. Ein bildungspolitischer Essay. Opladen: Verlag Barbara Budrich

du Bois-Reymond, M., 2008: Young parenthood, agency and social change. UP2YOUTH Thematic Report. Download: http://www.up2youth.org/downloads [15.1.2009]

du Bois-Reymond, M./Chisholm, L. (Hrsg.), 2006: The modernization of youth transitions in Europe. Heft 113 von New Directions for Child and Adolescent Development. San Francisco: Jossey Bass

EGRIS (European Group for Integrated Social Research), 2001: Misleading Trajectories: Transition Dilemmas of Young Adults in Europe. In: Journal of Youth Studies, 4(1), S. 101–119

Eisenstadt, S.N., 1956: From generation to generation: age groups and social structure. London: Routledge/Kegan

Erdheim, M., 1982: Die gesellschaftliche Produktion von Unbewusstheit. Frankfurt a. Main: Suhrkamp

Esping-Andersen, G., 1990: The Three Worlds of Welfare Capitalism, Cambridge: Polity Press

Eurobarometer, 2007: Young Europeans. A survey among young people aged between 15-30 in the European Union. Analytical Report, Brussels: Eurostat

Europäische Kommission, 2001: Neuer Schwung für die Jugend Europas. Weißbuch der Kommission. Luxemburg: Amt für amtliche Bekanntmachungen der Europäischen Gemeinschaften.

Europäische Kommission, 2008: Progress towards the Lisbon Objectives in Education and Training. Indicators and benchmarks 2008. SEC (2008) 2293. Brussels: Commission of the European Communities

Evans, K./Heinz, W. R. (Hrsg.), 1994: Becoming adult in England and Germany. London: Anglo-German Foundation

Fahmy, E., 2007: Poverty and youth transitions in Europe: an analysis oft he European Communities Household Panel, in: Colley, H./Boetzelen, P./Hoskins, B./Parveva, T. (Hrsg.): Social inclusion and young people: breaking down the barriers. Strasbourg: Council of Europe, S. 43–57

Feixa Pampols, C., 2005: Jipis, Pijos, Fiesteros – Studies on youth cultures in Spain 1960–2004, in: YOUNG 13(1), S. 89–114

Fornäs, J./Bolin, G. (Hrsg.), 1995: Youth culture and late modernity. London: Routledge

France, A., 2007: Understanding youth in late modernity. Maidenhead: Open University Press

Furlong, A./Cartmel, F., 2006: Young People and Social Change. New Perspectives, 2nd edition, Buckingham: Open University Press

Galuske, M., 1993: Das Orientierungsdilemma. Jugendberufshilfe, sozialpädagogische Selbstvergewisserung und die modernisierte Arbeitsgesellschaft. Bielefeld: KT-Verlag

Giddens, Anthony, 1988: Die Konstitution der Gesellschaft. Frankfurt/Main: Campus

Hammer, T. (Hrsg.), Youth Unemployment and Social Exclusion in Europe. A comparative study, Bristol: Policy Press.

Häußermann, H./Siebel, W., 1997: Dienstleistungsgesellschaften. Frankfurt a. Main: Suhrkamp

Heckmann, F., 2008: Education and migration. Strategies for the integrating migrant children in European schools and societies. NESSE report. Download: http://www.nesse.fr [10.8.2008]

Helve, H./Bynner, J (Hrsg.), 2007: Youth and Social Capital, London: The Tufnell Press

Hendersen, S./Holland, J./McGrellis, S./Sharpe, S./Thomson, R., 2007: Inventing adulthoods. a biographical approach to youth transitions, Thousand Oaks: SAGE

Hodgson, D., 2008: Unterstanding Early School Leaving. A Narrative Research Approach. Saarbrücken: VDM.

Hornstein, W., 1999: Jugendforschung und Jugendpolitik: Entwicklungen und Strukturen in der zweiten Hälfte des 20. Jahrhunderts. Weinheim, München: Juventa

IARD (Hrsg.), 2001: Study on the state of young people and youth policy in Europe. Milano: IARD

Kaufmann, F.-X., 2003: Varianten des Wohlfahrtsstaats. Der deutsche Sozialstaat im internationalen Vergleich. Frankfurt a. M.: Suhrkamp

Kieselbach, T. (Hrsg.), 2001: Living On The Edge. An Empirical Analysis on Long-Term Youth Unemployment and Social Exclusion in Europe. Opladen: Leske+Budrich

Kohli, M., 1985: Die Institutionalisierung des Lebenslaufs. Historische Befunde und theoretische Argumente, in: Kölner Zeitschrift für Soziologie und Sozialpsychologie, 37(1), S. 1–29

Lange, A., 2008: Agency – eine Perspektive für die Jugendforschung, in: Homfeldt, H.-G./Schröer, W./Schweppe, C. (Hrsg.): Vom Adressaten zum Akteur. Soziale Arbeit und Agency. Opladen, Farmington Hills: Barbara Budrich, S. 155–183

Leccardi, C., 2005: Facing Uncertainty. Temporality and Biographies in the New Century, in: Young, 13(2), S. 123–146

Leccardi, C./Ruspini, E. (Hrsg.), 2006: A New Youth? Aldershot: Ashgate

Lessenich, S., 1995: Wohlfahrtsstaatliche Regulierung und die Strukturierung von Lebensläufen. Zur Selektivität sozialpolitischer Institutionen, in: Soziale Welt, 46 (1), S. 51–69

Loncle, P./Muniglia, V. (Hrsg.), 2008: Youth participation, agency and social change. UP2YOUTH thematic report.
Download: http://www.up2youth.org/downloads [15.1.2009]

MacDonald, R. (Hrsg.), 1997: Youth, the 'Underclass' and Social Exclusion. London: Routledge

Mamier, J./Pluto, L./van Santen, E./Seckinger, M./Zink, G., 2003: Hilfen zur Erziehung im europäischen Vergleich. Eine vergleichende Auswertung sozialstaatlicher Reaktionen auf zwei Fallbeispiele aus der Kinder- und Jugendhilfe. München: Deutsches Jugendinstitut. Download: www.dji.de [10.5.2008]

McNeish, W./Loncle, P., 2003: State policy and youth unemployment in the EU: rights, responsibilities and lifelong learning, in: López Blasco, A./McNeish, W./Walther, A. (Hrsg.): Young people and the contradicitons of inclusion: towards Integrated Transition Policies in Europe. Bristol: Policy Press, S. 105–127

Miles, S., 2000: Youth lifestyles in a changing world. Buckingham: Open University Press

Mørch, S., 2003: Youth and Education, in: Young, 11(2), S. 49–73

Mørch, S./Bechmann Jensen, T./Stokholm, M./Hansen, B./Pohl, A. (Hrsg.), 2008: Transitions to work of young people with an ethnic minority or migrant background Thematic report of the UP2YOUTH project. Download: http://www.up2youth.org/downloads [15.1.2009]

Müller, W./Gangl, M. (Hrsg.), 2003: Transitions from Education to Work in Europe: the Integration of Youth on EU Labour Markets. Oxford: Oxford University Press

Müller, W./Shavit, Y., 1998: Bildung und Beruf im institutionellen Kontext. Eine vergleichende Studie in 13 Ländern, in: Zeitschrift für Erziehungswissenschaft 1(4), S. 501–533

Musgrove, F., 1964: Youth and the social order. London: Routledge

OECD, 2008: Education at a glance 2008. Paris: OECD

ÖIJ (Österreichisches Institut für Jugendforschung) (Hrsg.), 2005: „Die Jugend ist die Zukunft Europas – aber bitte noch nicht jetzt!" Möglichkeiten der Partizipation von Jugendlichen in Europa. Wien: ÖIJ

Opielka, M., 2004: Sozialpolitik. Grundlagen und vergleichende Perspektiven. Reinbek: Rowohlt

Otten, H./Lauritzen, P. (Hrsg.), 2004: Jugendarbeit und Jugendpolitik in Europa. Wiesbaden: VS-Verlag.

Pais, J. M., 2003: The Multiple Faces of the Future in the Labyrinth of Life, in: Journal of Youth Studies, 6(2), S. 115–126

Pascall, G./Manning, N., 2000: Gender and Social Policy: comparing welfare states in Central and Eastern Europe and the Former Soviet Union, in: Journal of European Social Policy, 10(3), S. 269–296

Pfau-Effinger, B., 2000: Kultur und Frauenerwerbstätigkeit in Europa. Theorie und Empirie des internationalen Vergleichs. Opladen: Leske+Budrich

Phoenix, A., 2006: Intersectionality, in: European Journal of Women's Studies 13 (3), pp. 187–192.

Pohl, A./Stauber, B./Walther, A., 2005: Ohne doppelten Boden, aber mit Netz? Informelle Netzwerke junger Frauen und Männer beim Übergang in die Arbeit, ihre Voraussetzungen und sozialpädagogische Möglichkeiten sie zu stärken, in: Bauer, P./Otto, U. (Hrsg.): Mit Netzwerken professionell zusammenarbeiten, Tübingen: DGVT-Verlag, S. 299–333

Raffo, C./Reeves, M., 2000: 'Youth transitions and social exclusion – developments in social capital theory', Journal of Youth Studies , 3(2), pp. 127–146.

Raithelhuber, E., 2008: Von Akteuren und agency – eine sozialtheoretische Einordnung der structure/agency-Debatte, in: Homfeldt, H.-G./Schröer, W./Schweppe, C. (Hrsg.): Vom Adressaten zum Akteur. Soziale Arbeit und Agency. Opladen, Farmington Hills: Barbara Budrich, S. 17–47

Reutlinger, C., 2005: Unsichtbare Jugend und verdeckte Engagementstrukturen, in: Österreichisches Institut für Jugendforschung (Hrsg.): „Die Jugend ist die Zukunft Europas – aber bitte noch nicht jetzt!" Möglichkeiten der Partizipation von Jugendlichen in Europa. Wien: ÖIJ, S. 155–173

Sainsbury, D., 1999: Gender and Welfare State Regimes, Oxford: Oxford University Press

Schefold, W., 2001: Lebenslauf, in: Otto, H.-U./Thiersch, H. (Hrsg.): Handbuch Sozialarbeit/Sozialpädagogik. Neuwied: Luchterhand, S. 1122–1136

Schmid, J., 2002: Wohlfahrtsstaaten im Vergleich. Soziale Sicherung in Europa: Organisation, Finanzierung, Leistungen und Probleme. Opladen: Leske&Budrich

Schoon, I./Silbereisen, R. (Hrsg.), 2009: Transitions from School to Work: Globalisation, Individualisation and Patterns of Diversity. Cambridge: Cambridge University Press (im Erscheinen)

Spannring, R./Ogris, G./Gaiser, W. (Hrsg.), 2008: Youth and political participation in Europe. Results oft he comparative study EUYOUPART. Opladen, Farmington Hills: Barbara Budrich.

Stauber, B./Pohl, A./Walther, A. (Hrsg.), 2007: Subjektorientierte Übergangsforschung. Rekonstruktion und Unterstützung biografischer Übergänge junger Erwachsener. Weinheim und München: Juventa.

Tham, B., 2002: Jugendarbeitslosigkeit in der Europäischen Union. Integration oder Marginalisierung? Bonn: Europa-Union.

Thimmel, A., 2004: Die europäische Integration und ihr Einfluss auf die Jugendhilfe in der Bundesrepublik Deutschland, in: Homfeldt, H.-G./Brandhorst, K. (Hrsg.): International vergleichende Soziale Arbeit. Baltmannsweiler: Schneider Verlag Hohengehren, S. 92–106

Titley, G., 2004: Resituating culture. Strasbourg: Council of Europe

Treptow, R., 2005: International Vergleichende Sozialpädagogik, in: Thole, W. (Hrsg.): Grundriss Soziale Arbeit, 2. Aufl., Opladen: Leske+Budrich, S. 897–910.

van Gennep, A., 1986: Übergangsriten: les rites des passages. Frankfurt a.M., New York: Campus

Vertovec, S./Wessendorf, S., 2004: Migration and Cultural, Religious and Linguistic Diversity in Europe: An overview of issues and trends. Imiscoe Working Paper. Download: http://www.imiscoe.org/publications/workingpapers/documents/migration_diversity.pdf [25.3.2008]

Walther, A., 2000: Spielräume im Übergang in die Arbeit. Junge Erwachsene im Wandel der Arbeitsgesellschaft in Deutschland, Italien und Großbritannien. Weinheim; München: Juventa

Walther, A., 2002: 'Benachteiligte Jugendliche': Widersprüche eines sozialpolitischen Deutungsmusters. Anmerkungen aus einer europäisch-vergleichenden Perspektive, in: Soziale Welt, 53(1), S. 87–107.

Walther, A., 2006a: Regimes of Youth Transitions. Choice, flexibility and security in young people's experiences across different European contexts, in YOUNG, 14(1), S. 119–141

Walther, A., 2006b: Von der Jugendberufshilfe zu einer 'Sozialpädagogik des Übergangs'? International vergleichende Perspektiven einer Integrierten Übergangspolitik jenseits des deutschen Entwicklungspfads von Bismarck bis Hartz, in: Schweppe, C./Sting, S. (Hrsg.): Sozialpädagogik im Übergang. Neue Herausforderungen für Disziplin, Profession und Ausbildung. Weinheim/München: Juventa, S. 205–221

Walther, A., 2009a: It was not my choice, you know? Young people's subjective views and decision making processes in biographical transitions, in: Schoon, I./Silbereisen, R. (Hrsg.): Transitions from School to Work: Globalisation, Individualisation and Patterns of Diversity. Cambridge: Cambridge University Press (im Erscheinen)

Walther, A., 2009b: Konstruktionen von Hilfebedarf im internationalen Vergleich. Lebenslaufregimes als Bezugsrahmen für den vergleichende sozialpädagogische Forschung, in: Oehlerich, G./Otto, H.-U. (Hrsg.): Soziale Arbeit und Empirische Forschung. Ein Studienbuch. Wiesbaden: VS-Verlag (im Erscheinen).

Walther, A./Pohl, A., 2005: Thematic Study on Policy Measures for Disadvantaged Youth. Final Report. Download: http://www.ec.europa.eu/employment_social/social_inclusion/docs/ youth_study_annex_en.pdf [21.12.2008]

Walther, A./Zentner, M., 2008: Youth Policy in Hungary. Report of the Council of Europe international review team. Strasbourg: Council of Europe

Walther, A.; du Bois-Reymond, M./Biggart, A. (eds.), 2006: Participation in Transition. Motivation of young adults in Europe for learning and working. Frankfurt a.M. et al.: Peter Lang

Weller, W., 2003: Hiphop in Sao Paulo und Berlin. Ästhetische Praxis und Ausgrenzungserfahrungen junger Schwarzer und Migranten. Opladen: Leske+Budrich

Willis, P., 1977: Learning to Labour: How working class kids get working class jobs. Farnborough: Saxonhouse

Zinnecker, J., 1991: Jugend als Bildungsmoratorium. Zur Theorie des Wandels der Jugendphase in west- und osteuropäischen Gesellschaften, in: Melzer, W./Heitmeyer, W./Liegle, L./Zinnecker, J. (Hrsg.): Osteuropäische Jugend im Wandel. Weinheim: Juventa, S. 9–25

SABINE ANDRESEN

Jugendforschung im Spannungsfeld von Geschlecht und Kultur

1. Jugendforschung und Entgrenzung

In diesem Beitrag geht es um Forschungs- und Theorieperspektiven im Kontext von Geschlecht und Kultur.[1] Ein wesentlicher Ausgangspunkt der Überlegungen ist die These, dass die Bedeutung der Jugendphase in den einzelnen Biographien ebenso wie im sozial organisierten Generationenverhältnis mit der Etablierung der Jugendforschung eng zusammenhängt. Diese war zudem im zwanzigsten Jahrhundert stets eng an den gesellschaftlichen Wandel gekoppelt. Dessen Phänomene wirken sich immer auch auf die Bedingungen des Aufwachsens von Kindern und Jugendlichen aus und können als Chancen oder Risiken wirksam werden. Insbesondere das Anwachsen der Risiken wie Jugendarbeitslosigkeit, soziale Benachteiligung, mangelnde Anerkennung oder Suchtverhalten hat einzelne Akteure in der Jugendforschung immer wieder dazu bewogen, in jugendpolitischer Anwaltschaft zu agieren. Insbesondere an Forschungsergebnisse zu den Themen Geschlecht und Kultur wird das spannungsreiche Verhältnis zwischen Jugendforschung und der Gesellschaft, in der sie stattfindet, sichtbar.

Es zeigt sich gegenwärtig, dass die Gestaltung von Jugend als ein psychosoziales Bildungsmoratorium für bestimmte soziale Gruppierungen zur Disposition steht (vgl. Andresen 2005). Das heißt einerseits, dass die Jugendphase in vielen Kontexten nicht mehr durch klare und sichere Rahmungen gestaltet ist, sondern das Aufwachsen, die Organisationsformen in Familie, Schule, Bezugsgruppe und Arbeitswelt unsicher geworden zu sein scheinen. Andererseits bietet die formale Ausbildung vielfach nicht mehr die notwendige Bedingung, um auf den neuen Arbeitsmärkten erfolgreich sein zu können. Um Experten der Informationstechnologie zu sein, sind quasi im Gegenzug gerade Jugendliche meist nicht auf Schule und Elternhaus angewiesen. Das heißt, neben den Risiken gilt es auch die Chancen zu analysieren.

Insgesamt handelt es sich bei den geschilderten Phänomenen um eine „Entgrenzung" der Jugendphase, wie Wolfgang Schröer (2004, S. 109) diagnostiziert: „Betrachtet man die jüngsten Debatten um Jugend und Bildung, so fällt auf, dass sich die Auseinandersetzungen kaum mehr auf die Jugend als gesellschaftliche Figur beziehen." Stattdessen würden vornehmlich demographische Überlegun-

[1] Dieser Artikel basiert auf dem letzten Kapitel meiner „Einführung in die Jugendforschung". Darmstadt 2005.

gen oder die Konstruktion einer europäischen Bürgerrolle im Blickpunkt stehen, ohne dass beispielsweise die Konsequenzen des Strukturwandels der Arbeitsgesellschaft auf die Lebensphase Jugend genügend reflektiert würden. Schröer (a.a.0., S. 110) folgert daraus: „Die Grundrisse der zukünftigen Sozialpolitik und Bürgergesellschaft werden – so könnte man folgern – gekennzeichnet, ohne dass man sich über die soziale Gestalt Jugend grundlegend vergewissert hat.“

Die Definition von Jugend war auch vor des von Schröer diagnostizierten Bruchs mit der Tradition der Jugendpolitik und Pädagogik des Jugendalters keineswegs einheitlich. Aber seine Analyse macht deutlich, dass Jugend als soziale Gestalt durch die allgemeinen Bedingungen des Aufwachsens, durch sozialstrukturelle Rahmungen, durch das Wissen über Jugend und durch Jugendliche selbst hervor gebracht wird (vgl. Andresen 2008).

Um die Vielgestaltigkeit der Jugendphase und der jugendlichen Lebensorientierungen nicht aus den Augen zu verlieren und darüber hinaus Wissen über die Vergesellschaftungsbedingungen angesichts wichtiger Veränderungsprozesse zu erzeugen, muss die Jugendforschung ihren Gegenstand als Teil dieses komplexen Spannungsfeldes betrachten.

2. Jugend und Geschlecht

Der Einfluss geschlechter- und kulturtheoretischer Zugänge hat der Jugendforschung in den letzten Jahrzehnten innovative Perspektiven für Theorie und Empirie eröffnet (vgl. Rendtorff 2003). Geschlecht und Kultur bilden zwei thematische und strukturelle Pflöcke, durch die das Spannungsfeld moderner Jugendforschung gekennzeichnet ist. Dabei geht es grundsätzlich um Fragen der Anerkennung sowie um Gerechtigkeit und Gleichheit. Auch dafür wurden unter den Begriffen Geschlecht und Kultur wichtige Impulse für eine erziehungswissenschaftlich angelegte Jugendforschung geliefert.

In der „Kölner Zeitschrift für Soziologie und Sozialpsychologie“ erschien 1986 ein Beitrag unter dem programmatischen Titel „Die Entdeckung der Mädchen. Neue Perspektiven für die Jugendsoziologie“ (Ostner 1986). Darin zeigte die Autorin zentrale Defizite der traditionellen Jugendforschung auf. Ihr Vorwurf konzentrierte sich auf die Illusion einer geschlechtsneutralen Betrachtung von Jugend, weil diese traditionell an der männlichen Normalbiographie orientiert sei. Angesichts dessen forderte Ilona Ostner eine grundsätzliche Dekonstruktion dominanter Jugendtheorien. Dekonstruktion bedeutet in diesem Zusammenhang mehr als eine kritische Auseinandersetzung mit theoretischen Konzepten. Der Vorschlag Ostners zielte primär darauf, die unausgesprochene Orientierung an männlichen Jugendverläufen, die implizite Gleichsetzung von Jugend mit männlicher Jugend in den Theorien aufzudecken. Erst dann könne gezeigt werden, dass weibliche Jugend bislang nicht angemessen erfasst werden konnte.

Ostner beklagte demnach nicht nur den Umstand, dass Mädchen und weibliche Problemfelder weit weniger Gegenstand der Jugendforschung waren, sondern dass darüber hinaus ein jugendtheoretisch oberflächlicher Umgang mit Geschlechterdifferenz vorherrschen würde. Man könne zwar davon ausgehen, dass in vielen jugendlichen Interaktionen innerhalb der Peer Group männliche Jugendliche dominierten und zahlreiche Subkulturen von diesen geprägt seien, das rechtfertige jedoch nicht, in der Forschung selbst die beteiligten Mädchen lediglich als „Begleiterinnen" wahrzunehmen. Dieser Argumentation liegt ein Hauptvorwurf der Geschlechterforschung zugrunde: die durch Forschung erzeugte Bestätigung und Reproduktion der Geschlechterhierarchie. Durch die Marginalisierung von Mädchen in Theorie und Empirie der Jugendforschung würde ihre tendenzielle Randstellung in vielen gesellschaftlichen Bereichen stets aufs Neue bestätigt. Sozial benachteiligte Mädchenjugend hat jüngst Zoe Clarke (2009) als „Jugend ohne Jugend" bezeichnet.

Eine Reflexion über den Zusammenhang von jugend- und geschlechtertheoretischen Zugängen lässt sich nicht darauf beschränken, Mädchen und deren Sichtweisen, Problemfelder und Orientierungen sichtbar zu machen oder gar Mädchen permanent als Opfer männlicher Strukturen, männlicher Gewalt und Unterdrückung zu betrachten. Stattdessen kommt es darauf an, die eigenen impliziten geschlechterrelevanten Voraussetzungen stets zu überprüfen. Carol Hagemann-White (2002, S. 143) verweist auf einen inzwischen nicht mehr hinterfragten Standard: „Inzwischen werden in der gesamten Kindheits- und Jugendforschung Mädchen und Jungen unterschieden; ... Geschlechtertheoretische Ansätze fragen nach der ordnungs- und sinnbildenden Funktion des Geschlechts und danach, wie Unterschiede, die gesellschaftlichen Ursprungs sind, in einer Art Verschmelzung mit der Zweigeschlechtlichkeit effektiv zur Natur werden."

Geschlechterforschung im Verhältnis zur Mädchen- und Frauenforschung

Die Geschlechterforschung in der Erziehungswissenschaft hat verschiedene Stadien durchschritten, von denen auch die Jugendforschung beeinflusst war. Während es zunächst tatsächlich um die Entdeckung und um das Sichtbarmachen von Mädchen in der Geschichte beispielsweise in der Jugendbewegung, in den Institutionen, als Subjekte der Bildung, in Familien, in Jugendbewegung und –kultur ging, kam es schon bald zu dem Versuch einer theoretisch systematischen Einbeziehung der Geschlechterdifferenz in pädagogische Theorien. Dadurch wurde auch der oben bereits angesprochene Opferdiskurs relativiert, weil es nicht mehr nur um Frauen- und Mädchenforschung im engeren Sinne ging, sondern um die Geschlechterdifferenz als strukturelle Kategorie. Damit ist gemeint, dass das Geschlecht und die Geschlechterdifferenz alle Ebenen der sozialen Umwelt durchziehen und beeinflussen. Geschlecht spielt auch dann eine Rolle, wenn diese nicht sichtbar oder deutlich markiert ist.

Regina Becker-Schmidt und Gudrun Axeli Knapp (²2001, S. 36) beschreiben den Unterschied zwischen Frauen- und Geschlechterforschung folgendermaßen: „Frauenforschung konzentriert sich auf die Angehörigen der weiblichen Genus-Gruppe, um zum einen die Bedeutung ihrer Erfahrungen und ihres Wissens bei der Einrichtung von sozialen Räumen herauszuarbeiten und ihre Rolle in der Kulturgeschichte sowie der Wissenschaftsentwicklung wider alles Vergessen in Erinnerung zu bringen. Zum anderen deckt sie die Diskriminierungen auf, die Frauen zugemutet werden. Dabei berücksichtigt sie Unterschiede in den Lebenssituationen von Frauen, die auf Differenzen der sozialen Herkunft, der ethnischen Abstammung oder der Hautfarbe zurückzuführen sind. Das heißt nicht, dass auf das männliche Geschlecht kein Bezug genommen würde; es erscheint als Gegenpart und Kontrast, als Machtfaktor und als Folie der Abgrenzung.“ Die Geschlechterforschung unterscheide sich davon durch eine generelle theoretische und methodische Verschiebung. „Die soziale Bezogenheit der Geschlechter wird relevant, und zwar im Kontext von sozialgeschichtlich situierten Gesellschaften.“ (ebd.)[2]

Vor diesem Hintergrund wurde die Frage nach den Ursachen für geschlechtsspezifisches Verhalten mit sozialisationstheoretischen Ansätzen verbunden. Sozialisationstheoretisch angelegte Geschlechterforschung untersucht, „wie sich Kinder und Jugendliche mit einer nach Geschlecht geordneten Umwelt auseinandersetzen und dabei relativ stabile Dispositionen, Eigenschaften und Verhaltensmuster entwickeln“ (Hagemann-White 2002, S. 145). Hier spielt auch die feministische Schulforschung eine große Rolle, weil sie beispielsweise danach fragt, warum Mädchen trotz formaler Gleichberechtigung auf Handlungsfelder verzichten oder eine ungünstige Berufswahl treffen.

1992 publizierten Karin Flaake und Vera King einen Sammelband zu dem Thema „Weibliche Adoleszenz“ (1992/⁴1998). Dieses Buch erschien in mehreren Auflagen und prägte den deutschsprachigen Diskurs über das Themenspektrum Geschlecht und Adoleszenz. Die Herausgeberinnen waren u. a. beeinflusst von der Psychoanalyse und von dem zunächst aus den USA kommenden Diskurs über männliche und weibliche Moral (vgl. Gilligan 1982 engl. O./1984). Sie betonten, dass man zur Erforschung weiblicher Adoleszenz soziologische und psychoanalytische Theorieansätze miteinander verbinden müsste. Beides sei für das Verständnis gleichermaßen wichtig: „Die Wahrnehmung der Körperlichkeit und die subjektiven Interpretationen des Körper- und Geschlechtserlebens sowie die damit verbundenen psychischen Prozesse sind untrennbar verflochten mit der Wahrnehmung und Interpretation der kulturellen Geschlechtsrollenvorgaben“

---

[2] Die zitierte Einführung von Regina Becker-Schmidt und Gudrun-Axeli Knapp bietet einen klaren Überblick über feministische Theoriebildung.

(Flaake/King 1992/[4]1998a, S. 13). Aus soziologischer Forschungsperspektive sind Fragen nach strukturell bedingten Selektionsprozessen in Schule, Ausbildung, Hochschule und Beruf von Interesse, ebenso wie die nach subjektiven und geschlechtsspezifischen Lebensorientierungen für Partnerschaft, Familie und Beruf.

Durch die psychoanalytische Perspektive hingegen erschließt sich die „Konflikthaftigkeit weiblicher Lebensentwürfe auf eine Weise, die scheinbar 'irrationale' Bindungen an tradierte Muster ebenso verstehbar werden lässt, wie sie innere Voraussetzungen für Veränderungen bezeichnen. Durch eine Erweiterung der Analysen um die Dimension unbewusster Identifizierungen, Wünsche, Phantasien und Ängste wird deutlich, dass die Orientierung von Mädchen an beruflicher Arbeit bzw. Partnerschaft und Kindern häufig keine gleichgewichtige und nicht allein durch rationale Strategien auszubalancierende ist" (a. a. O., S. 18).

Es geht folglich um widersprüchliche Orientierungen, die sich nicht allein rational erschließen und dem Mädchen Probleme bereiten können, dies hängt, so die psychoanalytische Sicht, auch mit der mütterlichen oder väterlichen Identifizierung des Mädchen zusammen (vgl. Olivier 1984). Hierzu bieten wiederum autobiographische Schriften aufschlussreiche Einblicke in Identifikationen und adoleszente Konflikte und Widersprüche auch aus den Reihen der Psychoanalyse selbst (vgl. Andreas-Salomé 1968; Dolto 2004).

Von Bedeutung sind darüber hinaus Arbeiten, die sich mit Gefährdungen und Abweichungen, ihrer Diagnose und der therapeutischen und pädagogischen Bearbeitung beschäftigen: Körper und Sexualität, Freundschaft und Liebe, Identität und Kreativität, Aneignung von Räumen, Gewalt und Gewalterfahrung, Berufsfindung, Mutter-Tochter- bzw. Vater-Tochter-Dynamiken.

Insbesondere für die Jugendforschung in der Erziehungswissenschaft sind Kenntnisse darüber wichtig, welche Selbstbilder Mädchen entwickeln und wie dies geschieht, welche Bindungen sie eingehen und von welcher Qualität sie sind, wie sie in der weiblichen Adoleszenz die Ablösungsprozesse bewältigen. Dabei geht es insbesondere für Lehrerinnen und Lehrer oder innerhalb der außerschulischen Jugendarbeit auch um die Frage nach diagnostischer Kompetenz und einem fachlichen Wissen für spezifische adoleszente Probleme, die mit der Geschlechterdifferenz zusammenhängen (vgl. King/Müller 2000). Es geht folglich auch um das zur Verfügung stehende Wissen über Gefährdungen und Abweichungen in der Adoleszenz wie Suchtverhalten oder Gewalt, die auch aus der Perspektive des Geschlechterverhältnisses betrachtet werden müssen.

Abschließend geht es um die Frage, welche theoretischen Zugänge als innovativ für die Jugendforschung bezeichnet werden können. Zweifellos haben konstruktivistische und diskurstheoretische Ansätze innovative Wirkung entfaltet. Deren Stärke liege darin, kollektive Erfahrungen und Konstruktionen zu erfassen (vgl. Hagemann-White 2002). In ihrer Studie über „Jugend, Körper und Geschlecht" betrachtete beispielsweise Cornelia Helfferich (1994) riskante kulturelle Körperpraktiken, die bei den Akteuren einen Beitrag zur sexuellen Identität leisten sollten. Helfferich ging dabei von einer Konstruktion der Geschlechter aus.

Vera King (2002, S. 28ff.) hat in einer Studie über die Entstehung des Neuen in der Adoleszenz einen innovativen Zugang entwickelt, indem sie die Adoleszenz nicht nur als Lebensphase betrachtete, sondern die „potenzielle Qualität dieser Übergangsphase", den „psychosozialen Möglichkeitsraum" in den Mittelpunkt rückte. Sie stellt demnach die Frage nach Kreativität. Im Unterschied zu verdichteten und ritualisierten Übergängen, wie sie aus vormodernen Gesellschaften bekannt sind, biete der psychosoziale Möglichkeitsraum die Chance zur Individuierung. Dabei müsse untersucht werden, welche Chancen-, Risiken oder Ressourcenstrukturen für Autonomie, Bindung, Integration und Kreativität damit verbunden sind.

Historisch gesehen hat es eine Angleichung der Lebenssituationen und der Bedingungen für weibliche und männliche Jugend gegeben. Jugendliche Mädchen und Jungen haben in etwa die gleichen Bildungsmöglichkeiten, eine vergleichbare Dauer des Moratoriums, Experimentierräume für Beziehungen und beide zögern die Familiengründung hinaus. Trotzdem bestehen nach wie vor Unterschiede zwischen weiblicher und männlicher Adoleszenz beispielsweise im Umgang mit dem sich verändernden Körper, im Selbstwertgefühl und in der Gestaltung der Jugendkulturen (vgl. Breitenbach 2000).

Insgesamt ist mit dem sozialen Entstehen weiblicher Adoleszenz und dem Eintritt von Mädchen und Frauen in nahezu alle Bereiche des öffentlichen Lebens ein neues Konfliktpotenzial entstanden. Mädchen erscheinen nämlich weitaus häufiger als Konkurrentinnen als dies noch vor 50 Jahren der Fall war. In einem ähnlichen Sinne schlussfolgert Hagemann-White, dass die Geschlechterperspektive auf Jugend dann wirksam geworden sei, als diese sich selbst zu verändern schien. „So stellt sich weniger die Anforderung, Erkenntnisse über Jugendliche als männerzentriert zu relativieren und einen Korpus entsprechender Forschungsergebnisse über Mädchen hinzuzufügen. Vielmehr scheinen Mädchen und Jungen als solche sichtbar zu werden, weil und indem bisherige Erkenntnisse über Jugend ins Wanken geraten" (Hagemann-White 2002, S. 156).

3. Jugend und Kultur

Die Entstehung des Neuen in der Jugendkultur

Jugendkulturen sind für ein Verständnis der Jugendphase und für die Jugendforschung zentral. Hier stößt man auf aktuelle Themen, Trends, Moden, Sprachen der Jugendlichen, kann ihre Bindungen und Übergänge beobachten oder Funktionen der Jugendkultur herausarbeiten. Die Bedeutung der Jugendkultur für die Jugendphase und für einzelne Jugendliche hängt mit modernen Gesellschaftsbedingungen zusammen, von denen in dieser Einführung für die Herausbildung der Jugendphase ausgegangen wird. „So sind auch Jugendkulturen Ausgangspunkte der adoleszenten Individuation im Spiegel der Peers, die emotionale Sicherheitsnetze wie auch Abgrenzungs- und Reibungsflächen darstellen. Aber auch Jugendkulturen sind dabei, auf eine jugendtheoretisch oftmals unbegriffene Weise, vielfältig intergenerativ strukturiert. Zugleich bilden Jugendkulturen adoleszente Räume, in denen sich Geschlechterbedeutungen inszenieren und verdichten, in denen sich Vergeschlechtlichungsprozesse reproduzieren und transformieren" (King 2002, S. 101).

Jugendliche grenzen sich oft von den Erwachsenen, ihren Eltern und Lehrern und deren Wert- und Lebenshaltung ab und orientieren sich stärker an und in Gleichaltrigengruppen. Dennoch sind Jugendkulturen nicht frei von Einflüssen, die aus dem dominanten Generationen- und Geschlechterverhältnis resultieren. Für Individuation benötigen die Gleichaltrigen konkrete Räume wie Jugendgruppen, in denen sie ihre spezifischen Interessen gemeinsam umsetzen und schöpferisch tätig werden können. Darüber hinaus bedürfen sie ideeller Räume und Zeit für Aneignung und Kreativität, um Neues schaffen zu können.

Somit wäre von einer ontologisch bedingten Möglichkeit zum Neuen durch die Plastizität menschlicher Entwicklung auszugehen, ein Gedanke, der die Pädagogik spätestens seit der zweiten Hälfte des 18. Jahrhunderts begleitet. Die Bildsamkeit nun wird mit der psychischen Destabilisierung und Entstrukturierung in der Adoleszenz konfrontiert. Genau in diesem Schnittfeld liegen die Bedingungen für kreative Potenziale, und zwar nicht nur der Individuen, sondern der Gesellschaft und ihrer sozialen Wandlungsprozesse. Der kreative Prozess der Adoleszenz besteht aus Trennung, Umgestaltung und Neuschöpfung, er geht ferner strukturlogisch stets mit Einsamkeit als Position des Übergangs einher. King versucht nicht nur eine systematische Verbindung von Individuation und Generativität, sondern fokussiert mit der Frage nach der Entstehung auch die der Verhinderung des Neuen. So wird der Blick auf die sozialen Bedingungen des Aufwachsens für Jugendliche gestellt sowie auf die Möglichkeitsräume ihrer Entfaltung und auf die Zeit der Entwicklung.

Zugänge der Jugendkulturforschung

Es stellt sich die Frage, ob man Jugendkultur primär als Abweichung von der gesellschaftlichen Norm ansieht, ob man sich durch sie gefährdet fühlt, oder ob man davon ausgehen kann, Jugend und Jugendkultur als Motor gesellschaftlichen Wandels zu verstehen. Zu Beginn des 21. Jahrhunderts haben Jugendliche zwar keine prinzipiell anderen Entwicklungs- und Lebensbewältigungsaufgaben als frühere Jugendliche, diese stehen jedoch in anderen Zusammenhängen. Der Jugendforscher Wilfried Ferchhoff prägte deshalb den Begriff der „Patchwork

Identität" einer „Patchworkjugend" (vgl. Ferchhoff/Neubauer 1997) Roland Roth und Dieter Rucht (2000, S. 20) kommen zu folgender Einschätzung: „Als Kulturen im Übergang vom Kind zum Erwachsenen sind Jugendkulturen und ihre Artikulationsformen, die gelegentlich, aber eher als Ausnahme bis zum artikulierten politischen Protest reichen können, durch eine spezifische Ambivalenz geprägt. Handelt es sich um mehr oder weniger kurzzeitige Episoden, um Experimente, Lebensstile und politische Orientierungen, die am Ende der Jugendzeit – oder bereits mehrfach in ihr – abgelegt werden und keine Spuren im Erwachsenenalter hinterlassen? ... Gewiss scheint nur dies: Jugendliche und Jugendkulturen sind permanenten Veränderungsprozessen ausgesetzt bzw. erzeugen sie. Als Form der Gemeinschaftsbildung ist Jugendkulturen ein Moment von Unberechenbarkeit eigen, das zwischen spielerischer Selbsterprobung und politischer Botschaft schwankt." Insofern ist es nachvollziehbar, dass jugendkulturelle Phänomene seitens der Erwachsenen häufig als Bedrohung oder Gefährdung, mit Sicherheit aber als Abweichung wahrgenommen werden.

Mit Dieter Baacke und Winfried Ferchhoff etablierte sich im deutschsprachigen Raum ein anderer Blick. Ihnen ging es von Anfang an um eine an der Heterogenität der Jugend ausgerichtete sozialwissenschaftliche Erforschung von Jugendkulturen (vgl. Ferchhoff/Sander/Vollbrecht 1995, S. 7). Bei der Erforschung von Jugendkulturen, mit Hilfe qualitativer, aber auch quantitativer Forschungsmethoden (vgl. Grunert 2002), sollen demnach Einblicke in die Vielfalt jugendlicher Lebenswelten eröffnet werden. Themen sind bis heute Stile, Moden, Musik, religiöse oder okkulte Praktiken, der Zusammenhang von Jugendkultur und Modernisierung, Gestaltung und Bedeutung von Events, Umgang mit und Präsenz von Gewalt, jugendliches Risikoverhalten und vor allem auch die Bedeutung und Rezeption von und der Umgang mit alten und neuen Medien.

Vielfach wurde in der Jugendforschung darüber diskutiert, ob man von Jugendkultur oder Jugendsubkultur ausgehen müsse. Letzteres bezieht sich auf die Überlegung, dass Jugendliche eine Gegenkraft zu den dominierenden gesellschaftlichen Normen bilden und somit Widerstand gegen gesellschaftliche Normierungen leisten wollen. 1964 wurde in Birmingham das „Centre for Contemporary Cultural Studies" gegründet. Die beteiligten Forscherinnen und Forscher gingen davon aus, dass sich die Kultur westlicher Industriegesellschaften in einen proletarischen und einen bürgerlichen Zweig spaltete. Insbesondere proletarische Jugendliche seien deshalb gezwungen, sich in Subkulturen zusammenzuschließen, um von dort aus auf gesellschaftliche Widersprüche und Probleme reagieren zu können. In ihren elterlichen sozialen Herkunftsmilieus würden proletarische Jugendliche keine für sie angemessenen Lösungen für ihre Lebensprobleme finden.

Diese gesellschaftskritische und kulturtheoretische Jugendsubkulturforschung ist mit Namen wie John Clarke, Tony Jefferson oder Stuart Hall (1976) verbunden (vgl. Clarke u. a. 1979; Willis 1981). Sie inspirierten mit ihren Studien über proletarische Jugendliche in der zweiten Hälfte des zwanzigsten Jahrhunderts, über englische Skins oder Rocker und deren Musik auch die deutsche Forschung und den damit verbundenen Diskurs.

Jugendsubkulturen basieren auf Stilen, zuweilen auch auf bestimmten Ideen, die sich anfangs von der hegemonialen Gesamtgesellschaft deutlich unterscheiden, bevor sie durch Kommerzialisierung in diese übergehen. Viele zunächst als abweichend empfundenen Stile und Ausdrucksformen werden nämlich – das kann man ständig beobachten – vom Mode- oder Musikmarkt übernommen und „gesellschaftsfähig" bzw. mehrheitsfähig gemacht (Schwendter 1971, 1995). Einer der Experten, Rolf Schwendter (1995, S. 12), beschreibt den Wandel folgendermaßen: Die Jugendsubkulturen seien eher durch Stile als durch Ideen bestimmt. „Ein Moment dieser Stile betrifft zumeist eine gruppennormativ konsentierte Musikrichtung; ihre durchschnittliche Halbwertszeit beträgt ein knappes Jahrfünft; nach dieser Zeit pflegen die Stile marktförmig integriert zu sein (oder, in anderen Fällen, die Subkulturen durch Kriminalisierung zerschlagen); der größere integriert sich (und sei es infolge von Beruf und Familie), der kleinere Teil integriert sich nicht und pflegt die Keimformen für eine nächste oder übernächste Jugendsubkultur auszubilden."

Auch für die Frage nach der Bedeutung unterschiedlicher Stile für Jugendkulturen und Szenen war die englischsprachige Forschung zunächst führend (vgl. Hebdige 1983). Inzwischen hat sich die Stilforschung innerhalb der Jugendforschung von der strengen Orientierung an den Hegemonien der Klassengesellschaft distanziert (vgl. Vollbrecht 1995). Stattdessen geht man in der Lebensstilforschung davon aus, dass nicht mehr das soziokulturelle Milieu quasi zwanghaft den Stil der Jugendlichen prägt, sondern diese selbst als aktiv Handelnde einen wesentlichen Beitrag zur Stilprägung leisten. Dies korrespondiert insgesamt mit dem Perspektivwechsel innerhalb der Jugendforschung der letzten zwanzig Jahre, durch den die Jugendlichen als eigenwillige Subjekte und Akteure in den Blick genommen wurden. Ein Wechsel, der notwendig war, weil im Zuge gesellschaftlicher Veränderungen wie der Bildungsexpansion Jugendkulturen nicht mehr auf ihr Herkunftsmilieu beschränkt blieben und durch Migration die Vielfalt komplexer wurde: „Heutige Jugendkulturen sind von ihren sozialen Herkunftsmilieus weitgehend abgekoppelt, da die Milieus ihre Bindungskraft weitgehend eingebüßt haben und die Stelle ehemals milieubezogener jugendlicher Subkulturen heute weitgehend von Freizeit-Szenen als wählbaren und abwählbaren Formationen eingenommen wird" (a. a. O., S. 32). Angesichts dieser Diagnose empfiehlt sich jedoch eine sehr genaue Analyse über nach wie vor existierende Einflüsse der Herkunftsmilieus beispielsweise für jugendliche Migranten.

Der Anschluss an Jugendkulturen erfolgt häufig situativ, wobei sich Jugendliche eher nach ästhetischen und weniger nach sozialen Werten zu orientieren scheinen. Hinzu kommt, dass heutige Stile meist auch medial vermittelt sind. „Insbesondere entlang spezifischer Musikrichtungen verlaufen heute vielfach die Grenzen verschiedener Jugendszenen" (a. a. O., S. 34), wobei schneller Wandel und die Tatsache, dass heute für Jugendliche die Wahl eines Lebensstils nur eine Option unter anderen ist, die Jugendkulturforschung vor besondere Herausforderungen stellt.

Gleichwohl liegen gerade in diesem Feld viele und methodisch innovativ anzugehende Möglichkeiten, etwas über die Heterogenität der Jugend in Erfahrung zu bringen, ohne diese stets mit dem Maßstab des Normalen zu messen. Lehrerinnen und Lehrer haben täglich verschiedene Stile, deren Ästhetik und Symbolik sich ihnen nicht immer erschließen, vor Augen, sie hören die sich stets wandelnde Jugendsprache, und sie können selbst die musikalischen Vorlieben ihrer Schülerinnen und Schüler mitbekommen. In der Jugendarbeit hat man möglicherweise Probleme, Interesse für politische Themen zu wecken und sieht sich stattdessen mit der Organisation von Events oder von LAN-Parties konfrontiert. Sozialarbeiterinnen und Sozialarbeiter setzen sich mit konstanten und neuartigen Formen jugendlichen Risikoverhaltens oder mit Gewaltphänomenen auseinander. In nahezu allen Bereichen spielt die mediale Präsenz und Vermittlung eine zentrale Rolle. Die Beispiele sollen genügen, um die Bedeutung einer innovativen und offenen Jugendforschung im erziehungswissenschaftlichen Kontext aufzuzeigen.

Literatur

Andreas-Salomé, L. (1968): Lebensrückblick. Grundriss einiger Lebenserinnerungen. Hg. v. Ernst Pfeiffer. Frankfurt/M.

Andresen, S. (2005): Einführung in die Jugendforschung. Darmstadt

Andresen, S. (2008): Jugend als wirksame historische Denkfigur. Das Moratorium im Fokus von Kultur, Erziehung und empirischer Forschung. In: Hunner-Kreisel, C./Schäfer, A./Witte, M. D. (Hrsg.) Jugend, Bildung und Globalisierung. Weinheim, München, S. 27–43

Becker-Schmidt, R./Knapp, G.-A- ([2]2001): Feministische Theorien zur Einführung. Hamburg

Breitenbach, E. (2000): Mädchenfreundschaften in der Adoleszenz. Eine fallrekonstruktive Untersuchung von Gleichaltrigengruppen. Opladen

Clarke, J. u. a. Jugendkultur als Widerstand. Milieus, Rituale, Provokationen. Frankfurt/M.

Clark, Z. (2009): Die Jugend ohne Jugend – Die Konstruktion der Jugendphase im Kontext ihres sozialen Ortes. In: Jahrbuch Frauen- und Geschlechterforschung in der Erziehungswissenschaft. Band 5. Opladen 2009 (im Erscheinen)

Dolto, F. (2004): Selbstportrait einer Psychoanalytikerin. Weinheim/Basel

Ferchhoff, W./Neubauer, G. (1997): Patchwork-Jugend. Eine Einführung in postmoderne Sichtweisen. Opladen

Ferchhoff, W./Sander, U./Vollbrecht, R. (Hrsg.) (1995): Jugendkulturen – Faszination und Ambivalenz. Einblicke in jugendliche Lebenswelten. Festschrift für Dieter Baacke zum 60. Geburtstag. Weinheim/München

Flaake, K./King, V. (Hrsg.) (1992/[4]1998): Weibliche Adoleszenz. Zur Sozialisation junger Frauen. Frankfurt/New York

Flaake, K./King, V. (1992/[4]1998a): Psychosexuelle Entwicklung, Lebenssituation und Lebensentwürfe junger Frauen. Zur weiblichen Adoleszenz in soziologischen und psychoanalytischen Theorien. In: Dies. (Hrsg.): Weibliche Adoleszenz. Zur Sozialisation junger Frauen. Frankfurt/New York, S. 13–39

Gilligan, C. (1984): Die andere Stimme. Lebenskonflikte und Moral der Frau. München.

Grunert, C. (2002): Methoden und Ergebnisse der qualitativen Kindheits- und Jugendforschung. In: Krüger, H.-H./Grunert, C. (Hrsg.): Handbuch Kindheits- und Jugendforschung. Opladen, S. 143–163

Hagemann-White, C. (2002): Geschlechtertheoretische Ansätze

Hall, St. (1976): Resistance Through Rituals: Youth Subcultures in Postwar Britain. London

Hebdige, S. (1983): Subculture – The Meaning of Style. London

Helfferich, C. (1994): Jugend, Körper und Geschlecht. Opladen

King, V. (2002): Die Entstehung des Neuen in der Adoleszenz. Individuation, Generativität und Geschlecht in modernisierten Gesellschaften. Opladen

King, Vera/Müller, B. (Hrsg.) (2000): Adoleszenz und pädagogische Praxis. Bedeutung von Geschlecht, Generation und Herkunft in der Jugendarbeit. Freiburg

Olivier, C. (1984): Jokastes Kinder. Die Psyche der Frau im Schatten der Mutter. Düsseldorf

Ostner, I. (1986): Die Entdeckung der Mädchen. Neue Perspektiven für die Jugendsoziologie. In: Kölner Zeitschrift für Soziologie und Sozialpsychologie. Jg. 38, S. 352–371

Rendtorff, B. (2003): Kindheit, Jugend und Geschlecht. Einführung in die Psychologie der Geschlechter. Weinheim/Basel

Roth, R./Rucht, D. (Hrsg.) (2000): Jugendkulturen, Politik und Protest. Vom Widerstand zum Kommerz? Opladen

Schröer, W. (2004): Aneignung in der entgrenzten Arbeitsgesellschaft – die Entgrenzung von Jugend. In: Deinet, U./Reutlinger, Chr. (Hrsg.): „Aneignung" als Bildungskonzept der Sozialpädagogik. Beiträge zur Pädagogik des Kindes- und Jugendalters in Zeiten entgrenzter Lernorte. Wiesbaden, S. 109–120

Schwendter, R. (1971): Theorie der Subkultur. Berlin

Schwendter, R. (1995): Gibt es noch Jugendsubkulturen? In: Ferchhoff, W./Sander, U./Vollbrecht, R. (Hrsg.): Jugendkulturen – Faszination und Ambivalenz. Einblicke in jugendliche Lebenswelten. Festschrift für Dieter Baacke zum 60. Geburtstag. Weinheim/München, S. 11–22

Vollbrecht, R. (1995): Die Bedeutung von Stil. Jugendkulturen und Jugendszenen im Licht der neueren Lebensstildiskussion. In: Ferchhoff, W./Sander, U./Vollbrecht, R. (Hrsg): Jugendkulturen – Faszination und Ambivalenz. Einblicke in jugendliche Lebenswelten. Festschrift für Dieter Baacke zum 60. Geburtstag. Weinheim/München, S. 23–37

Willis, P. (1981): „Profane Culture". Rocker, Hippies: Subversive Stile der Jugendkultur. Frankfurt/M.

Ausdrucksformen, Stile und Orientierungen im Jugendalter

BENNO HAFENEGER

Jugend und Jugendkulturen

Im westlich-bürgerlichen Jugendkonzept und mit dem sozialen Konstrukt „Jugend“ ist diese Lebensphase konstitutiv mit vielfältigen gleichaltrigen Gesellungs- und Beziehungsformen verbunden. Diese gehören wesentlich zur Moratoriums- und Transitionszeit, Bildungs- und Entwicklungszeit und zum Modus der Vergesellschaftung von Jugendlichen bzw. der Jugendzeit mit ihren vielschichtigen Prozessen und Übergängen. Sie finden sich sowohl in Form von persönlichen Beziehungen als Freundschaften, die wiederum eine besondere affektive Bedeutung und moralische Qualität mit Zuneigung, Achtung und Vertrauen haben (vgl. Honneth/Rössler 2008), als auch in Form von gleichaltrigen Cliquen, Gruppen, Szenen und Kulturen. Diese Gesellungen sind zu verstehen als Auseinandersetzungs- und Reaktionsformen der jungen Generation auf die jeweilige Gesellschaft mit ihren Strukturen und Prozessen (Einengungen), als Medium für die Bewältigung der jugendlichen lebensweltlichen Erfahrungen und Entwicklungsaufgaben sowie als Ausdruck und Zustand zeitbezogener Befindlichkeiten und Mentalitäten in der jeweiligen jungen Generation. Die Gesellungsformen haben eine vergesellschaftende Bedeutung und ihnen kommen wichtige Funktionen für das Leben in der sich sukzessive verlängernden und hochgradig ambivalenten Jugendphase ebenso zu, wie in der Ablösung vom Elternhaus und in den Prozessen der Identitätsbildung (vgl. Hafeneger 2005, Reinders 2006).

In dem Beitrag werden wesentliche Dimensionen, Funktionen und Elemente von Jugendkulturen (-bewegungen) skizziert, die nicht nur lokal und regional Aufmerksamkeit, sondern – so ein zentrales Merkmal – überregionale, nationale und auch globale Bedeutung erlangt haben (vgl. Villanyi/Witte/Sander 2007). Sie sind vor allem in europäischen und nordamerikanischen „Wohlfahrtsgesellschaften“ immer Teil des Konstrukts „Jugend“ und der jeweiligen historischen Ausprägungen der Jugendphase und des gesellschaftlich-politischen Umgangs mit ihr: „Jugendtheorien, Jugendleben oder Jugendkulturen sind stets abhängig von Raum und Zeit. Sie unterliegen demnach auch dem historischen Wandel“ (Andresen 2008, S. 30).

1. Jugendphase

Jugendliche haben mit der Herausbildung der Jugendphase, vor allem seit sich ab Ende des 19. und zu Beginn des 20. Jahrhunderts „die“ Jugend bzw. der Jugendbegriff als Erfindung der Moderne konturiert, zeitbezogen immer wieder ihre jeweiligen – über Freundschaften hinausgehenden – freiwilligen, kleineren und größeren Gesellungsformen kreiert. Dazu zählen neben dem Spektrum und den vielen Typen der formellen Vereins- und Verbandsjugendgruppen (mit ihren Zugehörigkeiten und Mitgliedschaften, meist angebunden an erwachsene Strukturen) vielfältige informelle Gesellungsformen, dann Jugendbewegungen und -kulturen, Szenen- und Cliquenzusammenhänge. Sie gehören als Arten der sozialen Beziehungen und Gesellungsformen zum sozialen und kulturellen Kapital im Leben der jungen Generation. Sie haben weiter in der individuellen und gemeinsamen Bewältigung der „strukturierten" Jugendphase der Moderne, dann der „entstrukturierten" Jugendphase der entwickelten und globalisierten Moderne sowie in den vielschichtigen Ablösungs-, Lern- und Identitätsbildungsprozessen eine große Bedeutung (vgl. Sander 2000, Beck 2007, Abels u. a. 2008, Mienert 2008, Bingel u. a. 2008).

In der gegenwärtigen Gesellschaft wird Identität als etwas Erarbeitetes, Gelerntes und Optionales betrachtet, im Gegensatz zu etwas Abgeleitetem, Ererbtem oder Zugewiesenem. Es gehört zu den Kennzeichen der entwickelten Moderne und fortgeschrittener Individualisierung, dass die junge Generation im Rahmen gesellschaftlicher Chancen, Risiken und Einbettungen (mit Verpflichtungen und Zwängen) und Ressourcen zunehmend selbst verantwortlich ist für das Gelingen der eigenen Biographie. Das Aufwachsen ist verbunden mit Risiken und Herausforderungen, mit einem hohen „Statusdruck mit scharfen Wettbewerb in der Selbstdarstellung für diesen Lebensbereich" (Hurrelmann, in: Deutsche Shell 2002, S. 36). Der längeren finanziellen bzw. sozio-ökonomischen Abhängigkeit von den Eltern entspricht eine frühe sozio-kulturelle und auf Konsum bzw. kommerzialisierte Freizeit gestützte Verselbstständigung der Jugendlichen. Identität ist somit etwas, was jedes Individuum in einem Prozess selbst und aktiv auf Interessen, Ziele und Tätigkeiten hin konstruiert und herausbildet. Diese Individualisierung und Optionalisierung berührt den kulturellen und moralischen Kern der Identität; und in der Herausbildung einer eigenen Konzeption von Identität kommt der Anerkennung bzw. gemeinschaftlichen Geborgenheit mit anderen Gleichaltrigen in der Arena des sozialen Lebens, den sozialen Bezügen und Beziehungen eine herausragende Bedeutung zu.

Junge Menschen müssen im (post-)modernen Alltag – den Orten und Zeiten der Arbeit, des Lernens, der Freizeit usw. – eigeninitiativ tragfähige Lebensentwürfe finden; sie leben vernetzt in unterschiedlichen Settings und Teilwelten, in denen jugendkulturelle Szenen und Zusammenhänge vielfach die Orientierungen und das Handeln beeinflussen und bestimmen. Das soziale Bild der jugendlichen Lebensphase ist entgrenzt und unscharf, weil sich die Phase, in der man Jugendlicher ist, verflüssigt und ausdehnt. Weiter sind Jugend, jugendliches Auftreten und jugendlicher Lebensstil zum Inbegriff eines modernen Lebensstiles geworden; die Erwachsenengesellschaft betreibt einen Jugendkult, in dem sie dem Streben nach Jugendlichkeit auf vielen Ebenen des Lebens einen hohen Stellenwert beimisst. Gleichzeitig ist Jugend zunehmend zur Risikophase geworden bzw. werden Risikogruppen im unteren sozialen Drittel der Gesellschaft diskutiert, weil Widersprüchlichkeiten aus divergierenden Rollenerwartungen und Handlungsoptionen – z. B. die Gleichzeitigkeit von früher Mündigkeit bzw. Freisetzung und längere Entmündigungen mit Gebundenheit, die Gleichzeitigkeit von Mobilität bzw. Wechselbereitschaft und langfristiger Stabilität von Beziehungen bzw. Bindungen, die Gleichzeitigkeit von Pluralität von Lebensentwürfen bzw. Optionen und der Herausbildung von Identität bzw. Kontingenz – zur Verunsicherung beitragen und es jungen Menschen schwer und z. T. unmöglich machen, Perspektiven zu entwickeln und zu verfolgen. So bleibt eine große Gruppe von Jugendlichen vor allem aus den unteren sozialen Schichten und mit Migrationshintergrund ausgegrenzt, ohne Chancen im Bildungssystem und in der Arbeitswelt.

In dem Maße, in dem die Gesellschaft sich in eine stetig wachsende Anzahl von Bereichen ausdifferenziert und die individuelle Biographie sich in eine Vielzahl von Rollen auffächert, wird es zunehmend fraglicher, was ein Leben zusammenhält, was ihm Einheit und Kohärenz verleiht. Soziale Fragmentierung und ein damit einhergehendes Gefühl, das gesellschaftliche Integration nicht gelingt, ohne Richtung, Zweck und leitendes Ziel zu leben, sind charakteristisch für diese offene Entwicklungssituation. Die Subjekte sind neben ihrer „Integrationsarbeit“ darauf angewiesen in ihrer Sinnsuche und Identitätsarbeit solche Gelegenheitsstrukturen wahrzunehmen und ihr Leben so zu kontextualisieren, dass sich – gerade auch jugendkulturell eingebunden und zugehörig – in ihnen Sinn und Orientierung erschließt, Wirksamkeit und Selbsterfahrung ermöglicht, Anerkennung und Zukunft eröffnet; sie können sich also nicht mehr (ausschließlich) auf vorgefundene Regeln und Muster beziehen (vgl. Wahler/Tully/Preiß 2008). Im Rahmen der weltgesellschaftlichen Entwicklungen ist nach Hunner-Kreisel u. a. (2008) und nach Beck/Beck-Gernsheim (2007, S. 238) das Aufkommen einer neuen „Generation Global“ mit einem globalen Erfahrungs- und Erwartungsraum zu beobachten, der voller Konflikte und Spaltungen, Paradoxien und Widersprüche steckt. So ist für sie der „Erfahrungsraum der ‘globalen Generation’ zwar globalisiert, aber gleichzeitig durch tief reichende Trennlinien und Gegensätze gekennzeichnet. Da ist zuallererst die ökonomische Kluft, die die Bewohner der Ersten Welt von den übrigen trennt, jene Kluft der materiellen Ressourcen, der Positionen und Zugangschancen, die auch im Wettlauf um die Ikonen des globalen Konsums Wirkung zeigt.“

2. Was ist Jugendkultur?

Ab der Mitte des 19. Jahrhunderts und dann vor allem zu Beginn des 20. Jahrhunderts bekommen die Jugend und das Jugendalter als eigenständiger Lebensabschnitt, mit Freiräumen und Eigensinn, einen neuen Stellenwert; „Jugend, jung sein und Jugendlichkeit“ werden zum „gesellschaftlichen Leitbild“ (Villanyi/Witte/Sander 2007, S. 28). Die begriffliche Auseinandersetzung um „Jugendkultur“ beginnt in Deutschland mit der Jahrhundertwende vom 19. zum 20. Jahrhundert und nach Schäfers (2005, S. 137) kann „spätestens seit den Jugendbewegungen vor und nach dem ersten Weltkrieg von einer eigenständigen Jugendkultur gesprochen werden.“ Das Jugendkulturkonzept wird zu Beginn des 20. Jahrhunderts maßgeblich von Gustav Wyneken, Siegfried Bernfeld und Hans Blüher entwickelt und begründet. Im Rahmen der sich entwickelnden vielschichtigen (sozialen, pädagogischen und kulturellen) Reformbewegungen in der Wilhelminischen Zeit und der ersten bürgerlichen Jugendkultur(bewegung) der Moderne – dem „Wandervogel“ – hält der Reformpädagoge Gustav Wyneken (1914) im Jahr 1913 vor der „Münchner Studentenschaft“ einen öffentlichen Vortrag mit dem Titel „Was ist Jugendkultur?“. In Auseinandersetzung mit der autoritär-repressiven Schule, dem kontrollierenden Elternhaus und der fremdbestimmten Lehrlingszeit bestimmt er die Jugendphase als eigenständige Lebenszeit. Nach ihm will die Jugend „nicht in die Rechtssphäre der Erwachsenen eindringen. Sie will nicht behandelt werden als erwachsen, vielmehr möchte sie ihre Jugend betonen, die Grenzen der Jugend befestigen; sie möchte nicht mehr, wie bisher, zwangsweise erwachsen sein müssen, sondern wirklich jung sein dürfen“ (S. 8).

Jugend und Jugendkultur sind in der ersten Dekade des 20. Jahrhunderts mit einem „hegelianisch-idealistischen Fortschrittsgedanken“ verknüpft (Breyvogel 2005, S. 11). Für Wyneken sind Jugendliche nicht (mehr) ein „Anhängsel der Erwachsenen“, sondern eine „Besonderheit“, die sich als „Jugendkultur“ manifestiert. Kultur ist für ihn eine Idee „Jung zu sein“; letztlich „eine Einheit, ein einheitliches Empfinden, ein Stil, ein gemeinsamer Instinkt, der sich schöpferisch äußert, und das verstehen wir auch unter der Jugendkultur“ (a. a. O., S. 27). Für ihn ist Jugendkultur auf Kameradschaft gegründet und ein Gegengewicht zur autoritären Ordnung in Familie, Schule und Betrieb. Jugendkultur besitzt ihr „eigenes Recht, ihr eigenes Leben, ihre eigene Schönheit“; sie bedeutet ein „Eigenleben der Jugend“, eine „eigene geistige Bewegung“ und „das Ganze eines neuen Jugendlebens“ (a. a. O., S. 22). Damit wird „klassisch“ begründet, dass die Herausbildung von und Teilhabe an Jugendkultur in ihren verschiedenen Ausprägungen mit den soziologischen und entwicklungspsychologischen Besonderheiten des Jugendalters zu tun hat. Danach ist Jugend nicht nur „Vorbereitungszeit“ auf das Erwachsensein, sondern sie hat ihren eigenen unersetzlichen Wert, ihre „Schönheit“ und infolgedessen auch das Recht auf ein eigenes Leben, auf die Möglichkeit der Entfaltung ihrer „besonderen Art“. Es sind die gesellschaftlich und biografisch spannungs- und konfliktreichen Wechselbeziehungen (Generationenspannungen und -konflikte) zwischen Jugendlichen und der Erwachsenengesellschaft (Familie, Schule, Universität und Betrieb), die es in dieser Zeit und im weiteren 20. Jahrhundert „normal" werden lassen, dass Jugendliche immer wieder ihre Jugendkulturen „gegen" die Institutionen und Einflüsse der Erwachsenengesellschaft kreieren.

3. Elemente und Merkmale von Jugendkulturen

Es gibt in der sozial- und erziehungswissenschaftlichen Literatur zahlreiche Angebote die Geschichte der Jugendkulturen, ihre unterschiedlichen und vielfältigen Typen und Formen, ihre Merkmale und Elemente zu beschreiben, empirisch zu fassen und analytisch einzuordnen (vgl. u. a. Brake 1980, Kursbuch 1997, Baacke 1999, Farin 2001, Ferchhoff 2007, Roth/Rucht 2008). Zu den zentralen und wiederkehrenden Hinweisen zählen:

1. Jugendkulturen charakterisieren sich durch ihre „scharf konturierten Eigenarten" (Baacke 1999, S. 201); sie stellen Normen und Werte der älteren Generation in Frage und sind eine „besondere Lebensführung der Jugend" (Farin 2001, S. 33). Jugendkultur ist für Baacke (1999, S. 143) freizeitbezogen, international verbreitet und schnelllebig; es ist „die Schaffung von Stilen über die Medien." Für Farin (2001) ist die jeweilige Jugendkultur zeitlich begrenzt und entspricht immer einem bestimmten Entwicklungsstand und den Suchprozessen der Jugendlichen; sie haben ihren eigenen Stil und ihre eigenen Regeln, müssen von den Jugendlichen selbst erfahren werden. In der Zugehörigkeit wird nach „echten" und „sympathisierenden" jugendlichen Gruppen, nach einer (kleineren) „Kernszene" und (größeren) „Randszene", dann der Freizeitszene und den Sympathisanten unterschieden. Mit der Pluralisierung von Jugendkulturen wird in der Literatur eine beeindruckende Zahl und differenzierte Vielfalt von Jugendkulturen angegeben. So soll es nach Farin (2001) in Deutschland über 400 jugendkulturelle Szenen geben und Ferchhoff (2007) kommt in seiner Sammlung mit zugehörigen Kurzcharakterisierungen auf über 20 szenespezifische Differenzierungen.
2. Jugendkulturen sind zunächst von Jugendlichen selbst geschaffen und sie haben ihre zur Verfügung stehenden (oder auch gestellten) Gleichaltrigenräume und Orte, sie gelten mit ihren Peergroupbeziehungen als das auffälligste Merkmal des Freizeitmoratoriums. Sie sind wichtig für das persönliche Wohlbefinden und die jugendlichen Gefühlswelten in der Freizeit, im Hier und Jetzt der Gegenwart, für die eigene Selbstverwirklichung und Entwicklung eines Lebensstiles, für den sozialen Ausgleich und die lebensweltliche Zugehörigkeit in jugendkulturell angebotenen Orientierungen und Botschaften. Mit ihrer Freizeitkultur bieten die Szenen ein Navigationsinstrument und ihnen werden als Leben unter Gleichaltrigen, in der Herausbildung von typischen Stilen und dem Umgang mit sowie in der Bewältigung von Heraus-

forderungen und Widersprüchen erhebliche sozialisatorische und lebensgeschichtliche Bedeutung zugesprochen (vgl. Reinders/Hofer 2003, Reinders 2006). Zu den vielen Merkmalen und Elementen von Jugendkulturen und ihren lokalen/regionalen Szenen zählen insbesondere Habitus, Musik, Outfit, Codesystem, Sprache, Accessoires, Bewegung, Kunst, Mode, Körperstyling, Rituale, Symbole, Medien, Literatur, Tanz, Kreativität, Events, Treffpunkte/-gelegenheiten, Inszenierungs- und Protestformen.

3. Jugendkulturen sind Medien und Orte, um sich zu erproben, darzustellen, Selbstständigkeit auszuleben, sich widerzuspiegeln, zu protestieren, Übergänge und Krisen zu bewältigen, sich auszutauschen; um Körperlichkeit und Erotik, politisch-kulturelle Orientierung und Beziehungen leben zu können. Mit ihnen entstehen unterschiedliche Stile, Symbolwelten und Wir-Gefühle, Zugehörigkeiten und Lebenswelten jenseits der Kontrolle von Erwachsenen, der Familie und schulischer Anforderungen. In jugendkulturellen Zusammenhängen realisiert sich ein unterschiedliches Spektrum von „gelebter Jugendlichkeit" und „aufgrund von Selektionsprozessen ähneln sich Mitglieder von Cliquen oft stark in ihrer sozialen Schichtzugehörigkeit, der ethnischen Herkunft und dem Niveau der Schulleistung. Oft besteht eine Anbindung an einen jugendkulturellen Stil und innerhalb der Gesamtheit der Cliquen lassen sich deutlich solche mit abweichender Gruppenkultur von der Mehrheit unproblematischer Cliquen unterscheiden" (Oswald 2008, S. 323).
4. Jugendkulturen werden als eigenständige Lebensstilkonzepte angesehen und unter Lebensstilen werden expressive Muster verstanden, die Ausdruck der gewählten Lebensführung sind. Durch diese Stilisierungen kennzeichnen Jugendliche ihre Zugehörigkeit zu einer bestimmten Gruppe oder Gemeinschaft. Dabei ist ein bestimmter Stil durch ein umfassendes System von Zeichen, Symbolen und sozialer Orientierung gekennzeichnet. Stil zu haben bedeutet also, die Fähigkeit zu besitzen, eine einheitliche Interpretation seiner Person anzubieten und zu inszenieren.
5. Den Jugendlichen kommen zunehmend „gelingende" Normalbiographien abhanden und zuverlässige Abfolgen von Lebensphasen innerhalb einzelner Lebensbereiche finden sich nur noch selten (vgl. Hitzler u. a. 2005, S. 16). So entwickeln sich neue bzw. neuartige Vergemeinschaftungsformen deren Kennzeichen im Wesentlichen darin bestehen, dass sie nicht die herkömmlichen, traditionellen Verbindlichkeitsansprüche besitzen. Szenen als posttraditionale Gesinnungsgemeinschaften beruhen nicht mehr auf Teilnahmeverpflichtungen, beziehen sich nicht mehr nur auf gemeinsame Lebenslagen und bieten den unterschiedlichen Akteurstypen verschiedene Teilnahmeformen und -foren an. Gleichzeitig herrschen auch in diesen neuen Gemeinschaftsformen eigene Regeln, Relevanzen, Routinen und Weltdeutungsschemata mit lebensbereichsbezogener, thematischer und auch situationsspezifischer Geltung (a. a. O., S. 18).

6. Lokal und regional gelebte jugendkulturelle Zusammenhänge und Gesellungsformen haben ihre eigenen Orte und ihre eigenen Qualitäten gerade da, wo andere Bindungen und Beziehungen (Job, Tätigkeit, PartnerIn usw.) gefährdet sind und unter einem sozialen und wirtschaftlichen Druck stehen. Sie gedeihen und sind zugleich fragil in Zeiten schneller gesellschaftlicher Veränderungen; dabei können Jugendliche über viele Jahre und dauerhaft oder nur vorübergehend und begrenzte Zeit den jugendkulturellen Zusammenhängen zugehörig sein; viele wechseln wiederholt die Szenen und verlassen sie dann im (älteren) Erwachsenenstatus.
7. In der Jugendkulturforschung wurden wiederholt Typologien der Szenen angeboten, mit denen Ziele, Einstellungen und Motive der zugehörigen Jugendlichen beschrieben werden sollen. So bieten z. B. Hitzler u. a. (2005) drei Typen an: Die **Selbstverwirklichungs-Szenen** basieren auf Aktivitäten, die mehr oder weniger eine langwierige Ausbildung persönlichen Könnens voraussetzt. Dies ist zum Beispiel in der Graffiti- oder Skaterszene der Fall. In dieser Szene steht die persönliche Freiheit und Selbstbestimmung im Vordergrund. Auch Erfolgsorientiertheit spielt eine große Rolle und im Gegensatz zur bürgerlichen Vorstellung von Erfolg sollen in ihr Originalität und Individualität zum Ausdruck kommen. Die typische Einstellung in **Aufklärungs-Szenen** (z. B. der Antifa-Szene) basiert auf einem „Ich-Welt-Verhältnis." Geprägt ist die Szene von dem Willen, die Welt zu verändern. Es besteht z. B. die Überzeugung, dass bestimmte aktuelle gesellschaftliche Verhältnisse nicht akzeptabel sind und deshalb zum 'Besseren' gewendet werden müssen. Szenemitglieder verstehen sich als emanzipatorische Elite, die die Aufgabe hat, die 'entfremdete' Mehrheit von ihrem falschen Bewusstsein zu befreien. In **hedonistischen Szenen** wird nicht in Kategorien wie Arbeit, Erfolg und Entwicklung gedacht. Die Aufmerksamkeit gilt dem Augenblick, man will hier und jetzt Spaß haben. Anhänger vertreten am ehesten das, was man als „Jugendlichkeit" bzw. „jugendliche Lebenseinstellung" bezeichnen könnte.

4. Geschichte der Jugendkulturen

In der Geschichte sind die Begriffe jugendliche Subkultur und Gegenkultur durch den allgemeinen Begriff der Jugendkultur abgelöst worden (vgl. Baacke 1999). Weiter wurde bis in die 1960er Jahre von „der Jugendkultur" im Singular gesprochen und es folgten dann die Jugendkulturen im Plural. Ebenso wurde der in der 1960er und noch in den 70er Jahren klassen- und milieuspezifisch gefärbte Begriff „jugendliche Subkultur" vom Begriff „Lebensstil" abgelöst (vgl. Kursbuch 1997). Der Lebensstil wird als eine von Jugendlichen „gewählte Lebensführung" verstanden und er signalisiert Zugehörigkeit zu kollektiven Lebens- und Werthaltungen. Er kennzeichnet für Jugendliche eindeutig und sichtbar einen

Habitus und eine Lebensform, und er zeigt nach welchen Vorgaben sie leben und welche Dinge bevorzugt werden.

In der Geschichte der altershomogenen sozialen jugendlichen Gruppenbeziehungen entstehen als Gegenentwürfe zur etablierten Erwachsenenkultur wiederholt eigene Vorstellungen über Aussehen, Lebensziele und Muster der Lebensgestaltung, weshalb in der Jugendforschung noch in den 1970er Jahren von Subkultur(en) die Rede ist (vgl. Brake 1980, Wetzstein u. a. 2005). Ab den 1980er Jahren setzt sich dann der neutralere Begriff der Jugendkultur durch. Dieser Begriffswechsel verweist darauf, dass Jugendkulturen nicht mehr (nur) von der Opposition gegen Erwachsene gespeist sind und leben, sondern eine eher positive Selbstverwirklichungs- und Orientierungsfunktion für Heranwachsende übernehmen, der sich auch viele Erwachsene nicht entziehen können. Die Jugendkulturen unterscheiden sich nach Schäfers (2005) nach Inhalten, Größe der Gruppe oder Szene, Aktionsbereitschaft, alters- und schichtspezifischen Besonderheiten. Nach ihm können „diejenigen Jugendkulturen, die sich bewusst und gewollt gegen die aus ihrer Sicht „offizielle“ (dominante und hegemoniale) Kultur abgrenzen, als Subkulturen oder Gegenkulturen bezeichnet werden“ (S. 136).

Einige gänzlich unterschiedliche Jugendkulturen und deren Ausdrucksformen, wie der Wandervogel zu Beginn des 20. Jahrhunderts, die Halbstarken in den 1950er Jahren, dann der Rock'n Roll, der Beat, die studentische Protestbewegung der 68er, die Hippies, der Punk und in der neueren Zeit der Rap und Hip-Hop haben in ihrem Zeitbezug als politisch-kulturelle Bewegungen wiederholt eine Eigendynamik entwickelt, die auf größere Teile der jungen Generation ausgestrahlt und die eigene Ausgrenzung und den Paternalismus der Erwachsenengesellschaft in Frage gestellt haben (vgl. u. a. Stock/Mühlberg 1990, Behr 2007).

Als erste globale musikalische Jugendkultur gilt die Ende der 1930er Jahre in den USA entstandene „Swing-Jugend“ mit ihrer Musik, ihrem Tanz, ihrer Kleidung und ihrem Habitus; ihr folgte der „Jazz“ als Sammelbezeichnung für eine Musik aus afroamerikanischen Traditionen und rituellen Tanzformen. Die Beatniks waren Anfang der 1950er Jahre einer der ersten „weißen Gegenkulturen“ in den USA, die sich durch „jugendlichen Elan“ auszeichnete und sich gegen bürgerlich biedere, verklemmte und spießige Klischees, Konventionen und Verpflichtungen der kommerziellen Erwachsenenwelt richtete. In den 1950er Jahren waren es der Rock'n Roll und die Halbstarken, die mit ihrem Habitus und Outfit, ihren Verhaltensweisen und ihrer Musik die „bürgerliche Ordnung“ störten und zu den angloamerikanischen stimulierten gegenkulturellen und provozierenden Strömungen zählten.

Jugendmusik, Rock'n Roll, Beat und Pop, aber auch (Jugend-)Sport und Mode (Symbole, Ikonen, Stars und Marken) sowie ein Prozess der Juvenilisierung der gesamten Gesellschaften wurden spätestens seit jener Zeit unter der Domäne einer anglo-amerikanischen Populärkultur zu einem (fast) universellen, weltumspannenden globalen Phänomen. Der Zeitraum zwischen dem Abflauen der so genannten „Halbstarkenkrawalle" in der zweiten Hälfte der 1950er Jahre und der zu Ende gehen wirtschaftlichen Prosperität zu Beginn der 1970er Jahre ist nach Detlef Siegfried (2006) die „Sattelzeit einer politischen und kulturellen Pluralisierung" der Bundesrepublik. Das gilt für den Aufbruch der jungen Intelligenz und der „Jugendrevolte als globalen Protest" in den 60er Jahren (vgl. Frei 2008), aber auch für jugendkulturelle Veränderungen insgesamt. Sie sind als Indikator für einen tief greifenden sozial- und kulturgeschichtlichen Wandel und eine besondere Dynamik gesellschaftlicher Modernisierung zu verstehen; charakterisiert u. a. durch einen Spannungsbogen, dessen Pole die Herausbildung neuer jugendkultureller (Konsum-)Muster einerseits und die Entstehung einer politischen Opposition andererseits bildeten. Nach Siegfried zeigen sich jugendkulturelle Phänomene über drei Ebenen. Sie zeigen sich erstens im Spannungsfeld von Konsum und Politik mit den zugehörigen Handlungspraktiken, Sinngebungen und Deutungsmustern; zweitens in ihrem Bezug zu ihren sozialen und materiellen Entstehungsbedingungen; drittens in den (kultur-)industriellen Produktions- und Distributionsmechanismen.

Seit den 1970er Jahren (bis heute) gehört der afroamerikanisch stimulierte Hip-Hop zu den dominierenden Jugendkulturen; zu seinen vier Elementen zählen der Rap (als musikalisches Element am Mikrofon), Graffiti (als künstlerisches Element), Breakdancing (als sportliches Element) und DJing (als musikalisches Element an Plattenspielern). Weiter wird Techno ab Anfang der 1980er Jahre zu einer breiten Jugendkultur, in der Musik, Tanz, Events und Drogen zu Merkmalen werden. Die Technoszene entsteht Anfang der 1980er Jahre und gilt als die Jugendkultur, bei der das größte Augenmerk neben der Musik auf das Tanzen gelegt wird. Technomusik soll, unterstützt von einer passenden „Location", für gute Stimmung sorgen und den Anhängern ein Gefühl des Abschaltens vom Alltag vermitteln. Jugendliche identifizieren sich mit Techno um Spaß zu haben, und sie leben auf Technoparties „eine gefühlte Gemeinsamkeit des Erlebens" aus. Diese „soziale Komponente" des Technos bieten die zahlreichen Veranstaltungen, die es besonders Mitte der 1990er Jahre gegeben hat und die Anhänger der Jugendkultur die Möglichkeiten erhielten „neue Leute kennen zu lernen, gemeinsam mit Gleichgesinnten zu feiern" und unbeschwert fernab vom Alltag zur Technomusik zu tanzen (Hitzler u. a. 2005, S. 46f.). Die Anhänger von Techno sind Menschen mit „zwei Gesichtern", die wochentags im Berufsleben oder ihrer Schule/Ausbildung zu finden sind und am Wochenende in die „Welt des Techno" eintauchen und häufig exzessive Partywochenenden feiern. Dieses „Wechselspiel" zwischen der alltäglichen Bildungs-/Berufswelt und dem Partygeschehen am Wochenende trifft auf die meisten der Technoanhänger zu und zeigt beispielhaft das Ziel der modernen Jugendkultur, den Alltag vergessen zu machen und gemeinsam, manchmal tagelang, zur Musik zu tanzen und zu feiern (zu raven). Im 21. Jahrhundert existieren noch die „etablierten Technoveranstaltungen", da andere Formen der früheren „Raves" aufgrund der rückläufigen Besucher- und Verkaufszahlen von Technoveranstaltungen und -musik finanziell nicht mehr realisierbar sind.

Auch wenn in den nach 1945 folgenden Jugendkulturbewegungen – vor dem Hintergrund sich immer stärker weltweit durchsetzender US-amerikanisch bzw. angelsächsisch geprägter globaler Jugendkulturen – die deutschen Traditionen des Wandervogels und der bündischen Jugendbewegung nie wieder direkt aufgelebt sind, so hat es doch in sehr begrenzter Form hier und da eine vitale bündische Jugendbewegung mit historischen Anklängen und Bezügen zu den 20er Jahren gegeben. Stilelemente und Leitmotive des Wandervogels und der bündischen Jugendbewegung haben in die internationaler/globaler werdenden Jugendkulturen und zum Teil auch internationalen Protestbewegungen der zweiten Hälfte des 20. Jahrhunderts Eingang gefunden. Leitmotive und Stilelemente wie bspw. die Kritik an den Verheißungen von materiellem Wohlstand und Sicherheit durch Technik und Konsum wanderten historisch weiter.

5. Jugendkulturen zu Beginn des 21. Jahrhunderts

Zwischen Prozessen der Universalisierung, Polarisierung und Pluralisierung, zwischen Globalisierung und Lokalisierung sowie zwischen spielerischer Selbsterprobung und politischen Mythen, Missionen und Botschaften haben sich von den 1960er Jahren bis ins 21. Jahrhundert – im Lichte weiterer technisch-medialer, ökonomischer und kultureller Beschleunigungen – die Jugendkulturen grenzüberschreitend ausdifferenziert. Immer neue Retrowellen, diverse Crossovers und Neos zeigen angesichts fließender Übergänge im ersten Jahrzehnt des 21. Jahrhunderts, dass es weltweit zu einer kaum noch überschaubaren, geschweige denn klassifizierbaren Artenvielfalt von Kulturen und Stilen gekommen ist (vgl. Rink 2002):

1. Seit den 1990er Jahren haben sich in der (post)modernen Gesellschaft die diversen Jugendszenen und -kulturen gegenüber den 1980er Jahren beträchtlich vermehrt und ausdifferenziert. In einzelnen Jugendkulturen haben sich Sub-Genres, Unterabteilungen und Stämme gebildet, deren Lebens-, Sprachen- und Artenvielfalt selbst Kenner oder Trend-Scouts der Jugendszenen oder binnenperspektivisch ausgewiesenen Journalisten und Jugendforscher nicht mehr erschließen und überblicken, geschweige denn wissenschaftlich – analytisch rekonstruieren und überblicksartig zuordnen können (vgl. Wetzstein u. a. 2005, S. 183).
2. Zu Beginn des 21. Jahrhunderts bietet Ferchhoff (2007) eine – empirisch unvollständige – Landschaft der Jugendszenen und -kulturen als globalen und

medienvermittelten Sozialisationsraum an. Vor dem Hintergrund eines Jugendalltages, der sich weitgehend über Informations- und Kommunikationstechnologien, Kommerzialisierung und Medialisierung realisiert, spricht er von einem „Irrgarten der Pluralität von Jugendkulturangeboten“ und einem „diffusen Raum von Zugehörigkeit.“ Jugend, Jugendkulturen und -szenen haben sich in den letzten vierzig Jahren noch einmal weltweit im Zuge beschleunigter Individualisierungsprozesse in eine kaum noch überschaubare, schnelllebige und alltagskulturelle Artenvielfalt – Kulturen, Gruppen, Szenen, Cliquen, Tribes, Families – mit verschiedenen Outfits, Ritualen, Musik-, Sprach- und Handlungsformen ausdifferenziert. Bei pluralen und z.T. auch polarisierten Lebenswelten, fließenden Übergängen und teilweise auch scharfen Grenzziehungen ist es kaum möglich die Differenzierung und Pluralisierung der Jugend und Jugendkulturen, die unterschiedlichen jugendkulturellen Strömungen und die Vielzahl der Facetten in einer Gesamtmatrix zu bündeln. Eine typologische Systematisierung der jugendkulturellen Landschaft gibt es wiederholt in Ansätzen; sie sind eher in männlicher Perspektive verfasst und die Rolle der Mädchen und Jugendlichen mit Migrationshintergrund wird – bei aller Relevanz – eher zögerlich thematisiert. In der jugendlichen Alltagsrealität präsentieren sich jugendkulturelle Einzelidentitäten nicht zuletzt vor dem Hintergrund des heutigen Szenemix, eklektizistischer Formen und angesichts von Identitätsaufweichungen selten trennscharf. Darüber hinaus entziehen sich kulturalistische Jugendphänomene mit ihren schnell wechselnden, flexiblen Formen nur allzu leicht der wissenschaftlichen Einordnung und Systematik.

3. Die Mehrzahl der Jugendlichen bleibt ohne ein spektakuläres jugendkulturelles Ambiente in der eigenen Lebenspraxis den gesellschaftlich vermittelten dominanten Kultur- und Werteorientierungen, Mentalitäten und Lebensweisen im Großen und Ganzen treu. Viele sind nach wie vor in Jugendverbänden und Vereinen (angebunden an die Erwachsenengesellschaft und -kulturen) organisiert. Gleichzeitig bieten szenenspezifische jugendkulturelle Ausdrucksweisen und Stilebenen für eine große Zahl von Jugendlichen ein, wenn auch fragiles, temporäres, oftmals wechselndes und Spaß bereitendes Angebot, das nicht mehr nur allein durch das Herkunftsmilieu und Bildungsniveau gesteuert wird, sondern teilweise auch herkunftsneutral sein kann. „Die meisten Jugendlichen scheinen heute ohnehin nur begrenzte Nutzer der jeweiligen Szenen zu sein, in denen sie – ohne volle(s) und totale(s) Engagement, Überzeugung, Mitgliedschaft und Emphase – erkundend und ausprobierend Entspannungen, Zerstreuungen, Anregungen, Erlebnisse, Spaß und Kicks auf Zeit suchen und ausleben“ (Ferchhoff 2007, S. 24). Jugendszenen sind als partikulare Freizeitgesellungsformen keine stabilen, klar umrissene Gebilde, sondern „wolkige Formationen. Sie sind themen-, treffpunkt-, erlebnis- und

eventorientiert, ständig in Bewegung und ändern ständig ihre Gestalt. Abgrenzungen erweisen sich als äußerst diffus"; die Ränder überlappen sich mit anderen Szenen, sie ändern und erstrecken sich in heterogene Gruppen von Jugendlichen und jungen Erwachsenen (vgl. Hitzler u. a. 2005, S. 21).

4. In seiner Auflistung der jugendkulturellen Landschaft, die mit erläuternden Informationen einen guten Überblick geben, kommt Ferchhoff (2007) u. a. zu folgenden Jugendkulturen bzw. kulturellen Szenen: Computerkids, Fußballfans, Hooligans, Grunge, junge Christen und viele Religions-Bricolagen/Mix-Religionen; Heavy Metal, White-, Black-, Dark-, Trash-, Death Metal, Satansrock; Mainstream Pop/Rock; Metaller, Punks/Punkrock; Hip-Hopper/Rap (Text), DJing (Musik), Graffiti (Bild), Break-dance (Tanz), Rave/Techno, Skater/Surfer/Snowboarder; Skinheads, die nicht nur rechts orientiert sind, und rechte Jugendkulturen; Grufties/Gothics (im Anschluss an die schauer-romantische englische Literaturgestaltung des 19. Jahrhunderts), die autonome Szene (a. a. O., S. 188 ff.).

5. Die heutigen Jugendkulturen sind lebensweltliche Praxen, Lebensstile und sie produzieren Bilder. Sie werden als Freizeitbewegung „meist als bunte lokale und regionale Angelegenheit, als Vielfalt von frei gewählten Lebensstilen wahrgenommen" (Roth 2002, S. 2). Jugendlichen wird die Möglichkeit gegeben, an den verschiedenen kulturellen Formaten teilzunehmen, sie sich anzueignen und sich auf sie zu beziehen. Die verschiedenen jugendkulturellen Szenen bieten nach Ferchhoff (2007) keine „feste Heimat" und „Lebensfahrpläne", sondern sind in der Entwicklung einer kulturellen Identität für eine große Zahl von Jugendlichen (nicht für alle, die Mehrzahl führt eine angepasste Lebenspraxis und gehört nicht zu den „Kennern" von jugendkulturellen Gesellungsformen) in ihrer Lebenswelt ein „fragiles, temporäres und oftmals wechselndes, immerhin Spaß bereitendes Angebot" (a. a. O., S. 24). Dabei werden Szenen, Cliquen, Peers und (globalisierte) Alltagskulturen in der Verlängerung und Pluralisierung von Übergangs- und Ausbildungszeiten neben dem formalen Bildungssystem zu bedeutsamen biografischen und informellen Lernorten mit nachhaltigem Kompetenzgewinn im Jugendalter. Die verschiedenen jugendkulturellen Lebenswelten, Jugendstile und -szenen, das permanente „Styling von Revivals" (Schwendter 1995, S. 14), die unzähligen Retro-Wellen und das Mixen und Remixen von Jugendkulturen werden als Ausdrucksformen gesamtkultureller Variabilität und Pluralität gedeutet. Dabei werden dic Wahlalternativen nicht selten eher nach ästhetischen und nicht (immer) nach sozialmilieuspezifischen Herkunftsgesichtspunkten getroffen.

6. Die immer wieder neu entstehenden globalisierten – und lokal gelebten – Jugendkulturen bzw. jugendkulturelle Strömungen sind nicht neu; sie haben eine lange globale Geschichte, erfahren aber vor dem technologisch-medialen

Modernisierungshintergrund (Medien/Fernsehen/Filme, Telefon, Internet, Netzwerke, Märkte etc.) und durch die aktuelle Globalisierungsdynamik einen neuen Schub. Zu erinnern ist an jugendkulturelle Phänomene, die ihre anfänglichen Bezugsorte meist im angloamerikanischen und britischen Raum hatten, wie die Scouts, den Jazz, den Swing, den Rock'n Roll, die Rocker, die Halbstarken, die Mods, die Teds, die Hippies, den Beat oder auch die Studentenbewegung der 1960er-Jahre; dann in der jüngeren Geschichte an Boygroups/Girlgroups, Computerkids, Punk, Grunge, Metal, HipHop, Techno, Skinheads (vgl. Ferchhoff 2007).

Jugendliche nehmen über Medien, Kulturindustrie und Kommerzialisierung an (globalen) jugendkulturellen Entwicklungen und Szenen teil, die als lokal-globale, transnationale und virtuelle Gemeinschaften bzw. Vergemeinschaftungsformen bezeichnet werden können. Jugend und Jugendkulturen sind im Markt, in der Werbung, in der Technik, in der Musik, in der Mode, im Sport und im gesamten Konsumsektor zur neuen globalen Leitkultur, zur tendenziell modisch-nonkonformistischen flexiblen Geisteshaltung geworden, die immens – von vielen Jugendkulturen nicht intendierte – Innovationspotenziale in Gang setzen und dynamische ökonomische und kulturelle Schubkräfte für gesellschaftliche Entwicklungsprozesse freisetzen. Dabei sind vor allem Dimensionen wie Zeiten und Räume, dann Medien, Musik, Bewegung und Events von Bedeutung, die mit spezifischen Gesellungsmotiven und Themen verbunden sind.

7. Die Durchsetzung weltweiter jugendkultureller „Vereinheitlichung" und zugleich deren Re-Lokalisierung (in Haltungen, Lebensgefühlen, Konsummustern, Marken, Kleidung, Lebensstilen, Treffpunkten, Musik, Körperstyling, Bewegung und Sport, Tanz, Technik, Events etc.) erfolgt durch die wirtschaftlichen Prozesse in Form von Warenangeboten, Produktions- und Distributionsprozessen, von Werbe- und Image-Design, von Moden und Trends, die von multinationalen Konzernen ausgehen und durchgesetzt werden. Das gilt für die Bereiche der Berichterstattung (Medien, Magazine, Computer etc.), von Nahrung und Getränken (McDonaldisierung), von Sport (Nike, Puma, Adidas), von Bewegungskulturen und Trendsportarten (Streetball, Skateboarding, Mountainbiking, Inlineskaten u.a.), für die Bekleidung (Jeansläden, H&M), Treffpunkte (Kino, Clubs, Einkaufszentren) und die Musik (Sendungen, Serien, Kanäle).

8. Jugendliche besitzen zu Beginn des 21. Jahrhunderts weitgehend mehr Optionen als im vergangenen Jahrhundert. So haben sie die Möglichkeit in mehreren Szenen gleichzeitig Mitglied zu sein oder auch beliebig oft ihre Zugehörigkeit zu einer Szene oder Kultur zu wechseln. Ferchhoff (2007) nennt dieses Phänomen „gleichzeitiges Nebeneinander" und betont dabei, dass die „jugendkulturellen Szenen" nicht einmal „untereinander konkurrieren

müssen." Sie haben in den letzten Jahrzehnten ihre „fest gefügten Polarisierungen gegenüber anderen Szenen aufgegeben" (a.a.O., S. 183f.) und sich weitgehend geöffnet; sie bieten ihren Teilnehmern mehrere Möglichkeiten und Foren um aktiv teilzunehmen. Jugendlichen ist es freigestellt, ob sie aktiv sein und für welchen Zeitraum sie sich binden wollen. Sie besitzen die Freiheit sich nach ihren „Interessen und Vorstellungen" in der gewählten Szene oder Kultur zu entfalten, aktiv zu werden oder auch auszutreten (Villany/Witte/Sander 2007, S. 45).

9. Neben diesen modisch-marktstimulierten Tendenzen gibt es durchaus Hinweise für Ansätze einer vor allem von der jungen Generation getragenen selbstbewussten politischen Antiglobalisierungsbewegung, die sich als ökologisch und friedensbewegt versteht, die sich gegen die dominierende ökonomisch-politische Richtung der Weltentwicklung bzw. globale Entwicklungen wehrt (z.B. den letzten G-8-Gipfel mit den Themen Ausbeutung und soziale Ungerechtigkeit; vgl. Roth/Rucht 2008).

10. Während man heute unter Jugendkulturen – die z.T. den sozialen Bewegungen zugehörig sind – eher eine sich (mehr oder weniger) selbst verwirklichende progressive Ausrichtung sieht und sie als Ausdruck einer vitalen, lebendigen und auch oppositionellen Demokratie versteht, war und ist das nicht immer so. Der Jugendkultur- und Bewegungsbegriff wird auch fremdenfeindlichen, rechtsextremen und antimodernen Jugendkulturen und „Bewegungen" – so z.B. der Jugendkultur der Skinheads – zugeordnet. Öffentlich und politisch auffallend wird die aus Großbritannien kommende und dann auch in Deutschland entstehende Skinheadszene, von denen ein Teil nationalistisch und rassistisch orientiert ist und diesem politischen Lager zugeordnet wird (vgl. Möller/Schumacher 2007). So sind Skinheads seit Beginn der 1990er Jahre an zahlreichen fremdenfeindlich, rechtsextrem und antisemitisch motivierten Straf- und Gewalttaten (u.a. Brandanschlägen) beteiligt. Solche männlichkeitsfixierten und dichten Kumpel- bzw. Kameradschaftsnetze gibt es in rechtsextremen, nationalrevolutionären und neonazistischen Strömungen nicht nur als Skinhead-Szene und in Teilen der neonazistischen Black-Metal-Szene, sondern auch in sektenähnlichen, fundamentalistischen und ontologischen Sinnverortungen etwa der verschiedenen religiösen oder politischen Fundamentalismen.

Literatur

Abels, H./Honig, M.-S./Saake, I./Weymann, A. 2008: Lebensphasen. Wiesbaden, VS-Verlag

Andresen, S. 2008: Jugend als wirksame historische Denkfigur. In: Hunner-Kreisel, Chr./Schäfer, A./Witte, M. (Hrsg.): Jugend, Bildung und Globalisierung. Weinheim und München, Juventa-Verlag, S. 27–43

Baacke, D. 1999: Jugend und Jugendkulturen (3. Auflage). Weinheim und München, Juventa-Verlag

Beck, U. (Hrsg.) 2007: Generation Global. Frankfurt am Main, Suhrkamp-Verlag

Beck, U./Beck-Gernsheim, E. (2007): Generation Global. In: Beck, U. (Hrsg.): Generation Global. Frankfurt am Main, Suhrkamp-Verlag, S. 236–262

Behr, J. 2007: Identitätssuche in jugendlichen Subkulturen. Saarbrücken, VDM Verlag

Bingel, G./Nordmann, A./Münchmeier, R. (Hrsg.) 2008: Die Gesellschaft und ihre Jugend. Opladen, Verlag Barbara Budrich

Brake, M. 1980: Soziologie der jugendlichen Subkulturen. Frankfurt am Main, Campus-Verlag

Breyvogel, W. 2005: Eine Einführung in Jugendkulturen. Wiesbaden, VS-Verlag

Deutsche Shell (Hrsg.) 2002: Jugend 2002. Frankfurt am Main, Fischer-Verlag

Farin, K. 2001: Generation.Kick.de – Jugendsubkulturen heute. München, Beck-Verlag

Ferchhoff, W. 2007: Jugend und Jugendkulturen im 21. Jahrhundert. Wiesbaden, VS-Verlag

Frei, N. 2008: 1968. Jugendrevolte und globaler Protest. München, Deutscher Taschenbuch-Verlag

Hitzler, R./Bucher, T./Niederbacher, A. 2005: Leben in Szenen. Formen jugendlicher Vergemeinschaftung heute. Wiesbaden, VS-Verlag

Hafeneger, B. 2005: Subjektdiagnosen. Schwalbach/Ts., Wochenschau-Verlag

Honneth, A./Rössler, B. 2008: Von Person zu Person. Frankfurt am Main, Suhrkamp-Verlag

Hunner-Kreisel, Chr./Schäfer, A./Witte, M. (Hrsg.) 2008: Jugend, Bildung und Globalisierung. Weinheim und München, Juventa-Verlag

Kursbuch 1997: Jugendkultur: Stile, Szenen und Identitäten. Mannheim, Bollmann Verlag

Mienert, M. 2008: Total Diffus. Erwachsenwerden in der jugendlichen Gesellschaft. Wiesbaden, VS-Verlag

Möller, K./Schuhmacher, N. 2007: Rechte Glatzen. Wiesbaden, VS-Verlag

Oswald, H. 2008: Sozialisation in Netzwerken Gleichaltriger. In: Hurrelmann, K./Grundmann, M./Walper, S. (Hrsg.). Handbuch Sozialisationsforschung. Weinheim und Basel, S. 312–332, Juventa-Verlag

Reinders, H. 2006: Jugendtypen zwischen Bildung und Freizeit. Münster, Waxmann-Verlag

Reinders, H./Hofer, M. 2003: Wertewandel, schulische Lernmotivation und das duale Jugendmoratorium. In: Reinders, H./Wild, E. (Hrsg.): Jugendzeit – time out? Opladen, Verlag Leske und Budrich, S. 237–256

Rink, D. (Hrsg.) 2002: Lebensstile und Nachhaltigkeit. Opladen, Verlag Leske und Budrich

Roth, R., 2002: Globalisierungsprozesse und Jugendkulturen. In: ZEP – Zeitschrift für internationale Bildungsforschung und Entwicklungspädagogik (25), H. 3, S. 2–5

Roth, R./Rucht, D. (Hrsg.) 2008: Die sozialen Bewegungen in Deutschland 1945. Ein Handbuch. Frankfurt am Main, Campus-Verlag

Sander, U. 2000: Jugend im 20. Jahrhundert: Sichtweisen – Orientierungen – Risiken. Neuwied, Luchterhand Verlag

Schäfers, B. 2005: Jugendsoziologie. Wiesbaden, VS-Verlag

Schwendter, R. 1995: Theorie der Subkultur. Köln, Kiepenheuer und Witsch

Siegfried, D. 2006: Time is on my side. Göttingen, Wallstein-Verlag

Stock, M./Mühlberg, P. 1990: Die Szene von innen – Skinheads, Grufties, Heavy Metals, Punks. Berlin, LinksDruck-Verlag

Wahler, P./Tully, C./Preiß, Ch. 2008: Jugendliche in neuen Lebenswelten. Wiesbaden, VS Verlag

Wetzstein, T./Erbeldinger, P.I./Hilgers, J./Eckert, R. 2005: Jugendliche Cliquen. Zur Bedeutung der Cliquen und ihrer Herkunfts- und Freizeitwelten. Wiesbaden, VS-Verlag

Wyneken, G. 1914: Was ist Jugendkultur? München, Verlag von Georg Steinicke

Villanyi, D./Witte, M./Sander, U. (Hrsg.) 2007: Globale Jugend und Jugendkulturen. Weinheim und München, Juventa-Verlag

NADIA KUTSCHER

Jugend und Medien

1. „Born digital" – die Konstruktion von Jugend als Mediengeneration

In heutigen Diskursen finden sich verschiedene Thematisierungen des Verhältnisses von Jugend und Medien, die sich innerhalb eines Kontinuums zwischen zwei Polen bewegen: Einerseits werden Jugendliche vielfach als *die* Mediengeneration schlechthin charakterisiert: sie seien die erste Generation, die so mediatisiert wie keine andere zuvor aufwachse und bei der von Kindesbeinen an Medien eine zentrale Rolle im lebensweltlichen Alltag spielten. Dies führe dazu, dass das Generationenverhältnis sich umkehre, da die nachwachsende Generation im Umgang mit den technischen Möglichkeiten weitaus versierter sei als die Erwachsenen, deren sonstiger Erfahrungsvorsprung in diesem Kontext irrelevant würde (vgl. Jäckel/Wollscheid 2006, S. 585). Andererseits werden Jugendliche – auch im Kontext des generationenbezogenen Moratoriums – als eine gefährdete bzw. gefährdende Generation konstruiert. Diese beiden Perspektiven bzw. das Kontinuum zwischen diesen beiden Positionen werden im Folgenden ebenso wie gesellschaftliche Kontexte und verschiedene Dimensionen jugendlichen Medienhandelns dargestellt und hinsichtlich ihrer Bedeutung für die Konstruktion von Jugend als Mediengeneration diskutiert.

Was die medienbezogene Thematisierung von Jugend als Generation von anderen unterscheidet, ist, dass hier eine doppelte spezifisch 'andere' Qualität von Generation aufscheint: zum einen das Konstrukt der Lebensphase Jugend, die sich von anderen Phasen im Lebensverlauf unterscheidet, und zum anderen der Unterschied dieser Jugend *heute* zu anderen „Jugenden" früher aufgrund paradigmatischer Veränderungen in der Informationsgesellschaft, die dieser Lebensphase in einem spezifischen zeitlichen Kontext eine besondere Qualität hinsichtlich ihrer Handlungs- und Identitätsentwicklungsoptionen verleiht.

Insgesamt scheint kaum widerlegbar, dass jugendlicher Alltag von medialen Bezügen mitkonstituiert ist (vgl. Tully 2004, S. 15, Thole 2002). Ob jedoch Jugendszenen auch identisch mit Medienszenen (vgl. Vogelgesang 2002) sind, wäre angesichts der Einbettung medialen Handelns von Jugendlichen in andere Alltagsbezüge noch zu belegen. Im Zusammenhang dieser Thematisierungslinien spielen vorrangig Fragen der technischen Bedienkompetenz von Medien eine zentrale Rolle und dies insbesondere in Hinblick auf so genannte „Neue Medien", d.h. Computer, Internet, Mobiltelefon, MP3-Player, Spielekonsolen und das Web 2.0. Daher werden im Folgenden neben den „klassischen" Medien besonders diese neuen Medien fokussiert, die Betrachtung aber auf verschiedene andere Dimensionen erweitert.

Der Potential-Diskurs

Die These der „media savvy generation“ [1] wurde vor allem durch Don Tapscott und sein Buch „Net Kids“ (1998) populär. Darin werden heutige Jugendliche als eine Generation bezeichnet, die generell durch das Aufwachsen mit (insbesondere neuen) Medien neue Formen gesellschaftlicher Beteiligung und des Verständnisses von Demokratie entwickle (vgl. kritisch zu Tapscotts Entwurf: Buckingham 2005). Die Beschreibung von Jugendlichen als „Digital Natives“ (Palfrey/Gasser 2008) impliziert einen qualitativen Unterschied medialer Bezüge und Potentiale im Alltag. Allerdings bewegen sich die Darstellungen hierbei zwischen Gefährdungsszenarien und Gesellschaftsutopien, die dieser Generation im Vergleich zu den vorhergehenden hinsichtlich der Dimensionen von Identität, Privatheit, Sicherheit, Gewalt, Kreativität, Informationsqualität und Beteiligung neue Qualitäten zuschreiben (vgl. Palfrey/Gasser 2008).

Der Gefährdungs-Diskurs

Diskurse um die nachwachsende Generation und ihren Medienumgang sind seit Menschengedenken vielfach durch dramatisierende, häufig kulturpessimistische Konnotationen gekennzeichnet (vgl. Vollbrecht 2006). Diese spezifische Debatte kann über die Zeit an verschiedenen kritischen Positionierungen gegenüber Medien verdeutlicht werden, und wird hier nur in kurzen Auszügen umrissen. So tauchen im deutschen Kaiserreich Beurteilungsschemata für den jugendlichen Mediengebrauch auf, die bis in die 1980er Jahre mit den Formulierungen „Schmutz und Schund“ sowie „Geist gegen Geld“ bzw. Kultur gegen Kommerz (aus dem Bildungsbürgertum), sowie die Kontrastierung von natürlichem Leben gegen die mediale Scheinwelt (aus der Jugendbewegung) reproduziert werden (vgl. Kerlen 2005, S. 42). Im Jahr 1914 warnt der Lehrer Adolf Sellmann vor dem Kinobesuch Jugendlicher: „All das Geschaute wirbelt in ihrem Gehirn, der Geschmack ist verbildet, das Gemüt leer geworden. (...) Zu ernster Arbeit unlustig, wollen sie von Genuß zu Genuß taumeln“ (zitiert nach Schorb 1995, S. 22) [2]. Robert Dinse stellt sich 1932 angesichts einer nur teilweisen Beteiligung Jugendlicher in Jugendpflege und Volksbildung die Frage, inwiefern Kino, Theater, Radio und Musik das Freizeitleben Jugendlicher in der Großstadt prägen (vgl. Dinse 1932). Der Schulpädagoge Werner Glogauer warnt u.a. auf der Basis

[1] medienkompetenten Generation (vgl. Livingstone et al. 2005, S. 6)

[2] Allerdings, so berichtet Bernd Schorb, plädierte Sellmann dafür, spezifische Filme für den Schulgebrauch zu produzieren (vgl. Schorb 1995, S. 23). Damit bewegt Sellmann sich im Spannungsfeld zwischen kulturkritischer Position (Kino als jugendgefährdender Ort) und reformerischen pädagogischen Ansätzen (Filme als pädagogisches Mittel).

seiner Auseinandersetzungen mit neuen Medien, diese machten Kinder und Jugendliche ernsthaft krank (vgl. Glogauer 1999).

An diese Thematisierungsweisen schließt die aktuelle Debatte um die Gefährdung von Jugendlichen durch Medien an, in der u. a. Christian Pfeiffer und Manfred Spitzer vor „Medienverwahrlosung" und den Gefahren des Vor-dem Bildschirm-Sitzens warnen (vgl. Spitzer 2005, Pfeiffer 2003, 2005, Pfeiffer/Kleinmann 2005). „Mediengefahren" sind allerdings vielfach mit vereinfachten Kausalitäten und moralischen Zuschreibungen verbunden, die den Großteil dieser Thesen zumindest fragwürdig erscheinen lassen (kritische Beiträge hierzu vgl. u. a. Aufenanger 2005, Vollbrecht 2006, Frank 2005).

Gesellschaftliche Perspektiven des Verhältnisses von Jugend und Medien

Die Gefährdungs- und Utopiedebatte kann unter anderem damit erklärt werden, dass Jugend stets das Potential in sich trägt und sich darüber definiert, dass sie das Gesetzte der vorhergehenden Generationen in Frage stellt und sich davon abgrenzt: „Die Heranwachsenden haben seit sie als Kindheit im 18. Jahrhundert und als Jugend gegen Ende des 19. Jahrhunderts „entdeckt" wurden, Werte verkörpert, die zu Beginn des 21. Jahrhunderts neues Gewicht bekommen: Relativierung von Positionen, Witz und Ironie, freundliches Interesse am Anderen und Fremden, Offenheit statt Borniertheit, Selbstrelativierung diesseits von Ideologien mit Machtanspruch, sowie Internationalität" (Kerlen 2005, S. 43). Darüber hinaus erfährt nach Kerlen Jugend heute eine vorher nicht gekannte Medialität ihres Weltzugangs, die sich durch die Möglichkeit indirekter Welterfahrung auf verschiedenen medial vermittelten Wegen auszeichnet (a. a. O., S. 182). Diese Medialität ist eingebettet in die „Enträumlichung, Beschleunigung, Technisierung und Automatisierung des Alltags, wachsende Partikularisierung von Lebensbereichen, neue Zeit- und Lebensrythmen durch Mobilitätsanforderungen (...), Hektik und Stress, wachsende Verkehrs- und Kommunikationsdichte, Entsinnlichung, Expansion und Differenzierung der Waren- und Konsummärkte, Mediatisierung, Verwissenschaftlichung und Kommerzialisierung von Alltagserfahrungen (...), pluralisierte und individualisierte Lebensformen u. v. m." (Ferchhoff, 1993, S. 11, vgl. Ferchhoff 1999). Baacke et al. (1990) sprechen davon, dass jugendliche Lebenswelten gleichzeitig Medienwelten seien.

Gleichzeitig zeigen Studien der letzten Jahre, dass Jugend geprägt ist von zunehmender Unsicherheit bezüglich einer abgesicherten ökonomischen Zukunft (vgl. Pohl/Walther 2006, S. 26) und dem Wissen, dass gesellschaftliche Teilhabechancen entsprechend der sozialen Herkunft verteilt werden (vgl. Mansel et al. 2001, S. 115), so dass freie Optionen, das Leben zu gestalten, von den Jugendlichen nicht unbedingt als solche wahrgenommen werden (können). Somit bewegen sich Jugendliche zwischen der Erfahrung von sozialer Statuszuweisung und einer offenen, risiko- und optionsreichen Zukunft, deren Gestaltung auf das Individuum verlagert wird, welche wiederum durch die ressourcen- und herkunftsbezogene Bedingtheit weitgehend determiniert wird. In diesem Kontext stehen sie vor den Entwicklungsaufgaben, intellektuelle und soziale Kompetenzen in und für Schule und Beruf anzueignen, ihre Geschlechtsrolle bezüglich Partnerbeziehungen sowie Werte- und Normensysteme und politisches Bewusstsein herauszubilden und eigene Stile bezüglich Konsum-, Freizeit- und Medienverhalten zu entwickeln (vgl. Hurrelmann et al. 1985). Diese verschiedenen Anforderungen und darauf bezogene Bewältigungsstrategien Jugendlicher bilden sich auch im medialen Kontext ab.

Die erwähnte Auflösung des Bildungsmoratoriums und das frühe Eindringen sozialer Probleme in die Lebenswelten von Jugendlichen (vgl. Böhnisch 2008, S. 27) bietet eine Erklärungsfolie sowohl für jugendliches Medienhandeln als auch einen Kontext der Konstruktion von jugendlichen MediennutzerInnen innerhalb des zu Beginn angesprochenen Kontinuums. Jugendliche Mediennutzung kann somit auch im Feld des *Freizeitmoratoriums* (vgl. Reinders 2003, S. 253) angesiedelt werden, wobei verschiedene Nutzungsweisen ebenfalls deutlich im qualifikatorischen Bildungskontext, der durch eine Orientierung hin auf Qualifikationen und berufliche Leistungen charakterisiert ist, verortet werden können. Im Modell des Freizeitmoratoriums wird die Jugendphase als soziokulturell eigenständig betrachtet, d.h. es wird davon ausgegangen, dass die Ausgestaltung der Freizeit durch Musik- und Sportszenen, Multimedia, Kleidungsstile etc. dazu geführt habe, dass eine – wenn auch sehr heterogene – Jugendkultur entstanden ist, die sich deutlich von der Kultur der Erwachsenen abgrenzt und in der Gleichaltrige die wichtigsten Bezugspersonen darstellen. Allerdings kann die gleichfalls damit konnotierte zeitliche Verschiebung von Verantwortung angesichts der Qualifikationsorientierung vieler heutiger Jugendlicher nur bedingt bestätigt werden. Vielmehr scheint die Frage, wie sehr eine Aufschiebung bzw. Abgrenzung von der Erwachsenenwelt erfolgt, damit verbunden zu sein, über welche soziale Teilhabe- und ökonomischen Chancen die jeweiligen Jugendlichen verfügen.

Auf der anderen Seite werden in öffentlichen und Fachdiskursen Jugendliche im Verhältnis zu Medien auf verschiedene Weise als gefährdet bis innovativ bzw. innerhalb eines Kontinuums zwischen diesen Polen charakterisiert[3]. In diesem Zusammenhang kann die Kategorisierung der Konstruktionen von Kindern als ComputernutzerInnen von Neil Selwyn (2003) auf das Bild von jugendlichen

[3] Auf die verschiedenen vorliegenden Nutzer-Typologien wird an dieser Stelle nicht im Detail eingegangen (vgl. u.a. Treumann et al. 2007, ARD-ZDF-Onlinestudien: Oemichen 2007, Oemichen/Schröter 2007 sowie Hartmann/Höhne 2007, Pew Internet Project 2007, Livingstone/Bober 2005, BDKJ/Misereor 2007).

MediennutzerInnen analog übertragen werden, bei dem folgende Dimensionen rekonstruierbar sind:

- *Jugendliche als „natürliche" MediennutzerInnen*
  Hier wird Jugendlichen eine angeborene Kompetenz zur versierten Mediennutzung auf der Basis ihres Aufwachsens mit Medien zugeschrieben.
- *Jugendliche als „erfolgreiche" MediennutzerInnen*
  Erfolgreiche Nutzung wird dabei in Zusammenhang mit gesellschaftlich erwarteten bzw. anerkannten Kompetenzen definiert, d.h. in Form von bildungs- und allgemein leistungsbezogenen Outcomes.
- *Jugendliche als „erwachsene" MediennutzerInnen*
  Hierbei ist die Umkehrung der Rollen zwischen Erwachsenen (als unsicheren, nichtwissenden MediennutzerInnen) und Jugendlichen (als den erfahrenen, wissenden und Wissen-vermitteln-Könnenden) gemeint.
- *Jugendliche als „gefährliche" MediennutzerInnen*
  Debatten um Computerspiele oder auch mediale Gewalt im Kontext der Mobiltelefonnutzung beziehen sich vielfach auf diese Konstruktion: Jugendliche, die sich und andere durch abweichendes Verhalten im Mediengebrauch schädigen.
- *Jugendliche als „gefährdete" MediennutzerInnen*
  Diese Perspektive beinhaltet die andere Seite gefährdender Mediennutzung: die des Opfers, das vor Gefahren geschützt werden muss und das im Gegensatz zum gefährdenden Akteur als schwach und passiv charakterisiert wird.
- *Jugendliche als „bedürftige" MediennutzerInnen*
  Die Bedürftigkeit bezieht sich hierbei auf Kompetenzen, die nicht vorhanden sind und vermittelt werden müssen. In diesem Zusammenhang wird die Anforderung an Schule und Eltern formuliert, die Jugendlichen auf eine Zukunft vorzubereiten, deren Teil die älteren Generationen nicht mehr sein werden.

Die hier dargestellten Dimensionen der Thematisierung von Jugendlichen als MediennutzerInnen sind innerhalb öffentlicher Debatten verortet, in denen neben politischen auch ökonomische Interessen verschiedener Akteure eine Rolle spielen. Deutlich wird jedoch daran, dass dieses Feld auch als Projektionsfläche unterschiedlicher Beteiligter dient und sich darüber hinaus innerhalb gesellschaftlicher Diskurse bewegt.

2. Dimensionen jugendlichen Medienhandelns

Ein Versuch, die verschiedenen vorliegenden Modelle der Mediennutzung von Jugendlichen darzustellen, bleibt insgesamt unvollständig. Vor diesem Hintergrund werden im Folgenden einige Ansätze der Systematisierung vorgestellt, ohne Anspruch auf Vollständigkeit zu erheben.

Perspektiven in der Forschung auf Jugend und Medien

Ralf Vollbrecht, Wilfried Ferchhoff und Dieter Baacke (1997) unterscheiden für die Analyse jugendlichen Medienhandelns Medien als *Geräte*, den *Orten* der Nutzung und den mit der Nutzung verbundenen *Problemlagen*. Spezifische Ansätze untersuchen *Medienkonvergenzen* (vgl. Schorb et al. 2008, Wagner et al. 2004), *Mobilität* und *Räumlichkeit* (vgl. Tully 2005, 2008 und 2009), *Bildungsmöglichkeiten* (vgl. Marotzki et al. 2000, Otto/Kutscher 2004, Marotzki/Jörissen 2008), *Identität* (Tillmann 2008, Mikos et al. 2007, Winter et al. 2003), *Geschlecht* (Tillmann 2008, Buchen/Philipper 2003) sowie verschiedene Dimensionen der Bedeutung sozialer Strukturen für die Mediennutzung wie *Migration* (vgl. Bonfadelli/Moser 2007, Bonfadelli/Bucher 2007, Niesyto/Holzwarth 2007), *Wissenskluft* (vgl. Bonfadelli 1994) oder *soziale Ungleichheit* (vgl. KIB 2007, Otto et al. 2004, Kutscher 2005, Iske et al. 2008, Wagner 2008). Darüber hinaus werden in Deutschland jährlich in der JIM (Jugend-Information-(Multi-)Media)-Studie sowie der ARD-ZDF-Onlinestudie Daten zur Mediennutzung erhoben, die Jugendliche einbeziehen und auf diese Weise seit 1997 bzw. 1998 Veränderungen in diesem Feld dokumentieren.

Die Systematisierung theoretischer Ansätze der jugendbezogenen Medienforschung ist aufgrund der Heterogenität des Feldes schwierig. Zentrale Perspektiven stellen allerdings der *Uses and Gratifications Approach* nach Elihu Katz et al. (1974) dar, der die funktionale und aktive Nutzung der (Massen-)Medien durch die NutzerInnen auf der Basis von Nutzenerwartung und Bedürfnislage in den Mittelpunkt stellt. Das Modell der *Mediensozialisation* fokussiert die normen- und wertebezogene Sozialisation von Kindern und Jugendlichen durch die Medien als Sozialisationsinstanz (vgl. Bonfadelli 1981, Mikos 2004). Medienforschung im Kontext der *Cultural Studies* betrachtet Alltags-, Identitäts- sowie Vergemeinschaftungsprozesse Jugendlicher im Kontext von Medien (vgl. Hepp 2004, Hepp/Winter 1999, Mansel et al. 1999, Vogelgesang 2006).

Eine spezifische Perspektive auf Medienhandeln stellt das von Dieter Baacke entwickelte Bielefelder *Medienkompetenzmodell* dar. Hier werden unter einer pädagogischen Perspektive Dimensionen kompetenten Medienhandelns beschrieben und als Ziel medienpädagogischen Handelns grundgelegt (vgl. Baacke 1996): Medienkritik, Medienkunde, Mediennutzung und Mediengestaltung (vgl. Baacke 1999).

Mediale Sozialisation von Jugendlichen

Insgesamt ist die Mediennutzung Jugendlicher sozialisatorisch in die Felder Familie, Peers, ggf. Jugendhilfe und Schule eingebettet. In diesen formalen, nonformellen und informellen Kontexten finden jeweils unterschiedliche Prozesse der Medienaneignung statt. Diese sind jeweils beeinflusst durch die Rahmenbedingungen, institutionellen Ausrichtungen und Funktionen der jeweiligen Aneignungsräume sowie die sich darin realisierenden sozialen Beziehungen. In diesem Zusammenhang erfolgen sowohl soziale Positionierungen als auch Identitätskonstruktionen, die wiederum auch mit den Fähigkeiten der Mediennutzung zusammenhängen (vgl. Süss 2007, 115 ff.).

Fred Schell (1989, S. 103 ff., zit. nach Schorb 1995, S. 101 f.) beschreibt Medienfunktionen im Alltag von Jugendlichen als

- Informations-Funktion, die sich auf die Nutzung der Medieninhalte bezieht
- Unterhaltungs- und Entspannungsfunktion entsprechend der Bedürfnisse der Jugendlichen
- Integrations- und Meinungsbildungsfunktion in Abhängigkeit von den sozialen Bezugsgruppen
- Qualifikationsfunktion
- Funktion, soziales Prestige herzustellen und zu festigen (innerhalb der Peergroup)
- Funktion, interpersonale Kommunikation zu ersetzen sowie als
- Rezeption als Selbstzweck: der Mediengebrauch wird zum Ritual.

Deutlich wird an dieser Systematisierung die Verortung von Medien in verschiedenen lebensweltlichen Bezügen. Diese Perspektive ermöglicht die Analyse von Medienhandeln als jeweils in einem subjektiven und sozialen Kontext sinnhaft. Mechthild Maczewski (2007, S. 125 ff. u. 155 ff.) rekonstruiert in einer qualitativ-empirischen Studie entsprechend *Fun* (Spaß/Unterhaltung), *Convenience* (Bequemlichkeit/Zweckmäßigkeit) und *Connections* (Vernetzung, Beziehungspflege) als grundlegende Dimensionen von Medien in der Jugendphase und beschreibt die Bedeutung von Informations- und Kommunikationstechnologien für Jugendliche als Mittel, als Ort und als Daseinsform. Medien sind also in den Alltag Jugendlicher eingebettet und entfalten innerhalb der Deutungs- und Handlungsmuster der Lebenswelt ihren Sinn. Treumann et al. (2007, S. 444) entwickeln auf der Basis einer empirischen Studie ein Handlungstheoretisches Rahmenmodell, das die Bedingungen jugendlichen Medienhandelns systematisiert. Dabei werden sowohl subjekt- als auch strukturbezogene Perspektiven und Handlungsorientierungen, die Mediennutzung beeinflussen, deutlich (vgl. Abbildung 1).

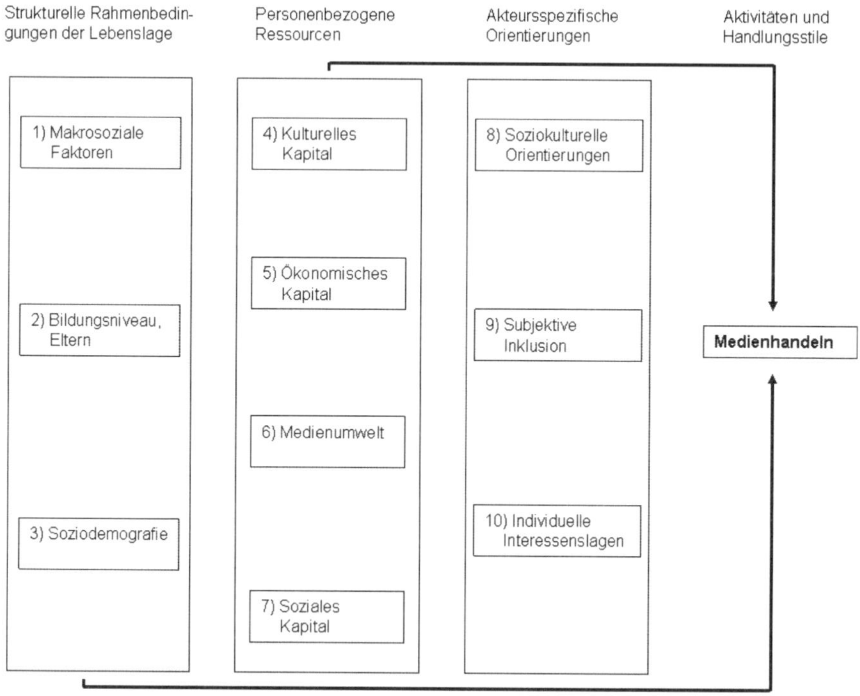

Abb. 1 Bedingungen jugendlichen Medienhandelns – Handlungstheoretisches Rahmenmodell (Treumann et al. 2007, S. 444)

Im Folgenden werden verschiedene Aspekte der Mediennutzung Jugendlicher dargestellt und diskutiert, die eine Orientierungsgrundlage für das Feld der Sozialen Arbeit darstellen. In diesem Zusammenhang sind die Kategorien des Rahmenmodells anschlussfähig.

Identität und Vergemeinschaftung

Das in der Jugendphase zentrale Thema Identitätsbildung spielt ebenfalls im medialen Kontext eine große Rolle. Neben den durch die Jugendlichen verhandelten Fragen von Identitätsentwicklung ist insbesondere im Kontext des Internet eine permanent relevante Frage, wer sich hinter Avataren[4], Chatbekanntschaf-

[4] Ein Avatar ist die visuelle Repräsentation eines Internet-Benutzers, die beispielsweise für Chats oder Spiele im Netz ausgewählt oder erstellt wird.

ten, Clanzugehörigkeiten[5], Forenbeiträgen etc. verbirgt, da primär nur das zugänglich ist, was von den jeweiligen NutzerInnen von sich aus[6] preisgegeben wird. Frühere Arbeiten von Sherry Turkle (1997), die davon ausgingen, dass in Neuen Medien vor allem Identitätsswitching und das Ausprobieren z. B. alternativer Geschlechteridentitäten in großem Maße erfolgen, haben sich nicht bestätigt. Vielmehr gibt es zwar auch Ansätze, andere Identitäten auszutesten, doch reproduzieren sich an vielen Stellen kommunikative Strukturen und Identitätsaspekte aus dem „real life" (vgl. u. a. Thimm 2000, Döring 2003, Kutscher 2005, Tillmann 2008, Döring 2008).

Ähnliches gilt für Vergemeinschaftungsprozesse: Uwe Thiedeke (2008, S. 69) spricht davon, dass virtuelle Gemeinschaften auf spezifische Weise Zugehörigkeit kommunizieren – allerdings „weder durch Deskription persönlich bekannter Mitglieder und unmittelbare Nähe der Interaktionen (...) noch durch mittelbare Einordnung askriptiv kategorisierter Personenmodelle." Gleichzeitig definieren sie eindeutige Zugehörigkeitsgrenzen, die auch durch Sanktionen aufrechterhalten werden: „Bspw. können off topic Beiträge, Normverletzungen oder eine geringe Vernetzung zur automatischen Exklusion aus der Gemeinschaftskommunikation führen" (ebd.; vgl. hierzu auch Schönberger 2000). Angela Tillmann (2008, S. 170ff.) kommt in ihrer empirischen Studie in einer Mädchencommunity zu ähnlichen Schlüssen und zeigt, wie in kommunikativen Prozessen Exklusion bzw. Zugehörigkeit hergestellt wird.

Auch im mittelbaren Kontext der Mediennutzung können Vergemeinschaftungsformen beobachtet werden, die das „real life" mit einbeziehen und ebenso als Felder informeller Bildung betrachtet werden können wie beispielsweise bei LAN-Parties, die gleichzeitig die Aneignung von Kompetenzen ermöglichen, die außerhalb des unmittelbaren Nutzungszusammenhangs Handlungsoptionen erweitern können (vgl. Vogelgesang 2003).

Die oben genannten Prozesse der Ausdifferenzierung von Gemeinschaft im Internet weisen darüber hinaus auch eine räumliche Dimension auf. Über die „absoluten" Räume der konkret vorhandenen Internetseite hinaus kann eine weitere Strukturierung von Räumen im Netz beobachtet werden, die im Verhältnis von Nutzungspraxen, Deutungen und Interessen aus der Perspektive der Nutzenden und den Möglichkeiten und Konzepten des Angebots neue, relationale Räumlichkeiten entstehen lässt (vgl. Kutscher 2009a). Allerdings bilden sich in diesen neuen Räumen auch Macht- und Ungleichheitsstrukturen ab, die zeigen,

[5] Clans sind Spielergemeinschaften, meist in internationalen Onlinespielen wie Counterstrike, Doom, World of Warcraft o.ä., die sich organisieren, um gemeinsam an Turnieren oder Ligakämpfen im Online-und/oder Offline-Spielebereich teilzunehmen. Sie repräsentieren eine zentrale Form der Selbstorganisation von Spielern, die gemeinsames Training und Wettkampf praktizieren, eine Homepage betreiben sowie auch häufig im Offline-Kontext Freizeit miteinander verbringen.

[6] Außer es handelt sich um Fotos, die über andere zugänglich werden oder Mobbing wie auf Seiten wie z. B. rottenneighbour.com.

dass die ungleiche Verfügbarkeit kulturellen Kapitals aus dem „realen Raum" außerhalb des Internet auch hier raumstrukturierend wirkt. Vor diesem Hintergrund wird deutlich, dass soziale und kulturelle Ressourcen innerhalb kommunikativer Prozesse und Räume komplexe, aber dennoch ressourcenabhängige relative Positionierungen im sozialen Raum beeinflussen und ungleiche Mobilitätsoptionen für die einzelnen Akteure je nach Habitus und Kapitalausstattung bestehen. So kann an vielen Internetseiten, die Jugendliche quer durch alle Schichten erreichen wollen, nachvollzogen werden, dass sich dort häufig vor allem formal höher gebildete Jugendliche verorten und andere Gruppen sich darin nicht (mehr) etablieren (können) (vgl. Klein 2008). Räume und Vergemeinschaftungsformen im Internet sind somit charakterisiert durch Prozesse der Homogenisierung und Stratifizierung, die die Exklusivität eines Medienangebots mit strukturieren.

Aspekte der Vergemeinschaftung können auch unter der Perspektive von Konnektivität bzw. sozialer Vernetzung betrachtet werden (vgl. Wellman 2006). Claus Tully und Dirk Baier (2006, S. 33f.) untersuchen Mobilitätsfragen im Alltag und differenzieren zwischen *räumlicher* und *informationeller* Mobilität. Dabei berühren sie eine Frage, die häufig bezüglich der Mediennutzung von Jugendlichen problematisiert wird, nämlich die ob Medienkommunikation zur Substituierung oder zur Anreicherung sozialer Kommunikation führt. In diesem Zusammenhang kommen die beiden Autoren zum Schluss, dass eher von einer „Akzeleration" (vgl. a. a. O., S. 34) zu sprechen sei. Diese Befunde einer Erweiterung von Kommunikation in sozialen Netzwerken durch interaktive Medien stützen auch andere vorliegende empirische Studien (vgl. Schorb et al. 2008, S. 13ff., Jäckel/Wollscheid 2006, Feierabend/Rathgeb 2008, S. 12f., van Eimeren/Frees 2008, S. 342). Ergebnisse aus qualitativen Studien zur Internetnutzung von Jugendlichen zeigen darüber hinaus trotz der potentiellen Ubiquität des Netzes eine deutliche Orientierung an lokalen und nahraumähnlichen Formen (vgl. Fisch/Gscheidle 2008, Otto et al. 2004, S. 45).

Die US-amerikanische Internetforscherin Danah Boyd stellt in den medialen Netzwerken, in denen sich Jugendliche innerhalb der neuen Medien bewegen, eine paradigmatische Veränderung des Umgangs mit vernetzten Öffentlichkeiten fest, die ihre Sozialisation grundlegend von der ihrer Elterngeneration unterscheidet und auch Fragen der Konstruktion sozialer Wirklichkeiten aufwirft:

> „The Internet has irrevocably changed this. Teens today face a public life with unimaginably wide possible publicity. The fundamental properties of networked publics – persistence, searchability, replicability, and invisible audiences – are unfamiliar to the adults that are guiding them through social life. It is not accidental that teens live in a culture infatuated with celebrity 69 – the „reality" presented by reality TV and the highly publicized dramas (such as that between socialites Paris Hilton and Nicole Richie) portray a magnified (and idealized) version of the net-

worked publics that teens are experiencing, complete with surveillance and misinterpretation. The experiences that teens are facing in the publics that they encounter appear more similar to the celebrity idea of public life than to the ones their parents face“ (Boyd 2007, S. 22).

Welche Wirkung die Erfahrung dieser Wirklichkeitswelten für Jugendliche und ihre Reflexion auf ihre Lebenswelt hat, ist nicht eindeutig erforscht. Auch hier gibt es unterschiedliche Positionen, die innerhalb der Standpunkte in der Medienwirkungsdebatte verortet werden können.

Medienkonvergenz

Da Medien nicht mehr völlig getrennt voneinander genutzt werden, spricht man mittlerweile von Medienkonvergenz, d. h. vom Zusammenwachsen ehemals getrennter Medienbereiche auf zwei Ebenen, die als *technische* und als *inhaltliche* Konvergenz bezeichnet werden (vgl. Wagner/Theunert 2006). Hierbei meint technische Konvergenz das Zusammenlaufen von Übertragungswegen auf Basis der Digitalisierung von Daten, z. B. die Möglichkeit über Internet oder Handy fernzusehen oder Radio zu hören. Dagegen bezieht sich inhaltliche Konvergenz auf die Möglichkeit, Inhalte über verschiedene Medien und mediale Tätigkeiten zu verfolgen und ermöglicht sowohl rezeptive als auch interaktive, kommunikative und produktive Tätigkeiten zu einem bestimmten Inhalt. Insgesamt spielen in diesem Zusammenhang die multifunktionalen Medien Computer, Internet und Handy eine zentrale Rolle. Das Medienkonvergenzmonitoring 2008 zeigt,

„dass Jugendliche die multifunktionalen Medien immer stärker zur Rezeption von auditiven und audiovisuellen Inhalten (z. B. auf Videoplattformen und Internetradios) heranziehen und dabei auf neue Nutzungsqualitäten treffen. Dagegen sind produktive Internettätigkeiten im Alltag Jugendlicher weniger bedeutsam – auch wenn dies unter Verweis auf das Web 2.0 häufig verkündet wird. Das Handy nutzen nur kleinere Teile der Jugendlichen über seine Kommunikationsfunktion hinaus in seiner ganzen multifunktionalen Bandbreite. Als Rezeptionsmedium (vorwiegend als Musikmedium) dient es ihnen vor allem zur sozialen Einbettung im Kreis Gleichaltriger. Auch die Produktion von Inhalten mit dem Handy hat für die Heranwachsenden vornehmlich sozial-kommunikative Funktionen. Auf der Ebene inhaltlicher Konvergenz ist zu beobachten, dass die meisten Jugendlichen auf die Breite des konvergenten Medienensembles zugreifen, wenn sie sich mit ihren Interessen bzw. mit ihren medialen Präferenzen beschäftigen. Besonders konvergenzrelevant sind Präferenzen im Bereich Musik. Insbesondere hier – aber auch mit Blick auf die Präferenzbereichen Filme, Fernsehsendungen und elektronische Spiele – wird deutlich, dass der Stellenwert des Internet-PCs als zentrale Schaltstelle im konvergenten Medienensemble für die Jugendlichen zunimmt: Die befragten Jugendlichen ziehen immer stärker Computer und Internet als Wiedergabemedium anderen Medien vor, sie nutzen im Internet häufig weitere inhaltsähn-

> liche Angebote zu ihren präferierten Medienangeboten und informieren sich über ihren Interessengegenstand. Auch kommunikative sowie produktiv-gestaltende Tätigkeiten gehören für einen Teil der Heranwachsenden dazu, wenn sie sich mit ihrer medialen Präferenz beschäftigen. Die Ergebnisse zeigen, dass die konvergenzbezogene Mediennutzung vor allem vom Geschlecht, aber auch von Alter und Bildung der Jugendlichen moderiert wird. Die Jungen nehmen neue technisch-konvergente Angebote meist eher in Gebrauch als die Mädchen. Brüche in diesem Muster sind dort auszumachen, wo Mädchen ihre sozial-kommunikativen Interessen mit den neuen Angeboten verfolgen können. Mädchen nutzen das Medienensemble darüber hinaus breiter zu ihren Musik-, Film- und Fernsehinteressen; Jungen greifen breiter im Kontext ihrer Spielevorlieben auf das Medienensemble zu. Jugendliche mit niedrigerem Bildungshintergrund und Jüngere nutzen das Medienensemble breiter zu ihren Präferenzen als Jugendliche mit höherem Bildungshintergrund und Ältere“ (Schorb et al. 2008, S. 54f.).

Die konvergente Nutzung zeigt also verschiedene Ausprägungen entsprechend soziodemographischen Aspekten – dies wird im Folgenden an verschiedenen Stellen ebenfalls deutlich.

Medien und Bildung

Das Bildungspotential der Medien für Jugendliche wird vielfach in informellen, nonformellen und formellen Kontexten thematisiert. An dieser Stelle soll ein breiter Blick auf Bildungsdimensionen der Mediennutzung geworfen werden. Dabei geraten sowohl unter qualifikatorischen als auch unter lebensweltlichen Gesichtspunkten relevante Praxen in den Blick, die *Wissensbezug, Handlungsdimensionen, die Reflexion der Grenzen von Rationalität* sowie eine *Reflexion auf das Subjekt* umfassen (vgl. Jörissen/Marotzki 2008, S. 203).

Die potentielle Erweiterung von Informations- und Wissensteilhabe sowie die Aneignung von Kompetenzen setzen sich auch im medialen Zusammenhang fort. Allerdings sind Thesen problematisch, die Techniknutzung mit Wissen bzw. Weisheitserwerb gleichsetzen (vgl. Prensky 2009). Ähnlich problematisch sind Befunde, die atheoretisch intensive Computer- bzw. Internetnutzung mit guten Schulleistungen korrelieren und dabei implizit davon ausgehen, dass die Mediennutzung per se qualifikatorische Leistungen erhöht (Initiative D21 2008, S. 12ff.). Denn letztendlich geht es auch im Kontext von (Selbst-) Bildungsprozessen in den neuen Medien um eine Auseinandersetzung mit „der einen wirklichen Welt“ (Meder 2008, S. 238) und dies bedeutet u. a. auch, dass im Bildungszusammenhang die Ressourcen aus dem „real life“ Bildungsoptionen strukturieren. So zeigen verschiedene Studien, dass sich Nutzungs- und Aneignungsweisen in den Medien entlang der Verfügbarkeit kulturellen Kapitals unterscheiden (vgl. Niesyto 2007, Otto et al. 2004, Iske et al. 2008). Anlass und Ziele der Nutzung unterscheiden sich entsprechend der jeweiligen lebensweltlichen Kontexte der Jugendlichen und bedingen sowohl Unterschiede in den inhaltlichen Interessen (vgl. Feierabend/Rathgeb 2005, Kutscher/Otto 2009) als auch unterschiedliche Grade der Selbsterschließung und Selbststeuerung im Medienhandeln sowie Unterschiede in der Selbstaktualisierung und Präsentation (vgl. Kutscher 2003, Otto et al. 2004).

Vor diesem Hintergrund wird deutlich, dass die Teilhabe an Informationen, Bildung und Meinungsäußerung innerhalb der neuen Medien voraussetzungsvoll und ungleich verteilt ist. Allerdings geht es dabei nicht um 'individuelles Unvermögen' oder 'freie Entscheidungen', sondern um strukturelle Benachteiligungen und ungleiche Lebenswelten und Chancen, die auch im Medienkontext Bildungsmöglichkeiten prägen. Dies zeigt sich nicht nur in Nutzungsunterschieden innerhalb eines Mediums, sondern auch bezüglich der Rahmenbedingungen unter denen im familiären oder Peerkontext Mediennutzung erfolgt. Neben Bildungsungleichheiten im formellen Bildungssystem (vgl. Berger/Kahlert 2008) reproduzieren sich auch im informellen Bereich ungleiche Bildungschancen durch Bildungsbenachteiligung bzw. ökonomischen Druck, der auf den Familien lastet und damit an verschiedenen Stellen kulturelle Teilhabe einschränkt. Versuche, dies über materielle Aspekte (auch medientechnische Ausstattung wie z. B. Spielekonsolen) zu kompensieren, überwinden diese Benachteiligung an kulturellem Kapital nicht. Darüber hinaus ist für Jugendliche insbesondere relevant, innerhalb welcher sozialen Netzwerke ihre Mediennutzung (und ihr Alltagshandeln) verortet ist, da damit wiederum eine spezifische Verfügbarkeit von Ressourcen verbunden ist (vgl. Kessl et al. 2004, Klein 2008).

Medien und Beteiligung

Spätestens seit der Einführung des so genannten Web 2.0[7] rücken die Hoffnungen auf eine Demokratisierung der Gesellschaft und die Entwicklung einer neuen, partizipationsaffinen und -gewohnten Generation in den Vordergrund (vgl. Palfrey/Gasser 2008, Tapscott 1998, Jörissen/Marotzki 2008). Prinzipiell stehen tatsächlich erweiterte Möglichkeiten der NutzerInnenbeteiligung technisch zur Verfügung, allerdings sind die Spielräume für unterschiedliche Optionserweiterungen ungleich verteilt, nicht alle beteiligen sich gleichermaßen. Auch hier zeigen sich die Folgen ungleicher Ressourcenlagen und Lebenswelten, die wiederum unterschiedliche Fähigkeiten und Verwirklichungschancen bedingen. Alex Klein (2004, 2008) spricht hier von einem Voice Divide, d. h. einer ungleichen Verteilung von Beteiligungschancen im Kontext der neuen Medien. Für alle Bereiche der Nutzung, die Partizipationsstrukturen und soziale Unterstützungssuche fokussieren, zeigt sie, dass soziale Schließungsprozesse und institutionelle Strukturen Barrieren einer gleichen Teilhabe darstellen. Dies umfasst die Frage,

[7] kritische Diskussion zum Web 2.0: Geert Lovink (2006).

wessen Interessen durchsetzbar sind, wer in kommunikativen Arrangements Gehör findet, wer welche Mobilitätschancen im virtuellen Raum aber auch außerhalb hat und welche Kapitalien im Sinne Pierre Bourdieus welchen Wert in welchen sozialen medialen Kontexten haben.

In diesem Zusammenhang besteht ein Widerspruch zwischen der prinzipiellen Offenheit und der faktischen Exklusivität von Angeboten bezüglich der Voraussetzungen, die die Möglichkeiten der Nutzung erweitern oder beschränken. Es ist in diesem Zusammenhang also zu reflektieren, welche Zugangsvoraussetzungen am Angebot und welche bei den NutzerInnen angesiedelt werden (vgl. Kutscher 2007).

3. Problemdiskurse

Die oben dargestellten Themenkomplexe im Feld von Jugend und Medien verweisen auf verschiedene Problemdiskurse, die in diesem Zusammenhang kontinuierlich auftauchen. Es würde zu weit führen, sämtliche dieser Diskurse erschöpfend darzustellen (falls dies überhaupt möglich ist). Daher werden kurze Schlaglichter auf diese Aspekte geworfen und Positionen vor dem Hintergrund des bisherigen Forschungsstands umrissen.

- **Medien und Sucht**
  Das Suchtpotential insbesondere in Zusammenhang mit Computer, Internet und Onlinespielen wird kontrovers diskutiert. Aussagekräftige Studien, die eindeutige Aussagen hierzu ermöglichen, liegen bislang nicht vor. Es gibt vereinzelt Hinweise, dass zwischen fünf und zehn Prozent der Jugendlichen suchtbezogenes Handeln zeigen (vgl. Grüsser/Thalemann 2006, Wölfling/Müller 2008), allerdings sind die Kriterien anhand derer die Sucht bewertet wird, teils umstritten, da die Differenz zu intensiver Nutzung stellenweise diffus bleibt.
- **Kulturelle und sozialisatorische Veränderungen**
  Ein weiteres Feld stellt der Diskurs um die kulturelle Verflachung – Vollbrecht et al. (1997) sprechen hier von einer „Veroberflächlichung" der Wahrnehmung – durch Medienhandeln dar. Durch die zunehmende Bewegtheit, fehlende Distanzierungs- und Reflexionsmöglichkeiten im Medienhandeln selbst wird hier eine Gefahr der Wahrnehmungsveränderung diskutiert, die auch anschlussfähig scheint an die Debatte um mediale Scheinwelten und den Verlust von Natürlichkeit im Lebensumfeld (vgl. ebd.). Hier wie auch in der Medienverwahrlosungsdebatte kristallisieren sich grundlegende Medienwirkungsfragen – eindeutige empirische Beweise für die eine oder andere Position gibt es allerdings bislang nicht (vgl. Jäckel 2005).

- **Medienverwahrlosung/Cyberbullying/Happy Slapping**
  Vorfälle, in denen Jugendliche Opfer von Mobbing mit Medien (z. B. Handyfilmen, die ins Netz gestellt oder über weitere Mobiltelefone verbreitet werden), die seit einiger Zeit in Presse und Fernsehen und durch das Buch „Deutschlands sexuelle Tragödie" skandalisierte Pornographisierung von Kindern und Jugendlichen in Deutschland durch problematische Mediennutzung sorgt Eltern und PädagogInnen (vgl. auch Heiliger 2005). Allerdings ist auch diese Debatte – so dramatisch die darin geschilderten Fälle sich darstellen – zu reflektieren. Hier vermischen sich die „underclass"-Debatte (vgl. Kessl et al. 2007, Klein et al. 2005) und Beobachtungen in der Praxis, die zahlenmäßig bei weitem nicht den Skandalisierungen entsprechen. Die Ursachen des problematisierten Verhaltens liegen hier vermutlich zwischen entwicklungsbedingtem Distinktionshandeln und gesellschaftlichen Entwicklungen, die kritisch reflektiert werden können, jedoch problematisch sind zu pauschalisieren, zu individualisieren oder zu kulturalisieren, da gesellschaftliche Ungleichheitsstrukturen und komplexere Zusammenhänge dabei aus dem Blick geraten. Auch die Rezeption von Horrorfilmen oder -bildern oder Internetseiten, die explizite Tabubrüche bezüglich gesellschaftlicher Normen darstellen[8] kann in diesem Zusammenhang hermeneutisch ebenfalls als konstruktives und distinktionsbezogenes Handeln analysiert werden (vgl. Vogelgesang 1995, Ganguin/Sander 2006).
- **Digitale Ungleichheit**
  Digitale Ungleichheit beschreibt die empirisch mehrfach belegte Beobachtung, dass Mediennutzung und Bildungschancen ungleich verteilt sind, d. h. innerhalb der Mediennutzung zeigen sich Unterschiede, die durch ungleiche soziale, kulturelle und ökonomische Ressourcen bedingt sind (vgl. Otto et al. 2004, Kutscher 2005, KIB 2007, Wagner 2008, Welling 2008, Schäfer/Lojewski 2007). Dies spiegelt sich sowohl auf Seiten der NutzerInnen und ihrer Kapitalien (Bourdieu), die Grundlage für Nutzungspräferenzen und -möglichkeiten sind, als auch auf Seiten der Angebote, die jeweils entsprechendes voraussetzen.

Insgesamt kann festgestellt werden, dass sich im Medienhandeln Jugendlicher ähnliche subjektbezogene und soziale Fragen und Phänomene zeigen wie außerhalb der mediatisierten Felder – sie werden allerdings weitaus sichtbarer und mehr dokumentiert.

8 z. B. www.rotten.com

4. Herausforderungen für die Soziale Arbeit

Die dargestellten Aspekte des Verhältnisses von Jugend und Medien verweisen auf verschiedene Herausforderungen auf gesellschaftlicher, institutioneller, professioneller und adressatInnenbezogener Ebene Sozialer Arbeit. Generell kann festgehalten werden, dass das Medienhandeln von Jugendlichen in alltagsbezogene Anerkennungsstrukturen und lebensweltliche Relevanzen eingebettet und in diesem Kontext jeweils sozial sinnhaft ist. Diese Sinnstrukturen gilt es verstehend zu entdecken und entsprechend auch öffentliche Skandalisierungsdebatten kritisch zu hinterfragen. Darüber hinaus zeigt sich, dass auch innerhalb medialer Kommunikation bestimmte Kapitalien und Wissensbestände vor dem Hintergrund *gesellschaftlich* erwarteter Kompetenzen ungleich anerkannt sind bzw. lebensweltliche Praxen und Habitus unterschiedlich legitimiert sind (vgl. Iske et al. 2008). Auch innerhalb der – insbesondere neuen, interaktiven – Medien werden soziale Machtverhältnisse ausgehandelt und somit geht es in sozialpädagogischer Praxis darum, diese Tatsache als *Professionelle* auf verschiedene Weise zu reflektieren. Da auch im medien- und sozialpädagogischen Kontext häufig Habitusunterschiede zwischen Professionellen und Zielgruppen wenig reflektiert werden, soll an dieser Stelle die Notwendigkeit dieser Reflexion betont werden. Sofern nicht bewusst ist, inwiefern vor dem Hintergrund milieubezogener Ungleichheiten spezifisches Wissen, Handeln und Ressourcen implizit in pädagogischen Angeboten vorausgesetzt werden bleiben exkludierende Mechanismen auch in pädagogischen Kontexten wirksam. In diesem Zusammenhang gilt es auch, eigene Medienpraxen und Medienerfahrungen zu reflektieren und in diesem Zusammenhang normative Vorstellungen medienbezogenen (auch pädagogischen) Handelns zu hinterfragen (vgl. Kutscher 2009b, Welling/Brüggemann 2004). Über diese professionsbezogene Perspektive hinaus ist jedoch auch die Ebene der *Angebotsstrukturen* ein entscheidender Aspekt: über die inhaltlichen, medial-strukturellen und personellen Dimensionen erfolgt eine Zielgruppenansprache, die angebotsseitig Offenheit bzw. Schließung hinsichtlich bestimmter NutzerInnengruppen ermöglicht. Auch wenn die Passung (vgl. Klein 2004) zwischen Angebot und NutzerInnenpräferenzen nur bedingt beeinflussbar erscheint, können exkludierende Strukturen auf Seiten des medialen und pädagogischen Angebots vermieden werden. In der Arbeit mit den *AdressatInnen* bedeutet das, ungleichheitssensible medienpädagogische Angebote zu entwikkeln, die ebenso Ressourcenausstattungen beachten wie den Jugendlichen in einem situativen Setting (vgl. Welling 2008, Kutscher et al. 2008) lebensalltagsbezogenes Nutzungs- und Reflexionswissen zu vermitteln.

Das Fördern von Teilhabe- und Verwirklichungschancen Jugendlicher auch im Medienkontext ist insgesamt betrachtet somit eine Herausforderung für Soziale Arbeit, die die Verbindung verschiedener neuer Ansätze und von Wissen und Erfahrungen aus bisherigen Feldern der Jugendhilfe benötigt. Es ist allerdings anzumerken, dass alleine Medien soziale Fragen nicht lösen können und auch eine prinzipielle Offenheit und Anerkennung einer Sphäre der Unsicherheit anzuraten ist (vgl. Selwyn 2007). Auf der Basis einer kontinuierlichen Sensibilität für die Ressourcenlage und Möglichkeiten der Zielgruppen und der Reflexion eigener Praxen und Angebotsstrukturen können Konzepte sozialpädagogischer Medienpraxis eine besondere Qualität entfalten, die auch andere Felder der Jugendhilfepraxis auszeichnet.

Literatur

Aufenanger, S. (2005): Macht Fernsehen wirklich „dick, dumm, krank und traurig"? Unveröffentlichtes Manuskript. Oktober 2005. URL: http://www.mediaculture-online.de (14.02.09)

Baacke, D. (1996): Medienkompetenz – Begrifflichkeit und sozialer Wandel. In: Rein, A. (Hrsg.): Medienkompetenz als Schlüsselbegriff. Bad Heilbrunn: Klinkhardt, S. 112–124

Baacke, D. (1999): Medienkompetenz als zentrales Operationsfeld von Projekten. In: Baacke, D. u. a. (Hrsg), Handbuch Medien: Medienkompetenz – Modelle und Projekte, Bonn (Bundeszentrale für politische Bildung) 1999, S. 31–35

Baacke, D./Sander, U./Vollbrecht, R. (1990): Lebenswelten sind Medienwelten: Lebenswelten Jugendlicher. Opladen: Leske und Budrich

BDKJ/Misereor (2007): „Wie ticken Jugendliche?" – Sinus-Milieustudie U27. Düsseldorf: Verlag Haus Altenberg

Berger, P./Kahlert, H. (Hrsg.) (2008): Institutionalisierte Ungleichheiten. Wie das Bildungssystem Chancen blockiert. Weinheim und München: Juventa

Böhnisch, L. (2008): Lebenslage Jugend, sozialer Wandel und Partizipation von Jugendlichen. In: Ködelpeter, T./Nitschke, U. (Hrsg.): Jugendliche planen und gestalten Lebenswelten. Partizipation als Antwort auf gesellschaftlichen Wandel. Wiesbaden: VS-Verlag für Sozialwissenschaften, S. 25–40

Bonfadelli, H. (1981): Die Sozialisationsperspektive in der Massenkommunikationsforschung. Neue Ansätze, Methoden und Resultate zur Stellung der Massenmedien im Leben der Kinder und Jugendlichen. Berlin: Volker Spiess

Bonfadelli, H. (1994): Die Wissenskluftperspektive. Massenmedien und gesellschaftliche Information. München/Konstanz: Olschläger/UVK

Bonfadelli, H./Moser, H.. (2007) (Hrsg.): Medien und Migration. Europa als multikultureller Raum? Wiesbaden: VS-Verlag für Sozialwissenschaften

Boyd, D. (2007): Why Youth (Heart) Social Network Sites: The Role of Networked Publics in Teenage Social Life. MacArthur Foundation Series on Digital Learning – Youth, Identity, and Digital Media Volume (Hrsg. von David Buckingham). Cambridge, MA: MIT Press

Buchen, S./Philipper, I. (2003): Biographie, Generation, Gender im Hinblick auf die Nutzung neuer Medien: Was bewirken veränderte Lernarrangements in der Schule? In: Bachmair, B./Diepold, P./ de Witt, C. (Hrsg.): Jahrbuch Medienpädagogik 3, Opladen: Leske und Budrich, S. 123–137

Buckingham, D. (2005): Constructing the 'Media Competent' Child: Media Literacy and Regulatory Policy in the UK. In: Medienpädagogik. URL: www.medienpaed.com05-1/ buckingham05-1.pdf (04.07.06)

Dinse, R. (1932): Das Freizeitleben der Großstadtjugend. Eberswalde und Berlin: Verlagsgesellschaft Müller

Döring, N. (2003). Sozialpsychologie des Internet. Die Bedeutung des Internet für Kommunikationsprozesse, Identitäten, soziale Beziehungen und Gruppen.(2., vollständig überarbeitete und erweiterte Aufl.). Buchreihe „Internet und Psychologie: Neuen Medien in der Psychologie". Göttingen: Hogrefe

Döring, N. (2008). Männlichkeit und Weiblichkeit im Netz: Dimensionen des Cyber-Gendering. In von Gross, F./Marotzki , W./Sander, U. (Hrsg.): Internet – Bildung – Gemeinschaft. Wiesbaden: Verlag für Sozialwissenschaften, S. 119–141

Feierabend, S./Rathgeb, T. (2008): Jugend Information (Multi-)Media 2008. Herausgegeben vom Medienpädagogischen Forschungsverbund Südwest. URL: www.mpfs.de

Feierabend, S./Rathgeb, T. (2005): Jugend Information (Multi-)Media 2005. Herausgegeben vom Medienpädagogischen Forschungsverbund Südwest. URL: www.mpfs.de

Ferchhoff, W. (1993): Jugend an der Wende des 20. Jahrtausends. Lebensformen und Lebensstile. Opladen: Leske und Budrich

Ferchhoff, W. (1999): Jugend an der Wende vom 20. zum 21. Jahrhundert. Lebensformen und Lebensstile. Opladen: Leske und Budrich

Fisch, M./Gscheidle, C. (2008): Mitmachnetz Web 2.0: Rege Beteiligung nur in Communitys. In: media perspektiven 7/2008, S. 356–364

Frank, D. (2005): Vorsicht Bildschirm? Wie man sich gegen populistische Thesen zur Wirkung von Fernsehen und Computer wappnet. Quelle: Schulen ans Netz. Themendienst Nr. 3 Juli/2005. Bonn. URL: http://www.mediaculture-online.de (14.02.09)

Ganguin, S./Sander, U. (2006): Sensation, Skurrilität und Tabus in den Medien. Wiesbaden: VS Verlag für Sozialwissenschaften

Glogauer, W. (1999): Die neuen Medien machen uns krank. Gesundheitliche Schäden durch die Medien-Nutzung bei Kindern, Jugendlichen und Erwachsenen. Weinheim: Deutscher Studien Verlag

Grüsser, S. M./Thalemann, R. (2006): Exzessives Computerspielen – eine Verhaltenssucht [Excessive computer game playing – a behavioral addiction]. Medizinische Welt, 3, S. 1–5

Hartmann, P. H./Höhne, I. (2007): MNT 2.0 – Zur Weiterentwicklung der MedienNutzer-Typologie Veränderungen gegenüber der MNT 98. In: media perspektiven 5/2007, S. 235–241. URL: http://www.media-perspektiven.de/uploads/tx_mppublications/05-2007_Hartmann.pdf (20.01.09)

Heiliger, A. (2005): Zur Pornographisierung des Internets und Wirkungen auf Jugendliche. Aktuelle internationale Studien. In: Zeitschrift. für Frauenforschung 1+2/2005, S. 131–140

Hepp, A. (2004): Cultural Studies und Medienanalyse: Eine Einführung. Edition: 2. Wiesbaden: VS Verlag für Sozialwissenschaften

Hepp, A./Winter, R. (Hrsg.) (1999): Kultur – Medien – Macht. Cultural Studies und Medienanalyse. Opladen/Wiesbaden: Westdeutscher Verlag

Hurrelmann, K./Rosewitz, B./Wolf, H.K. (1985): Lebensphase Jugend. Weinheim und München: Juventa

Initiative D21 (2008): Bildung via Internet: Wie vernetzt sind Deutschlands Kinder? Sonderstudie im Rahmen des (N)Onliner Atlas 2008. URL: http://old.initiatived21.de/fileadmin/files/08_NOA/FSC_Sonderstudie_72dpi.pdf (19.02.09)

Iske, S./Klein, A./Kutscher, N./Otto, H.-U. (2008): Virtual Inequality and Informal Education: An Empirical Analysis of Young Peoples' Internet Use and its Significance for Education and Social Participation. In: Technology, Pedagogy and Education – special issue theme 'Technology, pedagogy and education – glimpses of the wider picture'. Volume 17, Issue 2, S. 131–141

Jäckel, M. (2005): Medienwirkungen. Wiesbaden: VS Verlag für Sozialwissenschaften

Jäckel, M./Wollscheid, S., (2006): Mediennutzung von Kindern und Jugendlichen im familialen Kontext. In: media perspektiven 11/2006, S. 585–594

Jörissen, B./Marotzki, W. (2008): Neue Bildungskulturen im „Web 2.0". Artikulation, Partizipation, Syndikation. In: von Gross, F./Marotzki, W./Sander, U. (Hrsg.): Internet – Bildung – Gemeinschaft. Wiesbaden: VS Verlag für Sozialwissenschaften, S. 203–225

Katz, E./Blumler, J.G./Gurevitch, M. (1974): Utilization of Mass Communication by the Individual. In: Blumler, Jay G./Katz, Elihu (Hrsg.): The Uses of Mass Communications. Current Perspectives on Gratifications Research. Beverly Hills, S. 19–32

Kerlen, D. (2005): Jugend und Medien in Deutschland: Eine kulturhistorische Studie. Herausgegeben von Gudrun Marci-Boehncke und Matthias Rath. Weinheim: Beltz

Kessl, F./Kutscher, N./Otto, H.-U./Ziegler, H. (2004): Bildungsprozesse im sozialen Kontext unter dem Aspekt der Bedeutung des Sozialraums für das Aufwachsen von Kindern und Jugendlichen. Expertise für den Achten Kinder- und Jugendbericht der Landesregierung Nordrhein-Westfalen. Düsseldorf. URL: http://www.callnrw.de/broschuerenservice/commons/Download.php?artikel_id=1213&mlid=15 (15.02.08).

Kessl, F./Reutlinger, C./Ziegler, H. (Hrsg.) (2007): Erziehung zur Armut? Soziale Arbeit und die „neue Unterschicht". Wiesbaden: VS Verlag für Sozialwissenschaften

Klein, A./Landhäußer, S./Ziegler, H. (2005): The salient injuries of class: Zur Kritik der Kulturalisierung struktureller Ungleichheit. In: Widersprüche 98, 45–74

Klein, A. (2004): Von „Digital Divide" zu „Voice Divide". Beratungsqualität im Internet. In: Otto, H.-U./ Kutscher, N. (Hrsg.): Informelle Bildung online. Perspektiven für Bildung, Jugendarbeit und Medienpädagogik. Weinheim und München: Juventa, S. 97–121

Klein, A. (2008): „Soziales Kapital Online': Soziale Unterstützung im Internet. Eine Rekonstruktion virtualisierter Formen sozialer Ungleichheit. Bielefeld. URL: http://bieson.ub.uni-bielefeld.de/volltexte/2008/1260/pdf/Klein_Alexandra_Dissertation.pdf

Kompetenzzentrum Informelle Bildung (KIB) (2007) (Hrsg.): Grenzenlose Cyberwelt? Zum Verhältnis von digitaler Ungleichheit und neuen Bildungszugängen für Jugendliche. Wiesbaden: VS-Verlag für Sozialwissenschaften

Kutscher, N. (2003): Soziale Ungleichheit im virtuellen Raum – eine qualitative Studie zu Nutzungsdifferenzen von Jugendlichen. URL: http://www.kib-bielefeld.de/externelinks2005/sozialeungleichheit.pdf (11.02.09)

Kutscher, N. (2005): „Wie im ganz normalen Leben auch" – Soziale Unterschiede in der Internetnutzung und Bildungsteilhabe von Jugendlichen. In: merz (Medien und Erziehung) Wissenschaft Sonderheft 6/2005, S. 42–52

Kutscher, N. (2007): Beteiligung von Jugendlichen zwischen Interessen, Erwartungen und Lebensalltag. In: Bertelsmann Stiftung (Hrsg.): Kinder- und Jugendbeteiligung in Deutschland – Entwicklungsstand und Handlungsansätze. Gütersloh, S. 187–203

Kutscher, N. (2009a): Virtuelle Räume Jugendlicher – die Wirkmacht kulturellen Kapitals bei der Nutzung des Internet. In: Tully, C. (Hrsg.): Multilokalität und Vernetzung. Beiträge zur technikbasierten Gestaltung jugendlicher Sozialräume. Weinheim (Juventa), S. 158–174

Kutscher, N. (2009b): Ungleiche Teilhabe – Überlegungen zur Normativität des Medienkompetenzbegriffs. In: medienpädagogik 17/2009 (im Erscheinen)

Kutscher, N./Otto, H.-U. (2009): Digitale Ungleichheit – Implikationen für die Betrachtung digitaler Jugendkulturen. In: Hugger, K.-U. (Hrsg.): Digitale Jugendkultur. Wiesbaden: VS Verlag für Sozialwissenschaften (im Erscheinen)

Kutscher, N./Klein, A./Lojewski, J./Schäfer, M. (2008): Förderung der Medienkompetenz sozial benachteiligter Kinder und Jugendlicher. Konzept zur inhaltlichen, didaktischen und strukturellen Ausrichtung der medienpädagogischen Praxis in der Kinder- und Jugendarbeit. Expertise für die Landesanstalt für Medien Nordrhein-Westfalen (lfm)

Livingstone, S./Bober, M. (2005): UK Children Go Online. URL: http://www.lse.ac.uk/collections/children-go-online/UKCGOfinalReport.pdf (06.03.09)

Livingstone, S./ Bober, M./ Helsper, E. (2005): Internet literacy among children and young people: findings from the UK Children Go Online project. London: LSE Research Online. URL: http://eprints.lse.ac.uk/397/1/UKCGOonlineLiteracy.pdf (17.02.09)

Lovink, G. (2006): Zugriff verweigert. Web 2.0: Von wegen Glanz und Ruhm – Geert Lovink kritisiert einen Hype. In: Jungle World Nr. 36, 7. September 2006. URL: http://jungle-world.com/artikel/2006/36/18186.html (16.02.09)

Maczewski, M. (2007): Understanding how Information and Communication Technologies matter to Youth. A network of developmental, social and technological dynamics. URL: https://dspace.library.uvic.ca:8443/dspace/bitstream/1828/994/1/maczewski_m_PHD_2007.pdf (18.02.09)

Mansel, J./Fromme, J./Kommer, S. (1999): Selbstsozialisation, Kinderkultur und Mediennutzung. Kindheitsforschung, Band 12. Opladen: Leske und Budrich

Mansel, J./Schweins, W./Ulbrich-Herrmann, M. (2001): Zukunftsperspektiven Jugendlicher: Wirtschaftliche und soziale Entwicklungen als Herausforderung und Bedrohung für die Lebensplanung. Weinheim und München: Juventa

Marotzki, W./Jörissen, B. (2008): Wissen, Artikulation, Biographie: Theoretische Aspekte einer Strukturalen Medienbildung. In: Fromme, J./Sesink, W. (Hrsg.), Pädagogische Medientheorie. Wiesbaden: VS Verlag für Sozialwissenschaften, S. 51–70

Marotzki, W./Meister, D. M./Sander, U. (2000): Zum Bildungswert des Internet. Opladen: Leske und Budrich

Meder, N. (2008): Bildung und virtuelle Welten – Cyberbildung. In: von Gross, F./Marotzki, W./Sander, U. (Hrsg.): Internet – Bildung – Gemeinschaft. Wiesbaden: VS Verlag für Sozialwissenschaften, S. 227–239

Mikos, L. (2004): Medien als Sozialisationsinstanz und die Rolle der Medienkompetenz. In: Hoffmann, D./Merkens, H. (Hrsg.): Jugendsoziologische Sozialisationstheorie, S. 157–172. Weinheim/München: Juventa

Mikos, L./Hoffmann, D. /Winter, R. (2007): Mediennutzung, Identität und Identifikationen: Die Sozialisationsrelevanz der Medien im Selbstfindungsprozess von Jugendlichen. Weinheim: Juventa

Niesyto, H. (2007): Medienpädagogik, Mediensozialisation und soziale Benachteiligung. In: Kompetenzzentrum Informelle Bildung (Hrsg.): Grenzenlose Cyberwelt? Zum Verhältnis von digitaler Ungleichheit und neuen Bildungszugängen für Jugendliche. Wiesbaden: VS-Verlage für Sozialwissenschaften

Niesyto, H./Holzwarth, P. (2007): Kultureller Selbstausdruck und Identitätsbildung im Kontext videopädagogischer Praxisforschung mit Kindern und Jugendlichen aus Migrationskontexten. In: Bonfadelli, H./Moser, H. (Hrsg.): Medien und Migration. Europa als multikultureller Raum? Wiesbaden: VS-Verlag für Sozialwissenschaften, S. 327–346

Oemichen, E. (2007): Die neue MedienNutzerTypologie MNT 2.0. Veränderungen und Charakteristika der Nutzertypen. In: media perspektiven 5/2007, S. 226–234. URL: http://www.media-perspektiven.de/uploads/tx_mppublications/05-2007_Oehmichen.pdf (20.01.09)

Oemichen, E./Schröter, C. (2007): Zur typologischen Struktur medienübergreifender Nutzungsmuster. In: media perspektiven 8/2007, S. 406–421.URL: http://www.media-perspektiven.de/uploads/tx_mppublications/05-2007_Oehmichen.pdf (20.01.09)

Otto, H.-U./Kutscher, N. (Hrsg.) (2004): Informelle Bildung online. Perspektiven für Bildung, Jugendarbeit und Medienpädagogik. Weinheim, München: Juventa

Otto, H.-U./ Kutscher, N./ Klein, A./Iske, S. (2004): Soziale Ungleichheit im virtuellen Raum: Wie nutzen Jugendliche das Internet? Erste Ergebnisse einer empirischen Untersuchung zu Online-Nutzungsdifferenzen und Aneignungsstrukturen von Jugendlichen. URL: http://www.bmfsfj.de/RedaktionBMFSFJ/Abteilung5/Pdf-Anlagen/jugend-internet-langfassung,property=pdf.pdf (19.02.2006)

Palfrey, J./Gasser, U. (2008): Born Digital. New York: Basic Books

Pew Internet Project (2007): A Typology of Information and Communication Technology Users. URL: http://www.pewinternet.org/pdfs/PIP_ICT_Typology.pdf (06.03.09)

Pfeiffer, C. (2003): Medienverwahrlosung als Ursache von Schulversagen und Jugenddelinquenz? Kriminologisches Forschungsinstitut Niedersachsen e.V. 9/2003

Pfeiffer, C. (2005): Erst fernsehen, dann schießen? Medienverwahrlosung in Deutschland. Quelle: SWR2 AULA - Manuskriptdienst: Abschrift eines „frei" gehaltenen Vortrags in einer SWR2-Sendung, 30. Januar 2005, 8.30 Uhr. S. 1–8. URL: http://www.mediaculture-online.de (14.02.09)

Pfeiffer, C./Kleinmann, M. (2005): Jugendliche zwischen Medienkompetenz und medialer Verwahrlosung – Befunde, Forschungsziele, Konsequenzen. Dokumentation des 26. Deutschen Jugendgerichtstages in Leipzig.

Pohl, A./Walter, A. (2006): Benachteiligte Jugendliche in Europa. In: APuZ 47/2006, S. 26–36

Prensky, M. (2009): H. sapiens digital: From digital immigrants and digital natives to digital wisdom. Innovate 5 (3). http://www.innovateonline.info/index.php?view=article&id=705 (18.02.09)

Reinders, H. (2003): Jugendzeit-Time out?: Zur Ausgestaltung des Jugendalters als Moratorium. Opladen: Leske und Budrich

Schäfer, M./Lojewski, J. (2007): Internet und Bildungschancen – Zur sozialen Realität des virtuellen Raumes. München: kopaed

Schönberger, K. (2000): Internet und Netzkommunikation im sozialen Nahbereich. Anmerkungen zum langen Arm des „real life". In: forum medienethik 2/2000: Netzwelten, Menschenwelten, Lebenswelten. Kommunikationskultur im Zeichen von Multimedia, S. 33–42

Schorb, B. (1995): Medienalltag und Handeln: Medienpädagogik im Spiegel von Geschichte, Forschung und Praxis. Opladen: Leske und Budrich

Schorb, B./Keilhauer, J./Würfel, M./Kießling, M. (2008). Medienkonvergenz Monitoring Report 2008. Jugendliche in konvergierenden Medienwelten. URL:: http://www.uni-leipzig.de/~umfmed/Medienkonvergenz_Monitoring_Report08.pdf (27.08.2008)

Selwyn, N. (2003): Ɗoing IT for the Kids': Re-examining Children, Computers and the 'Information Society'. In: Media, Culture & Society 25 (3) 2003, S. 351–378

Selwyn, N. (2007): New technologies, young people and social inclusion. In: Grenzenlose Cyberwelt? Zum Verhältnis von digitaler Ungleichheit und neuen Bildungszugängen für Jugendliche. Wiesbaden: VS-Verlag für Sozialwissenschaften, S. 31–44

Spitzer, M. (2005): Vorsicht Bildschirm! Elektronische Medien, Gehirnentwicklung, Gesundheit und Gesellschaft. Stuttgart: Ernst Klett Verlag

Süss, D. (2007): Mediensozialisation zwischen gesellschaftlicher Entwicklung und Identitätskonstruktion. In: Hoffmann, D./Mikos, L. (Hrsg.): Mediensozialisationstheorien. Neue Modelle und Ansätze in der Diskussion. Wiesbaden: VS-Verlag, S. 109–130.

Tapscott, D. (1998): Net Kids. Wiesbaden: Dr. Th. Gabler Verlag

Thiedecke, U. (2008): Die Gemeinschaft der Eigensinnigen. Interaktionsmediale Kommunikationsbedingungen und virtuelle Gemeinschaften. In: von Gross, F./Marotzki, W./ Sander, U. (Hrsg.): Internet – Bildung – Gemeinschaft. Wiesbaden: VS Verlag für Sozialwissenschaften, S. 45–73

Thimm, C. (Hrsg.) (2000): Soziales im Netz. Sprache, Beziehungen und Kommunikationskulturen im Internet. Wiesbaden: Westdeutscher Verlag

Thole, W. (2002): Jugend, Freizeit, Medien und Kultur. In: Krüger, H.-H./Grunert, C. (Hrsg.): Handbuch Kindheits- und Jugendforschung. Opladen: Leske und Budrich, S. 653--683

Tillmann, A. (2008): Identitätsspielraum Internet. Weinheim und München: Juventa

Treumann, K.D./Meister, D.M./Sander, U./Burkatzki, E./Hagedorn, J./Kämmerer, M./ Strotmann, M./Wegener, C. (2007): Medienhandeln Jugendlicher. Mediennutzung und Medienkompetenz. Bielefelder Medienkompetenzmodell. Wiesbaden: VS Verlag für Sozialwissenschaften

Tully, C. (2004): Neue Lernkonzepte in der Informationsgesellschaft? – Eine Einführung. In: Tully, C.J. (Hrsg.):Verändertes Leben in modernen technisierten Welten. Organisierter und informeller Kompetenzerwerb Jugendlicher. Wiesbaden: VS Verlag für Sozialwissenschaften, S. 11–25

Tully, C.J. (2005): Mobilität und Kommunikation. Essentials der Identitätsfindung im Jugendalltag. In: Merkens, H./Zinnecker, J. (Hrsg.): Jahrbuch Jugendforschung 2005. Wiesbaden: VS Verlag für Sozialwissenschaften

Tully, C.J. (2008): Jungsein in der mobilen Gesellschaft. Zum Projekt Jugend als Einbettung zum Beginn des neuen Jahrtausends. In: Bingel, G./Münchmeier, R./Nordmann, A. (Hrsg.): Die Gesellschaft und ihre Jugend. Opladen: Verlag Barbara Budrich

Tully, C.J. (Hrsg.) (2009): Multilokalität und Vernetzung. Beiträge zur technikbasierten Gestaltung jugendlicher Sozialräume. Weinheim: Juventa

Tully, C.J./Baier, D. (2006): Mobiler Alltag: Mobilität zwischen Option und Zwang- vom Zusammenspiel biographischer Motive und sozialer Vorgaben. Springer

Turkle, S. (1997): Life on the Screen: Identity in the Age of the Internet. New York: Touchstone

Van Eimeren, B./Frees, B. (2008): Internetverbreitung: Größter Zuwachs bei Silver-Surfern. In: media perspektiven 7/2008, S. 330–344

Vogelgesang, W. (1995): Videocliquen. Action- und Horrorvideos als Kristallisationspunkte von jugendlichen Fangemeinschaften. In: Ferchhoff, W./Sander, U./Vollbrecht, R. (Hrsg.): Jugendkulturen – Faszination und Ambivalenz, Weinheim, München: Juventa, S. 120–132

Vogelgesang, W. (2002): Jugendkulturen und Medien – Aktuelle Ergebnisse der Jugendforschung. Vortrag. URL: http://www.waldemar-vogelgesang.de/pdf/jugendkulturen.pdf (18.01.09)

Vogelgesang, W. (2003): LAN-Parties. Die Eventisierung eines jugendkulturellen Erlebnisraums. In: Hepp, A./Vogelgesang, W. (Hrsg.): Populäre Events: Medienevents, Spielevents, Spassevents. Wiesbaden: VS Verlag für Sozialwissenschaften, S. 147–182

Vogelgesang, W. (2006): Kulturelle und mediale Praxisformen Jugendlicher. In: Hepp, A./ Winter, R. (Hrsg.): Kultur – Medien – Macht, 3. Aufl., Wiesbaden: VS Verlag für Sozialwissenschaften, S. 439–454

Vollbrecht, R. (2006): Mediensozialisation von Kindern und Jugendlichen. In: Dittler, U./ Hoyer, M.(Hrsg.): Machen Computer Kinder dumm? Wirkung interaktiver, digitaler Medien auf Kinder und Jugendliche aus medienpsychologischer und mediendidaktischer Sicht. München: kopaed, S. 33–44

Vollbrecht, R./Ferchhoff, W./Baacke, D. (1997): Kinder und Jugendliche in medialen Welten und Netzen. Prozesse der Mediensozialisation. In: Fritz, J./Fehr, W. (Hrsg.): Handbuch Medien: Computerspiele. Bonn: Verlag: Bundeszentrale für politische Bildung, S. 31–57

Wagner, U./Theunert, H./Gebel, C./Lauber, A. (2004): Zwischen Vereinnahmung und Eigensinn – Konvergenz im Medienalltag Heranwachsender. BLM-Schriftenreihe Band 74. Bayerische Landeszentrale für neue Medien (BLM). München: Verlag Reinhard Fischer

Wagner, U./Theunert, H. (Hrsg.) (2006): Neue Wege durch die konvergente Medienwelt. BLM-Schriftenreihe Bd. 85. München: Verlag Reinhard Fischer

Wagner, U. (2008) (Hrsg.): Medienhandeln in Hauptschulmilieus. Mediale Interaktion und Produktion als Bildungsressource. München: kopaed

Wahler, P./Tully, C.J./Preiß, C. (2004): Jugendliche in neuen Lernwelten. Selbstorganisierte Bildung jenseits institutionalisierter Qualifzierung. Wiesbaden: VS Verlag für Sozialwissenschaften

Welling, S. (2008): Computerpraxis Jugendlicher und medienpädagogisches Handeln. München: kopaed

Welling, S./Brüggemann, M. (2004): Computergestützte Jugendarbeit und medienpädagogische Qualifizierung. Praxis und Perspektiven. URL: http://www.ifib.de/publikationsdateien/welling_brueggemann_2004.pdf (30.11.08)

Wellman, B. (2006): Connecting community: On and offline. Toronto. URL: http://www.chass.utoronto.ca/~wellman/netlab/PUBLICATIONS/_frames.html (27.04.06)

Winter, C./Thomas, T./Hepp, A. (Hrsg.) (2003): Medienidentitäten. Identität im Kontext von Globalisierung und Medienkultur. Köln: Herbert von Halem

Wölfling, K./Müller, K.W. (2008): Phänomenologische Forschung und erste therapeutische Implikationen zum Störungsbild Computerspielsucht. In: Psychotherapeutenjournal 2/2008, S. 128–133

HANS GÜNTHER HOMFELDT

Jugend und Gesundheit[1]

Gesundheitssurveys, nationaler wie internationaler Spezies, zum (Wohl-)Befinden der Bevölkerung und vor allem von Kindern und Jugendlichen sind 'in'. So registriert die internationale UNICEF-Studie zur Lage der Kinder 'deutsches Mittelmaß' (vgl. Bertram 2008, S. 37). Dies trifft auch für Gesundheit und Sicherheit zu. Im Vergleich mit 21 anderen Ländern liegt Deutschland auf dem 11. Platz. Daten von Kindern und Jugendlichen zwischen 11 bis 15 Jahren legt auch der WHO-Jugendgesundheitssurvey 'Health Behavior in School aged Children (HBSC)' vor, der alle vier Jahre gesundheitsbezogene Einstellungen und Handlungsweisen im Zeit- und Ländervergleich erforscht, um so auf internationaler Basis Wissen über Determinanten zur Gesundheit zu gewinnen (vgl. Näheres zu dieser Studie in Richter, M. 2008). Ergebnisse für Deutschland liefert ferner der bundesweit erste repräsentative Kinder- und Jugendgesundheitssurvey (KIGGS) für Kinder und Jugendliche zwischen 0 bis 17 Jahren. Dabei wurden „Merkmale der körperlichen, seelischen und sozialen Gesundheit in Anlehnung an das WHO-Gesundheitsmodell erhoben" (Kurth/Höfling/Schlack 2008, S. 109).

Eine wichtige Aufgabe von Gesundheitssurveys liegt im Aufzeigen von Trends und Entwicklungen, eine weitere „bei der Definition, Steuerung und Evaluierung von gesundheitspolitischen Maßnahmen" (Kurth/Ziese 2006, S. 506). Das aktuelle sozialpolitische Interesse an Gesundheit in Bezug auf die junge Generation dokumentiert auch der 13. Kinder- und Jugendbericht, der sich mit 'Gesundheitsförderung und gesundheitsbezogener Prävention der Kinder- und Jugendhilfe' befasst. Zwar weist bereits der Elfte Kinder- und Jugendbericht einen Abschnitt zum Themenfeld Gesundheit auf, ansonsten ist das Themenfeld Gesundheit in Verbindung mit der Kinder- und Jugendhilfe bis vor wenigen Jahren auf der Ebene der Disziplin der Sozialen Arbeit eher ein vergessener Zusammenhang (vgl. Schröer/Sting 2006, S. 25ff.), auf der Ebene der Praxis finden sich zwar vielfältige Ansätze, die dem Handlungsfeld der Gesundheitsförderung und der gesundheitsbezogenen Prävention zuzuordnen sind, z. T. jedoch semantisch anders etikettiert, so dass im 13. Kinder- und Jugendbericht von einer 'eingebetteten' und 'impliziten Gesundheitsförderung' die Rede ist (vgl. dazu im Detail Teil D des 13. Kinder- und Jugendberichts). Auf die spezifische Notwendigkeit für ein gesundes Aufwachsen von Kindern und Jugendlichen schließlich

[1] Wertvolle Anregungen während der Arbeit am Text habe ich von meinen beiden studentischen Mitarbeitern Christophe Acloque und Nadja Drumm erhalten. Beiden danke ich herzlich.

verweisen die Arbeitsgemeinschaft für Kinder- und Jugendhilfe (AGJ) und der Berufsverband der Kinder- und Jugendärzte (BVKJ).

Mein Beitrag zu Jugend und Gesundheit will drei für die Kinder- und Jugendhilfe wichtige gesundheitsbezogene Facetten aufgreifen und sichtbar machen. Dies ist die Frage nach der Bedeutung sozialer Determinanten von Gesundheit, wie z. B. soziale Ungleichheit und ihre Bedeutung für die Gesundheit Jugendlicher, die Frage nach der Differenz zwischen weiblichen und männlichen Jugendlichen und die Frage zur lebensverlaufsbezogenen Epidemiologie und ihrer Bedeutung für das Jugendalter. Wie sich das Jugendalter in soziale Ungleichheit, Geschlechterspezifik wie auch lebensverlaufsbezogene Epidemiologie einbettet, erschließt sich nur durch jeweils etwas allgemeinere Diskurse zu den drei Facetten. Abschließend werden zur Gesundheitsförderung sowie gesundheitsbezogenen Prävention Aufgaben für die Kinder- und Jugendhilfe in der Praxis und zur Forschung genannt.

1. Soziale Determinanten für Gesundheit

Die gesellschaftliche Relevanz von Gesundheit hat sich in den zurückliegenden beiden Jahrzehnten erheblich verändert. Sie ist nicht mehr so sehr persönliches Bemühen in privater Abgeschiedenheit, sondern Gesundsein ist zu einer gesellschaftlichen Herausforderung ersten Ranges in Deutschland geworden, die jedoch inzwischen auf eine Frage ihrer Finanzierbarkeit geschrumpft ist und außerdem allen Bürgern und Bürgerinnen zunehmend mehr Eigenverantwortung abverlangt bei gleichzeitig wachsender Ungleichverteilung materiellen Reichtums und Armut. Die wachsende materielle Ungleichverteilung wiederum forciert eine gesundheitliche Ungleichheit, die je nach gesellschaftlichem Nutzen des Einzelnen personenzentriert – nun jedoch im öffentlichen Raum – mit dem Ziel der Selbstoptimierung, etwa in verhaltenstherapeutisch aufgebauten Präventionsprogrammen, angegangen, nicht aber vorrangig als gesellschaftliche Gestaltungsaufgabe, etwa in Form settingbezogener Bearbeitung (vgl. Hanses 2008) verstanden wird. Ausrichtung auf Selbstoptimierung ist national wie international zu einem Kennzeichen der Leistungsgesellschaft geworden. So konstatiert Bosma (2008, S. 196): „Das grundlegende Prinzip der Leistungsgesellschaft erscheint vielen Menschen als gerecht und fair. Ein Nachteil ist jedoch, dass Menschen auf der untersten Stufe der sozialen Hierarchie in einer konsequent meritokratischen Gesellschaft als unintelligent und leistungsschwach gelten und dafür auch noch verantwortlich gemacht werden. Das meritokratische Prinzip legitimiert die sozioökonomische Schichtung und begründet zugleich die Missachtung derer, die sich ganz unten befinden."

Eine ungleiche Einkommensverteilung ist unbestritten Hauptverursacher eines schlechten Gesundheitszustandes der Bürger und Bürgerinnen eines Staates.

Umgekehrt wird jedoch eine Einkommensumverteilung allein noch nicht gesundheitliche Ungleichheit mindern, da benachteiligten Bevölkerungsgruppen auch dann noch der Zugang und die Kontrolle über die einkommensunabhängigen Determinanten von Gesundheit fehlen würden (vgl. Starfield/Birn 2007, S. 1038ff.). Einkommensumverteilung sollte mithin einhergehen mit einem verbesserten Zugang zu den gesundheitsförderlichen Gütern (wie gesunden Nahrungsmitteln, Bildung, Geschlechtergleichheit bei ärztlich-medizinischer Versorgung) und mit der Reduktion psychosozialer Belastungen. Schlussendlich plädieren Starfield/Birn dafür, Maßnahmen der Gesundheitsförderung mit Maßnahmen der Einkommensumverteilung zu verbinden, will man die sozialen Faktoren, die eigentlich für die Entstehung und Aufrechterhaltung gesundheitlicher Ungleichheit ursächlich sind, verbessern. Einkommensumverteilung sollte dabei jedoch Abbau von Wohlstandsunterschieden einschließen, denn erst ein solcher Abbau hat einen günstigen Einfluss auf die Gesundheit einer Bevölkerung (vgl. Schmidt/Kolip 2007, S. 13).

Grundsätzlich lassen sich die Strategien und Aktionspläne zum Abbau gesundheitlicher Ungleichheit in drei Konzepten zusammenführen (vgl. dazu Graham 2008, S. 463):

1. Verbesserung der Gesundheit der am stärksten Benachteiligten. Hier wird vor allem der Zusammenhang zwischen Armut und schlechter Gesundheit diskutiert. Es geht um die absolute Verbesserung der Gesundheit der untersten sozialen Schichten. Meist bleiben aber dabei die relativen Ungleichheiten bestehen.
2. Annäherung der Gesundheit der am stärksten Benachteiligten an die gesundheitliche Lage der gesamten Bevölkerung. Der Fokus liegt hier auf dem Gesundheitsabstand (Schließen der health gaps). Dies ist ein politisch ambitionierter Ansatz, der aber auch noch zu eng gefasst ist.
3. Health gradients: Verringerung der sozialen Gradienten gesundheitlicher Ungleichheit. Hierbei geht es um die Anhebung des allgemeinen Gesundheitsniveaus auf einen höchst möglichen Standard durch die Verbesserung gesundheitlicher Lebenschancen.

2. Zur Rezeption internationaler Konzepte

Eine international bedeutende Beachtung hat die im Auftrag der WHO tätige Commission on Social Determinants of Health erlangt. Die Kommission hat zehn zentrale soziale Determinanten, die für ein gesundes Leben konstitutiv sind, heraus gearbeitet mit dem Ziel, eine gesellschaftspolitische Sensibilität für eine gesundheitsbezogene Prävention und Gesundheitsförderung zu entfalten. Die in der WHO-Studie sondierten sozialen Determinanten von Gesundheit sind: soziales Gefälle – Stress – frühe Kindheit – soziale Ausgrenzung – Arbeit – Arbeitslosigkeit – soziale Unterstützung – Sucht – Lebensmittel – Verkehr. Für eine gesundheitsbezogene Soziale Arbeit sind alle sozialen Determinanten relevant und zwischenzeitig in Deutschland in einzelnen Bereichen auch rezipiert, z. B. in Form früher Hilfen im Segment frühe Kindheit.

Eine zentrale soziale Determinante von Gesundheit von hoher problembezogener Komplexität ist soziale Ungleichheit. So schreibt die Commission on Social Determinants of Health (2007, S. 17): „Health inequities are the result of a complex system operating at global, national and local levels.“ Ein Modell, das die sozialen Determinanten von Gesundheit sehr gut veranschaulicht, ist das von Dahlgren/Whitehead (nach H. Graham 2008, S. 459). Die Hauptdeterminanten von Gesundheit schichteten sich – so die Autoren – zu einer „Gesundheitsbiographie“ auf, die als Erklärung für den aktuellen Gesundheitsstatus der Person fungieren kann. Das Modell geht aus von den grundlegenden Determinanten wie Alter und Geschlecht – die nicht veränderbar sind – sowie dem persönlichen Lebensstil und seinen spezifischen Faktoren, den „living and working conditions (z. B. education, work environment, water and sanitation, housing) und schließt mit den „general socio-economic, cultural and environmental conditions“ (ebd.). Was man unter sozialen Determinanten im politischen Diskurs versteht, lässt sich anhand zweier unterschiedlicher Konzeptvorstellungen veranschaulichen:

- Faktoren des persönlichen Lebensstils (Rauchen, Ernährung, Sport, Alkohol).
- Allgemeine Lebensbedingungen (Armut, Bildungsdefizite, Arbeitslosigkeit, schlechte Wohnung) (vgl. Graham 2008, S. 468 f.).

Bei beiden Konzeptionen werden häufig die Einflussgrößen soziale Klasse, Geschlecht und Ethnizität im Hinblick auf gesundheitliche Ungleichheit vernachlässigt. Des Weiteren ist darauf hinzuweisen, dass die Determinanten der Gesundheit und Determinanten gesundheitlicher Ungleichheit häufig synonym verwendet werden. Gesundheitliche Ungleichheiten resultieren aber vor allem aus der ungleichen Verteilung der Determinanten (Unterschiede in den sozialen Positionen): „The factors which lead to general health improvement – improvements in the environment, good sanitation and clean water, better nutrition, high levels of immunisation, good housing – do not always reduce health inequity. This is because the determinants of good health are not necessarily the same as the determinants of inequities in health. It is necessary to distinguish therefore between the causes of health improvement and the causes of health inequities“ (National Institute for Health and Clinical Excellence 2007, S. 11). Trotz aller Probleme und Schwierigkeiten, die sich aus der Nutzung des Determinantenansatzes ergeben, scheint dieser am ehesten zur Analyse und Bekämpfung gesundheitlicher Ungleichheit geeignet. Ein determinanten-orientierter Ansatz zur Bekämpfung von gesundheitlicher Ungleichheit erfordert eine Politik, die einen gleichen Zugang zu allen zentralen Gütern und die Gleichheit der Lebensbedingungen ermöglicht.

3. Soziale Ungleichheit und gesundheitliche Ungleichheit im Jugendalter

Im Jugendalter weiten sich die sozialen Einflüsse. Entsprechend verändert sich die Relevanz der sozialen Determinanten. Der familiale Einfluss nimmt ab, der der sozialen Lebenswelten außerhalb der Familie (peers, Medien, Schule) zu. Entsprechend nimmt der enge Zusammenhang von sozialer Ungleichheit und Gesundheit zwischen Familie und Heranwachsendem ab (vgl. Richter 2008, S. 18), da die Einflussfaktoren aus den sozialen Lebenswelten z. T. unabhängig von den sozialen Ungleichheiten aus der Familie wirken. Dies zeigen ausgewählte empirische Daten: Gibt es noch beim Rauchen einige Studien, die einen Zusammenhang zum SES (socioeconomic status) registrieren, so ist dieser nicht mehr beim Alkoholkonsum feststellbar. Insgesamt zeigt sich jedoch ein inkonsistentes Bild. So stellt Richter (a. a. O., S. 256) fest: „Bisher wissen wir noch nicht viel, inwieweit sich soziale Determinanten der Adoleszenz auch ungleich über verschiedene Statusgruppen verteilen und ob die Rolle der Familie tatsächlich zugunsten anderer Lebenswelten im Verlauf der Adoleszenz abnimmt." Unbestritten ist, dass die sozialen Einflussgrößen in der Jugend im Sinne einer transitorischen Identitätsbildung für die nachfolgenden Lebensphasen des jungen Erwachsenenalters und des Erwachsenenalters von prägender Bedeutung sind, wenngleich im Erwachsenenalter die sozialen Determinanten aus der Kindheit wieder an Bedeutung gewinnen. Feststellbar ist, dass aus einem Migrationsstatus nicht per se höhere gesundheitliche Risiken resultieren (vgl. a. a. O., S. 260). Sie finden ihren Boden zuallererst in sozialer Ungleichheit und im Jugendalter in außerfamilialen Lebenswelten. Insofern kommt der Schule als sekundärer Sozialisationsinstanz – neben peers und elektronischen Medien – eine große Bedeutung zu.

In den nachfolgenden beiden Kapiteln werde ich zwei Bereiche gesundheitlicher Ungleichheit im Jugendalter in den Blick nehmen: die biografische und geschlechtsspezifische Relevanz im Jugendalter und dabei vor allem im Bereich der Geschlechterspezifik auch Differenzen herausarbeiten. Die biografische Relevanz rezipiert Ergebnisse der in jüngster Zeit an Bedeutung gewinnenden lebensverlaufsbezogenen Epidemiologie.

4. Lebensverlaufsbezogene Epidemiologie und ihre Bedeutung für Gesundheit im Jugendalter

Wenngleich die Zusammenhänge zwischen dem jugendlichen Gesundheitshandeln und den SES-Indikatoren der Eltern abnehmen, so sind die vorangegangenen Phasen, Kindheit wie auch der Lebensabschnitt des ungeborenen Kindes, von hoher Relevanz für die gesundheitliche Entwicklung im weiteren Lebensverlauf. Dies bestätigen inzwischen Längsschnittstudien der lebensverlaufsbezogenen Epidemiologie.

Neuere Forschungsarbeiten zeigen, dass Erkrankungen im höheren Alter lange zurückliegende Ursachen haben können und die meisten Krankheiten eine lange Entstehungsgeschichte aufweisen. In diesem Sinne hat die Lebensverlaufsperspektive zur Erklärung gesundheitlicher Ungleichheiten an Bedeutung gewonnen. Einerseits beschäftigt sich die medizinisch-epidemiologische Lebensverlaufsforschung mit den Belastungen in der frühen Kindheit und ihrer sozialen Verteilung in der Bevölkerung, um so einen Beitrag zur Erforschung der gesundheitlichen Ungleichheit zu leisten. Andererseits ist aber auch – neben dem Modell der 'kritischen Perioden' – das Kumulationsmodell in der Lebensverlaufperspektive von Bedeutung, denn chronische Erkrankungen sind zumeist das Ergebnis der Kombination verschiedener Belastungen über den Lebensverlauf (vgl. Richter/ Hurrelmann 2006, S. 21f., Dragano/Siegrist 2006).

Das Modell 'kritischer Perioden' (vgl. Dragano/Siegrist 2006, S. 174, Dragano 2007, S. 19) nimmt Bezug auf zeitlich begrenzte Entwicklungsphasen, in denen eine Störung zu bleibenden Schäden des Organismus führt. Besonders die Phase vor der Geburt, in der der Fötus sich rasant entwickelt und lebenswichtige Organe zur Ausbildung kommen, und auch die frühe Kindheit sind vulnerable Zeitfenster, in denen Schädigungen in der Regel im weiteren Verlauf des Lebens nicht mehr rückgängig zu machen sind. „Solche Wachstumsstörungen bestehen dann lebenslang, daher wird in diesen Fällen auch von einer 'biologischen Programmierung' gesprochen“ (Dragano 2007, S. 19). Die WHO (2004, S. 16) betont, dass schon vor der Geburt eine verhängnisvolle Kette aus Mangelernährung, Stress der Mutter, Rauchen und Alkohol- oder Drogenkonsum, sowie Bewegungsmangel und unangemessener Schwangerschaftsbetreuung die Entwicklung des Fötus beeinträchtigen und seine Gesundheit im weiteren Leben gefährden kann. Fehl- bzw. Mangelernährung des Kindes während der Schwangerschaft oder das Rauchen der werdenden Mutter führen zu einem verzögerten Wachstum des Fötus und späteren Säuglings, was wiederum eine eingeschränkte Entwicklung und Funktion lebenswichtiger Organe, wie Herz, Lunge und Bauchspeicheldrüse, bedingt und dadurch mit einem erhöhten Erkrankungsrisiko im Erwachsenenalter in Verbindung steht (vgl. ebd.; Dragano/Siegrist 2006, S. 172). Umgekehrt ist ein hohes Geburtsgewicht als Prädiktor für späteres Übergewicht zu bewerten. Aber nicht nur pränatale Einflüsse, sondern auch die Ernährung des Kleinkindes z. B. hat Auswirkungen auf die spätere Gesundheit. So betonen Demmelmair et al. (2006, S. 568), „several indications exist that modification of infantile nutrition, such as promotion of breast feeding, may contribute to decreasing later obesity risk.” In einer Untersuchung an 9357 Schulkindern in Bayern fanden Demmelmair et al (2006) heraus, dass die Prävalenz für Übergewichtigkeit bei diesen Kindern mit deren frühkindlichen Ernährung korrelierte, und zwar in dem Sinne, dass sich die Gabe von Muttermilch als signifikanter Schutzfaktor gegen die Entwicklung von Fettleibigkeit in der Kindheit herausstellte. Kleinkinder, die mit Muttermilch gefüttert wurden, zeigten einen anderen Wachstumsverlauf als die formelernährten Kinder und ihre Adipositasprävalenz im Grundschulalter betrug lediglich 2,8%, während sie bei den mit der Flasche aufgezogenen Kindern bei 4,5% lag. Zusätzlich sank das spätere Adipositasrisiko mit steigender Stilldauer. Die Ursachen für diese Befunde liegen darin, dass gestillte Kinder gesündere Trinkgewohnheiten mit höherer Trinkfrequenz und kleineren Mahlzeiten aufzeigen, als formelernährte Kinder (a.a.O., S. 570). Sie können die Nahrungsmenge und die Häufigkeit der Nahrungsaufnahme in höherem Maße regulieren. Demgegenüber erhalten Flaschenkinder nach sechs Wochen Lebenszeit ca. 20–30% mehr Nahrungsmenge in einer geringeren Zahl von Fütterungssequenzen und nächtlichen Mahlzeiten. Da die Geschmacksbildung und die Festlegung auf bevorzugte Nahrungsmittel schon im Babyalter geprägt werden, könne die Gabe von künstlicher Babymilch mit erhöhtem Kalorien-, Protein- und Energiegehalt spätere ungesunde Essgewohnheiten anregen (a.a.O., S. 570f.).

Aber nicht nur die organischen und wachstumsbezogenen Prozesse, sondern auch die kognitive Entwicklung, die psychische Stabilität und die Persönlichkeitsentwicklung werden in der frühen Kindheit entscheidend geprägt. In der Kleinkindphase ist das biologische System noch formbar und die Hirnreaktionen werden durch kognitive, emotionale und sensorische Reize programmiert (vgl. WHO 2004, S. 16). Die Art und Weise, wie sich das Gehirn als angstbewältigendes System entwickelt, hängt stark von den frühen Familienbeziehungen ab (vgl. Taylor et al. 2004, S. 1366). Ein enges Familienband mit verlässlichen Beziehungen führe dazu, dass das Kind lernt seine Emotionen zu regulieren und soziale Kompetenzen zu entwickeln. Wenn hingegen das Stresssystem des Kleinkindes, als Folge eines konflikthaften, vernachlässigenden und aggressiven Familienklimas, andauernd aktiviert ist, seien emotionale und Verhaltensprobleme in der Kindheit die Folge, die sich über die Lebensspanne in psychischen Erkrankungen – wie chronischer Angst, Depression, Feindseeligkeit – und physischen Erkrankungen – wie Herz-Kreislauferkrankungen, ein schlechtes Immunsystem oder übertriebene Stressreaktionen – verfestigen können. So genannte 'risky families' schaffen Kinder mit fehlenden sozialen Kompetenzen, „who are unpopular, in some cases, highly aggressive, and in other cases, socially withdrawn." Dies wirkt auch in das spätere Leben hinein, denn „their ability to gain social support [as an important contributor to health] may be compromised" (a.a.O., S. 1373¸vgl. auch Elstad 2005, Forrest/Riley 2004). Auch die Ausübung gesundheitsschädlicher Verhaltensweisen, wie Rauchen, Alkoholkonsum, ungesunde Ernährung, wenig sportliche Betätigung usw., ist bei jenen Menschen stärker verbreitet, die in vernachlässigenden Familienverhältnissen aufwachsen mussten (vgl. Dragano 2007, S. 21f., Taylor et al. 2007, S. 1382).

Insgesamt wird in den Studien (vgl. Taylor et al. 2004, S. 1386, Demmelmair et al. 2006, S. 570, Elstad 2005, S. 56, Dragano 2007, S. 20ff.) deutlich, dass die frühen Risikofaktoren nicht zufällig über die Bevölkerung verteilt sind, sondern dass Kinder aus sozioökonomisch und kulturell benachteiligten Familien ein höheres Risiko tragen, in den kritischen Perioden frühe Schädigungen zu erfahren und somit im Erwachsenenalter zu erkranken oder frühzeitig zu versterben. Dementsprechend haben „sozial benachteiligte Kinder [...] also nicht nur ein höheres Risiko, bereits in jungen Jahren zu erkranken, sie tragen auch eine Hypothek auf ihre Gesundheit im Erwachsenenalter" (Dragano 2007, S. 18; vgl. auch Richter/ Hurrelmann 2006, S. 21f.).

Aber man darf nicht glauben, „that the only factors of real importance for health inequalities are those that are present from early childhood" (West 1997, S. 853), sondern die Mechanismen und Determinanten von Gesundheit sind komplex und scheinen sich über die verschiedenen Lebensalter hinweg zu verändern und anzuhäufen, so dass Richter/Hurrelmann (2006, S. 22) zu der Aussage kommen, dass gesundheitliche Ungleichheiten auf eine Akkumulation von benachteiligenden Lebensbedingungen über den Lebensverlauf zurückgeführt werden können. „Insbesondere bei chronischen Erkrankungen sind in der Regel nicht einmalige Ereignisse die Auslöser, also etwa in Form von frühkindlichen Entwicklungsstörungen, sondern ein Bündel von Faktoren, die in Kindheit, Jugend und Erwachsenenalter wirken, sich gegenseitig verstärken oder abschwächen und ganz bestimmten zeitlichen Sequenzen Folgen" (Dragano/Siegrist 2006, S. 179). So bilden sich 'Risikoketten' im Laufe des Lebens, die eine Erkrankung wahrscheinlich machen. Der vorliegende soziale Gradient in der Mortalität und Morbidität kann dadurch erklärt werden, dass die Anzahl der gesundheitsschädlichen Risikofaktoren mit sinkendem sozioökonomischem Status zunimmt (vgl. Richter 2005, S. 119).

Auffällig ist, dass in den genannten Studien stets der Einfluss von Risikofaktoren auf die Gesundheit im Erwachsenenalter gemessen wird. Auch Richter (a. a. O., S. 11 u. 65) und West (1997, S. 834) stellen fest, dass der Forschungsstand zur gesundheitlichen Ungleichheit im Jugendalter sehr unzureichend sei. Die wenigen internationalen Studien, die vorliegen, konnten den angenommenen sozialen Gradienten in Bezug auf die Gesundheit im Jugendalter nur selten belegen und sie zeigten insgesamt wenig Evidenz für gesundheitliche Ungleichheiten im Jugendalter. Eine dieser wenigen Studien ist die von Murasko (2007), die im Rahmen der Lebensverlaufsanalyse den Zusammenhang zwischen psychosozialer Entwicklung sowie sozioökonomischem Status in der Kindheit und der Gesundheit im Jugend- und frühen Erwachsenenalter untersucht hat. Auch hier zeigten sich für alle Parameter nur schwache, nicht signifikante Effekte auf die Gesundheit im Jugendalter. Für das Erwachsenenalter hingegen ließen sich signifikante Zusammenhänge erkennen. Auch West 1997, S. 849) vertritt die These, „that youth, and particularly early youth, is characterised by relative equality in health.“ Demnach scheint sich der soziale Gradient in Bezug auf die Gesundheit, der in der frühen Kindheit vergleichsweise stark ausgeprägt ist, in der Adoleszenz zu verringern bzw. zu verschwinden und erst jenseits der Jugendphase wieder anzusteigen, so dass deutliche soziale Unterschiede in der Gesundheit erst im Erwachsenenalter erkennbar werden. Dies deutet also darauf hin, „dass die Beziehung zwischen sozialer Ungleichheit und Gesundheit altersabhängig ist und einen ‘U-förmigen’ Verlauf aufweist“ (Richter 2005, S. 11). Als Erklärungsansätze für die Angleichungstendenzen der gesundheitlichen Ungleichheiten im Jugendalter werden zwei Hypothesen diskutiert, die jedoch beide einer ausreichenden empirischen Überprüfung bislang entbehren. Die Rede ist von der Hypothese latenter Unterschiede und von der Pufferhypothese.

„Die Hypothese latenter Unterschiede geht von der Annahme aus, dass sozioökonomische Unterschiede in Bezug auf die Gesundheit im Jugendalter zwar vorliegen, aber mit den verfügbaren Gesundheitsindikatoren (noch) nicht gemessen werden können und sie dementsprechend einfach weniger sichtbar sind“ (a. a. O., S. 129, vgl. auch West 1997, S. 833). Die Vorboten der gesundheitlichen Ungleichheit im Erwachsenenalter, d. h. die Faktoren, die die späteren gesundheitlichen Ungleichheiten im Erwachsenenalter bedingen, wie z. B. gesundheitsschädliche Verhaltensweisen, sind in der Jugendphase zwar schon latent vorhanden, nur ihre Auswirkungen zeigen sich erst im späteren Erwachsenenalter. Erklärbar sind die nicht vorhandenen Unterschiede auch damit, dass gewisse zentrale gesundheitliche Determinanten, wie z. B. gesundheitsschädliche Arbeitsbedingungen, im Jugendalter noch gar nicht vorliegen. Im Rahmen der Hypothese latenter Unterschiede ist es auch denkbar, dass die in der Kindheit erlernten Bewältigungsstrategien im Umgang mit gesundheitsgefährdenden Verhaltensweisen und Belastungen im Jugendalter durch eigenständige Lebens- und Bewältigungsformen abgelöst werden und dass erst später im Erwachsenenalter „ein Wiederaufleben alter familiärer Verhaltensmuster aus der Kindheit erfolgt“ (Richter 2005, S. 130).

Bei der Pufferhypothese ist die Erkenntnis grundlegend, dass bei Jugendlichen der Einfluss der Familie abnimmt und andere Sozialisationssettings wie Schule, Peergroup und Jugendkultur an Bedeutung gewinnen. Diese sekundären und tertiären Sozialisationsinstanzen scheinen unabhängig von der sozialen Schicht zu wirken und den Effekt des sozioökonomischen Status auf die Gesundheit zu verringern (vgl. West 1997, S. 836 und 850 ff.). „Mit anderen Worten bilden verschiedene gesundheitsrelevante ‘Settings’ und damit in Verbindung stehende Faktoren und Mechanismen der Jugendlichen einen Schutzeffekt (Puffer) gegenüber dem Einfluss der Sozialschicht“ (Richter 2005, S. 132). Sie relativieren also den Einfluss des Elternhauses und nivellieren sozioökonomische Unterschiede in der Gesundheit, wenn ihr Nettoeffekt größer ist als der Einfluss des sozialen Status.

5. Differente somatische Kulturen bei weiblichen und männlichen Jugendlichen

Im Jugendalter nimmt der Körper aufgrund seiner in der Pubertät zunehmenden Entwicklung und Veränderung einen besonderen Stellenwert ein. Die Entwicklungsaufgabe besteht für Jungen und Mädchen gleichermaßen darin, ein Körperbewusstsein zu entwickeln und die eigene geschlechtliche Identität, inklusive geschlechtsadäquater Verhaltensweisen, anzunehmen (vgl. Hähne/Dümmler 2008, S. 94f., Kolip 1997, S. 87ff.). Dies impliziert nicht nur die Annahme der eigenen biologischen Geschlechtlichkeit ('sex'), sondern auch der sozialen Verpflichtung ('gender'), die damit verbunden ist, denn wie Hähne/Dümmler (2008, S. 95) in dieser Hinsicht postulieren, kann „die Bewältigung körperbezogener Entwicklungsaufgaben [...] nicht losgelöst von der sozialen Strukturkategorie Geschlecht und der interaktiven Konstruktion von Geschlechtlichkeit betrachtet werden." Während bei Jungen das Aushalten von Schmerzen, Stärke, Tapferkeit und Rationalität zu den erstrebenswerten Attributen gehören, so erfahren Mädchen eher soziale Anerkennung, wenn sie sich durch Merkmale wie Emotionalität, Schwäche und Schönheit auszeichnen. Für die Ich-Entwicklung männlicher Jugendlicher sind dementsprechend eher Sozialisationserfahrungen basal, die die Erfahrung der eigenen Grenzen durch Abhärtung, Schmerzen, Extremerfahrungen und gewaltförmige Berührungen anderer zum Gegenstand haben, während bei Mädchen dialogische und kommunikative Strategien bedeutsamer sind (vgl. Helfferich 2001, S. 342). Demnach wird der jugendliche Umgang mit dem eigenen Körper durch sozial und kulturell vorgeformte geschlechtsspezifische Rollenerwartungen und Normierungen bestimmt ('doing gender'), die z. B. in den medial publizierten Schönheitsidealen sichtbar werden (vgl. Hähne/Dümmler 2008, S. 95). Sichtbar wird dieser Sachverhalt auch daran, dass Männer im Straßenverkehr ein riskanteres Verhalten mit einer erhöhten Unfallgefahr zeigen, um durch dieses Tun ihre Männlichkeit zu demonstrieren. Das Ausmaß der Wirkung gesellschaftlicher Rollenerwartungen geht sogar soweit, dass das Medizinsystem unterschiedlich auf Beschwerden von Mädchen und Jungen reagiert, was z. B. in Studien zum Verschreibungsverhalten niedergelassener Ärzte und Ärztinnen deutlich wird (vgl. Kolip 1997, S. 51 u. 74).

Die kollektiven geschlechtsspezifischen Stile des Umgangs mit dem Körper bringt Kolip (1997) mit der Bezeichnung „somatische Kulturen" auf den Punkt, die sich ihrerseits in gesundheitsrelevanten Indikatoren, wie der Einschätzung des Gesundheitszustandes, der Wahrnehmung körperlicher und psychosomatischer Beschwerden und körperbezogenen Verhaltensweisen präsentieren. Zwischenzeitlich liegen – wie in der Einleitung dieses Beitrags bereits erwähnt – mehrere Untersuchungen vor, die die Gesundheit im Jugendalter zum Schwerpunkt haben und auch geschlechterdifferenzierende Aussagen zulassen:

Allgemein geht der Trend dahin, dass Jungen bis zur Pubertät mehr gesundheitliche Probleme als Mädchen haben. Danach – im Jugendalter – kehrt sich dieser Trend um (vgl. Helfferich 2001, S. 331). Ab dann schätzen Mädchen ihre subjektive Gesundheit im Vergleich zu Jungen signifikant schlechter ein und auch bezüglich der körperlichen Beschwerden ist auffällig, dass Mädchen tendenziell mehr Beschwerden angeben als Jungen. Die Beschwerdelast steigt zudem mit dem Alter bei Mädchen an. Während Jungen häufiger unter Knochenbrüchen und Prellungen leiden, geben Mädchen häufiger als Jungen Beschwerden, wie grippale Infekte, Erkältungssymptome, Allergien, Migräne, Blasenbeschwerden und Kreislaufstörungen, an. Kolip (1997, S. 160) betont, dass vor allem Knochenbrüche, Migräne, Blasenbeschwerden und Kreislaufstörungen einen Hinweis auf geschlechtsspezifische somatische Kulturen geben. Während Knochenbrüche und Prellungen, als Folge von Unfällen, verhaltensbedingt und somit auf einen riskanteren Lebensstil von männlichen Jugendlichen zurückzuführen seien, hätten die typischen Frauensymptome eher psychische, stressbedingte Ursachen und seien Ausdruck frauentypischer Spannungszustände. Diese Differenzierung wird auch bei Helfferich (2001, S. 331) deutlich, die betont: „Ab der Pubertät nehmen riskante externalisierende Verhaltensweisen [...] bei Jungen zu, bei Mädchen internalisierende Verhaltensweisen.“ Vor diesem Hintergrund ist auch zu verstehen, warum weibliche Jugendliche häufiger als Jungen psychosomatisch Beschwerden beklagen, d. h. häufiger von Schwindelgefühlen und Nervosität, Kreuz- oder Rückenschmerzen sowie Magenbeschwerden und Kopfschmerzen berichten. Auch emotionale Befindlichkeitsstörungen, wie Überforderung, Gefühle von Sinnlosigkeit und Aggression, sind bei Mädchen häufiger anzutreffen. Die aktive Ausübung von Gewalt hingegen ist bei männlichen Jugendlichen stärker verbreitet (vgl. Kolip 1997, S. 161ff., Marstedt et al. 2000b, S. 134). Denn „in einer besonderen Weise stellt Gewalt gegen Personen Überlegenheit (Kontrolle in der Situation) und Männlichkeit zugleich her“ (Helfferich 2001, S. 339).

Angesichts der erheblichen Differenzen in der Bewertung des Gesundheitszustandes insgesamt und auch in Bezug auf einzelne Beschwerden und Symptome wird deutlich, dass sich weibliche Jugendliche im Durchschnitt „kränker“ fühlen als männliche (vgl. Marstedt et al. 2000a, S. 67), d. h. man kann von einer „höheren subjektiven Morbidität von Mädchen im Jugendalter“ (Kolip 1997, S. 51) sprechen. Dies begründen Marstedt et al. (2000b, S. 113) damit, dass das Gesundheitsverständnis von weiblichen Jugendlichen sehr viel weniger naturwissenschaftlich und medizinisch geprägt ist als bei Jungen, dass sie das Thema ganzheitlicher betrachten und somit auch psychosoziale Faktoren der Krankheitsverursachung einbeziehen. Während männliche Jugendliche „Angst vor ihren Ängsten“ haben, sprechen Mädchen eher über ihren Kummer, was dazu führt, „dass Beschwerden und Gesundheits-Beeinträchtigungen weniger relativiert, bagatellisiert und verdrängt werden“ (a. a. O., S. 114).

Schaut man sich das gesundheitsrelevante Verhalten im Jugendalter aus einer geschlechterdifferenzierenden Perspektive an, so wird deutlich, dass sich für die Risikoverhaltensweisen Alkohol-, Tabak- und illegaler Drogenkonsum keine Geschlechtseffekte, sondern ausschließlich Alterseffekte zeigen (vgl. Kolip 1997, S. 173ff.). Demgegenüber postulieren Marstedt et al. (2000a, S. 68) u.a. in Bezug auf die Risikofaktoren Rauchen und Alkoholkonsum einen höheren Anteil gesundheitsbewusster weiblicher Jugendlicher in jeder Altersgruppe, so dass sie zu der Schlussfolgerung kommen, dass „männliche Befragte [...] sich sehr viel seltener an den Regeln medizinischer Vernunft [orientieren]." In der KIGGS-Studie werden bezüglich des Rauchens nur sehr geringe geschlechtsspezifische Unterschiede deutlich: 21,4% der Jungen und 20,8% der Mädchen rauchen täglich. Beim Alkoholkonsum hingegen unterschieden sich beide Geschlechter stärker voneinander. In der Gruppe der 17-jährigen gaben hier 67,2% der Jungen gegenüber 39,7% der Mädchen an, mindestens einmal pro Woche Alkohol zu trinken (vgl. Lampert/Thamm 2007).

Betrachtet man die Indizes Medikamentenkonsum, Zufriedenheit mit dem eigenen Körper und Essverhalten, so werden auch hier Geschlechtseffekte sichtbar. Mädchen konsumieren durchschnittlich mehr Medikamente als Jungen und der Medikamentenkonsum steigt bei ihnen mit dem Alter noch an (vgl. Kolip 1997, S. 188). Beim Ernährungsverhalten zeigt sich ein deutlicher Unterschied zwischen Mädchen und Jungen. Während 27,9% aller Mädchen Diäterfahrungen haben, sind es nur 11,2% der Jungen. In der HBSC-Studie gab beinahe ein Fünftel der Mädchen (17,3%) im Vergleich zu knapp 10% der Jungen an, aktuell eine Diät zu machen (vgl. Hähne/Dümmler 2008, S. 101), obwohl bei Mädchen ohnehin eine stärkere Tendenz zur Untergewichtigkeit besteht als bei Jungen. Das restriktivere Ernährungsverhalten von Mädchen zeigt sich auch darin, dass sie häufiger als Jungen Mahlzeiten einfach auslassen. Vor diesem Hintergrund erscheint es auch nicht verwunderlich, dass Mädchen mit ihrem Körper deutlich unzufriedener sind als Jungen und dass 43,7% der Mädchen – im Vergleich zu 22,9% der Jungen – angaben, sie seien ein bisschen oder viel zu dick (vgl. Kolip 1997, S. 192ff.). Vergleicht man diese Daten mit denen der HBSC-Studie von 2006, so wird deutlich, dass sich hier sogar die Hälfte der Mädchen (49,6%) im Vergleich zu einem Drittel der Jungen (32,1%) als ein wenig bzw. viel zu dick einstuften. Insgesamt neigen Mädchen zu einer kritischeren, zu einem beträchtlichen Teil (39,5%) aber auch verzerrten Betrachtungsweise ihres Körpers (vgl. Hähne/Dümmler 2008, S. 108f.). Trotzdem ist bei Mädchen, im Hinblick auf das, was sie essen, ein gesünderes Ernährungsverhalten beobachtbar, was darin begründet liegt, dass Mädchen allgemein über ein komplexeres Gesundheitsverständnis und Wissen über Ernährung verfügen (vgl. a.a.O. 2008, S. 97). Was den Konsum gesunder Lebensmittel betrifft, so sind es verstärkt Frauen und Mädchen, die häufiger frisches Obst und Gemüse sowie Milchprodukte zu sich nehmen. Männer und Jungen tendieren dagegen zu energiereicheren Speisen, nehmen häufiger Fleisch und tierische Fette zu sich“ (a.a.O., S. 97), sind aber körperlich aktiver. Diesen Trend bestätigte auch die KIGGS-Studie, die herausstellte, dass mehr Jungen als Mädchen jeweils täglich Erfrischungsgetränke, Milch, Milchprodukte, Fleisch, Wurst, Cerealien und Weißbrot konsumieren. Demgegenüber würden Mädchen häufiger täglich frisches Obst und rohes Gemüse verspeisen (vgl. Mensink et al. 2007).

Abschließend bleibt festzustellen, dass sich die Ernährungsgewohnheiten beider Geschlechter sowie ihr Umgang mit dem Körper an den gesellschaftlichen Vorstellungen von Männlichkeit und Weiblichkeit orientieren: „Körperliche Stärke und somit sportliche Aktivität dominieren bei den Jungen; Schlankheit und so auch Disziplinierung des Körpers (Diätverhalten) bei den Mädchen“ (Hähne/Dümmler 2008, S. 112).

6. Aufgaben für die Kinder- und Jugendhilfe in Praxis und Forschung

Die Anliegen der Jugend sind erfreulicherweise seit Jahren im Blick des Rates der Europäischen Union. Der Bogen spannt sich vom Weißbuch der Kommission vom November 2001 („Neuer Schwung für die Jugend Europas“), in dem niedergelegt ist, dass die Gesundheit der Jugend und die Entwicklung eines aktiven Bürgersinns untrennbar verknüpft sind, bis zur Entschließung des Rates Ende Oktober 2008, dass in der Jugendpolitik Europas der Schwerpunkt auf einer gesunden Lebensführung der Jugendlichen liegen soll. Ermöglicht werden soll sie durch das Zusammenwirken verschiedener Bereiche wie des öffentlichen Gesundheitswesens, formaler und nichtformaler Bildung, Beschäftigung, sozialer Integration, Familie, Sport, kultureller Aktivitäten, Umwelt, Medien und Verbraucherschutz. Nachdem sich in Deutschland der Blick im zurückliegenden Jahrzehnt vornehmlich auf die frühe Kindheit gerichtet hat, ist es nunmehr geboten, ihn auch verstärkt auf die gesundheitsbezogenen Belange der Jugend zu richten. Darauf verweist nachdrücklich der 13. Kinder- und Jugendbericht (2009).

In vielfacher Hinsicht kann die Kinder- und Jugendhilfe eine wichtige Rolle in ihren Handlungsfeldern bei Prävention und Gesundheitsförderung übernehmen. Dazu ist es jedoch nötig, wie es der 13. Kinder- und Jugendbericht ausdrücklich nahelegt, Gesundheit als grundlegende Aufgabe in der Kinder- und Jugendhilfe aufzunehmen (vgl. dazu Homfeldt/Sting 2006, S. 9ff.).

6.1 Ausgewählte Aufgaben in der Praxis

1. In den zurückliegenden Jahren ist eine Vielzahl von Netzwerken zwischen Kinder- und Jugendhilfe und dem Gesundheitswesen entstanden. Diese sind weiter auszubauen und mit anderen Handlungsfeldern (wie der Behindertenhilfe) zu verknüpfen: Da im Jugendalter verschiedene Lebenswelten zusammen wirken(Familie, peers, Medien, Schule) und sich Jugendliche einer Vielzahl von Entwicklungsaufgaben zu stellen haben (Richter 2008, S. 255), u. a. in der Bewältigung von Übergängen, sind Unterstützungsnetzwerke zwischen Gesundheitshilfe, Kinder- und Jugendhilfe und Behindertenhilfe vordringlich vonnöten. So heißt es in einem grundlegenden Papier der AGJ und dem Berufsverband der Kinder- und Jugendärzte vom Januar 2008 (S. 2). „Es sind lokale und regionale Bündnisse bzw. Netzwerke „Gesundheitsförderung für Kinder und Jugendliche“ zu schaffen, die die Leitungs- und Arbeitsebene der zuständigen Professionen einbeziehen.“ Die Weiterbildung aller beteiligten Professionen ist für eine gelingende Gestaltung von Netzwerkarbeit unerlässlich. Im Papier der AGJ und des Bundesverbandes der Kinder- und Jugendärzte (S. 3) wird betont, dass ein gesetzlicher Rahmen wünschenswert sei, um eine strukturbezogene Verbindlichkeit in den Schutz- und Förderaufgaben der Kinder- und Jugendhilfe zu schaffen (u. a. in der Zusammenarbeit zwischen Jugendamt und Gesundheitsamt beim Kinder- und Jugendschutz).

2. Gesundheitsförderung von Jugendlichen aufgrund gesundheitlicher Ungleichheit im familialen Kontext, aber auch von Gleichaltrigeneinflüssen ist am ehesten settingbezogen realisierbar. Eine Möglichkeit bieten Schulen, die gesundheitsförderlich ausgerichtet sind und gleichzeitig ganztäglich konzipiert sind. Eine wichtige Mitwirkungsmöglichkeit stellt sich hier für die schulbezogene Jugendhilfe. Eine weitere Möglichkeit ergibt sich im Bereich einer kommunal ausgerichteten Gesundheitsförderung in überschaubaren Räumen (Stichwort ‘kommunale Biotope’). In ihnen ist Einübung in interprofessionelle Kooperation möglich. Zwischenzeitig gibt es bereits eine größere Zahl von Projekten, die in solchen Netzwerken arbeiten. Es fehlt jedoch bislang eine Abstimmung und Qualitätssicherung der Arbeiten (vgl. Gemeinsame Handlungsempfehlungen der AGJ und des Berufsverbandes der Kinder- und Jugendärzte 2008, S. 22).

3. Für die Jugendarbeit und die Jugendverbandsarbeit ist es zunehmend wichtig, die Jugendlichen für ihr eigenes Lebensalter in ihrer Handlungsmächtigkeit (vgl. Homfeldt/Schröer/Schweppe 2008) und damit auch ihre Gesundheitsressourcen so zu stärken, dass sie einen selbstverantworteten Zugang zum Leben und damit auch zur Arbeit finden können. Möglich ist dies z. B. über sportbezogene Aktivitäten.

4. Eine geschlechtsspezifische Ausrichtung ist für die Kinder- und Jugendhilfe zum selbstverständlichen Bestandteil ihrer alltäglichen Handlungspraxis geworden. In Form einer impliziten Gesundheitsförderung findet sie sich in der Auseinandersetzung mit jugendlichem Risikohandeln, z. B. in erlebnispädagogischen Aktivitäten, aber auch grundsätzlich (im Bereich von Ernähren und Bewegen, Mobbing und Gewalt etc.). Zusammenhänge zwischen Ernähren und Bewegen sowie sozialer Lage, Geschlecht, Lebensalter sollten noch wesentlich systematischer in die alltägliche Arbeit einfließen.
5. Inzwischen vorliegendes Erklärungswissen aus der lebensverlaufsbezogenen Epidemiologie (vgl. z. B. Power/Kuh 2008) sind grundlegend z. B. für Beratung in der Sucht- und Drogenhilfe, u. a. für schwangere Frauen, aber auch für eine biografische Diagnostik, wie sie Hanses (2002) angedacht hat. Power/Kuh (2008, S. 71) heben hervor, dass der Übergang vom Jugend- zum Erwachsenenalter ein Fenster der Gelegenheiten biete, miteinander verwobene soziale und biologische Risikoketten zu durchbrechen und negative Karrieren zu unterbrechen. Möglicherweise können Ansätze der Jugendberufshilfe ihre Aufmerksamkeit verstärkt auf die gesundheitsförderlichen Möglichkeiten von Übergängen lenken.

6.2 Desiderate für die Forschung der Sozialen Arbeit

1. Erheblichen Erkenntnisbedarf gibt es zum Wirkzusammenhang etablierter sozialer Systeme wie Schule und ggf. sozialer Ungleichheit in Familien einerseits und sozialen Lebenswelten (peers, Medienwelten) der Jugendlichen andererseits. Das Verstehen des Wechselwirkungsverhältnisses (vgl. Schnabel 2007, S. 284) hat für die Jugendarbeit wie auch die Jugendverbandsarbeit, für die schulbezogene Jugendhilfe, aber auch für die interprofessionelle Kooperation zwischen Kinder- und Jugendhilfe, Gesundheitshilfe und Behindertenhilfe eine große Bedeutung. Verbunden ist diese Forschungsaufgabe mit der umfassenderen Fragestellung: (Wie) „beeinflussen Muster sozialer Integration und sozialer Ausgrenzung die Bevölkerungsgesundheit?“ (Berkman/Melchior 2008, S. 88).
2. Wichtig ist eine ‘Topografie’ zu den Praxisansätzen in der Netzwerkarbeit zwischen Kinder- und Jugendhilfe und anderen Akteuren zur Gesundheitsförderung sowie gesundheitsbezogenen Prävention, um Maßstäbe für Qualitätssicherung allgemein, aber auch Wissen für eine qualifizierte interprofessionelle Weiterbildung zu schaffen. Spannend wären hier Überlegungen zum einen von Kontextfreiheit als Qualitätsmerkmal (etwa in der Medizin im Sinne einer externen Validität) und von Kontextgebundenheit (in der Kinder- und Jugendhilfe). Wie kann ein gemeinsames Drittes aussehen?
3. Erheblichen Erkenntnisbedarf gibt es ferner zur Handlungsmächtigkeit und zu Selbstwirksamkeitsressourcen Jugendlicher, die wiederum Gesundheits-

ressourcen zu kräftigen vermögen. Zwar ist von Nutzer- und Subjektorientierung in Diskursen der Sozialen Arbeit die Rede, aber eine mit ihr verbundene systematische Begründung von Handlungsoptionen jugendlicher Akteure (etwa in Hilfeplangesprächen) bzw. eine agencybezogene Sicht ist bislang kaum entwickelt worden (vgl. zu agency als Perspektive von Jugendforschung Lange 2008).

4. Im Vergleich zur frühen Kindheit (Stichwort 'frühe Hilfen' sowie Kinderschutz) liegt die Forschung zur Entwicklung von Konzepten gesundheitsbezogener Förderung Jugendlicher erheblich im Rückstand. Sichtbar wird dies in Materialien zu Patientenschulungen. So wird immer noch nicht sozial bedingte gesundheitliche Ungleichheit, etwa in Patientenschulungen Jugendlicher bei Asthma oder Adipositas, systematisch eingebunden. Grundsätzlich gilt, wie es Bauer/Bittlingmayer (vgl. 2006, S. 803) hervorheben, dass ohne genaues Wissen über benachteiligende Lebensbedingungen keine Zielgruppenspezifik möglich ist.

Literatur

Arbeitsgemeinschaft für Kinder- und Jugendhilfe (AGJ) und Berufsverband der Kinder- und Jugendärzte (BVKJ), 2008: Gesundes Aufwachsen von Kindern und Jugendlichen – Kooperation von Gesundheitswesen und Kinder- und Jugendhilfe. Gemeinsame Handlungsempfehlungen Berlin

Bauer, U./Bittlingmeyer, U.H., 2006: Zielgruppenspezifische Gesundheitsförderung. In: Hurrelmann, K./Laaser, U./Razum, O. (Hrsg.): Handbuch Gesundheitswissenschaften. Weinheim, München, S. 781–818

Berkman, L.F./Melchior, M., 2008: Ein Modell für zukünftige Entwicklungen – wie Sozialpolitik durch Beeinflussung von gesellschaftlicher Integration und Familienstruktur die Gesundheit fördert. In: Siegrist, J./Marmot, M. (Hrsg.): Soziale Ungleichheit und Gesundheit. Bern, S. 77–98

Bertram, H., 2008: Deutsches Mittelmaß: Der schwierige Weg in die Moderne. In: Bertram, H. (Hrsg.): Mittelmaß für Kinder. München, S. 37–81

Bosma, H., 2008: Sozioökonomische Gesundheitsunterschiede und die Rolle der Kontrollüberzeugungen. In: Siegrist, J./Marmot, M.(Hrsg.): Soziale Ungleichheit und Gesundheit. Bern, S. 195–211

Commission on Social Determinants of Health, 2007: Achieving Health Equity: from root causes of fair outcomes. Genf

Demmelmair, H. et al, 2006: Long-term Consequences of Early Nutrition. In: Early Human Development, 82, S. 567–574

Dragano, N./Siegrist, J., 2006: Die Lebenslaufperspektive gesundheitlicher Ungleichheit: Konzepte und Forschungsergebnisse. In: Richter, M./Hurrelmann, K. (Hrsg.): Gesundheitliche Ungleichheit. Grundlagen, Probleme, Perspektiven. Wiesbaden, S. 171–184

Dragano, N., 2007: Gesundheitliche Ungleichheit im Lebenslauf. In: Aus Politik und Zeitgeschichte, 42, S. 18–24

Elstad, J.I., 2005: Childhood Adversities and Health Variations Among Middle-aged Men: A Retrospective Lifecourse Study. In: European Journal of Public Health, 15/1, S. 51–58

Forrest, Ch.B./Riley, A.W., 2004: Childhood Origins of Adult Health: A Basis for Life-Course Health Policy. In: Health Affairs, 23, S. 155–164

Graham, H., 2008: Die Bekämpfung gesundheitlicher Ungleichheiten und die Bedeutung sozialer Determinanten: Unterschiedliche Definitionsansätze und ihre politischen Konjunkturen. In: Bauer, U./Bittlingmayer, U.H./Richter, M. (Hrsg.): Health Inequalities. Wiesbaden, S. 455–479

Hähne, C.; Dümmler, K., 2008: Einflüsse von Geschlecht und sozialer Ungleichheit auf die Wahrnehmung und den Umgang mit dem Körper im Jugendalter. In: Richter, M./Hurrelmann, K./Klocke, A.C./Melzer, W. (Hrsg.): Gesundheit, Ungleichheit und jugendliche Lebenswelten. Weinheim, München, S. 93–115

Hanses, A., 2002: Biographische Diagnostik als Veränderung professioneller „Interaktionsordnung". In: Dörr, M. (Hrsg.): Klinische Sozialarbeit. Baltmannsweiler, S. 86–102

Hanses, A, 2008: Zur Aktualität des Setting-Ansatzes in der Gesundheitsförderung. In: Bals, T./Hanses, A./Melzer, W. (Hrsg.): Gesundheitsförderung in pädagogischen Settings. Weinheim, München, S. 11–25

Helfferich, C., 2001: Jugendliches Risikoverhalten aus geschlechtsspezifischer Sicht. In: Raithel, J. (Hrsg.) Risikoverhaltensweisen Jugendlicher. Opladen, S. 331–347

Homfeldt, H.G./Sting, S., 2006. Soziale Arbeit und Gesundheit. München

Homfeldt, H.G./Schröer, W./Schweppe, C. (Hrsg.), 2008: Vom Adressaten zum Akteur. Soziale Arbeit und Agency. Opladen & Farmington Hills

Kolip, P., 1997: Geschlecht und Gesundheit im Jugendalter. Opladen

Kurth, B.-M., 2006: Die Epidemiologie von Gesundheit und Krankheit. In: Hurrelmann, K./Laaser, U./Razum, O. (Hrsg): Handbuch Gesundheitswissenschaften. Weinheim/München, S.483–510

Kurth, B.-M./Hölling, H./Schlack, R., 2008: Wie geht es unseren Kindern? Ergebnisse aus dem bundesweit repräsentativen Kinder- und Jugendgesundheitssurvey. In: Bertram, H. (Hrsg.): Mittelmaß für Kinder. München, S. 104–126

Kurth, B.-M./Ziese, T., 2006: Die Epidemiologie von Gesundheit und Krankheit. In: Hurrelmann, K./Laaser,U./Razum, O. (Hrsg.): Handbuch Gesundheitswissenschaften. Weinheim/München , S. 483–510

Lampert, T./Thamm, M., 2007: Tabak-, Alkohol- und Drogenkonsum von Jugendlichen in Deutschland. Ergebnisse des Kinder- und Jugendgesundheitssurveys (KIGGS). In: Bundesgesundheitsblatt, Band 50, Heft 5/6

Lange, A., 2008: Agency – eine Perspektive für die Jugendforschung. In: Homfeldt, H.G./Schröer, W./Schweppe, C. (Hrsg.): Vom Adressaten zum Akteur. Soziale Arbeit und Agency. Opladen & Farmington Hills, S. 155–179

Marstedt, G. et al, 2000a: Young is beautiful? Zukunftsperspektiven, Belastungen und Gesundheit im Jugendalter. Bremen, Schwäbisch Gmünd

Marstedt, G. et al, 2000b: Jugend, Arbeit und Gesundheit. Bremen, Schwäbisch Gmünd

Mensink, G.B.M./Kleiser, C./Richter, A., 2007: Lebensmittelverzehr bei Kindern und Jugendlichen in Deutschland. Ergebnisse des Kinder- und Jugendgesundheitssurveys (KIGGS). In: Bundesgesundheitsblatt, Band 50, Heft 5/6, S. 609–623

Murasko, J.E., 2007: A Lifecourse Study on Education and Health: The Relationship between Childhood Psychosocial Resources and Outcomes in Adolescence and young Adulthood. In: Social Science Research, 36, S. 1348–1370

National Institute for Health and Clinical Excellence, 2007: The social determinants of health: Developing an evidence base for political action. United Kingdom

Power, C./Kuh, D., 2008: Die Entwicklung gesundheitlicher Ungleichheiten im Lebenslauf. In: Siegrist, J./Marmot, M. (Hrsg.): Soziale Ungleichheit und Gesundheit. Bern, S. 45–76

Richter, M., 2005: Gesundheit und Gesundheitsverhalten im Jugendalter. Der Einfluss sozialer Ungleichheit. Wiesbaden

Richter, M./Hurrelmann, K., 2006: Gesundheitliche Ungleichheit: Ausgangsfragen und Herausforderungen. In: Richter, M./Hurrelmann, K. (Hrsg.): Gesundheitliche Ungleichheit. Grundlagen, Probleme, Perspektiven. Wiesbaden, S. 11–31

Richter, M., 2008: Soziale Determinanten der Gesundheit im Spannungsfeld zwischen Ungleichheit und jugendlichen Lebenswelten: der WHO-Jugendgesundheitssurvey. In: Richter, M./Hurrelmann, K. (Hrsg): Gesundheit, Ungleichheit und jugendliche Lebenswelten. Weinheim/München, S. 9–37

Schigl, B., 2007: „Geschlechtskrankheiten – Geschlechtsgesundheiten“: Gender-typische Konstruktionen von Gesundheit und Krankheit. In: Integrative Therapie, 33/3, S. 299–321

Schmidt, B./Kolip, P., 2007: Gesundheit fördern – oder fordern? In: Schmidt, B./Kolip, P. (Hrsg.): Gesundheitsförderung im aktivierenden Sozialstaat. Weinheim/München, S. 9–19

Schnabel, P.-E., 2007: Gesundheitsförderung in Familien und Schulen. In: Hurrelmann, K./.Klotz, T./ Haisch, J. (Hrsg.): Lehrbuch Prävention und Gesundheitsförderung. Bern, S. 283–293

Schröer, W./Sting, S., 2006: Vergessene Themen der Disziplin – neue Perspektiven für die Sozialpädagogik? In: Schweppe, C./Sting, S. (Hrsg.). Sozialpädagogik im Übergang, S. 17–30

Starfield, B./Birn, A.-E., 2007: Income redistribution is not enough: income inequality, social welfare programs, and achieving equity in health. In: Journal of Epidemiology and Community Health, Vol. 61, p. 1038–1041

Taylor, S.E. et al, 2004: Early Environment, Emotions, Responses to Stress, and Health. In: Journal of Personality, 72/6, S. 1365–1393

West, P., 1997: Health Inequalities in the Early Years: Is There Equalisation in Youth? In: Social Science and Medicine, 44/6, S. 833–858

WHO, 2004: Soziale Determinanten von Gesundheit. Die Fakten. 2. Ausgabe. Kopenhagen

BARBARA RENDTORFF

Jugend, Sexualität und Geschlecht

Das Jugendalter ist auf ganz spezielle Weise mit Geschlechtlichkeit, d.h. dem geschlechtlichen Körper und der Positionierung der Individuen als junge „Frauen“ oder „Männer“ verbunden. Die biologische Entwicklung mit all den Veränderungen am und im Körper, die damit entstehende generative Potenz und das zunehmend alleinverantwortliche öffentliche Auftreten nötigt die Jugendlichen (und: ermöglicht es ihnen), aus dem Schutz des Kindseins herauszutreten und sich einen eigenständigen Platz in der Welt zu erarbeiten. Dabei wirken die kultur- und zeittypischen Bilder von Weiblichkeit und Männlichkeit und die damit verknüpften Erwartungen an die Jugendlichen in hohem Maße prägend auf die Ausgestaltung ihrer erwachsenen Identität.

Der geschlechtliche Körper selbst gerät in diesem Zusammenhang auf zwei unterschiedliche, wenn auch zusammengehörende Arten ins Zentrum des Geschehens: zum einen, weil er mit dem Erwachen von erotischen Phantasien und sexuellem Begehren eine innere Unruhe mit sich bringt, die als eine neue Dimension des Erlebens von den Jugendlichen erst ‘gelernt’ werden muss, während der vertraute kindliche Körper einfach verschwindet; und zweitens, weil er, gewissermaßen als ‘Außenfläche’ inszeniert, eng mit Rivalität und Leistung verbunden ist – wenn etwa das Begehrt-Werden als Maßstab für den Status innerhalb der Peergruppe fungiert. Die allgemein verbreitete Auffassung, dass jede/r das Gelingen seiner/ihrer Lebensentwürfe, Persönlichkeit, Fortkommen usw. selbst in der Hand habe (und für deren Scheitern folglich selbst verantwortlich sei), wird auf Aussehen, Attraktivität und Beliebtheit ausgedehnt und kann die Jugendlichen zuweilen unter großen Druck setzen.

Grundsätzlich ist natürlich die Fähigkeit zu Selbstbeobachtung und Selbstreflexion, die „Erfahrung, im Blick auf sich selbst wie in den Augen anderer fremd zu sein“ (Streeck-Fischer 1994, S. 512), eine „Entwicklungschance“, eine wichtige Grundlage für Unabhängigkeit und kritische Selbst- und Weltsicht. Sie führt in diesem Alter auch dazu, dass Jugendliche oft in besonders wacher (von Erwachsenen als ungerecht und überheblich empfundener) Weise ihre Mitmenschen beobachten und kritisieren und sich von ihnen unterscheiden wollen. Je nachdem, unter welchen Bedingungen die Jugendlichen heranwachsen, kann sie diese hohe Selbstaufmerksamkeit aber auch belasten (weil sie problematische Ereignisse stärker als „selbstrelevant“ empfinden), überfordern und sie damit anfällig machen z. B. für depressive oder aggressive Wendungen (vgl. Steinhausen/Winkler-Metzke 1997).

Diese tendenzielle Unsicherheit über sich selbst geht auch einher mit einer hohen allgemeinen Körperbesorgnis, die v.a. bei Mädchen mit dem 12. Lebensjahr stark ansteigt (Kupfer et al. 1992, S. 171), einem gemessen an anderen Lebensphasen höheren Maß an Körperbeschwerden und Gesundheitsstörungen. Dabei ist, wie auch schon in der Kinderzeit, der Gesundheitszustand von Jungen problematischer, anfälliger als der der Mädchen, die allerdings ab dem 15. Lebensjahr in höherem Ausmaß über diffuse psychosomatische Befindlichkeitsstörungen klagen (Franzkowiak/Stößel 1990; Kolip 1994; Kupfer et al. 1992). So werden ihnen auch deutlich mehr Psychopharmaka verordnet, den männlichen Heranwachsenden mehr Schmerz- und Beruhigungsmittel (Franzkowiak et al., a.a.O., S. 84f.)

Gerade heute, wo die Grenzen der Scham so weit zurückgedrängt und aufgelöst werden, dass sich die Jugendlichen in ihrer verunsicherten Körperlichkeit kaum mehr dahinter zurückziehen können, gerät der Körper nun zunehmend als sexueller Körper in die Aufmerksamkeit (die eigene und die der anderen). Dabei sind es oft rivalisierende oder spottende Blicke – beim erbarmungslosen Vergleich der Größe der Brüste, der Schönheit der Haare oder der nur erst mager sprießenden Barthaare –, die die ohnehin ihrer selbst noch nicht sicheren Jugendlichen auf verletzende Weise treffen oder bloßstellen.

1. Sexualität/das Sexuelle

Jugendliche stehen also vor der Aufgabe, sich mit dem sexuell gewordenen Körper zu befassen, die aus dem Dranghaften, der Scham und dem Hader mit den Unzulänglichkeiten des Körpers resultierenden Affekte zu ertragen, die Genitalien mit ihren neu gewonnenen Funktionen, ihren neuen, erregenden Gefühlsdimensionen und ihrer mit Phantasien aufgeladenen Bedeutung in das Körperbild zu integrieren. Denn auch wenn der Ausdruck „sexuell" bzw. „Sexualität" meist in einem engeren Sinne als Bezeichnung für genitale Aktivitäten verwendet wird, umfasst der Begriff doch (zumal in einem psychologischen Verständnis) eigentlich alle menschlichen sexuellen Lebensäußerungen, die auch bei nicht unmittelbaren genitalen Praktiken eine Rolle spielen: die Sehnsucht nach Berührung und Berührtwerden, den Wunsch nach Hingabe oder Überwältigung.

Daran erkennen wir schon, dass die Sexualität eine große psychische Anforderung an die Individuen darstellt: sich hinzugeben, anzuvertrauen, jemanden zu berühren und Berührungen durch einen anderen zuzulassen, die eigentlich durch das von Erziehung und Konventionen errichtete Berührungsverbot tabuisiert sind, innerlich überwältigende, verschmelzende und auflösende Gefühle zu empfinden. Dies alles wird ersehnt, aber immer auch ein wenig gefürchtet, es ist mit einem gewissen psychischen 'Risiko' behaftet – was letztlich auch den Kitzel erotischer Anziehung ausmacht. Zugleich aber sehen wir, dass in Bezug auf die

Sexualität nicht die quasi „triebhaften“ den „sozialen“ Aspekten gegenüber- oder gar alternativ entgegengesetzt werden sollten, wie dies (wohl aufgrund einer missverstehenden Lektüre psychoanalytischer Texte) sehr oft in der Literatur geschieht. Sexualität hat zwar eine individuelle Triebgeschichte, lässt sich jedoch nur aus der Mitwirkung von Einflüssen aus den jeweils erlebten Beziehungen des Individuums und einer mehr oder weniger gezielten gesellschaftlichen Beeinflussung verstehen. Deshalb ist Sexualität auch in ihrer Triebdimension etwas ‘Soziales’, sofern reale und phantasierte, vergangene und aktuelle Beziehungen in das Erleben des Einzelnen mit einfließen. Dies war auch der Hintergrund für die Liberalisierung im Umgang mit Lust und Sinnlichkeit in der antiautoritären Erziehung und der „Kinderladen“-Bewegung: dass soziale, intellektuelle und psychische Entwicklungen immer auch mit körperlicher Lust einhergehen, die diese Entwicklungen fördert (z. B. ungehemmte Bewegung und intensive sinnliche Körpererfahrungen).

So können wir den Anstieg an Körperbeschwerden in der Adoleszenz sicherlich zumindest teilweise auch einen Ausdruck innerer Unsicherheiten über die Beschaffenheit dieses Körpers verstehen: ob er ‘gut funktioniert’, ob er liebenswert und attraktiv, ob er zuverlässig ist. So sind beispielsweise diffuse Bauchschmerzen eine häufige Befindlichkeitsstörung: sie treten bei Jungen gehäuft um das 13. Lebensjahr auf, bei Mädchen zwischen 14 und 17 Jahren und stehen „nicht im Zusammenhang mit realen Menstruationsbeschwerden“ (Kupfer et al. 1992, S. 170). Eher wohl sind es diffuse Ängste, die den Kindern und Jugendlichen ‘auf dem Magen liegen’.

In Bezug auf das Erleben des sexuell werdenden Körpers und auf sexuelle Beziehungen gibt es nun eine ganze Reihe auffälliger Unterschiede zwischen weiblichen und männlichen Jugendlichen, die zum Teil auf die unterschiedliche Körperausstattung zurückzuführen sind, zum großen Teil aber als Folgen persistenter gesellschaftlicher Konventionen verstanden werden müssen.

2. Sexuelle Reife und Wissen über den Körper

Der biologische Reifungsprozess erfolgt bei jungen Mädchen wie auch in den vorangegangenen Entwicklungszeiträumen insgesamt 1–2 Jahre früher als bei Jungen, der größte Wachstumsschub dieser Phase liegt bei Mädchen im statistischen Mittel im 12., bei den Jungen im 14. Lebensjahr, Mädchen haben mit etwa 16, Jungen mit etwa 18 Jahren ihre erwachsene Körpergröße erreicht. Dabei wächst der Körper nicht gleichmäßig, sondern „zuerst wachsen Hände und Füße, danach Hüften, Brust und Schultern und erst zuletzt wird der Rumpf vom Wachstumsschub erfasst“ (Fend 2000, S. 104). Auch die Gesichtsknochen wachsen ungleichzeitig, was insgesamt dazu beiträgt, dass Jugendliche oftmals wirken, als passe bei ihnen alles nicht so recht zusammen. War die Muskelmasse noch bis zum 12. Lebensjahr bei Mädchen und Jungen gleich, so verschieben sich jetzt Anteil und Verteilung: erwachsene Frauen haben mehr Fettgewebe im Verhältnis zu Muskeln und Knochen, und dieses sitzt bei Männern „hauptsächlich am Bauch, bei Frauen an Hüften, Gesäß, Brust und Oberschenkeln“ (Christiansen 1995, S. 25). Auch sind ihre Hüften breiter, ihre Beine im Verhältnis zum Rumpf kürzer, bei Jungen die Schultern breiter – all das als statistisches Mittel, denn „angesichts der großen interindividuellen Variabilität der Körperfettmenge gibt es aber eine beträchtliche Anzahl von Frauen, die weniger Körperfett haben als manche Männer“ (ebd.).

Das beginnende Wachstum der Brüste (Thelarche) bei den Mädchen wird meist auf etwa 10–11 Jahre datiert, das Wachstum von Penis und Hoden (Testes) bzw. Hodensack (Skrotum) bei Jungen ab etwa 12 Jahren. Etwa gleichzeitig (bei Jungen später) beginnt das Schamhaar-(Pubes-)Wachstum (auch, etwas gestelzt, als Pubarche bezeichnet), das sich über mehrere Jahre hinzieht. Allerdings können die Altersangaben hier nur vage sein, da die Entwicklung zwischen den einzelnen Jugendlichen um bis zu fünf oder sechs Jahre variieren kann. Dennoch muss man festhalten, dass die deutliche Unterschiedlichkeit der Entwicklungszeiträume von Mädchen und Jungen für Schulklassen oder Jugendgruppen gewisse Probleme mit sich bringen kann.

Biologisch unterschiedlich sind natürlich die Anzeichen von Zeugungs- und Empfängnisfähigkeit: Menarche (das erste Auftreten der Menstruation) und Ejakularche (erste „Pollution“, Samenerguss), wobei die Menstruation einerseits ‘öffentlicher’, aber zugleich auch tabuisierter ist und auch heute teilweise noch mit dem alten Bild der ‘Unreinheit’ in Verbindung gebracht wird.

Derzeit geht man von einem durchschnittlichen Menarchealter von 12–13 Jahren aus (vgl. auch Kluge 1998) – dies ist also der Zeitpunkt, an dem junge Mädchen sich mit ihrer Körperausstattung, der real gewordenen Möglichkeit der Empfängnis und den damit verbundenen Phantasien auseinandersetzen müssen. Das eigene Weiblichsein verbindet sich nun (zunächst in der Phantasie) unabweisbar mit Aspekten von Sexualität und potentieller Mutterschaft und deren Verbindung – zum einen, weil solche Aspekte dem gesellschaftlichen Bild von Weiblichkeit angehören (wie subtil auch immer), zum anderen, weil die Auseinandersetzung mit der eigenen Weiblichkeit auch im Vergleich mit und/oder der Abgrenzung von der eigenen Mutter stattfindet. Da die Menarche aus nicht ganz geklärten Gründen immer früher eintritt, sind die Mädchen zu diesem Zeitpunkt aber oft noch der Kindheit näher als der Adoleszenz.

Die Studie von Kluge erbringt auch einen signifikanten Zusammenhang zwischen dem Erleben der Menarche, der generellen Einstellung zur Menstruation und dem längerfristigen Erleben der Regelblutung, wobei die Frage, wie die Mädchen zuvor informiert und auf die Menarche „vorbereitet“ waren, eine ganz erhebliche Rolle spielt: Die Wahrscheinlichkeit, die Menstruation als etwas Unangenehmes zu erleben, ist für diejenigen Mädchen erheblich höher, die schlecht oder gar nicht vorbereitet und über die Körpervorgänge informiert waren: diese erlebten die Menarche eher als unangenehm und/oder schmerzhaft.

Bei den Jungen wird von Kluge für den Zeitpunkt der Ejakularche ein Alter von 12,6 ermittelt, auch hier lässt sich eine Vorverlagerung erkennen (vgl. BZgA 2006, S. 73). Es empfiehlt es sich allerdings, zwischen unwillkürlichem Samenerguss (43 %) und durch Onanie (31 %) oder Koitus (5 %) selbst herbeigeführtem Orgasmus zu unterscheiden, da die unwillkürliche Erfahrung eher mit unangenehmen Gefühlen, Schrecken, Unsicherheit oder Scham verbunden ist. Insgesamt geben 45 % der Jungen positive Gefühle an, immerhin 30 % erinnern sich nicht genau, 25 % waren unsicher oder beschämt. Da Kluge bei 55 % der Mädchen negative oder gemischte Gefühle angesichts der Menarche gefunden hatte, kommt er zu dem Schluss, dass „auch heute die zur Pubertätsentwicklung als Höhepunkt zählenden Ereignisse von beiden Geschlechtern sowohl unterschiedlich wahrgenommen als auch geschlechtsspezifisch anders erlebt werden" (a. a. O., S. 45).

Diejenigen Mädchen, die ihre Menarche und Menstruation mit eher negativen Gefühlen begleiten, „haben auch bei selbststimulierenden Maßnahmen [Onanie, Masturbation] am häufigsten ein schlechtes Gewissen" (Kluge 1998, S. 37). Dieser Zusammenhang ist auch bei den Jungen hoch signifikant: die Häufigkeit der Masturbation liegt bei Jungen mit einem positiven Verhältnis zur Ejakulation höher, das schlechte Gewissen ist seltener. Hier gibt es allerdings auch einen gravierenden Unterschied zwischen Jungen und Mädchen: So haben nach dieser Untersuchung 64 % der Mädchen im ersten Jahr nach der Menarche noch keine Erfahrung mit Selbstbefriedigung, im 5. Jahr sind es immerhin noch 44 %. Bei den Jungen dagegen sind es 30 % im ersten Jahr und 4 % nach fünf Jahren, die keine sexuelle Erfahrung mit sich selbst gemacht haben (a. a. O., S. 85). Mädchen geben zudem deutlich häufiger an, bei dem Thema Selbstbefriedigung „unsicher" zu sein (a. a. O., S. 106).

Zwar gibt es einen „Liberalisierungstrend" in Bezug auf Selbstbefriedigung insbesondere bei den jungen Frauen (vgl. Boeger/Manthey 1998, S. 144), aber etliche Untersuchungen zum Sexualverhalten Jugendlicher kommen zu dem Ergebnis, dass die Masturbationshäufigkeit bei Jungen immer noch deutlich höher ist (vgl. Bartholomäus 1990, S. 139): Der erste Orgasmus wird denn auch bei Jungen überwiegend durch Masturbation herbeigeführt, bei den Mädchen durch Geschlechtsverkehr oder Petting (Klusmann/Kurrat 1993, S. 108).

Vielen Mädchen bleibt also eine wichtige Erfahrungsdimension verschlossen, sofern Selbstbefriedigung, wie Wolfgang Bartholomäus schreibt, eine „sexuelle Erfahrungsmöglichkeit eigener Art" ist, „die auch dann aufgesucht wird, wenn andere sexuelle Erfahrungsmöglichkeiten vorhanden sind, weil sie durch diese nicht zu ersetzen ist" (Bartholomäus 1990, S. 140). Masturbation lässt sich auch als ein aktives sexuelles Probehandeln auffassen, als „aktive Prüfung, welche sexuellen Vorstellungen, Gefühle oder Befriedigungen für das Überich annehmbar sind und welche nicht“ (Bohleber 1996, S. 18). Wenn Mädchen häufiger Scham, Scheu und schlechtes Gewissen empfinden, wäre das also ein mögliches Indiz dafür, dass sie mehr Schwierigkeiten damit haben, ihren Körper aus dem kindlichen Stadium, in dem er gewissermaßen noch der Mutter angehört, die über ihn verfügt, in die eigene Verfügung zu überführen, sich ihren Körper und damit ihre Sexualität ‘anzueignen’ – zumal in der Tradition des 19. Jahrhunderts, in der die Sexualität des Mädchens ohnehin dem Mann unterstellt und tendenziell ‘enteignet’ war.

Was die Kenntnis der körperlichen Vorgänge bei den Jugendlichen selbst betrifft, so kann man in Kürze Folgendes festhalten: Die Bundeszentrale für gesundheitliche Aufklärung stellt in ihrer in Abständen wiederholten Befragung von Jugendlichen aktuell fest, dass zwar zwei Drittel der Mädchen und ein gutes Drittel der Jungen angeben, den Zeitpunkt der Empfängnis im Zyklus zu kennen, „aber jeweils knapp jede(r) Dritte liegt mit der eigenen Einschätzung falsch“ und jeder vierte männliche Jugendliche empfindet diese Wissenslücke auch nicht als bedenkenswert und antwortet „das Thema interessiert mich gar nicht“ (BZgA 2006, S. 57). Nur jedes zweite Mädchen kann den Empfängniszeitraum sicher und richtig bestimmen – und beunruhigend sind auch die Wissenslücken der Eltern: viele kennen die biologischen Zusammenhänge nicht oder schätzen sie falsch ein, so dass ein großer Teil der Jugendlichen von ihren Eltern (die Mütter sind etwas besser in ihrem Kenntnisstand, aber auch keineswegs sicher) keine verlässlichen Kenntnisse erhalten können, oder „was fast noch schlimmer ist, bekommen falsche Informationen übermittelt“ (a. a. O., S. 58). Viele Jugendliche würden es deshalb begrüßen, wenn sie von ihren Lehrer/innen mehr Informationen erhalten würden (a. a. O., S. 32).

4. Sexuelle Praktiken

Über die sexuellen Erfahrungen und Praktiken von Jugendlichen liegen keine verlässlichen Daten vor (vgl. Neubauer 1990, S. 20), wohl aber lassen sich Annäherungen und Trends beschreiben. Es ist dabei aber ein großes, viel zu wenig diskutiertes Problem der empirischen Literatur, dass in der innerpsychischen Organisation das Ich der ‘Ort der Verkennung’ ist, der Platz, an dem das Individuum weniger die Wahrheit über sich selbst sagen kann, als vielmehr nur die imaginären Bilder von sich selbst zum Sprechen bringen. Anders gesagt: was ich über mich sagen kann, ist immer durch den Filter meiner Erwartungen an mich selbst und der Erwartungen, die ich von anderen spüre (oder zu spüren meine), gefärbt. Es müsste also immer reflektiert werden, warum die Individuen dies oder jenes über sich sagen, was sie mit ihren Aussagen zum Ausdruck bringen wollen (oder andeuten oder wovon sie ablenken wollen), was also das Ausgesagte bedeutet. Jedenfalls kann man nur begrenzt das, was Befragte über sich aussagen (insbesondere bei solchen stark besetzten Themen), als unmittelbaren Ausdruck ihrer Wünsche, Empfindungen und Erwartungen behandeln. Da dies in den empirischen Studien nur wenig berücksichtigt wird, müssen wir uns dennoch an das vorliegende Datenmaterial halten.

Eine weitere Schwierigkeit bei der Interpretation der vorliegenden Selbstberichte von Jugendlichen folgt aus der Tatsache, dass in den entsprechenden Untersuchungen meistens vor allem zeitliche Angaben zu Masturbation, Petting, Geschlechtsverkehr, zu hetero- und homosexuellen Erfahrungen, gelegentlich auch zu Verhütung, Abtreibung und Gewalterfahrungen erhoben werden, wobei der heterosexuelle Geschlechtsverkehr meist stark im Vordergrund steht. Dabei werden, wie Winter/Neubauer kritisieren, meist nur die „harten Fakten" abgefragt (erster Kuss, erstes Petting, erster Geschlechtsverkehr), während „der 'weiche' Bereich (etwa soziale Situation, Gefühle, Mythen, Ängste, Bindung, Scham) kaum eine Rolle spielt" (vgl. Winter/Neubauer 1998, S. 27). Dass viele Studien als „Replikationsstudien" durchgeführt werden, also das Design einer früheren Studie wiederholen (um die Daten vergleichen zu können), verhindert zudem, dass sich Einsichten über die Beschränktheit der Anlage auch in den Untersuchungsdesigns niederschlagen. Dies deckt sich zwar mit dem in der Öffentlichkeit kommunizierten leistungsbetonenden Blick auf Sexualität, vergibt aber die Möglichkeit, die Jugendlichen tatsächlich von ihren Wünschen und ihrem Erleben berichten zu lassen. Auch tragen die Medien (wie z. B. BRAVO) zu einem falschen Bild und einem Erfolgs- und Handlungsdruck für Jugendliche bei: Vielfach „wird von '15' als der jugendadäquaten Norm" für Geschlechtsverkehr ausgegangen – „bis zu diesem Zeitpunkt haben aber höchstens 10 bis 20 % der Jugendlichen Koituserfahrungen" (Fend 2000, S. 263).

Ganz entgegen der Erwartung und den Darstellungen in den Medien haben Jugendliche heute nicht unbedingt mehr sexuelle Erfahrungen oder mehr Spaß am Sex als früher, außerdem fällt auf, dass Mädchen alle Kategorien sexueller Erlebnisse (Petting, Geschlechtsverkehr, erster Koitus, Masturbation) als deutlich weniger lustvoll erleben (bzw.: beschreiben) als Jungen (vgl. Schmidt/Klusmann/Zeitzschel 1993, S. 31; BZgA 2006, S. 91). Die Studien kommen dabei zu unterschiedlichen, teilweise dramatischen Ergebnissen: so berichtet etwa Neubauer von 90 % Zufriedenheit bei den Jungen, aber nur 45 % bei den Mädchen (vgl. Neubauer 1990, S. 25), und in einer amerikanische Untersuchung gaben viele Mädchen an, dass sie Sex „nicht besonders mögen" und oftmals nur darauf einlassen, um dem Freund einen Gefallen zu tun (vgl. Löw 2008, S. 202; vgl. auch Lange/Knopf/Gaensler-Jordan 1993, S. 132: In dieser Studie war jedes 5. Mädchen unzufrieden mit ihren sexuellen Erfahrungen).

Die gesammelten Daten zeigen, dass die meisten Jugendlichen „sexuelle Teilschritte“ (Neubauer) unternehmen, vom Verabreden, Anfassen, Schmusen, Küssen und Petting bis zu genitalem Sex (vgl. Breitenbach 2000, S. 313f.). Zum Durchschnittsalter für erste koitale Erfahrungen ermittelt die BZgA, dass bei den Mädchen ein Viertel und bei den Jungen ein Drittel der 17-Jährigen noch „unerfahren“ war, bei den anderen findet sich eine Häufung in der Altersgruppe der 16-Jährigen. Bei Schmidt et al. haben von den 16–17 jg. Mädchen 67 % Petting-Erfahrung (Jungen 57 %) und 34 % Koituserfahrung (Jungen 40 %). Fend gibt (für Österreich) das durchschnittliche Alter für Koitus mit 16 J. an (für Petting mit 15 J.); Plies et al. mit 16,7 J. (Petting 16 J.), Kluge mit 14,9 J. Wie unterschiedlich diese Daten auch sind – zwischen den ersten Verabredungen mit Küssen und Schmusen und dem aktiven Genitalpetting liegt im Mittel etwa ein Zeitraum von 1 1/2 Jahren – auch dies zeigt ja, dass die Jugendlichen sich langsam vorantasten, auch wenn sie nach außen etwas anderes behaupten und wünschen. Die Erlebnisse erscheinen denn auch umso positiver, je älter die Jugendlichen waren (BZgA 2006, S. 91; auch die von Neubauer befragten Jugendlichen fühlen sich zu 70 % bei den 14jährigen und zu 50 % bei den 15jährigen noch zu jung für Geschlechtsverkehr, vgl. ebd.)

Dabei wird gewohnheitsmäßig (auch in der Literatur) der Geschlechtsverkehr als „Höhepunkt“ und Ziel der sexuellen Beziehung verstanden – eine Auffassung, die stärker von Jungen als von Mädchen geteilt wird (vgl. Stein-Hilbers 2000, S. 75), die ihrerseits mehr Spaß auch an nicht-koitalen sexuellen und genitalen Aktivitäten haben als Jungen. So nimmt etwa nach einer Studie von Clement (1986; zit. n. Bartholomäus 1990, S. 140) die Masturbationshäufigkeit von Studenten mit dem Umfang der Koitusaktivität ab, bei Studentinnen aber zu. Ob das direkt damit zusammenhängt, dass die Studentinnen weniger Lust beim Koitus empfinden, wurde allerdings nicht erfragt (vgl. Bartholomäus 1990, S. 140; vgl. auch Schmidt et al. 1993, S. 200 – es wäre interessant zu wissen, ob eine aktuelle Befragung diesen Befund bestätigen würde). Vielleicht passt es zu diesem Ergebnis, dass Boeger-Manthey berichten, die meisten Männer hätten als Masturbationsphantasien eine „Wunschpartnerin“, Frauen häufiger eine „lustvolle Konzentration auf den eigenen Körper“ (vgl. Boeger/Manthey 1998, S. 144; Hartmann 1989).

Jungen empfinden insgesamt Körperkontakte statistisch signifikant weniger angenehm als Mädchen. „Nur ungefähr die Hälfte mögen Körperkontakt mit Freunden, Bekannten und Verwandten, während bei den Mädchen zwei Drittel körperliche Berührungen mit Bekannten und Familienangehörigen und drei Viertel Berührungen mit Freunden gerne mögen“ (Kluge/Hippchen/Fischinger 1999, S. 104). Auch hier sei nochmals eindringlich daran erinnert: dieses Ergebnis muss nicht bedeuten, dass „Jungen“ keine Berührungen „mögen“! Wir könnten ebenso gut lesen: Jungen wird der unbefangene Umgang mit Körperberührungen zwischen der frühen Kindheit und der Adoleszenz zunehmend genommen. Weil nichtsexuelle körperliche Nähe als unmännlich gilt, können sie nicht so gut wie die weiblichen Jugendlichen einander nahe sein, und sie können dies auch weniger einem Interviewpartner gegenüber formulieren. Übrigens sprechen Jungen überhaupt weniger über ihre sexuellen Erlebnisse als Mädchen, und beide sprechen auch wenig miteinander über ihre gemeinsamen Erfahrungen (vgl. Löw 2008, S. 203).

Auch über den Umfang homosexueller Erfahrungen und Experimente herrscht in der Literatur Uneinigkeit: Während Schmidt et al. (1993) zu einem Wert von nur 6 % bei den Mädchen und 2 % bei den Jungen kommen (und daher den Rückgang gegenüber früheren Untersuchungen als „dramatisch" bezeichnen), antworten die von Plies et al. (1999) befragten 16–17-jährigen jungen Männer zu 7 %, dass sie häufig, 10 % ein paar Mal und 2 % einmalig Zärtlichkeiten mit anderen Männern ausgetauscht hätten (über Frauen werden für dieses spezielle Alterssegment keine Zahlen mitgeteilt). In dem gesamten Sample von 14–24-Jährigen erklären sich die meisten Männer und Frauen als heterosexuell (83 % Männer, 78 % Frauen), 0,3 % Männer/0,2% Frauen als homosexuell, die nicht ganz festlegenden Kategorien bisexuell/vorwiegend homosexuell/vorwiegend heterosexuell/weder noch werden insgesamt von 12,3 % der Männer/17,2 % der Frauen angekreuzt. (a. a. O., S. 50) Mehr Mädchen wüssten gerne mehr über gleichgeschlechtliche Liebe (über Liebe unter Männern: 17 %, Liebe zwischen Frauen: 19 %) als Jungen (über Liebe zwischen Männern: 7 %, zwischen Frauen 10 %). Frauen sind also nach diesem Ergebnis neugieriger auf die Breite möglicher sexueller Beziehungs- und Erfahrungsformen und etwas flexibler in Bezug auf die Festlegung ihrer sexuellen Orientierungen – wobei sich lesbische Frauen in ihrer sexuellen Orientierung am flexibelsten zeigen (Löw 2008, S. 206 ff.). Auch sind heterosexuelle Frauen gegenüber Homosexualität positiver eingestellt als heterosexuelle Männer.

In der heterosexuellen genitalen Sexualität wird unweigerlich (wenn auch nicht immer bewusst) auch die Idee einer möglichen Schwangerschaft (besser: eines möglicherweise gezeugten oder empfangenen Kindes) berührt, was sowohl Phantasien über Produktivität, Potenz, vielleicht sogar Macht einschließt, als durchaus auch aggressive Aspekte (wie etwa den der Enteignung, Entthronung der Mutter oder des Vaters). Leider wird in keiner der mir bekannten einschlägigen Untersuchungen diese Dimension bedacht und nach den Phantasien gefragt – sie erscheinen, wenn überhaupt, nur in ihrer negativen Variante als „Angst vor Schwangerschaft". Hierzu ermitteln Plies et al. (1999), dass 8 % der befragten Jugendlichen mit aktiver Sexualität „oft" und 20 % „gelegentlich" Angst vor Schwangerschaft hatten. 31 % hatten „selten" und 39 % „nie" solche Ängste, allerdings hatten auch 73 % der Jugendlichen keinen Sex ohne Verhütung. Männer hatten in dieser Untersuchung „etwa gleich viel" Angst wie Frauen, „obwohl sie ja", wie die AutorInnen verwundert anmerken, „im Falle einer Schwangerschaft nicht die 'direkt Betroffenen' sind." (a. a. O., S. 82f.) Allerdings kommt hier die Studie von Schmidt et al. (1993) zu einem ganz anderen Ergebnis: etwa jeder vierte Junge ist besorgt wegen möglicher Schwangerschaft, von den Mädchen aber jede Zweite. Dabei geben sich in der Studie von Kluge et al. „die Jungen auf allen Stufen des Sexualalters ratlos" (jeweils mehr als die Hälfte) angesichts der Frage, was geschehen sollte, wenn es zu einer ungewollten Schwangerschaft bei der Freundin gekommen sei. Knapp 30% raten zu einem Schwangerschaftsabbruch. Doch auch die Mädchen sind zu fast 40% ratlos. In den ersten Jahren des „Sexuellen Alters" ist ihre Bereitschaft zur Abtreibung höher und gleicht sich dann der der Jungen an. Die Option, das Kind auszutragen, liegt dagegen durchgängig höher als bei Jungen.

Ob die vorne erwähnte Tatsache, dass Mädchen den Geschlechtsverkehr weniger genießen als Jungen und weniger stark an genitalem Sex interessiert sind als Jungen, dafür aber andere Formen sexueller Beschäftigung miteinander genießen oder wünschen (vgl. z. B. Stein-Hilbers 2000, S. 75, 79), direkt mit der Angst vor Schwangerschaft bzw. den damit einhergehenden Phantasien in Verbindung steht (es könnte z. B. auch sein, dass die unbewusste Konkurrenz mit der Mutter vermieden werden soll!), lässt sich aufgrund der vorliegenden Daten nicht beantworten, denn meist wird, wie gesagt, nur die faktische Ebene abgefragt. „Es gelang uns nicht", schreiben Lange et al., „dafür zu sorgen, dass Petting als eine gleichrangige Alternative zu Geschlechtsverkehr im Leitfaden [für die Interviews] ebenso ernst genommen wurde. Das hätte z. B. bedeutet, dass auch die geschlechtsverkehrerfahrenen Mädchen und Jungen ebenso umfassend über die Gefühle beim jüngsten Petting hätten befragt werden müssen wie über die Gefühle beim jüngsten Geschlechtsverkehr" (Lange et al. 1993, S. 199):

Die gesellschaftlichen Entwicklungen der letzten Jahrzehnte mit der Emanzipation der Frauen und der wachsenden Gleichberechtigung der jungen Mädchen in ihren Beziehungen haben auch zu größerer Gleichberechtigung und (mit der Erfindung der Pille) wachsender Selbständigkeit in sexuellen Dingen geführt, so dass sich heute Mädchen sehr viel seltener als früher zum ersten Beischlaf bzw. überhaupt zu genitaler Sexualität „gedrängt" fühlen als früher. Dass die Jugendlichen sagen, Mädchen hätten die gleiche Entscheidungsmacht über die Situation wie die Jungen, kann allerdings ebenso gut die Folge einer 'politisch korrekten' Sprachregelung sein, denn bei näherem Hinsehen zeigt sich, dass viele Mädchen angeben, dass sie von ihrem Partner „gefragt" oder „ein bisschen überredet" wurden – dennoch deklarieren sie ihr letztliches Nachgeben als „selbstbestimmt", vielleicht um ihren eigenen Anspruch (und vielleicht das, was sie gegenüber dem Jungen darstellen möchten), aufrecht zu erhalten. „Entsprechende Situationen mit geschlechtverkehrten Vorzeichen wurden von keinem der Jungen berichtet", schreiben Schmidt/Schetsche (1998, S. 151).

Immerhin jedes zweite Mädchen hat allerdings in der Studie von Schmidt et al. (1993) mindestens einmal einen sexuellen Übergriff erlebt, die meisten in Form von „Befummeln", „Angrabschen" usw. Und immerhin 10% gaben an, dass sie zu sexuellen Handlungen genötigt worden sind (vgl. Lange 1993, S. 155f.). In diesen Zahlen sind allerdings auch Übergriffe im Kindesalter mit enthalten.

Auch die Eltern haben Töchtern und Söhnen gegenüber unterschiedliche Einstellungen: „Gegengeschlechtliche Freundschaften" und ihr „Umgang" mit andern Jugendlichen sind zwischen Eltern und Töchtern stärker problembelastete Themen als zwischen Eltern und Söhnen (Fend 2000, S. 280). Dass Mütter sich gegenüber ihren Töchtern in Bezug auf Sexualität als „diskret" empfinden, Töchter ihre Mütter aber viel stärker als „zu neugierig" (Schwarz 1998, S. 158) und „normativ-fordernd" (Fend 2000, S. 281), überrascht dabei dann nicht mehr. Im Übrigen dürfte der Neid der Eltern auf die erwachende Sexualität ihrer Kinder in allen Konflikten der Adoleszenzzeit eine Rolle spielen und ein Motiv für den Kontrollwunsch der Eltern abgeben.

5. Sexuelle Spannungen und selbstschädigende Praktiken

Mit den Worten von Robert J. Stoller ist es der „Hauptzweck der Erregung", „für einen magischen Moment die Kindheitstraumata, Konflikte und Frustrationen ungeschehen" zu machen, „die einst so schmerzhaften Erlebnisse werden im Höhepunkt menschlichen Erlebens zum Triumph" (zit. bei Hartmann 1989, S. 18). So seien ein „whisper of hostility", ein Hauch von Feindseligkeit, Rache und Gefahr entscheidende Aspekte auch der Sexualität: das, was „Erregung von Langeweile unterscheidet." Auch in den sexuellen Phantasien von Frauen und Männern scheint diese Orientierung auf bestimmte Positionen und Muster auf, sofern hier sowohl wunscherfüllende wie aggressive Aspekte „reinszeniert" und damit (anders) erlebbar gemacht werden.

Klusmann/Kurrat zitieren dazu aus einer Studie von Clement (1984): „(a) Männer tendieren stärker als Frauen dazu, nicht-sexuelle Spannungen und Konflikte auf sexuelle Weise auszudrücken. Die symbolische Verknüpfbarkeit von sexuellem Potenzerleben und Machtphantasien wird für diese Funktionalisierung benutzt. (b) Frauen verfügen über ein reicheres Repertoire an emotionalen Ausdrucksmöglichkeiten, während das emotionale Erleben der Männer vergleichsweise stärker eingeengt, kontrolliert und blockiert ist" (Klusmann/Kurrat 1993, S. 118).

Nach den bisher aufgeführten Überlegungen scheint es da nur plausibel, dass sich auch die erotischen Phantasien von Frauen und Männern unterscheiden, und zwar gerade in Hinblick auf Dominanz und Aggression. Zwar seien die Phantasien von Frauen nicht weniger „deftig" als die der Männer, schreibt Hartmann, doch überwiegen bei den Frauen seiner Studie Phantasien aus dem

Themenkomplex Leidenschaftlichkeit und Verführung/Hingabe, bei den Männern solche aus dem Bereich erobern/besitzen. Die (erwachsenen) Männer in dieser Studie beschrieben sich insgesamt als unzufriedener als die Frauen – für sie dienten erotische Phantasien denn auch eher als Kompensation, für die Frauen eher als Verstärkung des sexuellen Erlebens (vgl. Hartmann 1989, S. 111, 114).

Im Umgang mit diesen aufregenden und komplexen Gefühlen haben sich natürlich auch eine Menge Praktiken entwickelt, mehr oder weniger deutlich ritualisiert und gesellschaftlich verankert, die diese Problematiken zu umgehen helfen oder das Sexuelle auf verschiedene Weise 'entschärfen' sollen. Dazu gehören einerseits Praktiken, die die Sexualität dieser ganzen brisanten Dimension entkleiden und auf ihren funktionalen Aspekt reduzieren: Beischlaf sei so normal wie Essen und Trinken usw. Es gehören dazu auch autoerotische Praktiken, die den Rausch des Sexuellen von der Berührung durch den Anderen trennen, und solche, die die Brisanz des Sexuellen umformen in andere Tätigkeiten, die dann 'besetzt' werden mit der Energie, die dem Feld der Sexualität abgezogen worden ist. Dort ist dann nicht mehr auf den ersten Blick erkennbar, dass die Spannung, die in der jeweiligen Tätigkeit liegt, sexueller Natur ist, doch kann man den 'Überschuss' an Lust oder Angst oft noch spüren, ohne ihn zu verstehen. So schreibt die Psychoanalytikerin Louise J. Kaplan über Selbstverstümmlerinnen: „Bei den halbbewussten Vorbereitungen für die Selbstverstümmelung, beim Auswikkeln der Rasierklinge, in dem stillen, atemlosen Moment, bevor die Schneide in die Haut eindringt, erlebt das Mädchen einen Zustand gespannter Erwartung, der an sexuelle Erregung erinnert. Die gespannte, erotisch aufgeladene Erregung verdeckt die Angstgefühle, die es sonst vielleicht verspüren würde. Wenn das Blut dann aus den Schnitten herausfließt, ist die Jugendliche sich einer ungeheuren Erleichterung bewusst. Sie versichert sich erneut, dass sie niemals das passive Opfer einer gewaltsamen Penetration ihres Körperinneren sein wird" (Kaplan 1991, S. 415).

In das Spektrum von (Körper-)Praktiken mit einem solchen Hintergrund in der geschlechtstypischen psychosexuellen Entwicklung gehören z. B. Ess-Störungen und selbstschädigendes Verhalten, Selbstgefährdung, aggressive Triebdurchbrüche und die Drogenproblematik. Aus Platzgründen kann hier jedoch nur auf einen Aspekt eingegangen werden.

Unter selbstschädigendem, „autoaggressivem" Verhalten können wir alle Praktiken verstehen, die den Körper zum Austragungsort von Kämpfen oder Demonstrationen machen und ihn dabei verletzen oder beschädigen. Manche Autoren fassen den Begriff deutlich weiter – so unterscheidet etwa Mummendey sechs Hauptarten von Selbstschädigung: durch das Auslassen von Chancen, durch Angeberei und Selbstüberschätzung, durch Vergnügungen und Genuß, durch Vernachlässigung der Gesundheit, durch Arbeit und Belastung, durch ungünstige soziale Beziehungen und Kontakte. Diese Differenzierung geht aber weiter in den Bereich psychologischer Theorie und Analyse, als es im Kontext unserer Fragestellung sinnvoll ist (vgl. Mummendey, 2000, S. 119). Ein Grenzfall sind sicherlich solche Praktiken, die in den Körper eingreifen, um ihn zu „schmücken", angefangen von Ohrringen über Tattoos, Piercings usw. Auch diese Praktiken sind in gewissem Umfang mit Schmerzen verbunden und hinterlassen bleibende Spuren auf der Körperoberfläche. Körperpraktiken, bei denen die Narben v. a. Zeichen für ausgehaltenen (heroischen) Schmerz sind, wie das gezielte Selbst-Zufügen von Brand- und Schnittwunden, müssten dagegen schon deutlich als selbstschädigendes Verhalten eingestuft werden. Verlässliche Angaben über die Häufigkeit von Selbstverletzendem Verhalten (wobei das „Ritzen" der Haut besonders verbreitet ist) gibt es nicht – die meisten AutorInnen gehen von etwa 1 % in der Bevölkerung aus, allerdings mit einer starken Häufung im Jugendalter, und dort vor allem bei den Mädchen.

Ein Teilaspekt solcher Praktiken ist es wohl, die Lebendigkeit des Körpers zu spüren, sich seiner zu vergewissern. Und wenn aus irgendeinem Grunde das Körperverhältnis massiv gestört ist, der Körper als taub oder gefühllos empfunden wird, dann kann dieses Spüren nur durch partielles Überschreiten der Körpergrenze erreicht werden – so als wollte sich der/die Jugendliche vergewissern, dass diese Grenze da ist und hält. Das Herausfließen des warmen Blutes aus der Haut wird also als Erleichterung empfunden – ebenso bei solchen Patienten, die sich unter so großen inneren Spannungen fühlen, dass das herausfließende Blut gewissermaßen einen 'Überdruck' mindert. Dahinter steht wohl die Angst vor Desintegration, also eine diffuse Angst, dass die von außen einwirkenden, als 'überflutend' empfundenen Reize und die inneren Spannungen den Körper gewissermaßen zerreißen oder zur Auflösung treiben würden. Das macht verständlich, warum Betroffene oft von einem Gefühl von Erleichterung und Ruhe berichten, das sich nach dem selbstverletzenden Akt einstellt (vgl. auch Teuber 1998).

Es gibt im Kontext von selbstschädigendem Verhalten verschiedene Ansätze, um das psychische Geschehen vorstellbar zu machen – eine Erklärung ist, dass gewissermaßen eine Spaltung gemacht wird zwischen 'Ich' und 'Körper-Ich', die die guten und bösen inneren Aspekte, die der/die Jugendliche nicht zusammenhalten kann, jeweils getrennt repräsentieren. So kann dann der Körper zum 'bösen Objekt' gemacht werden, um das gute Innere Ich zu schützen, zu retten (vgl. Hirsch 1998, S. 392): das herausfließende Blut nimmt das 'Schlechte' oder 'Böse' mit sich. Manches Mal fungiert die Selbstverletzung auch als Selbstbestrafung oder Selbstentwertung. Ein anderer Ansatz vermutet, dass eine künstliche, „artifizielle Körpergrenze hergestellt [wird], die die zu schwache Ich-Grenze ersetzen soll" (vgl. a. a. O., S. 387).

In diesem Kontext hat Didier Anzieu den Begriff „Haut-Ich“ entwickelt. Das Haut-Ich bildet sich aus der frühen Vorstellung des Kindes von einem „Körper-Ich“ und einem ‘in’ diesem Körper geschützten „psychischen Ich“ – das Haut-Ich gewährleistet also gewissermaßen den Zusammenhalt der Psyche. Die Haut, so schreibt er, hat im Wesentlichen drei Funktionen: Sie ist erstens eine „Tasche, welche in ihrem Inneren das Gute und die Fülle – dem Stillen, der Pflege und den begleitenden Worten entspringend – enthält und festhält. Die zweite Funktion der Haut ist die der Grenzfläche [interface]; sie bildet die Grenze zur Außenwelt und sorgt dafür, dass diese draußen bleibt; das ist wie eine Barriere, die vor der Penetration als Ausdruck von Gier und Aggression anderer Menschen und Objekte schützt. In ihrer dritten Funktion schließlich ist die Haut – nicht weniger als der Mund – Ort und primäres Werkzeug der Kommunikation mit dem Anderen und der Entstehung bedeutungsvoller Beziehungen; darüber hinaus bildet sie eine reizaufnehmende Oberfläche, auf der die Zeichen dieser Beziehungen eingetragen werden“ (Anzieu 1996, S. 60f.).

Nach diesem Konzept dürfte die Haut-Hülle also weder zu ‘fest’ sein, wie ein Panzer, der die Beziehungen zu anderen Menschen behindert, noch zu porös oder zerfließend, weil dann das psychische Ich zu wenig geschützt wäre. Mir scheint diese Theorie sehr fruchtbar zu sein für alle diejenigen selbstverletzenden Praktiken, die mit dem Durchlöchern oder Verfestigen (z. B. durch unter die Haut geschobene Metallteile) der Hautoberfläche zu tun haben, also damit, sie zu öffnen oder zu verstärken, sich ihrer Funktion zu vergewissern oder ihre mangelnde psychische Funktion künstlich zu unterstützen.

Es wird von hier aus auch plausibel, dass selbstverletzendes Verhalten offenbar häufig auch mit Missbrauchs-Erfahrungen in der Kindheit zusammenhängt. Die gewaltsam überschrittene Körpergrenze bzw. die im Wortsinne durchlöcherte Hauthülle hat dann eine erste grundlegende Verunsicherung des Kindes gebracht, von der es nicht wieder zu einem Gefühl von geschützter Intaktheit hat zurückfinden können. Auch berichten manche AutorInnen, dass Mädchen, die sich selbst verletzen, ein sehr problematisches Verhältnis zu ihrer Menses haben (vgl. Kaplan, Louise J. (1991), S. 408) und dass es eine Korrespondenz gibt zu anderen selbstschädigenden Praktiken wie Bulimie (vgl. Klosinski 1999, S. 17).

Warum sich Mädchen offenbar häufiger schneiden als Jungen (vgl. auch: Resch 1998), lässt sich von hier aus noch nicht beantworten. Es gibt jedenfalls ganz offensichtlich geschlechtstypische Risikomuster (vgl. zum Begriff der „geschlechtstypischen somatischen Kulturen“: Helfferich 1994, S. 57ff.) – zu denen zählt z. B. die Tatsache, dass Jungen insgesamt zu härteren Konsummustern neigen, die sich auch im körperlichen Risikoverhalten äußern (vgl. Meuser 2008, Raithel 2004). So steigt z. B. das Unfallverletzungs-Risiko bei Jungen ab dem Kindesalter gegenüber dem der Mädchen deutlich an, Jungen rauchen häufiger filterlose oder selbstgedrehte Zigaretten, trinken häufiger harte Spirituosen und sind häufiger als Mädchen betrunken (vgl. Kolip 1997, S. 136). Das könnte also heißen, dass Jungen den gesamten Körper aggressiver und öffentlicher traktieren und zur Abfuhr von Spannungen einsetzen, während Mädchen eher die 'stillere' Variante gezielter und begrenzter Manipulation anwenden, eine „schuldbewusste, heimliche und einsame Handlung" (Kaplan 1991, S. 411). Andererseits weisen Erfahrungen mit Mädchen, die ihre geritzten Arme (z. B. in der Schule) demonstrativ zeigen, auch auf den Wunsch hin, dieses Heimliche auch in die Öffentlichkeit zu transportieren und dort die Verunsicherung der MitschülerInnen auch zu genießen.

5. Zusammenfassende Überlegungen

Als geschlechtstypisch für Problemlösestrategien gilt in der Literatur für Adoleszente wie auch für Erwachsene die stärkere Tendenz von Frauen, Probleme nach innen zu wenden und am eigenen Körper auszutragen, bzw. von Männern, Gefühle nach außen und gegen andere (Personen oder Sachen) zu wenden. Ein zweiter Aspekt ist, dass Frauen offenbar früher und anders die Kommunikation mit anderen für die Bewältigung von Konflikten nutzen können als Männer. Beide Strategien werden in der Literatur meist als „gesellschaftlich" und „geschlechtstypisch" klassifiziert und erscheinen nicht weiter erklärbar, ja sie werden teilweise in m. E. unzulässiger Weise verallgemeinert, vereindeutigt und so zur Stereotypisierung weiblicher und männlicher Jugendlicher eingesetzt.

Wenn wir dies auf dem Hintergrund von geschlechtstypischen symbolischen Körperkonzepten betrachten, so zeigt sich eine Überlagerung mehrerer Diskurse und Konstruktionen von weiblich und männlich, die zu einer Überdeterminierung bestimmter Aspekte führt, die sich als strukturbildend für das Verhältnis zum Körper erweisen. Da ist auf der realen Ebene die mit Fragen und Ängsten umgebene Konzentration des kleinen Mädchens auf ihr Körperinneres, des kleinen Jungen auf den Penis. Dies wird von den imaginären kulturellen Vorstellungen von genitaler Sexualität 'interpretiert', die um Empfangen/Eindringen organisiert sind – die Vagina wird zum Ort des Aufnehmens, die Vulva 'verschwindet' und der Penis wird zum aktiv 'gebenden' Hauptorgan. Damit gibt sich eine erste Fixierung des Weiblichen auf: etwas bekommen, warten, empfangen, mit der narzisstischen Seite: locken, sich anbieten, verführen, gefunden werden; und des Männlichen auf: etwas geben (also auch: etwas haben, das man geben kann), suchen, wählen, finden.

Diese Aufteilung wird weiterhin bedient von Pornographie und Modeindustrie, von den Frauen- und Männerbildern in Musikvideos, in Filmen usw. Auf der gesellschaftlich-politischen Ebene finden wir sie wieder in der Aufteilung von Zuständigkeiten (z. B. dem Charakter der als frauen- und männertypisch geltenden Berufsbilder), von innen-außen bzw. privat-öffentlich (Frauen als Familienministerin und zuständig für soziale Beziehungen, Männer als Außenminister und zuständig für Recht und Ordnung) usw. Es lässt sich deshalb im Einzelfall mit Sicherheit nicht herausfinden, wie weitgehend das, was eine Person über sich aussagt oder darstellt, affiziert ist davon, was sie unbewusst von sich denken möchte oder empfinden zu müssen meint.

Die Annäherung an aktive Sexualität im Jugendalter, das Kennenlernen des eigenen sexuellen Körpers und sexueller Praktiken und selbst die Art des individuellen Erlebens sind deshalb immer durch kulturelle und zeittypische Faktoren und symbolische Bedeutungszuschreibungen beeinflusst und deshalb auch immer geschlechtstypisch eingefärbt. Obgleich Informationen über und Kontakt zu sexuelle/n Themen heute durch Internet und Fernsehen überall und jederzeit verfügbar sind, fühlen sich die Jugendlichen heute weder besser (oder ausreichend) informiert, noch sind sie zufriedener mit ihren Erfahrungen. Der Bereich des Sexuellen bleibt trotz öffentlicher Sichtbarkeit als privates Entwicklungsthema des/der einzelnen Jugendlichen eine Verunsicherungen bringende und langsame Lernprozesse erfordernde Thematik.

Dieser Text folgt teilweise meinem Aufsatz „Sexualität weiblich-männlich“ in: Rendtorff, B./Burckhart, S., 2008 (Hg.): Schule, Jugend und Gesellschaft, Stuttgart: Kohlhammer.

Literatur

Anzieu, D., 1996: Das Haut-Ich. Frankfurt a.M.: Suhrkamp

Bartholomäus, W., 1990: Masturbation im Jugendalter: krankmachendes Laster oder schwere Sünde – Übergangserscheinung oder eigenwertige Erfahrung? In: Kluge, N. (Hg.): Jugendsexualität: ein Tagungsbericht. Frankfurt a.M.: DIPA

Boeger, A./ Manthey, C., 1998: Sexuelle Erfahrungen und Einstellungen bei jüngeren Erwachsenen. In: Zeitschrift für Sexualforschung 2/1998, S. 130–148

Bohleber, W., 1996: Einführung in die psychoanalytische Adoleszenzforschung. In: Ders. (Hg.). Adoleszenz und Identität. Stuttgart: Verlag Internationale Psychoanalyse

Breitenbach, E., 2000: Mädchenfreundschaften in der Adoleszenz. Opladen: Leske+Budrich

BZgA (Bundeszentrale für gesundheitliche Aufklärung) (Hg.), 2006: Jugendsexualität. Wiederholungsbefragung von 14- bis 17-Jährigen und ihren Eltern. Köln: BZgA

Christiansen, K., 1995: Biologische Grundlagen der Geschlechterdifferenz. In: Pasero, U. (Hg.): Konstruktion von Geschlecht. Pfaffenweiler: Centaurus

Fend, H., 2000: Entwicklungspsychologie des Jugendalters. Opladen: Leske+Budrich

Franzkowiak, P./Stößel, U., 1990: Jugend und Gesundheit. In: Risiken des Heranwachsens. Sachverständigenkommission 8. Jugendbericht. München: DJI

Hartmann, U., 1989: Inhalte und Funktionen sexueller Phantasien. Stuttgart: Enke

Helfferich, C., 1994: Jugend, Körper und Geschlecht. Die Suche nach sexueller Identität. Opladen: Leske+Budrich

Hirsch, M., 1998: Zur Objektverwendung des eigenen Körpers bei Selbstbeschädigung, Masturbation und Ess-Störungen. In: Analytische Kinder- und Jugendlichenpsychotherapie, 1998, S. 387–403

Kämmerer, A./Rosenkranz, J./Resch, F., 1997: Das Verschwinden der Scham und die Pubertät von Mädchen. In: Praxis der Kinderpsychologie und Kinderpsychiatrie 46, 1997, S. 113–121

Kaplan, L.J., 1991: Weibliche Perversionen. Von befleckter Unschuld und verweigerter Unterwerfung. Hamburg: Hoffmann und Campe

Klosinski, G., 1999: Wenn Kinder Hand an sich legen. München: Beck

Kluge, N. 1998: Sexualverhalten Jugendlicher heute. Weinheim: Juventa

Kluge, N./Hippchen, G./Fischinger, E., 1999: Körper und Schönheit als soziale Leitbilder. Frankfurt a.M.: Lang

Kluge, N./Jansen, G., 1996: Körperentwicklung in der Pubertät. Frankfurt a.M.: Lang

Klusmann, D./Kurrat S., 1993: Unterschiede zwischen Jungen und Mädchen. In: Schmidt, G. (Hg.), Jugendsexualität. Stuttgart: Enke

Kolip, P., 1994: Lebenslust und Wohlbefinden. Beiträge zur geschlechtsspezifischen Jugendgesundheitsforschung. Weinheim: Juventa

Kolip, P., 1997: Geschlechtlichkeit im Jugendalter – oder: Der blinde Fleck der Jugendgesundheitsforschung. In: ZSE (Zeitschrift für Sozialisationsforschung und Erziehungssoziologie) 2/1997, S. 135–147

Kupfer, J./Felder, H./Braehler, E., 1992: Zur Genese geschlechtsspezifischer Somatisierung. In: Braehler, E./Felder, H. (Hg), Weiblichkeit, Männlichkeit und Gesundheit. Opladen: Westdeutscher Verlag

Lange, C., 1993: Sexuelle Belästigung und Gewalt. In: Schmidt, G. (Hg.), Jugendsexualität. Stuttgart: Enke

Lange, C./Knopf, M./Gaensler-Jordan, C., 1993: Nachwort. In: Schmidt, G. (Hg.), Jugendsexualität. Stuttgart: Enke

Lautmann, R., 2002: Soziologie der Sexualität. Erotischer Körper, intimes Handeln und Sexualkultur. Weinheim und München: Juventa

Löw, M., 2008: Vom Teddybär zum ersten Sex. Reflexionen zum Verhältnis von Bildung und Sexualität. In: Grunert, C./Wensierski, H.-J. (Hg.), Jugend und Bildung. Modernisierungsprozesse und Strukturwandel von Erziehung und Bildung am Beginn des 21. Jahrhunderts. Opladen: Barbara Budrich

Meuser, M., 2008: Riskante Praktiken. Zur Aneignung von Männlichkeit in den ernsten Spielen des Wettbewerbs. In: Rendtorff, B./Svenia B. (Hg.), Schule, Jugend und Gesellschaft. Ein Studienbuch zur Pädagogik der Sekundarstufe. Stuttgart: Kohlhammer

Mummendey, H.D., 2000: Psychologie der Selbstschädigung. Göttingen: Hogrefe

Neubauer, G., 1990: Das Sexualverhalten Jugendlicher in der BRD vor dem Hintergrund neuer Forschungsbefunde. In: Kluge, N. (Hg.), Jugendsexualität: ein Tagungsbericht. Frankfurt a.M.: DIPA

Plies, K./Nickel, B./Schmidt, P., 1999: Zwischen Lust und Frust. Jugendsexualität in den 90er Jahren. Ergebnisse einer repräsentativen Studie in Ost- und Westdeutschland. Opladen: Leske+Budrich

Raithel, J., 2004: Jugendliches Risikoverhalten. Wiesbaden: VS

Rendtorff, B., 2003: Kindheit, Jugend und Geschlecht. Weinheim: Beltz

Resch, F., 1998: Hilft Selbstverletzung dem verletzten Selbst? Zur Klinik und Psychodynamik der Automutilation bei Jugendlichen. In: Analytische Kinder- und Jugendlichenpsychotherapie, 1/1998, S. 71–85

Schmidt, G./Klusmann, D./Zeitzschel, U., 1993: Veränderungen 1970–1990 (BRD). In: Schmidt, G. (Hg.), Jugendsexualität. Stuttgart: Enke

Schmidt, R./Schetsche, M., 1998: Jugendsexualität und Schulalltag. Opladen: Leske+Budrich

Schwarz, A., 1998: Mädchen auf ihrem Weg zu einer selbstbestimmten Sexualität. Frankfurt a.M.: Lang

Simon, W./Gagnon, J.H., 2000: Wie funktionieren sexuelle Skripte? In: Schmerl, C./Soine, S./Stein-Hilbers, M./Wrede, B. (Hg.), Sexuelle Szenen. Inszenierungen von Geschlecht und Sexualität in modernen Gesellschaften. Opladen: Leske+Budrich

Steinhausen, H.-C./Winkler-Metzke, C., 1997: Die Züricher Längsschnittstudie zur Entwicklungspsychologie und -psychopathologie im Jugendalter. In: ZSE, 1997, S. 256–269

Stein-Hilbers, M., 2000: Sexuell werden. Sexuelle Sozialisation und Geschlechterverhältnisse. Opladen: Leske+Budrich

Streeck-Fischer, A., 1994: Entwicklungslinien der Adoleszenz. In: PSYCHE, 1994, S. 509–528

Teuber, K., 1998: „Ich blute, also bin ich". Selbstverletzung der Haut von Mädchen und jungen Frauen. Pfaffenweiler: Centaurus

Winter, R./Neubauer, G., 1998: Kompetent, authentisch und normal? Aufklärungsrelevante Gesundheitsprobleme, Sexualaufklärung und Beratung. Köln: BZgA

Zeiske, A./Klein, A./Oswald, H., 2008: Die Lust beim ersten Mal: Jugendliche und die Bewertung ihres ersten Geschlechtsverkehrs. In: Rendtorff, B./Prengel, A., 2008: Kinder und ihr Geschlecht. Jahrbuch Frauen- und Geschlechterforschung in der Erziehungswissenschaft. Opladen: Barbara Budrich

Lebensbereiche und Lebensorte der Jugend

MIKE SECKINGER / ERIC VAN SANTEN

Jugend in der Kinder- und Jugendhilfe – Vom Fokus zum Rand?

In den letzten Jahren hat es eine Reihe von Veränderungen gegeben, die Anlass zu der Frage geben, ob Jugendliche wirklich noch Adressaten der Angebote der Kinder- und Jugendhilfe sind. Zwei Entwicklungslinien sind hierbei näher zu betrachten: Zum einen die Frage, ob es zu einer Verschiebung hin zu Kindern als Adressaten der Kinder- und Jugendhilfe gekommen ist, und zum anderen, ob Jugendliche (ebenso wie Kinder) als Adressaten durch gesellschaftliche Instanzen ersetzt wurden. Also nicht mehr eine Orientierung an den Bedürfnissen der Jugendlichen, sondern die Erfüllung gesellschaftlicher Aufträge ins Zentrum der Aktivitäten der Kinder- und Jugendhilfe gerückt ist.

In den öffentlichen Diskussionen über die Kinder- und Jugendhilfe entsteht der Eindruck, als würde es sich eigentlich um Kinderhilfe handeln und als wären Jugendliche nicht auch Adressaten der Kinder- und Jugendhilfe. Die Kinder- und Jugendhilfe wird in der Öffentlichkeit thematisiert als Angebot der Kindertagesbetreuung und des Kinderschutzes. Angebote, die sich explizit an Jugendliche richten, werden in den Debatten zur Weiterentwicklung der Kinder- und Jugendhilfe kaum mehr beachtet. Der überfällige Ausbau der Tagesbetreuung für Kinder jünger als drei Jahre wird in den Vordergrund gerückt. Als Reaktion auf die spektakulären Fälle von Kindestötung und Kindesvernachlässigung werden Maßnahmen auch von Seiten der Kinder- und Jugendhilfe erwartet, die speziell den Schutz von kleinen Kindern in den Mittelpunkt stellen. Und schließlich haben sich die Versprechungen eines Sozialinvestitionsstaats, nämlich durch frühzeitige Investitionen in eine positive Entwicklung der Kinder quasi präventiv zukünftige Probleme vermeiden zu können oder zumindest für deren Lösung nicht mehr zuständig zu sein, auch in der Kinder- und Jugendhilfe verfangen (vgl. Lüders 2007). Dies spiegelt sich in der magischen Formel der „frühen Hilfen" wider. Der darin zum Ausdruck kommende Glaube an die Möglichkeit, durch eine umfassende Prävention alle negativen Entwicklungen verhindern zu können, verstellt den Blick auf die in der Jugendphase neu zu bewältigenden Entwicklungsaufgaben, den notwendigen Unterstützungsangeboten für deren Bewältigung und den immer gegebenen Möglichkeiten des Scheiterns. Die Fixierung auf Prävention – die nicht auf die Kinder- und Jugendhilfe beschränkt bleibt, sondern alle gesellschaftlichen Bereiche durchzieht – hat noch mindestens eine zweite entscheidende Schwachstelle. Präventionsmaßnahmen zielen auf die Verhinderung von *möglichen* negativen Ereignissen. Ob diese ohne präventive Maßnahmen eintreten, wissen wir genauso wenig wie, welche Aktionen auf welche negativen Ereignisse in welchem Ausmaß tatsächlich präventiv wirken. Das heißt, Prävention kann zu einem unnötigen und ineffizienten Ressourceneinsatz führen.

Die aktuelle Fokussierung der Kinder- und Jugendhilfe auf die Förderung und Unterstützung von Kindern vernachlässigt, dass es spezifische Ursachen für einen Bedarf an Jugendhilfeleistungen im Jugendalter gibt und gesellschaftlich bedingte Benachteiligungen durch Jugendhilfeaktivitäten oftmals nicht beendet, sondern lediglich teilweise kompensiert werden können. Was wiederum ein Fortbestehen des Bedarfs bedeutet. Es besteht zu Recht ein gesellschaftlicher Konsens darüber, dass das Kindeswohl auch im privaten Umfeld geschützt und gefördert werden muss. Kinderarmut wird vielfältig skandalisiert. Aber obwohl es keine politischen Kräfte gibt, die ihr nicht zumindest verbal den Kampf angesagt haben, nimmt die Anzahl von Kindern in Armut und an der Schwelle zur Armut stetig zu (vgl. Bundesministerium für Arbeit und Soziales 2008, S. 306). Kinder als Opfer ihres sozialen und gesellschaftlichen Umfeldes können sich als schutzbedürftige junge Menschen der Sympathie der Öffentlichkeit sicher sein. Werden sie jedoch älter und fangen an, sich in ihrem privaten, sozialen und gesellschaftlichen Umfeld gegen eben diese Verhältnisse zu wehren, können sie fest mit einer Verurteilung dieses Verhaltens von Seiten der Öffentlichkeit rechnen. Mit steigendem Alter werden also die Opfer zu Tätern umdefiniert. Die Jugend muss sich für ihr Verhalten rechtfertigen und ihre Eltern werden dann mit der Frage konfrontiert, warum sie nicht in der Lage waren oder sind, ihre Kinder zu erziehen. In einem Arbeitsfeld wie der Kinder- und Jugendhilfe, das im Vergleich zu anderen Arbeitsfeldern relativ wenig Ansehen genießt, gibt es für die Beschäftigten der Kinder- und Jugendhilfe eine starke Anziehung, sich bevorzugt um die Adressaten zu kümmern, deren Hilfe und Unterstützung ihnen in der Öffentlichkeit noch am ehesten Formen der Anerkennung verspricht.

Aus einer fachlichen Perspektive kann es nicht darum gehen, die Wichtigkeit einzelner Adressatengruppen zu bestimmen. Der fachliche Handlungsbedarf muss sich vielmehr nach den Bedürfnissen der Adressaten richten. Dieser ist zwar in Zusammenhang mit dem Alter zu sehen, darf aber nicht vom Alter präjuziert werden. Das achte Sozialgesetzbuch (SGB VIII) benennt zwar eine altersspezifische Zuständigkeitsgrenze, enthält aber keinerlei Priorisierungen für einzelne Altersgruppen innerhalb dieser Zuständigkeitsgrenzen. Einzelne Hilfen und Angebote der Kinder- und Jugendhilfe sollten nicht gegeneinander ausgespielt werden, sondern in der Auseinandersetzung um öffentliche Ressourcen als Gesamtpaket gegenüber anderen Politikfeldern verteidigt und gerechtfertigt werden. Die geschilderten aktuellen Entwicklungen verweisen auf eine Verlagerung der Aufmerksamkeit innerhalb der Zielgruppen der Kinder- und Jugendhilfe auf jüngere Kinder.

Die Frage, ob und wie die Kinder- und Jugendhilfe Jugendliche als Adressaten ihrer Arbeit begreift, mag überraschen, legen doch der vielfach verwendete Adressatenbegriff sowie davon abgeleitete Begriffe wie „Adressatenorientierung“ nahe, dass sich diese Frage erübrigt. Der folgende Abschnitt zur historischen Entwicklung verdeutlicht, dass die ursprüngliche Intention der Kinder- und Jugendhilfe durch eine stark gesellschaftsorientierte Zweckbindung gekennzeichnet ist. Die Geschichte der Kinder- und Jugendhilfe ist geprägt durch sich verändernde normative Bezugspunkte. Phasen der sozialpolitischen Instrumentalisierung wechseln sich ab mit Phasen der stärkeren Subjektorientierung, bei der die Jugendlichen als autonome Personen im Vordergrund stehen. Nach dem kurzen historischen Abriss, wird vor dem Hintergrund möglicher wechselnder Bezugspunkte für vier ausgewählte Arbeitsfelder der Kinder- und Jugendhilfe (Jugendarbeit, Jugendberufshilfe, Hilfen zur Erziehung, Mitwirkung an Verfahren nach dem Jugendgerichtsgesetz) die Antwort darauf gesucht, wer Adressat dieser Angebote ist, d.h. wessen Interessen durch diese Angebote bedient werden.

1. Historische Entwicklung

Die Kinder- und Jugendhilfe, wie wir sie heute kennen, geht auf Entwicklungen zurück, die in den 1880er Jahren ihren Ausgangspunkt mit der Entdeckung „jener »Kontrolllücke zwischen Schulbank und Kasernentor«“ fand, „in der sich vornehmlich die männlichen, schulentlassenen, gewerblich tätigen städtischen »Jugendlichen« einer anstößigen Freizügigkeit erfreuten“ (Peukert/Münchmeier 1990, S. 6). Die zunehmende Industrialisierung führt zu veränderten Bedingungen des Aufwachsens, die mit einem Kontrollverlust der Erwachsenen bzw. der Gesellschaft über die Jugend verbunden war. Darauf wurde reagiert, indem ein neues gesellschaftliches Teilsystem etabliert wurde, das sich außerhalb der Schule an Jugendliche richtet. Quasi von Anfang an wurden mit der Jugendhilfe zwei Ziele verfolgt: Einerseits sollte durch jugendpflegerische Aktivitäten präventiv ein Ableiten der noch nicht gefährdeten Jugendlichen verhindert werden und andererseits sollte durch zwangserzieherische Maßnahmen abweichendes Verhalten korrigiert werden. Getragen wurde diese Entwicklung auch von dem fortschrittsoptimistischen Glauben, dass die Weiterentwicklung der Humanwissenschaften Krankheit, Elend und Kriminalität beseitigen wird. Hierin zeigt sich eine gewisse Ähnlichkeit mit aktuellen Überlegungen, durch eine Anhäufung präventiver und kontrollierender Aktivitäten zukünftige Probleme vermeiden zu können.

Der zeitgleich stattfindende Einzug des Erziehungsgedankens in das Jugendstrafrecht führte zu einer raschen Ausweitung der Heimerziehung. So stieg innerhalb einer Dekade (von 1913 bis 1923) die absolute Anzahl der in Heimen untergebrachten Minderjährigen um 12% an. Dies führte dazu, dass sich 1923 von 10.000 männlichen Jugendlichen im Alter von 16 bis 18 Jahren 64,5 in stationären Jugendhilfeeinrichtungen befanden (vgl. a.a.O., S. 7). Die Einführung der Jugendhilfe als staatliche Aufgabe war eng verknüpft mit einem gesellschaftlichen Ideal von „Tüchtigkeit" und „Brauchbarkeit", auf das hin die Jugend erzogen werden sollte. Von Anbeginn ist der Jugendhilfe eine starke Orientierung an der Kontrolle der „unberechenbaren Jugend" inhärent und ein wesentliches Motiv für ihre Institutionalisierung und Professionalisierung. Dies gilt auch für die Jugendarbeit, die sich nicht nur aus den Autonomiebestrebungen der Wandervogelbewegung heraus entwickelt hat (vgl. a.a.O.).

Zu Beginn nahm die moderne Jugendhilfe Kinder nur insofern in den Blick als die Berufsvormundschaftsbewegung, die als Reaktion auf den starken Anstieg der Anzahl unehelicher Kinder und deren Notlage entstanden war, in das Reichsjugendwohlfahrtsgesetz integriert wurde und damit eine erhebliche Aufwertung erfuhr. Daran hat sich bis zur Verabschiedung des KJHG (SGB VIII) im Jahre 1990 und dem zehnten Kinder- und Jugendbericht, der Kinder explizit als Adressaten des mit der Einführung des KJHG in Kinder- und Jugendhilfe umbenannten Hilfesystems rückte, nichts Wesentliches geändert. Auch in den Nachkriegsjahren lag der Fokus der Jugendhilfe eindeutig auf den Jugendlichen als Adressaten ihrer Maßnahmen. Als eine Reaktion auf die chaotischen und nach heutigen Maßstäben unvorstellbaren Bedingungen (zerstörte Infrastruktur; über ein Fünftel der westdeutschen Bevölkerung waren Flüchtlinge und Vertriebene; eklatanter Mangel an Wohnraum, der dazu führte, dass viele Kinder kein eigenes Bett zum Schlafen hatten) wurde die Jugendhilfe reorganisiert. Im Zentrum sollten fortan jugendpflegerische Aufgaben stehen, da man sich erhoffte, so der Destruktion gesellschaftlicher Werte entgegenwirken zu können. Vorrangig war dabei die Berufsvorbereitung, die Arbeitsvermittlung oder zumindest die Aufrechterhaltung der Arbeitsmotivation (vgl. a.a.O., S. 38). Insofern verwundert es auch nicht, dass der Bundesjugendplan als ein Instrument der Bekämpfung von Jugendarbeitslosigkeit eingeführt wurde und daraus insbesondere der Bau von Jugend-/Lehrlingswohnheimen finanziert und die Kosten für Jugendwohnheime, Grundausbildungslehrgänge und Jugendgemeinschaftswerke getragen wurden. Inzwischen ist das Spektrum der geförderten Aktivitäten erheblich ausgeweitet worden (vgl. BMFSFJ 2001). Auch die Schwerpunktsetzungen in den ersten acht Jugendberichten zeigen deutlich, die Jugendhilfe wurde mit Blick auf Jugendliche entwickelt. Die Sachverständigenkommission des zweiten Jugendberichts beschreibt die Aufgabenstellung der Jugendhilfe so: „Für das Erreichen des mündigen Erwachsenen-Status wird ein hoch differenziertes System von Unterstützung und Förderung, Erziehung und Bildung unerlässlich. Unter diesen Aspekten geht es in der Jugendhilfe um Aufgaben vorwiegend pädagogischer Art, um Hilfen bei der sozialen und personalen Entwicklung des Heranwachsenden" (Deutscher Bundestag 1968, S. 16).

Bedingt durch den gesellschaftlichen Wandel, auf den mit Schlagwörtern wie Individualisierung und Pluralisierung, Postmoderne, Netzwerkgesellschaft und Beschleunigung verwiesen wird, muss sich auch die Jugendhilfe neu konstituieren. Die alte Idee, man könnte durch „einfache“ normative Vorgaben z. B. die bürgerliche Kleinfamilie mit ihrer Arbeitsteilung oder Disziplin und Unterordnung als Strukturprinzip, den gesellschaftlichen Zusammenhalt retten, überzeugt immer weniger. Stattdessen müssen die jungen Menschen auf ein Leben in einer multioptionalen Welt vorbereitet werden, in der von ihnen Dinge verlangt werden, die heute noch niemand vorherzusehen wagt. Notwendig wird damit eine „Bedürfnisorientierung anstelle einer Anpassungserziehung“ (Damm 1986, S. 14). Damit einher ging eine Verunsicherung hinsichtlich des Handlungsauftrags der Jugendhilfe. Einige Entwicklungen, wie die regelmäßig wiederkehrende Debatte über eine Verschärfung des Jugendstrafrechts, die wachsende Akzeptanz für geschlossene und disziplinierende Unterbringungsformen und die wachsenden Kontrollerwartungen, die an das Jugendamt gerichtet werden, deuten daraufhin, dass erneut der Versuch unternommen wird, auf Verunsicherung mit zunehmender Kontrolle zu reagieren.

2. Jugendliche als Adressaten der Kinder- und Jugendhilfe

Wie der Blick auf die geschichtliche Entwicklung der Kinder- und Jugendhilfe zeigt, haben sich viele der heutigen Angebote der Kinder- und Jugendhilfe sowohl aus den spezifischen Bedarfslagen Jugendlicher als auch aus dem großen Interesse der Gesellschaft, das „aufrührerische Potenzial“ der Jugendlichen zu bändigen, entwickelt. Es entstanden dabei eher präventive und fördernde Ansätze wie die Jugendarbeit und Jugendberufshilfe oder eher kontrollierende und korrigierende wie die erzieherischen Hilfen, der Jugendschutz oder die Mitwirkung in Verfahren nach dem Jugendgerichtsgesetz.

2.1 Jugendarbeit

Jugendarbeit ist einer der Bereiche der Kinder- und Jugendhilfe, der nicht nur, aber doch überwiegend von Jugendlichen in Anspruch genommen wird. In § 11, Absatz 1 SGB VIII (Jugendarbeit) heißt es, „Jungen Menschen sind die zur Förderung ihrer Entwicklung erforderlichen Angebote der Jugendarbeit zur Verfügung zu stellen. Sie sollen an den Interessen junger Menschen anknüpfen und von ihnen mitbestimmt und mitgestaltet werden, sie zur Selbstbestimmung befähigen und zu gesellschaftlicher Mitverantwortung und zu sozialem Engagement anregen und hinführen.“ Im Mittelpunkt der Jugendarbeit stehen also die Interessen der Jugendlichen, die nach dem Prinzip der Selbstorganisation gefördert werden sollen („*von* und *für* Jugendliche“). Die historische Entwicklung[1] der

[1] vgl. die vielen Beiträge zur historischen Entwicklung der Jugendverbandsarbeit in Böhnisch/Gängler/Rauschenbach 1991 sowie Hafeneger 2005 für die Offene Kinder- und Jugendarbeit.

Jugendarbeit zeigt, dass die Orientierung an den Interessen und Bedürfnissen der Jugendlichen (Subjektorientierung) lange Zeit nicht bzw. nicht immer im Zentrum der Jugendarbeit gestanden hat. Prägnant wird dies etwa durch die Forderung „Selbstverwaltung statt Stadtverwaltung“ der autonomen Jugendzentrumsbewegung in den 1970er Jahren zum Ausdruck gebracht.

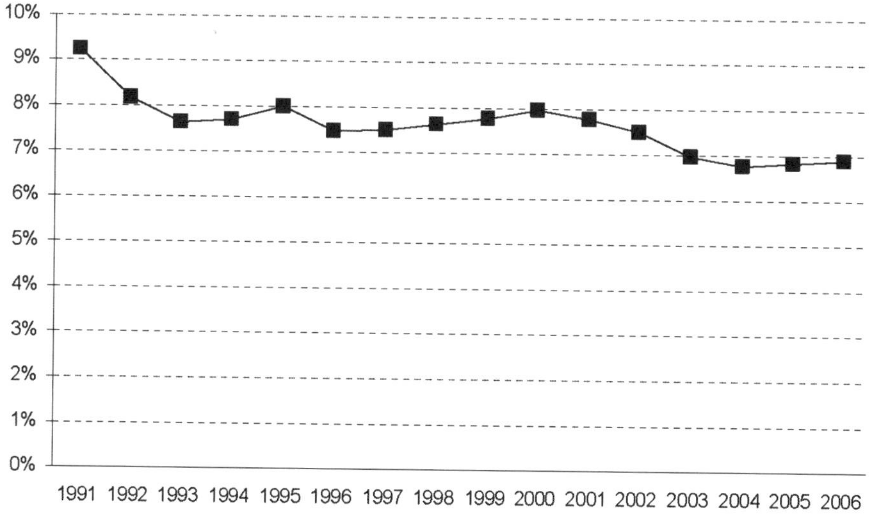

Abb. 1 Anteil der Ausgaben für Jugendarbeit an allen Ausgaben für die Jugendhilfe
Quelle: Amtliche Kinder- und Jugendhilfestatistik; eigene Berechnungen

Es gibt lange und heftige juristischen Debatten dazu, wie groß der Ermessensspielraum öffentlicher Träger für die Erfüllung der Anforderungen nach § 11 SGB VIII ist (vgl. Wabnitz 2005, Bisler 2008). Die Praxis zeigt, dass die Jugendarbeit vielerorts eher als „Kür“ denn als „Pflicht“ betrachtet wird. Die Gesamtausgaben für die Jugendarbeit, wie sie die amtliche Statistik ausweist, sind in der Zeit von 1991 bis 2006 deutlich angestiegen. Ab dem Jahr 2003 stagniert allerdings der Ausgabenzuwachs. In Relation zu allen Ausgaben in der Kinder und Jugendhilfe ist der Anteil der Ausgaben für Jugendarbeit allerdings von über 9 % auf etwa 7 % an allen Ausgaben gesunken (vgl. Abb. 1). Detailanalysen zeigen eine regional sehr unterschiedliche Ausgabenentwicklung auf und erklären, warum die vielerorts beobachtbaren Ausgabenkürzungen (vgl. z.B. Pluto et al. 2007, S. 498ff.) sich (noch) nicht in den Zahlen für die gesamte Bundesrepublik niederschlagen. Nach wie vor stehen Regionen, in denen die Ausgaben der öffentlichen Träger für Jugendarbeit deutlich sinken, anderen gegenüber, in denen dies (noch) nicht der Fall ist (vgl. Gragert et al. 2006, Pluto et al. 2007, S. 499). Deutlich abgenommen hat die Anzahl der Personen, die in der Jugendarbeit tätig sind (Rauschenbach/Schilling 2008, S. 3). Diese beiden Ergebnisse, also Ausgabenstabilität und Reduktion des Personals in der Jugendarbeit, scheinen zueinander in Widerspruch zu stehen. Die Entwicklung der finanziellen Ressourcen der Jugendarbeit geht aber mit einer Uminterpretation oder Neuformulierung des Prinzips „von und für Jugendliche" einher, die diese scheinbar paradoxe Entwicklung erklären kann. Inzwischen werden etliche Angebote zur Jugendarbeit gezählt, die früher nicht dazu gezählt wurden. Dies führt aufgrund der Erhebungssystematiken der amtlichen Statistik dazu, dass bei den Abfragen der Finanzmittel – die an den örtlichen öffentlichen Träger gerichtet sind – ein breiteres Spektrum an Angeboten der Jugendarbeit erfasst wird als bei den Abfragen zum Personalbestand – die an Träger in bestimmten Angebotsbereichen der Jugendarbeit gerichtet werden. Im Folgenden soll diese gerade postulierte Funktionsverschiebung der Jugendarbeit und ihre Folgen für Jugendliche, die Formen der Jugendarbeit in Anspruch nehmen, näher beschrieben werden.

Beruhte Selbstorganisation bislang noch auf dem Prinzip, dass die Jugendlichen frei sind, nach ihrer eigenen individuellen Rationalität und ihren privaten Interessen zu handeln, so scheint ein neuer und zwar *überindividueller* Bezugspunkt für die Jugendarbeit an Bedeutung zu gewinnen[2]. Jugendarbeit wird zunehmend wieder unter einer funktionalen Perspektive betrachtet: Nicht nur die Jugendlichen selbst sollen von den Angeboten profitieren, sondern auch die Gesellschaft als Ganzes wird zum Bezugspunkt der Jugendarbeit. Aus „von und für Jugendliche(n)" wird somit „von Jugendlichen, für die Gesellschaft." Jugendarbeit folgt damit nicht mehr einer Eigenlogik, sondern bekommt einen normativen gesellschaftlichen Bezugspunkt. Aus „Jugendarbeit ist auch bildungsrelevant" wird „ohne Bildungsrelevanz, brauchen wir keine Jugendarbeit." Jugendarbeit hat also eine gesellschaftliche Funktion zu erfüllen und es reicht nicht aus, wenn es gut für die Jugendlichen ist.

Die Indienstnahme der Jugendarbeit für gesellschaftliche Funktionen ist nicht neu, wie der kurze historische Abriss verdeutlichte. Auch der § 11 SGB VIII (Hinführen zur gesellschaftliche Verantwortung, Fördern des sozialen Engagements) hebt darauf ab. Allerdings kann man in der Praxis eine deutliche Akzentverschiebung beobachten. So wird mancherorts die Förderung der Jugendarbeit an einen messbaren Output gekoppelt. Die InteressenvertreterInnen der Jugendarbeit betonen zur Rechtfertigung der Jugendarbeit ihre Relevanz für die persönliche Entwicklung der Jugendlichen und den gesellschaftlichen Nutzen. Sie hoffen so, die Finanzierung der Jugendarbeit zu sichern. Mehr oder weniger ungewollt leisten sie damit einem immer stärker eingeforderten Bezug zur Gesellschaft und damit einem Verlust der Bedeutung der Förderung der individuellen Autonomie Vorschub.

[2] Lessenich (2008) beschreibt dies als allgemeine gesellschaftliche Tendenz.

Kaum eine Studie zur Jugendarbeit, die nicht die Bedeutung der Jugendarbeit für den Erwerb einer Vielzahl von persönlichen Kompetenzen und den Zusammenhang mit Formen sozialen Engagements herausstellt (z. B. Düx et al. 2008, Lindner 2008). Dabei drängt sich die Frage auf, welche Folgen es für die Jugendarbeit hätte, wenn dies nicht (mehr) der Fall sein würde. Wäre dann die Jugendarbeit nichts mehr Wert? Es bliebe dann „nur“ noch der rein private Nutzen der Jugendlichen. Und dieser ließe sich noch nicht einmal empirisch nachweisen, weil er eben autonom, unbestimmt und unvorhersehbar zustande kommt und Form annimmt.[3]

Am deutlichsten lässt sich die Funktionsverschiebung der Jugendarbeit in Ostdeutschland beobachten. Die Grenzen der Jugendarbeit zur Jugendsozialarbeit oder auch den Hilfen zur Erziehung sind hier fließend. Der Anspruch der Jugendarbeit, prinzipiell ein Angebot für alle Jugendlichen zu sein, wurde dort vielerorts bereits aufgegeben. Vielmehr werden einzelne Gruppen mit einem spezifischen Förderbedarf (z. B. Reduktion von aggressivem Verhalten, Schul- und Ausbildungsbefähigung) in den Blick genommen. Bei dieser Form der Jugendarbeit steht also der gesellschaftliche Nutzen im Vordergrund, was auch in den historischen Anfängen der Jugendarbeit für ihre Institutionalisierung ausschlaggebend war, wohingegen die Förderung jugendlicher Autonomie, die ebenfalls ein Anliegen der Jugendarbeit mit langer Tradition ist (vgl. z. B. Merino/Seckinger 2007), in den Hintergrund gedrängt wird.

Einer – historisch betrachtet – erneuten Funktionsverschiebung der Jugendarbeit wird auch durch die zunehmende Verknüpfung von Jugendarbeit und Schule Vorschub geleistet. Schule und Jugendarbeit verstehen sich beide als Bildungsinstitutionen, deshalb liegt eine Zusammenarbeit beider Akteure auf den ersten Blick nahe. Dennoch unterscheiden sich die Zugänge zu den Jugendlichen erheblich. Die Schule hat einen staatlichen Bildungsauftrag mit einem vorbestimmten, normierten Curriculum, das selektierende Leistungsbewertungen vorschreibt. Die Bildungspraxis in der Schule ist streng reglementiert (Vorgaben von Wochenstunden etc.) und bis zum achtzehnten Lebensjahr besteht eine Schulpflicht. Demgegenüber kennzeichnet sich die Jugendarbeit durch das Prinzip der Freiwilligkeit, Mit- und Selbstbestimmung ohne curriculare Vorgaben und Leistungskontrollen sowie durch den Auftrag der gesellschaftlichen Integra-

[3] Fauser/Fischer/Münchmeier haben als eine der wenigen positiven Ausnahmen in ihrer empirischen Studie versucht, nicht von „den Zielen und Intentionen der Anbieter auszugehen und Jugendliche auf den Grad der Zielerreichung hin zu befragen“, sondern haben die Jugendliche als Subjekt in den Vordergrund gestellt und sind der Frage nachgegangen, „wie und in welcher Weise junge Menschen selbst zu Akteuren der Jugendarbeit werden und sich in ihren Gelegenheitsstrukturen und unter Nutzung der Angebote und Ressourcen ihre eigene soziale Realität schaffen“ (2006: 14). Auch Cloos/Köngeter/Müller/Thole (2007) legen ihrer Studie zur offenen Jugendarbeit eine Subjektperspektive zugrunde, indem sie fragen, welche Art von Pädagogik angemessen ist, Kindern und Jugendlichen möglichst viele Lern- und Erfahrungsmöglichkeiten zu bieten.

tion statt Selektion. Die Zusammenarbeit mit der Schule hat für die Jugendarbeit eine gewisse Attraktivität, weil die Schule der Ort in dieser Gesellschaft ist, wo aufgrund der Schulpflicht alle Kinder und Jugendlichen erreicht werden (können)[4]. Die Organisationen der Jugendarbeit haben die Hoffnung sich durch eine Kooperation mit Schule zusätzliche finanzielle Ressourcen für ihre Aufgaben und Zielsetzungen zu erschließen sowie ihre politische und gesellschaftliche Anerkennung sichern zu können. Wenn zwei Partner mit so unterschiedlichen Aufträgen und Zugängen wie die Schule und die Akteure der Jugendarbeit zusammenarbeiten, wird es innerhalb beider Institutionen zu Veränderungen kommen. Hier stellt sich die Frage, wer verändert sich am meisten und in welche Richtung. Die Schule ist eine sehr große und mächtige Institution und spätestens nach den Ergebnissen der PISA-Studien wird versucht, die Zielerreichung dieser Institution mit allen möglichen Mitteln zu fördern. Die Schule als Ort ganztägiger Bildung und Betreuung spielt dabei eine prominente Rolle. Der Jugendarbeit wird dabei insbesondere eine Betreuungsfunktion zugedacht. Die Jugendarbeit kann durch die Schule mehr verändert werden als umgekehrt. Ein Indiz hierfür ist zum Beispiel, dass von Seiten der Jugendarbeit die Möglichkeiten der Mitbestimmung von allen Aspekten der Kooperationsbedingungen zwischen Jugendhilfe und Schule am negativsten eingeschätzt werden (vgl. AGJ 2008, S. 72). Vor diesem Hintergrund kommt es sehr darauf an, ob es der Jugendarbeit gelingt, die Ressourcen, die sie durch die Übernahme von Aufgaben in der nachschulischen Betreuung gewinnt, nicht an anderer Stelle zu verlieren. Gelingt es ihr, *zusätzliche* Ressourcen zu gewinnen, wird sie von dieser Entwicklung profitieren, weil sie Zugang zu einer größeren Anzahl von Jugendlichen ermöglicht. Verliert sie aber Ressourcen für eine freiwillige und selbstbestimmte Freizeitgestaltung von Jugendlichen, weil diese Mittel jetzt im Bereich der nachschulischen Betreuung im schulischen Kontext eingesetzt werden, wird sich das Profil der Jugendarbeit stark verändern. Jugendlichen werden dann weniger unterstützende Gelegenheitsstrukturen geboten werden können, jenseits von curricularen Vorgaben selbst neue Wege auszuprobieren, in einem geschützten Raum andere Erfahrungen zu sammeln und eine eigene selbstständige Lebensführung zu entwickeln. Die Möglichkeiten der Jugendlichen, einer zunehmenden Normierung

[4] Empirisch zeigt sich, dass dies für die Organisationen der Jugendarbeit eine wichtige Motivation für eine Kooperation mit der Schule darstellt (AGJ 2008, S. 40). Die kooperierenden Organisationen der Jugendarbeit stellen in der Regel auch keine zurückgehende Teilnahme der SchülerInnen an den Aktivitäten der Organisationen der Jugendhilfe außerhalb der Schule fest (AGJ 2008: 67). Unklar ist, ob dies auch für die Organisationen gilt, die nicht mit der Schule kooperieren. Eltern berichten, dass im Zuge des Ganztagschulbesuches, die Teilnahme an Vereinsaktivitäten zurückgeht. „Generell gilt, dass bei regelmäßiger Teilnahme der Kinder und Jugendlichen an ganztätigen Schulangeboten die Abmeldequoten höher liegen, so dass auf Dauer eine regelmäßige Inanspruchnahme ganztägiger Angebote durch eine Vielzahl von Schülerinnen und Schülern noch weitergehende Auswirkungen auf die Vereins- und Verbandsaktivitäten haben könnte“ (Züchner 2007, S. 346).

ihrer Entwicklung zu entgehen, werden damit reduziert. Diese Entwicklung wird die Perspektive auf Jugendliche als aktive Gestalter und gleichzeitig als Adressaten der Jugendarbeit hin zu eher „konsumierenden“ Adressaten verändern.

3.2 Sozialpädagogisch begleitete Ausbildungs- und Beschäftigungsmaßnahmen sowie Angebote des Jugendwohnens

Fast alle Leistungen nach § 13 SGB VIII richten sich explizit an Jugendliche. Eine Ausnahme stellen Angebote der Schulsozialarbeit an Grundschulen dar. Einen sehr großen Anteil an den Angeboten nach § 13 SGB VIII haben die Angebote der Jugendberufshilfe, die die berufliche Integration von Jugendlichen durch sozialpädagogisch begleitete Ausbildungs- und Beschäftigungsmaßnahmen, die den Fähigkeiten und dem Entwicklungsstand der jungen Menschen Rechnung tragen, fördern sollen. Es besteht eine Nachrangigkeit gegenüber anderen Angeboten, die ebenfalls der Förderung der beruflichen Integration dienen. Allerdings ist festzuhalten, dass sich die Frage der Vorrangigkeit und Nachrangigkeit von Zuständigkeiten überhaupt nur dort stellt, „wo Leistungsvorschriften aufgrund beider (oder mehrerer, *Ergänzung durch Santen/Seckinger*) Vorschriften existieren, die an denselben Personenkreis gerichtet sind und denselben Leistungszweck verfolgen“ (Gerlach 2007). In der im Gesetz formulierten Nachrangigkeit des Angebots der Kinder- und Jugendhilfe kommt die Schwierigkeit der Abgrenzung des Angebots von dem Angebot anderer Leistungsträger zum Ausdruck. Die Diskussionen über die Auswirkungen des SGB II auf Jugendliche und ihrer Chancen, eine angemessene Förderung durch die Jugendberufshilfe zu erhalten (vgl. Kooperationsverbund Jugendsozialarbeit 2008), sind ein Hinweis darauf, dass bei sich überschneidenden Zuständigkeiten manchmal die Auseinandersetzung über die Zuständigkeit und damit auch über die Kosten und die Definition von Inhalten die eigentliche Aufgabe, nämlich den Adressaten angemessen zu unterstützen, an den Rand drängt. Die Anzahl der Plätze in sozialpädagogisch begleiteten Ausbildungs- und Beschäftigungsmaßnahmen nach § 13 SGB VIII Absatz 1 und 2 ist nach der Einführung des SGB II deutlich zurückgegangen (vgl. Abb. 2). Mit anderen Worten: Ein Teil der Jugendlichen wurde nicht mehr als Adressat der Kinder- und Jugendhilfe betrachtet. Nun könnte man argumentieren, dass dieser Vorgang für die Jugendlichen vielleicht sogar von Vorteil ist, da sie sich nun bei der Bewältigung des Übergangs in das Berufsleben in den Händen der Spezialisten für die Integration in den Arbeitsmarkt befinden. Dagegen lässt sich einwenden, dass bisherige Studien keinen wirklichen Vorteil für Jugendliche entdecken konnten. So heißt es beispielsweise im Zwischenbericht der Evaluation der Experimentierklausel nach § 6c SGB II: „Mit der Grundsicherung für Arbeitsuchende sind im Bereich der Berufsberatung und Ausbildungsvermittlung zahlreiche Schnittstellen, Überschneidungen und Doppelzuständigkeiten entstanden, die eine eindeutige, personell zuständige und konsequente Begleitung von Jugendlichen in das Berufsbildungs- und Beschäftigungssystem erschweren. Sie wurden mit der eindeutigen Verweisung der Zuständigkeit für die Ausbildungsvermittlung an die Grundsicherungsträger mit dem Fortentwicklungsgesetz (KICK) eher noch verschärft, weil nun die Schnittstelle durch den Leistungsprozess der Ausbildungsvermittlung verläuft, was nicht zuletzt angesichts häufiger Wechsel der Jugendlichen zwischen den Rechtskreisen aus fachlicher Sicht wenig sinnvoll erscheint" (ISG 2007: XVI). In einem der Kernbereiche der Kinder- und Jugendhilfe, der sich explizit an Jugendliche richtet, kann also ein Rückzug der Kinder- und Jugendhilfe beobachtet werden.

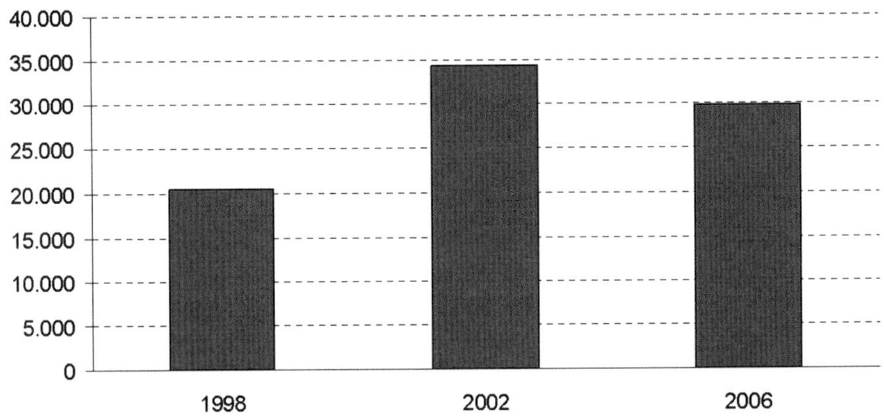

Abb. 2 Anzahl der Plätze in Angeboten nach §13 Abs.1 und 2 SGB VIII
Quelle: Amtliche Kinder- und Jugendhilfestatistik; eigene Berechnungen

In den letzten Jahren sind vermehrt Studien zu einer Verbesserung des so genannten Übergangsmanagements durchgeführt worden. Sie sollen aufklären helfen, welche Angebote besonders wirksam für eine Integration von Jugendlichen in den Arbeitmarkt sind. Eine Optimierung der Unterstützungsstrategien ist angesichts der von 1999 bis 2006 stetig steigenden Anzahl problematischer Übergänge und des Anwachsens der Gruppe, die bereits seit mehreren Jahren einen Zugang zu einer beruflichen Ausbildung sucht, aber nicht findet (die so genannten „Altbewerber"), auch dringend erforderlich (vgl. z.B. Müller/Braun 2007). Zudem zeigen Analysen, dass ähnlich wie beim Schulerfolg auch bei der beruflichen Ausbildung und der Teilnahme an Maßnahmen zur beruflichen Integration die soziale Herkunft der Jugendlichen ein guter Prädiktor für den Erfolg darstellt (vgl. a.a.O., S. 20). In der Bundesrepublik gibt es also ein sich quasi selbst stabilisierendes System der Marginalisierung – soziale Herkunft entscheidet maßgeblich über gesellschaftliche Teilhabe und die wiederum über die Chancen der Kinder dieser Personen –, das mit Hilfe der bisherigen Ansätze nicht durchbrochen wurde. Eine stärkere Orientierung an den Adressaten dieser Angebote, also den Jugendlichen, könnte hilfreich sein, diesen bisher überaus stabilen Kreislauf zu durchbrechen. Hierfür wäre es sicherlich wünschenswert, wenn Forschungsergebnisse zum Übergangsmanagement bundesweit zu entsprechenden Veränderungen führen würden. Reißig u. a. (2006) kommen in ihrer Studie zu dem Ergebnis, dass die größten Erfolge dann erzielt werden, wenn das Übergangsmanagement bereits mindestens ein Jahr vor Beendigung der Schule beginnt und mindestens ein Jahr lang nach der Schule fortgeführt wird. Ein solches Übergangsmanagement kann nur gelingen, wenn sich die verschiedenen Akteure in diesem Feld nicht auf die Klärung der Zuständigkeitsfragen, sondern auf die Bedürfnisse der Adressaten fokussieren.

Ein weiteres, sehr bedeutsames Angebot zur Förderung der beruflichen Integration ist in dem Angebot des Jugendwohnens nach § 13 (3) SGB VIII zu sehen. Hiermit soll sichergestellt werden, dass Jugendliche ihre schulische, betriebliche oder überbetriebliche Ausbildung auch dann absolvieren können, wenn sie hierzu ganz oder zeitweise aus dem Elternhaus ausziehen müssen. Dieses Angebot nutzen nach einer aktuellen Studie des ism Mainz ca. 50.000 Jugendliche und junge Menschen als DauerbewohnerInnen von Einrichtungen des Jugendwohnens und ca. 150.000 als BlockschülerInnen für mehrere Wochen im Jahr (vgl. Müller et al 2008). Es hat, so die AutorInnen dieser Studie, in den letzten Jahren eine erhebliche Angebotserweiterung gegeben. Seit 1998 ist die Anzahl der verfügbaren Plätze um ungefähr 30 % gestiegen. Dies ist angesichts der Entwicklungen auf dem Arbeitmarkt, die zu einer erheblichen regionalen Ungleichverteilung von Ausbildungsplätzen führen und der Konzentration von Berufsschulen auf wenige Standorte, als Reaktion auf demografische Veränderungen, auch wenig überraschend. Es ist davon auszugehen, dass die Nachfrage nach Angeboten des Jugendwohnens weiter steigen wird. Umso überraschender ist es, dass die amtliche Kinder- und Jugendhilfestatistik für den Zeitraum von 1998 bis 2006 einen Rückgang der Anzahl der Plätze im Jugendwohnen nach § 13 (3) SGB VIII um 17 % ausweist. Legt man die Zahlen der ism-Studie zugrunde, dann sind gerade einmal etwas mehr als ein Viertel aller Plätze des Jugendwohnens in der amtlichen Statistik erfasst. Diese Entwicklung führt zu einigen Fragen: Warum steht dieser wachsenden Adressatengruppe kein Ausbau des Angebots von Seiten der Kinder- und Jugendhilfe gegenüber? Verabschiedet sich die Kinder- und Jugendhilfe still und leise von Jugendlichen als Adressaten ihrer Angebote, wenn dies irgendwie möglich ist? Gilt die Verantwortung für ein Aufwachsen in öffentlicher Verantwortung nicht für den Bereich des Jugendwohnens?

Ein Grund für die Schwierigkeiten der Kinder- und Jugendhilfe, zu einem bedarfsgerechten Ausbau der Angebote der Jugendhilfe zu kommen, liegt objektiv in den Prinzipien der Jugendhilfeplanung. Diese ist regional ausgerichtet und bezieht sich auf den einzelnen Jugendamtsbezirk. Jugendwohnen hingegen ist ein Angebot für Jugendliche, die ihren Heimatort verlassen und damit darauf angewiesen sind, dass in einem anderen Jugendamtsbezirk ein ausreichendes Angebot vorhanden ist. Jugendamtsbezirksübergreifende Inanspruchnahme von Jugendhilfeleistungen führt aber bekanntermaßen zu erheblichen Problemen zwischen den Jugendämtern bzw. den zuständigen kommunalen Ebenen wie sowohl die Auseinandersetzungen im Bereich der Kindertagesbetreuung als auch die Diskussionen über die örtliche Zuständigkeit nach §§ 86ff SGB VIII zeigen. Insbesondere mit Blick auf das Jugendwohnen wäre eine aktive Unterstützung der örtlichen Jugendhilfeplanung durch das Landesjugendamt (sofern es noch besteht) überaus sinnvoll. Die inzwischen fast schon marginal zu nennende Beteiligung der Kinder- und Jugendhilfe an einem Angebot, das in den Nachkriegsjahren zu einer ihrer Kernaufgaben gehörte (vgl. Peukert/Münchmeier 1990), spiegelt sich auch in der Finanzierung des Jugendwohnens wider: Viele Einrichtungen werden über das SGB III (insbesondere Reha-Maßnahmen §§ 97–115 und Berufsausbildungsbeihilfe), BAFöG, Blockschulförderung, Industrie- und Handelskammern, Innungen, Betriebe, den Kostenbeiträgen der Auszubildenden finanziert. Müller et al (2008) kommen zu dem Ergebnis, dass ein sehr großer Anteil der Plätze des Jugendwohnens von den Auszubildenden alleine bezahlt wird und lediglich noch 5,4 % der Plätze ausschließlich über die Kinder- und Jugendhilfe finanziert werden (Müller et al 2008: 16). Damit einher geht auch, dass die Qualitätsanforderungen, die innerhalb der Kinder- und Jugendhilfe an Einrichtungen gestellt werden, keine Anwendung bei den Angeboten des Jugendwohnens finden. Müller et al können dies beispielsweise an den extrem unterschiedlichen Personalschlüsseln (bis zu 1: 215; a. a. O., S. 19) und an der Nicht-Anwendung der §§78aff SGB VIII zeigen. Die Entwicklungen im Jugendwohnen sind ein weiteres Beispiel dafür, wie an Schnittstellen zu anderen Zuständigkeitsbereichen die Gefahr besteht, dass bestimmte Adressatengruppen aus dem Fokus der Kinder- und Jugendhilfe geraten. Hiermit gefährdet die Kinder- und Jugendhilfe selbst ihren Anspruch, die zentrale Anlaufstelle für Kinder, Jugendliche und Familien zu sein. Zudem verschlechtert sich die Qualität des Angebots, da die besonderen Bedürfnisse von Jugendlichen, die nicht nur Auszubildende sind, sondern sich auch im Prozess der persönlichen Entwicklung befinden, zu wenig beachtet werden.

2.3 Hilfen zur Erziehung

Nach dem Jugendwohlfahrtsgesetz (JWG) gab es noch eine Trennung zwischen der freiwilligen Erziehungshilfe, für die das örtliche Jugendamt zuständig war, und Fürsorgeerziehung, die durch das Landesjugendamt gewährt wurde. Die Fürsorgerziehung war häufig mit einer geschlossenen Unterbringung des jungen

Menschen verbunden, hatte einen stärker disziplinierenden Charakter und konnte vom Landesjugendamt auch gegen den Willen der Eltern angeordnet werden. Maßnahmen der Fürsorgerziehung haben seit den sechziger Jahren des vorherigen Jahrhunderts stark an Bedeutung verloren. Mit der Reform des Kinder- und Jugendhilferechts (KJHG) wurden alle erzieherischen Hilfen in § 27 SGB VIII zusammengeführt und das örtliche Jugendamt erhielt die Zuständigkeit für alle erzieherischen Hilfen. Auch der Eingriff in das elterliche Erziehungsrecht war ab diesem Zeitpunkt nur noch unter Anwendung des § 1666 Bürgerliches Gesetzesbuches (BGB), also durch richterlichen Beschluss und nicht mehr durch eine öffentlich-rechtliche Anordnung möglich. Hiermit wurde für die erzieherischen Hilfen ein Perspektivenwechsel vollzogen, der sich als Hinwendung zur sozialpädagogischen Dienstleistung und einer gewissen Abwendung von einem Verständnis sozialer Arbeit als hoheitlichem Eingriff beschreiben lässt. (vgl. Wiesner et al 1995, S. 270f,). Der Vergleich der aktuellen (2005, ca. 94,5 pro 10.000 15- bis 18-Jährigen) mit den im historischen Abriss zitierten Zahlen zur Inanspruchnahme von männlichen Jugendlichen in stationären Jugendhilfeeinrichtungen (1923, ca. 64,5 pro 10.000 16- bis 18-Jährigen) legt einen Ausbau der stationären Hilfen für Jugendliche nahe.

Inzwischen haben sich die Hilfen zur Erziehung stark ausdifferenziert und die Inanspruchnahme der ambulanten Hilfen ist seit der grundlegenden Reform des Kinder- und Jugendhilferechts durch das KJHG sehr stark gestiegen (vgl. Pluto et al 2007, S. 169f.).

Nach wie vor sind nicht alle erzieherischen Hilfen als sozialpädagogische Dienstleistung im ausschließlichen Interesse des jungen Menschen oder der Personensorgeberechtigten zu sehen. Insbesondere die soziale Gruppenarbeit und die Betreuungshilfe erfolgen oft im Kontext der Jugendgerichtshilfe und werden von den Jugendlichen – trotz programmatisch prinzipiell am Jugendlichen orientierten Zielsetzungen – oftmals als disziplinierend erlebt.

Als sozialpädagogische Dienstleistung sollen die erzieherischen Hilfen den jungen Menschen helfen, ihre soziale und personale Entwicklung zu fördern und die Personensorgeberechtigten in die Lage zu versetzen, ihre Erziehungsaufgabe selbst wieder wahrnehmen zu können. Diese Aufgabenbeschreibung ist in Relation zu sehen zu den individuellen und gesellschaftlichen Rahmenbedingungen, mit denen die Adressaten zurechtkommen müssen. Olk (1986) beschreibt die Aufgabe der Kinder- und Jugendhilfe in diesem Zusammenhang als Reproduktion, Gewährleistung und Konservierung von Normalzuständen bzw. Normalverläufen. Die Kinder- und Jugendhilfe sieht sich hier mit dem Problem konfrontiert, dass das, was als normal, als Standard gilt, sich im Zuge der Pluralisierung von Lebensentwürfen und Lebensformen nicht mehr so einfach bestimmen lässt. Während früher die für die Jugendphase typischen Statuspassagen „Berufeintritt“, „Auszug“, „Heirat“, „Familiengründung“ in der Regel in dieser Reihenfolge innerhalb eng festgelegter Zeiträume erfolgte, kennzeichnet sich die moderne Jugendphase durch eine Destandardisierung dieser Übergänge: Die Reihenfolge und die Zeiträume, innerhalb derer die Statuspassagen erfolgen, weisen eine erhebliche Variation auf. Chisholm/Hurrelmann (1995) beschreiben diese Entwicklung als Pluralisation der Übergangsformen. Arnett (2000) beobachtet eine längere Phase im Leben der jungen Menschen, die er als „emerging adulthood" beschreibt. Nach Arnett ist die Identitätsfindung bezüglich Partnerschaft, Arbeit und normativer Orientierung nicht auf die Adoleszenzphase beschränkt, sondern hat ihren Schwerpunkt durch die gesellschaftlich bedingte zeitliche Verlagerung der Übernahme unterschiedlicher Erwachsenenrollen in der Phase zwischen dem 18. und 25. Lebensjahr. Empirisch lässt sich diese Entwicklung auch an dem Selbstverständnis von jungen Menschen als Jugendlicher oder als junger Erwachsener festmachen: Es lässt sich im Zeitverlauf eine deutliche Abnahme des Anteils der jungen Menschen beobachten, die sich selbst als Erwachsene fühlen (vgl. Sardei-Biermann 2006, S. 119).

Und wie gehen die erzieherischen Hilfen mit diesen veränderten Rahmenbedingungen und Herausforderungen, mit dem Verschwimmen der eindeutigen normativen Erziehungsbezüge um? Die Jugendhilfe sieht sich hier in einer schwierigen Lage. Die richtige Konsequenz wäre eine Verlängerung der Zeit, in der junge Menschen Anspruch auf Unterstützung haben, weil offensichtlich mit Erreichen des Erwachsenenalters die Entwicklung der jungen Menschen zu einer eigenverantwortlichen und unabhängigen Persönlichkeit oftmals noch nicht abgeschlossen ist. Mit der Einführung des KJHG wurde dieser Entwicklung insofern Rechnung getragen, als nunmehr erzieherische Hilfen in der Regel auch nach Vollendung des 18. Lebensjahres als so genannte Hilfe für junge Volljährige gewährt werden können (vgl. Rosenbauer 2008 für eine ausführliche Darstellung dieser Hilfeform). Die Ausgaben für die Hilfe für junge Volljährige nach § 41 SGB VIII sind seit 1991 bis zum Jahr 2003 kontinuierlich angestiegen, aber seitdem sinkt das Ausgabevolumen. In Relation zu den Gesamtausgaben der Kinder- und Jugendhilfe sinkt der Anteil der Ausgaben für junge Volljährige bereits seit 1996 (vgl. Abb. 3). Offensichtlich führt der Konsolidierungsdruck der kommunalen Haushalte dazu, dass notwendige Hilfen für junge Erwachsene nicht immer im wahrscheinlich erforderlichen Umfang bereitgestellt werden. Vielmehr kann in vielen Kommunen beobachtet werden, dass erzieherische Hilfen mit dem Erreichen des Erwachsenenalters beendet werden.

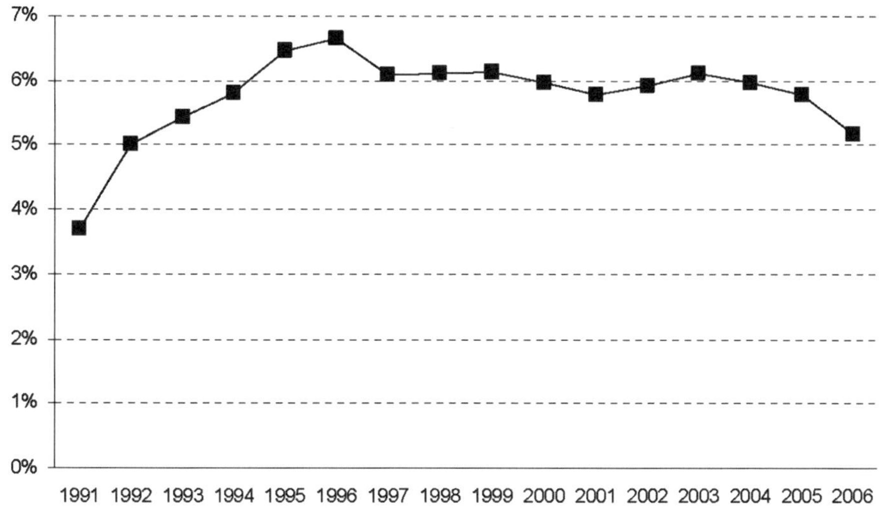

Abb. 3 Anteil der Ausgaben für junge Volljährige an allen Ausgaben für die Jugendhilfe
Quelle: Amtliche Kinder- und Jugendhilfestatistik; eigene Berechnungen

Im Jahr 2005 sind 70 % der über 18-Jährigen in Anschluss an eine erzieherische Hilfe in eine eigene Wohnung gezogen[5]. Von den 18- bis 21 Jährigen der Gesamtbevölkerung wohnen dagegen gut 80 % noch bei den Eltern (vgl. Sardei-Biermann/Kanalas 2006, S. 42). Die Verlängerung der Ausbildungszeiten, längere Phasen der ökonomischen Unsicherheit, die bessere Verfügbarkeit von ausreichendem Wohnraum in den Haushalten der Familien sowie das bessere Familienklima (z. B. IPOS 2003) haben das Auszugsalter in den letzten Jahren deutlich erhöht und die Verweildauer im Haushalt der Familien verlängert. Während bei den Jugendlichen außerhalb von Einrichtungen der stationären erzieherischen Hilfen eine Entstandardisierung von Übergangsphasen und -zeitpunkten zu beobachten ist, kommt es bei den Jugendlichen in den stationären erzieherischen Hilfen aufgrund der Entscheidungen der Kinder- und Jugendhilfe zu einer starken Standardisierung bezüglich des Zeitpunktes, an dem die Kompetenz für eine selbstständige Lebensführung erreicht und der Übergang in den Erwachsenstatus vollzogen sein muss: Mit dem Vollenden des 18. Lebensjahres werden die meisten jungen Menschen in den stationären erzieherischen Hilfen als Erwachsene betrachtet. Es liegt auf der Hand, dass diese erzwungene Selbstständigkeit im Bereich des Wohnens Konsequenzen für andere wichtige Lebensbereiche nach sich zieht. Die Phase des Ausprobierens wird erzwungenermaßen abgekürzt; das Leben hat von nun an Ernstcharakter. Das möglichst schnelle Er-

[5] Eigene Berechnungen mit den Daten der amtlichen Kinder- und Jugendhilfestatistik zu den im Jahr 2005 beendeten Hilfen.

reichen einer ökonomischen Selbstständigkeit tritt in den Vordergrund, zumal die eigenen Eltern in der Regel hierbei keine Unterstützung bieten können, da sie selbst oftmals von Transferleistungen des Sozialstaates abhängig sind (Kolvenbach/Pothmann 2008, S. 6). Diese Differenz hinsichtlich des Zwangs zu einer eigenständigen Lebensführung weist darauf hin, dass sich die Kinder- und Jugendhilfe hier weniger an den Bedürfnissen ihrer Adressaten, sondern eher an institutionellen und fiskalischen Interessen orientiert.

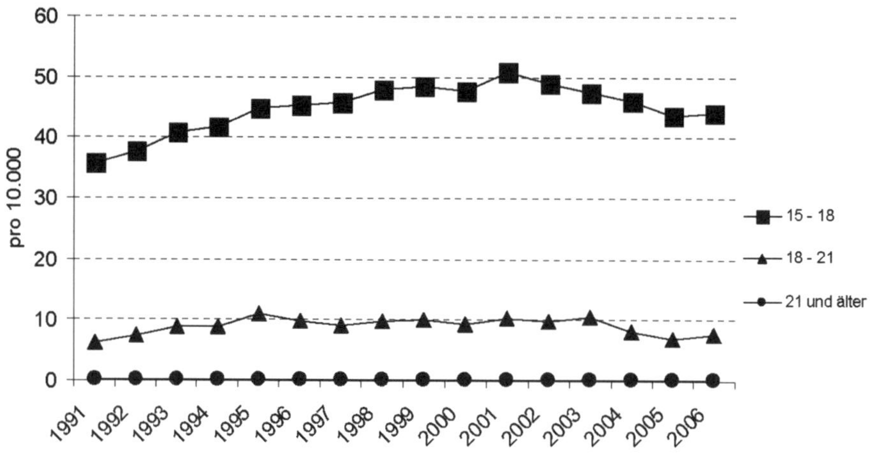

Abb. 4 Entwicklung altersspezifischer Quoten der Hilfen zur Erziehung außerhalb des Elternhauses insgesamt, Deutschland
Quelle: Amtliche Kinder- und Jugendhilfestatistik; eigene Berechnungen

In der Abbildung 4 ist die Entwicklung der altersspezifischen Quoten der Jugendlichen für die erzieherischen Hilfen außerhalb des Elternhauses seit dem Jahr 1991 bis 2006 abgebildet. Daraus wird erstens ersichtlich, dass die erzieherischen Hilfen außerhalb des Elternhauses vor allem von Jugendlichen in den Altersgruppen der 15 bis 18-Jährigen in Anspruch genommen werden bzw. diese Art von Hilfen den Jugendlichen noch am ehesten zugestanden werden, während die älteren Altersgruppen deutlich geringere Inanspruchnahmequoten aufweisen. Zweitens zeigt sich etwa seit dem Jahr 2001 eine fallende Inanspruchnahme. Eine genauere Differenzierung nach Hilfearten offenbart, dass diese Tendenz auf den Rückgang sowohl bei dem betreuten Einzelwohnen, den betreuten Wohngemeinschaften als auch bei der intensiven sozialpädagogischen Einzelbetreuung (ISE) zurückzuführen ist, wohingegen die Inanspruchnahme der Verwandtenpflege, der Fremdpflege sowie der Heimunterbringung einen weitgehend stabilen Verlauf aufweist. Das heißt, die Hilfeformen, die noch am ehesten geeignet scheinen, die individuellen Wünsche und Bedürfnislagen des Jugendlichen zu berücksichtigen und ihrer Form nach eine Verselbständigung fördern, werden zunehmend weniger gewährt. Ob dies die richtige Antwort auf die veränderten, individualisierten, entstandardisierten, pluralisierten Lebensbedingungen der Aufwachsenden darstellt, darf bezweifelt werden.

2.4 Mitwirkung in Verfahren nach dem Jugendgerichtsgesetz

Wie bereits die Bezeichnung „Mitwirkung in Verfahren nach dem Jugendgerichtsgesetz“ verdeutlicht, handelt es sich bei diesem Angebot der Kinder- und Jugendhilfe um eines, das sich an der Schnittstelle zu einem anderen Aufgabenfeld mit eigener Handlungslogik befindet. Traditionell wurden die Angebote der Jugendhilfe in Verfahren nach dem Jugendgerichtsgesetz als Dienstleistung für die JugendrichterIn betrachtet, was zu einer Vernachlässigung ihres eigentlichen Jugendhilfeauftrags führte (vgl. z. B. Deutscher Bundestag 1972, S. 66). Die Mitwirkung der Jugendhilfe in Verfahren nach dem Jugendgerichtsgesetz hatte also lange Zeit eher das Jugendgericht als den Jugendlichen selbst als Adressat im Fokus. Insofern ist die Bezeichnung Jugendgerichtshilfe für die entsprechenden Angebote der Kinder- und Jugendhilfe überaus zutreffend. Mit Einführung des SGB VIII wurde klargestellt, dass die Kinder- und Jugendhilfe bei der Mitwirkung in Verfahren nach dem Jugendgerichtsgesetz unabhängig ist und eigenen Aufgaben nachgeht. Der Jugendliche wurde als Adressat der Jugendgerichtshilfe entdeckt. Trenczek (o. J.) formuliert dies so: „Ziel und Auftrag der Jugendhilfe ist und bleibt es auch im Rahmen ihrer Mitwirkung im jugendgerichtlichen Verfahren, die Entwicklung des jungen Menschen zu einer autonom und reflexiv handelnden, eigenverantwortlichen und gemeinschaftsfähigen Persönlichkeit zu fördern (§ 1 Abs. 1 SGB VIII, hierzu Trenczek 1996, 68 ff.). Anders als es nach den traditionellen Funktionszuschreibungen üblich war, beschränkt sich die Mitwirkung der Jugendhilfe nicht auf die Phase des strafrechtlichen Erkenntnisverfahrens, vielmehr ist JGH die Gesamtheit der Aktivitäten der Jugendhilfe aus Anlass eines gegen einen jungen Menschen gerichteten Strafverfahrens. Im Hinblick auf ihre sozialanwaltliche Funktion und Aufgabenstellung ist für die Jugendhilfe vorrangig die Betreuung und Hilfe für in Straftaten und Strafverfahren verwickelte Jugendliche und junge Volljährige (d. h. jugendhilferechtlich: noch nicht 27 Jahre alte Personen!).“ Noch immer fällt es der Justiz nicht leicht die eigenständige Rolle der Kinder- und Jugendhilfe zu akzeptieren, wie an den Auseinandersetzungen nach der Einführung des § 36a SGB VIII zu erkennen ist.

Die Kinder- und Jugendhilfe hat in Verfahren nach dem Jugendgerichtsgesetz bestimmte Rechte: Sie ist über die Einleitung und den Ausgang eines Verfahrens gegen einen Jugendlichen oder jungen Volljährigen, über den Ort und den Zeitpunkt der Hauptverhandlung, über den Erlass und Vollstreckung von Haftbefehlen bzw. einer vorläufigen Festnahme zu informieren. Sie hat gemäß den §§ 50 Abs. 3 S. 1 und 48 Abs. 2 S. 1 JGG das Recht, aber nicht die Pflicht zur

Anwesenheit in der Hauptverhandlung. Wünscht oder benötigt ein Jugendlicher jedoch eine Begleitung während des gesamten Verfahrens, dann ist die Jugendgerichtshilfe aus ihrer eigenen Handlungslogik heraus, also auf der Basis des SGB VIII verpflichtet, diesem Bedürfnis nachzukommen. Die Jugendgerichtshilfe hat zu jedem Zeitpunkt des Verfahrens Anhörungs- und Äußerungsrechte. Darüber hinaus haben die MitarbeiterInnen der Kinder- und Jugendhilfe Umgangsrechte mit angeklagten oder verurteilten Jugendlichen und zwar im selben Umfang wie Anwälte. Zudem haben die MitarbeiterInnen auch das Recht, einen Antrag zur Beseitigung des Strafmakels bei Minderjährigen zu stellen.

Inwiefern spiegelt sich nun der Wechsel des Adressaten hin zu den Jugendlichen in den Angeboten der Jugendgerichtshilfe wider? Seit der Einführung des SGB VIII kam es zu einem stetigen Ausbau ambulanter Angebote, die durchaus geeignet sind, zu einer Einstellung eines Verfahrens nach dem JGG beizutragen. Diese Entwicklung verlief parallel zu kriminalpolitischen Bestrebungen, Jugendarrest und auch Jugendstrafen zurückzudrängen (vgl. Heinz 1996). Analysen der Rückfallstatistik, die zeigen, dass Jugendarrest und Jugendstrafen mit höheren Rückfallquoten verbunden sind als informelle Sanktionen (vgl. Heinz 2004), verstärkten diesen Trend innerhalb der Fachdiskussion. Die Ergebnisse der Erhebungen des vom BMFSFJ geförderten Projekts „Jugendhilfe und sozialer Wandel" bei Jugendämtern belegen den stetigen Ausbau ambulanter Angebote, die speziell an Jugendliche gerichtet sind, die gegen ein Gesetz verstoßen haben. So sind Maßnahmen zum Täter-Opfer-Ausgleich oder soziale Trainingskurse in fast allen Jugendamtsbezirken vorhanden. Dies gilt ebenso für sozialpädagogische Begleitung bei der Erfüllung von Arbeitsauflagen und -weisungen sowie für Betreuungsweisungen (vgl. Pluto et al 2007, S. 275). Entgegen den Prinzipien des SGB VIII gibt es bei diesen Angeboten nur eine gering ausgeprägte Trägerpluralität, was zu erheblichen Einschränkungen des Wunsch- und Wahlrechts führt. Je nach Angebot können gerade mal 20 % bis 36 % der Jugendamtsbezirke mindestens zwei Anbieter vorweisen (Pluto et al 2007: 278). Im Bereich der Betreuungsweisungen, der sozialen Trainingskurse und der Begleitung von Arbeitsauflagen und -weisungen kam es in den letzten Jahren zu einer Vergrößerung der Trägerpluralität. Speziell bei sozialen Trainingskursen ist diese auch auf eine Zunahme privat-gewerblicher Träger in diesem Handlungsfeld zurückzuführen. Eine Orientierung an den Jugendlichen als Adressaten dieser Angebote würde zu einem forcierten Ausbau der Trägerpluralität führen. Schließlich ist im SGB VIII aus guten Grund das Wunsch- und Wahlrecht (§ 5 SGB VIII) und die Pflicht, im Rahmen der Jugendhilfeplanung die Interessen und Bedürfnisse der Kinder und Jugendlichen zu berücksichtigen (§ 80 SGB VIII), verankert.

Der Ausbau ambulanter Angebote und die wenn auch immer noch zögerliche Entwicklung hin zu einer gewissen Trägerpluralität deutet in die Richtung, dass die Anerkennung der Jugendlichen als Adressaten tatsächlich auch zu Strukturveränderungen im Angebot geführt hat. Demgegenüber steht allerdings die zunehmende Fallbelastung der MitarbeiterInnen des Jugendamts, die unmittelbar an Verfahren nach dem JGG teilnehmen. Betrug die Fallbelastung einer Fachkraft pro Jahr 1996 noch 193 Fälle, so ist sie im Jahr 2003 auf 262 Fälle angestiegen (vgl. Pluto et al 2007, S. 271). In der hohen Fallbelastung dürfte auch ein Grund dafür zu finden sein, warum Trenczek (o. J.) einen Mangel an Betreuungsangeboten durch die Jugendgerichtshilfe und einen zu hohen Anteil an Verwaltungstätigkeit bei den MitarbeiterInnen in der JGH konstatiert. Trotz aller nach wie vor berechtigen Fragen, ob die JGH tatsächlich immer und überall eine Hinwendung zu Jugendlichen als ihren eigentlichen Adressaten vollzogen hat, lässt sich ein erheblicher Ausbau der JGH konstatieren. Ähnlich wie bei dem Vorhandensein von ambulanten Angeboten gibt es auch eine erhebliche Steigerung der eingesetzten Geldmittel für die Mitwirkung an Verfahren nach dem JGG. So weist die amtliche Statistik auch für diesen Bereich wie für viele andere Aufgaben nach dem SGB VIII einen kontinuierlichen Zuwachs an Ausgaben seit 1991 (ungefähr 200 %) aus[6]. In Kombination mit der wachsenden Fallbelastung für die einzelne MitarbeiterIn der JGH weist dies auf eine Intensivierung der Arbeit zumindest mit einem Teil der Jugendlichen hin.

Zusammenfassend zeigt sich also, dass die Hinwendung zu Jugendlichen als eigentlichen Adressaten der Jugendgerichtshilfe zu deutlichen Veränderungen und bedingt dadurch auch zu Spannungen im Verhältnis von Jugendgerichten und Jugendämtern geführt hat.

3. Jugendliche – nicht immer der Adressat für Angebote der Jugendhilfe

Die Frage, ob Jugendliche und in welcher Form Jugendliche Adressaten der Kinder- und Jugendhilfe sind, d. h., ob ihre Interessen und Bedürfnisse tatsächlich handlungsleitend für die Angebote sind, die sich an Jugendliche richten, ist nicht generell zu beantworten. Dies liegt zu einem guten Teil daran, dass die einzelnen Arbeitsfelder der Kinder- und Jugendhilfe relativ unabhängig von einander bestehen, also ein Ausbau des einen Arbeitsfelds nicht zwangsläufig einen Abbau in dem anderen Arbeitsfeld nach sich ziehen muss. Dies ist auch ein Grund, warum es schwierig ist, empirisch zu überprüfen, ob die Ausweitung der Angebote für Kinder auf Kosten der Angebote für Jugendliche erfolgt. Zudem ist es nicht ohne weiteres möglich, zu differenzieren, ob der Ausbau von Angeboten für Kinder tatsächlich durch eine vermehrte Hinwendung zu Kindern als Adressaten

[6] Allerdings kam es von 2004 auf 2005 zu einem deutlichen Rückgang der Ausgaben. Der danach wieder einsetzende Anstieg könnte zumindest zum Teil auch auf die Umstellung der Kommunalhaushalte von dem kameralistischen Prinzip auf die doppelte Buchführung verursacht worden sein.

oder durch eine veränderte Definition der gesellschaftlichen Erwartungen an die Kinder- und Jugendhilfe zustande kommt. Die Angebote für Kinder können nämlich ebenfalls von der Abkehr von der Subjektorientierung hin zur Erfüllung gesellschaftlicher Aufträge betroffen sein.

Wie exemplarisch an vier Arbeitsfeldern der Kinder- und Jugendhilfe gezeigt wurde, haben die einzelnen betrachteten Arbeitsfelder unterschiedliche Bezugspunkte und es ist auch aufgrund bisheriger historischer Entwicklungen, die sich u. a. auch durch das doppelte Mandat Sozialer Arbeit (Hilfe und Kontrolle) erklären lassen, zu erwarten, dass sich die jeweiligen Bezugspunkte – seien es die Jugendlichen, die Gesellschaft oder der eigene Systemerhalt – auch in Zukunft wieder ändern werden.

Die Entwicklungen in den beschriebenen Arbeitsfelder lassen sich wie folgt zusammenfassen: In der Jugendarbeit kommt es zu einer Verlagerung von den Jugendlichen hin zu der Gesellschaft als Adressat der Angebote, da die gesellschaftliche Funktionalität der Jugendarbeit (wieder) an Bedeutung gewinnt. Im Arbeitsfeld der Jugendberufshilfe lässt sich ein Rückzug der Jugendhilfe feststellen. Obwohl es kein Anzeichen für einen sinkenden Bedarf an sozialpädagogisch begleiteten Ausbildungs- und Beschäftigungsmaßnahmen sowie Angeboten des Jugendwohnens gibt, scheint die individualisierende Formel des „Fordern und Förderns" dazu zu führen, dass Unterstützungs- und Förderungsbedürfnisse nicht mehr im Kontext von vorhandenen Ungleichheitsbedingungen gesehen werden. Die Jugendhilfe mit ihrem kompensierenden Auftrag verliert damit an Relevanz. Das Arbeitsfeld Hilfen zur Erziehung kennzeichnet sich durch eine wachsende Inanspruchnahme der Hilfen. Dies kann ein Indiz für eine verstärkte Aufmerksamkeit für die Bedürfnislagen der Kinder- und Jugendlichen, aber auch für eine stärkere Indienstnahme der Kinder- und Jugendhilfe sein. Am Übergang vom Jugendlichen zum Erwachsenen wird deutlich, dass das System der Kinder und Jugendhilfe in Fällen der mit Eintritt der Volljährigkeit automatisch beendeten Hilfen nicht bedürfnisorientiert agiert. Der Verlängerung der Jugendphase wird in ihrer Gewährungspraxis nicht adäquat Rechnung getragen. In der Jugendgerichtshilfe zeigt sich eine stärkere Hinwendung zu den Jugendlichen. Das Angebotspektrum hat sich erweitert und die Inanspruchnahme der Hilfen hat zugenommen. Gleichzeitig versucht das System der Kinder- und Jugendhilfe ihre Autonomie gegenüber ihrer Schnittstellenpartner (Justiz) durchzusetzen und zu wahren.

Wenn die Kinder- und Jugendhilfe, wie in dem Beispiel der Jugendgerichtshilfe, sich explizit auf Jugendliche als Adressat bezieht, führt dies zu Konflikten an den Schnittstellen zu anderen gesellschaftlichen Bereichen, weil sie damit erstens gegen den unausgesprochenen Konsens von Institutionen verstößt, der da heißt: im Zweifel für die reibungslose Zusammenarbeit und gegen den Adressaten, und zweitens die gesellschaftliche Konkurrenz der Funktionssysteme über Deutungshoheiten explizit und gegenständlich gemacht wird. Vor diesem Hintergrund hat es die Kinder- und Jugendhilfe nicht leicht, sich gegenüber anderen gesellschaftlichen Akteuren, wie dem Schul- oder auch Justizsystem und der Wirtschaft so zu behaupten, dass ihr eigenständiger Auftrag, die Autonomie von Kindern, Jugendlichen und Eltern zu stärken und Lebensbedingungen für ein förderliches Aufwachsen zu schaffen, erhalten bleibt.

Literatur

Arbeitsgemeinschaft für Kinder- und Jugendhilfe – AGJ (Hrsg.), 2008: Kooperation von Jugendhilfe und Ganztagsschule – Eine empirische Bestandsaufnahme im Prozess des Ausbaus der Ganztagsschulen in Deutschland. Expertise des Deutschen Jugendinstituts (DJI) für die AGJ. Berlin: Eigenverlag AGJ.

Arnett, J.J., 2000: Emerging Adulthood. A Theory of Development from the Late Teens through the Twenties. In: American Psychologist, Vol. 55, No. 5, 469–480

Bisler, W., 2008: Zuflucht beim KJHG: Rettet das Recht die Kinder und Jugendarbeit? In: Lindner, W. (Hrsg.): Kinder- und Jugendarbeit wirkt. Aktuelle und ausgewählte Evaluationsergebnisse der Kinder- und Jugendarbeit. Wiesbaden: VS-Verlag für Sozialwissenschaften, 51–63

Böhnisch, L./Gängler, H./Rauschenbach, Th. (Hrsg.), 1991: Handbuch Jugendverbände. Weinheim und München: Juventa

Bundesministerium für Arbeit und Soziales, 2008: Lebenslagen in Deutschland. Der 3. Armuts- und Reichtumsbericht der Bundesregierung. Download möglich unter: www.bmas.de

Bundesministerium für Familien, Senioren, Frauen und Jugend, 2001: Richtlinien vom 19.12.2000, Kinder- und Jugendplan des Bundes (KJP). Gemeinsames Ministerialblatt, Nr. 2001, S. 17–31

Chisholm, L./Hurrelmann, K., 1995: Adolesence in modern Europe. Pluralized transition patterns and their implications for personal and social risks. In: Journal of Adolosence, Vol. 18, S. 129–158

Damm, D., 1986: Die Praxis bedürfnisorientierter Jugendarbeit. München: Deutsches Jugendinstitut.

Deutscher Bundestag, 1968: Zweiter Jugendbericht Drucksache V/2453

Deutscher Bundestag, 1972: Dritter Jugendbericht Drucksache VI/3170

Düx, W./Prein, G./Sass, E./Tully, C.J., 2008: Kompetenzerwerb im freiwilligen Engagement – Eine empirische Studie zum informellen Lernen im Jugendalter. Wiesbaden: VS-Verlag für Sozialwissenschaften

Fauser, K./Fischer, A./Münchmeier, R., 2006: Jugendliche als Akteure im Verband. Ergebnisse einer empirischen Untersuchung der Evangelischen Jugend. Opladen: Verlag Barbara Budrich

Gerlach, F., 2007: Hilfen für straffällige Heranwachsende an der Schnittstelle von § 41 SGB VIII und §§ 67f SGB XII. Vortrag anlässlich einer Tagung des Evangelischen Fachverbands für Gefährdetenhilfe im Diakonischen Werk Bayern [http://www.gefaehrdetenhilfe-bayern.de/uploads/media/2007_fachtag_straffaellige_heranwachsende.pdf]

Gragert, N./Pluto, L./van Santen, E./Seckinger, M., 2006: Jugendringe im Visier. Befragung zu Strukturen, Funktionen und Handlungsmöglichkeiten. München. Download möglich unter www.dji.de/jhsw

Hafeneger, B., 2005: Geschichte der Offenen Kinder- und Jugendarbeit seit 1945. In: Deinet, U./ Sturzenhecker, B. (Hrsg.): Handbuch Offene Kinder- und Jugendarbeit, 3., völlig überarbeitete und erweiterte Auflage. Wiesbaden: VS-Verlag für Sozialwissenschaften, 510–518

Heinz, W., 2004: Die neue Rückfallstatistik – Legalbewährung junger Straftäter. In: Zeitschrift für Jugendkriminalrecht und Jugendhilfe 1/2004, S. 35–48

Heinz, W., 1996: Sanktionspraxis im Jugendstrafrecht. DVJJ-Journal 7, S. 105–119

ISG, 2007: Evaluation der Experimentierklausel nach § 6c SGB II – Vergleichende Evaluation des arbeitsmarktpolitischen Erfolgs der Modelle der Aufgabenwahrnehmung „zugelassene kommunale Träger“ und „Arbeitsgemeinschaften“. Jahresbericht. [http://www.bmas.de/coremedia/generator/22392/property=pdf/f361__forschungsbericht.pdf]

IPOS (Hrsg.), 2003: Jugendliche und junge Erwachsene in Deutschland. Ergebnisse einer repräsentativen Bevölkerungsumfrage November Dezember 2002. (Download möglich unter www.bmfsfj.de)

Kolvenbach, F.-J./Pothmann, J., 2008: Prekäre Lebenslagen belasten familiäre Erziehung – erste Ergebnisse zu den erzieherischen Hilfen 2007. In: KOMDAT, Heft Nr. 3, 6

Kooperationsverbund Jugendsozialarbeit, 2008: Positionspapier Vorrang für Ausbildung – Positionen des Kooperationsverbundes Jugendsozialarbeit zu den Ausbildungschancen von Jugendlichen im Rechtskreis SGB II [http://www.jugendsozialarbeit.de/JSA/kooperationsverbund/jsa_web.nsf/dx/Positionspapier%20KV%20JSA%20Ausbildung%20im%20SGB%20II.pdf/$file/Positionspapier%20KV%20JSA%20Ausbildung%20im%20SGB%20II.pdf]

Lessenich, S., 2008: Die Neuerfindung des Sozialen. Der Sozialstaat im flexiblen Kapitalismus. Bielefeld: transcript.

Lindner, W. (Hrsg.), 2008: Kinder- und Jugendarbeit wirkt. Aktuelle und ausgewählte Evaluationsergebnisse der Kinder- und Jugendarbeit. Wiesbaden: VS-Verlag für Sozialwissenschaften

Lüders, C., 2007: Entgrenzt, individualisiert, verdichtet. Überlegungen zum Strukturwandel des Aufwachsens. In: SOS-Dialog, S. 4–10

Merino, R./Seckinger, M., 2007: Partizipation von Kindern und Jugendlichen in und durch Jugendarbeit – Einige Betrachtungen aus spanischer und deutscher Perspektive. In: Diskurs Kindheits- und Jugendforschung, Heft 4, S. 316–376

Müller, M./Braun, F., 2007: Lokales Übergangsmanagement Handlungsbedarf und Handlungsspielräume. München: DJI Forschungsschwerpunkt „Übergänge in Arbeit“ 6/2007

Müller, H./Schmutz, E./de Paz Martinez, L./Höblich, D., 2008: Ergebnisse der Befragung der Einrichtungen des Jugendwohnens „leben. lernen. chancen nutzen. Bestandsaufnahme und Entwicklungsperspektiven des Jugendwohnens“. ism Mainz [http://www.projekt-jugendwohnen.de/download/download/95_kernbefunde_einrichtungsbefragung_endfassung_2_.pdf]

Olk, Th., 1986: Abschied vom Experten. Sozialarbeit auf dem Weg zu einer alternativen Professionalität. Weinheim/München: Juventa

Peukert, D.J.K./Münchmeier, R., 1990: Historische Entwicklungsstrukturen und Grundprobleme der deutschen Jugendhilfe. In: Sachverständigenkommission 8. Jugendbericht (Hrsg.): Jugendhilfe – Historischer Rückblick und neuere Entwicklungen. Materialien zum 8. Jugendbericht (Band 1). München: DJI

Pluto, L./Gragert, N./van Santen, E./Seckinger, M., 2007: Kinder und Jugendhilfe im Wandel. Eine empirische Strukturanalyse. München: DJI-Verlag

Rauschenbach, Th./Schilling, M., 2008: Spaltet sich die Kinder- und Jugendhilfe? KOMdat, Jhg. 11, Heft 1+2, 2–4

Reißig, B./Gaupp, N./Hofman-Lun, I./Lex, T., 2006: Schule und dann? München: DJI Forschungsschwerpunkt „Übergänge in Arbeit"

Rosenbauer, N., 2008: Unvollendete Selbständigkeit – Junge Volljährigen in den Erziehungshilfen. In: Rietzke, T./Galuske, M. (Hrsg.) Lebensalter und soziale Arbeit. Band 4: Junges Erwachsenenalter. Baltmannsweiler: Schneider Verlag Hohengehren, 150–173

Sardei-Biermann, S., 2006: Soziale Nahwelt und Lebensverhältnisse in subjektiver Einschätzung. In: Gille, M. /Sardei-Biermann, S. /Gaiser, W./de Rijke, J.: Jugendliche und junge Erwachsene in Deutschland. Lebensverhältnisse, Werte und gesellschaftliche Beteiligung 12- bis 29-Jähriger. Wiesbaden: VS-Verlag für Sozialwissenschaften, 87–130

Sardei-Biermann, S./Kanalas, I., 2006: Lebensverhältnisse von Jugendlichen und jungen Erwachsenen. In: Gille, M., Sardei-Biermann, S., Gaiser, W., de Rijke, J.: Jugendliche und junge Erwachsene in Deutschland. Lebensverhältnisse, Werte und gesellschaftliche Beteiligung 12- bis 29-Jähriger. Wiesbaden: VS-Verlag für Sozialwissenschaften, 23–85

Trenczek, Th., o. J.: Mitwirkung der Jugendhilfe im Strafverfahren – Jugendgerichtshilfe. In: Becker-Textor, I./Textor, M.R. (Hrsg.): SGB VIII – Online-Handbuch [http://www.sgbviii.de/S110.html]

Trenczek, Th., 1996: Strafe, Erziehung oder Hilfe? Neue ambulante Maßnahmen und Hilfen zur Erziehung. Sozialpädagogische Hilfeangebote für straffällige junge Menschen im Spannungsfeld von Jugendhilferecht und Strafrecht. Bonn

Wabnitz, R., 2005: Rechtsansprüche gegenüber Trägern der öffentlichen Kinder- und Jugendhilfe nach dem Achten Buch Sozialgesetz (SGB VIII). Berlin: AGJ

Wiesner, R./Kaufmann, F./Mörsberger, Th./Oberloskamp, H./Struck, J., 1995: SGB VIII. Kinder- und Jugendhilfe. Kommentar. München: Verlag C.H. Beck

Züchner, I., 2007: Ganztagsschule und die Freizeit von Kindern und Jugendlichen. In: Holtappels, H.G./Klieme, E./Rauschenbach, Th./Stecher, L. (Hrsg.) Ganztagsschule in Deutschland. Weinheim/München: Juventa, 333–352

MARTINA GILLE / SABINE SARDEI-BIERMANN

Jugend und Familie. Herkunftsfamilie, Lebensformen und familiale Lebensentwürfe

Familie ist für Jugendliche und junge Erwachsene in zweifacher Hinsicht von Bedeutung, zum einen im Hinblick auf ihre Herkunftsfamilie und zum anderen im Hinblick auf Partnerschafts- und Familienbildungsprozesse, ihre eigene, zumeist erst zukünftige Familie. Für die Jüngeren ist die Herkunftsfamilie ein zentraler Lebensbereich und Lebensort, solange sie bei den Eltern oder einem Elternteil leben. Mit zunehmendem Alter realisieren junge Erwachsene selbständige Lebensformen außerhalb ihres Elternhauses; sie entwickeln verbindliche Partnerbeziehungen und schaffen Voraussetzungen für die von den meisten geplante eigene Familiengründung.

Im Folgenden wird deshalb zuerst auf die familiale Lebenssituation von jungen Frauen und Männern, die bei den Eltern leben, sowie den Auszug aus dem Elternhaus eingegangen. Im Anschluss werden die selbständigen Lebens- und Familienformen im jungen Erwachsenenalter behandelt. Schließlich werden die Lebens- und Zukunftsvorstellungen junger Frauen und Männer insbesondere im Hinblick auf Familie und Beruf dargestellt. Besonderes Augenmerk wird dabei auf geschlechtsspezifische, bildungsbezogene und Ost-West-Unterschiede sowie wichtige Wandlungstendenzen seit Anfang der 1990er Jahre gerichtet.

Die Datenbasis der folgenden Ausführungen ist der DJI-Jugendsurvey, eine repräsentative Befragung bei ca. 7.000 16- bis 29-Jährigen 1992 und 1997 sowie bei ca. 9.100 12- bis 29-Jährigen im Jahr 2003 (vgl. Hoffmann-Lange 1995, Gille/Krüger 2000, Gille/Sardei-Biermann/Gaiser/Rijke 2006, Gille 2008). Bei Ergebnisdarstellungen zu einem Zeitvergleich zwischen den drei Wellen des DJI-Jugendsurvey ist die Datengrundlage die gemeinsame Stichprobe der deutschen 16- bis 29-jährigen Befragten. Ergänzend werden Daten der amtlichen Statistik, wie z. B. der Mikrozensus, und Befunde anderer empirischer Untersuchungen herangezogen.

1. Leben bei den Eltern

Der Wandel der familialen Lebensformen während der letzten Jahrzehnte – insbesondere die Zunahme der Ehescheidungen und der Alleinerziehenden, die zunehmende Verbreitung nichtehelicher Lebensgemeinschaften und von sog. Patchworkfamilien – zeigt sich auch bei den Herkunftsfamilien der Jugendlichen und jungen Erwachsenen. Dennoch sind es nach den Daten des DJI-Jugendsurvey in Westdeutschland noch etwas über vier Fünftel der 12- bis 29-Jährigen, die mit ihren beiden leiblichen Eltern aufwachsen. In Ostdeutschland gilt dasselbe nur für die über 20-Jährigen; bei den jüngeren ostdeutschen Jugendlichen ist dies seltener der Fall. Ein Elternhaus mit allein erziehender Mutter haben ca. ein Zehntel der Jugendlichen und jungen Erwachsenen; auch dies ist in Ostdeutschland häufiger als in Westdeutschland. Allein erziehende Väter gibt es nur sehr selten. Bei den übrigen gibt es eine veränderte Familienkonstellation mit neuer Partnerschaft, überwiegend der Mutter (vgl. Sardei-Biermann 2006a, S. 44f.).

Nach wie vor wächst der Großteil der Jugendlichen und jungen Erwachsenen zusammen mit Geschwistern auf. Unter den 12- bis 29-jährigen Befragten des DJI-Jugendsurvey gibt es nur 14 %, die keine Geschwister haben; fast die Hälfte hat zumindest eine Schwester oder einen Bruder. Von den 16- bis 29-Jährigen, die bei den Eltern wohnen, leben ca. zwei Drittel dort auch mit Geschwistern zusammen; bei einem Teil von ihnen sind die Geschwister bereits ausgezogen. Bei den 12- bis 15-Jährigen sind es vier Fünftel, die im Elternhaus auch Geschwister haben (a. a. O., S. 45f.). Das Aufwachsen als Einzelkind ist bisher noch die Ausnahme (vgl. Krieger/Weinmann 2008, S. 36f.).

Mit der Pubertät gewinnen für Jugendliche und junge Erwachsene Partnerschaften an Bedeutung. Bereits ein hoher Anteil Jugendlicher und junger Erwachsener, die noch bei ihren Eltern leben, hat bereits eine feste Partnerschaft, wobei sich hier Wandlungstendenzen zeigen, wie die Ergebnisse des DJI-Jugendsurvey für die Jahre 1997 und 2003 zeigen (vgl. Tabelle 1). Der Anteil partnerschaftlich fest gebundener junger Frauen und Männer steigt, insbesondere in der Altersgruppe der 16- bis 17-Jährigen. Feste Partnerschaften werden demnach zunehmend in früheren Lebensabschnitten eingegangen. Diese Vorverlagerung von festen Partnerschaften könnte aber auch auf einem anderen Verständnis von Partnerschaft beruhen: Möglicherweise sehen junge Menschen heute Partnerschaften häufiger als „fest“ an. Dies könnte auch Ausdruck eines Wunsches nach verbindlichen und dauerhaften Beziehungen sein, da viele junge Menschen in ihrer Lebenswelt zunehmend die Instabilität von sozialen Nahbeziehungen (Trennung der Eltern, Patchwork-Familien) erfahren. Netzwerke der Freunde und Familie sowie Sicherheit werden in den Wertorientierungen junger Menschen immer wichtiger (vgl. Gille 2006, Gensicke 2006).

Dabei zeigt sich für beide Zeitpunkte übereinstimmend, dass Jungen und junge Männer später feste Partnerschaften eingehen als ihre Altersgenossinnen. In den alten Bundesländern haben 2003 zum Zeitpunkt der Befragung nur 35 % der Jungen und jungen Männer eine feste Partnerschaft, aber bereits 46 % der Mädchen und jungen Frauen. In den neuen Bundesländern zeigt sich diesbezüglich eine stärkere Differenz zwischen den Geschlechtern: Hier sind 30 % der männlichen und 43 % der weiblichen Befragten partnerschaftlich fest gebunden. Dabei ist das durchschnittliche Alter der Frauen mit Partnerschaft mit 19,9 Jahren in

Westdeutschland bzw. 19,2 Jahren in Ostdeutschland niedriger als das der Männer mit 21,0 bzw. 20,5 Jahren.

Tab. 1: Feste Partnerschaften (LAT)* von 16- bis 29-Jährigen, die noch bei den Eltern leben, nach Geschlecht und Altersgruppen in West- und Ostdeutschland 1997 und 2003 (in Prozent)

	1997				*2003*			
	16-17	*18-20*	*21-23*	*24-29*	*16-17*	*18-20*	*21-23*	*24-29*
Weiblich West	26	46	51	38	36	49	53	51
Weiblich Ost	26	45	43	31	35	53	46	35
Männlich West	16	31	41	35	24	36	41	41
Männlich Ost	13	30	32	35	21	32	38	28

Quelle: DJI-Jugendsurvey 1997 und 2003, Basis: deutsche Befragte.
*LAT = Living-Apart-Together; West = Früheres Bundesgebiet, Ost = Neue Länder einschließlich Berlin-Ost.

Neuere repräsentative Studien über die Beziehung Jugendlicher und junger Erwachsener zu ihren Eltern zeigen übereinstimmend eine hohe Beziehungsqualität bei dem Großteil der jungen Menschen. Das Verhältnis zu den Eltern wird ganz überwiegend als partnerschaftlich, vertrauensvoll und gut charakterisiert, was auch gelegentlichen Meinungsverschiedenheiten oder Auseinandersetzungen nicht widerspricht (z.B. Langness/Leven/Hurrelmann 2006, S. 57ff., Schupp/Spieß 2008, S. 190f.).

So sind es im DJI-Jugendsurvey gut zwei Drittel der bei den Eltern lebenden Mädchen und jungen Frauen, die von einer sehr guten und vertrauensvollen Beziehung zu ihrer Mutter berichten; für fast 30 % trifft dies eher zu; nur sehr wenige sagen, dass dies für sie nicht zutrifft. Dabei lassen sich gewisse altersspezifische Schwankungen feststellen, aber keine lineare Abnahme mit dem Alter. Junge Frauen schätzen auch noch im dritten Lebensjahrzehnt ihr Verhältnis zu ihrer Mutter überwiegend positiv ein. Etwas anders ist dies bei den im Elternhaus lebenden Jungen und jungen Männern: 12- bis 15-jährige Jungen haben im Hinblick auf die Beziehung zu ihrer Mutter ebenso häufig eine sehr positive Einschätzung wie gleichaltrige Mädchen; in höherem Alter sind es aber nur mehr ca. 60 % der jungen Männer, die so positive Urteile zum Ausdruck bringen. Diese Unterschiede zwischen jungen Frauen und Männern sind vermutlich Ausdruck von geschlechtsspezifischen Identifikations- und Ablösungsprozessen. Im Vergleich zur Mutterbeziehung wird die Vaterbeziehung von weiblichen und männlichen Jugendlichen und jungen Erwachsenen etwas weniger häufig als sehr gut und vertrauensvoll betrachtet; in dieser Hinsicht gibt es auch etwas häufiger negative Einschätzungen. Mit gewissen altersspezifischen Schwankungen sind es zwischen 50 % und 60 % der Mädchen und jungen Frauen, die ihre Beziehung zum Vater sehr positiv beurteilen. Bei den Jungen und jungen Männern haben die 12- bis 13-Jährigen zu ca. 70 % sehr positive Einschätzungen ihrer Vaterbeziehung, bei den 14- bis 15-Jährigen sind dies 60 % und bei den übrigen Altersgruppen bis zum Alter von 29 Jahren ca. die Hälfte. Dass die Beziehung zur Mutter von beiden Geschlechtern häufiger positive Bewertungen erhält, hängt vermutlich damit zusammen, dass es die Mütter sind, die mehr zuhause präsent sind, die alltägliche Versorgung übernehmen und als Gesprächspartnerin zur Verfügung stehen (vgl. Sardei-Biermann 2006b, S. 88ff.).

Der Stellenwert der Eltern für Jugendliche und junge Erwachsene wird besonders deutlich, wenn man die subjektive Einschätzung der Elternbeziehungen im Kontext anderer naher sozialer Beziehungen betrachtet (vgl. die Prozentwerte in Tabelle 2; bei der Interpretation werden auch Mittelwertunterschiede berücksichtigt). Die Mutter ist für Mädchen und junge Frauen, die bei den Eltern leben - bei gewissen Altersschwankungen - ganz überwiegend sehr wichtig und hat fast eine so hohe Bedeutung wie die beste Freundin. Bei den über 20-jährigen jungen Frauen erreicht nur der Partner eine vergleichbar hohe Wertschätzung. Im Vergleich zu der großen Bedeutung der Mutter wird der Vater von Mädchen und jungen Frauen etwas weniger häufig als sehr wichtig betrachtet; er erhält im Durchschnitt vergleichbare Einschätzungen wie Schwestern und diese wiederum etwas bessere als Brüder. Der Freundeskreis insgesamt ist aber für Mädchen und junge Frauen subjektiv bedeutsamer als die Geschwister. Auch für Jungen und junge Männer lässt sich der besondere Stellenwert der Mutter feststellen; sie wird von ihnen nur geringfügig weniger häufig als sehr wichtig bewertet als von Mädchen und jungen Frauen. Ebenfalls für Jungen und junge Männer hat der beste Freund eine fast vergleichbar hohe Bedeutung wie die Mutter und eine etwas größere Wertschätzung als der Vater. Schwestern und Brüder sind für Jungen und junge Männer etwas weniger wichtig als für Mädchen und junge Frauen. Der Freundeskreis erfährt durch die männlichen 12- bis 29-Jährigen eine geringere Wertschätzung als durch die weibliche Vergleichsgruppe. Die mit dem Alter zunehmend größere Wichtigkeit der Partnerin gilt auch für junge Männer.

Tab. 2: Wichtigkeit von Freundeskreis, besten Freundschaften, Eltern, Geschwistern und Partner/in für Jugendliche und junge Erwachsene, die bei den Eltern leben, nach Altersgruppen in Jahren und Geschlecht* (Prozentanteile von „sehr wichtig")

Alter	Freun-des-kreis	beste Freun-din	bester Freund	Mutter	Vater	Schwes-ter/n	Bruder/ Brüder	feste/r Partner/ in
				Weiblich				
12-13	73	89	70	92	81	72	61	-
14-15	77	91	85	86	72	64	59	-
16-17	71	88	86	81	67	68	57	76
18-20	68	87	79	83	71	69	62	79
21-23	67	84	82	86	69	72	68	88
24-26	69	82	80	84	75	79	60	84
27-29	66	77	70	87	79	70	54	100
				Männlich				
12-13	66	66	78	87	79	53	57	-
14-15	65	71	80	82	76	49	51	-
16-17	67	74	79	77	69	48	51	64
18-20	67	72	81	74	68	50	51	74
21-23	65	77	79	74	65	50	58	81
24-26	63	70	73	70	64	47	61	77
27-29	50	58	70	72	68	49	64	89

Quelle: DJI-Jugendsurvey 2003
*Die Tabelle beruht auf der Frage: „Wie wichtig sind für Sie gegenwärtig die Personen auf dieser Liste?" Ein fester Partner/eine feste Partnerin bzw. ein Ehepartner/eine Ehepartnerin wurde nur auf der Liste für die 16- bis 29-Jährigen einbezogen. Die Antwortkategorien waren „überhaupt nicht wichtig", „eher nicht wichtig", „eher wichtig" und „sehr wichtig", sowie daneben „habe ich nicht/nicht mehr". Basis der Prozentuierung sind dabei diejenigen, für die es diese Personen gibt (d. h. ohne Befragte, die „habe ich nicht/nicht mehr" angegeben haben).

Bis zum Alter von 16 Jahren leben fast alle Jugendlichen bei den Eltern oder einem Elternteil. Danach nimmt der Anteil der bei den Eltern Lebenden von Altersjahrgang zu Altersjahrgang kontinuierlich ab. Nach den Daten des DJI-Jugendsurvey leben von den 20-Jährigen fast drei Viertel im Elternhaus, von den 25-Jährigen fast ein Viertel und von den 29-Jährigen noch ca. 10% (vgl. Sardei-Biermann 2006a, S. 39ff.). Dies wird durch neuere amtliche Daten von 2007 in etwa bestätigt (vgl. Abbildung 1 sowie Krieger/Weinmann 2008, S. 37f.). Wie seit längerem immer wieder belegt, ziehen junge Frauen früher von zuhause aus als junge Männer. Betrachtet man anhand der Mikrozensusdaten 2007 die

Altersgruppe der 16- bis 29-Jährigen, so wohnen noch 60% der ledigen Männer bei ihren Eltern, bei den ledigen Frauen beträgt dieser Anteilswert nur 46 % (eigene Berechnungen nach Mikrozensus 2007). Dies wird vor allem durch die stärkere Partnerorientierung der Frauen erklärt; junge Frauen gehen – im Vergleich zu jungen Männern – in einem früheren Alter Partnerbeziehungen ein; ihre Partner sind also in der Regel einige Jahre älter als sie selbst. Analysen des Auszugsverhaltens zeigen darüber hinaus, dass neben dem Lebensalter die Heirat, das persönliche Einkommen, das Aufwachsen in mittel- bis großstädtischen Regionen sowie die Geschwisterzahl relevante Bestimmungsfaktoren darstellen (vgl. Sardei-Biermann 2006a, S. 39ff., Schimpl-Neimanns 2006, Jacob/Kleinert 2007): Junge Menschen in ländlichen oder kleinstädtischen Regionen verbleiben länger im Elternhaus als diejenigen in großstädtischen Regionen. Der Status des Verheiratetseins, ein hohes Einkommen sowie das Aufwachsen mit Geschwistern fördern das Auszugsverhalten junger Menschen.

Die Annahme, dass junge Menschen mit dem Eintritt in das Berufsleben eigenständige Lebensformen präferieren, lässt sich empirisch nicht bestätigen. Viele junge Erwerbstätige leben auch weiterhin bei den Eltern. In der historischen Entwicklung während der letzten Jahrzehnte ist das Auszugsalter aber deutlich angestiegen (vgl. Krieger/Weinmann 2008, S. 38); die Ausdehnung der Jugendphase aufgrund der Bildungsexpansion und die damit einhergehenden längeren Bildungs- und Ausbildungszeiten für immer mehr junge Erwachsene trägt tendenziell zu einem Aufschub selbständiger Lebensformen bei. Dabei ist dieser Aufschub in Westdeutschland (hier: Früheres Bundesgebiet) deutlicher zu beobachten als in Ostdeutschland (hier: einschließlich Berlin): Während 2007 im Früheren Bundesgebiet 60 % der 16- bis 29-jährigen ledigen Männer noch bei ihren Eltern bzw. Elternteilen lebten, lag der entsprechende Vergleichswert in den neuen Ländern (einschließlich Berlin) bei 55 %. Eine ähnliche West-Ost-Differenz zeigt sich bei den ledigen jungen Frauen dieser Altersgruppe mit 47 % bzw. 43 % (eigene Berechnungen nach Mikrozensus 2007).

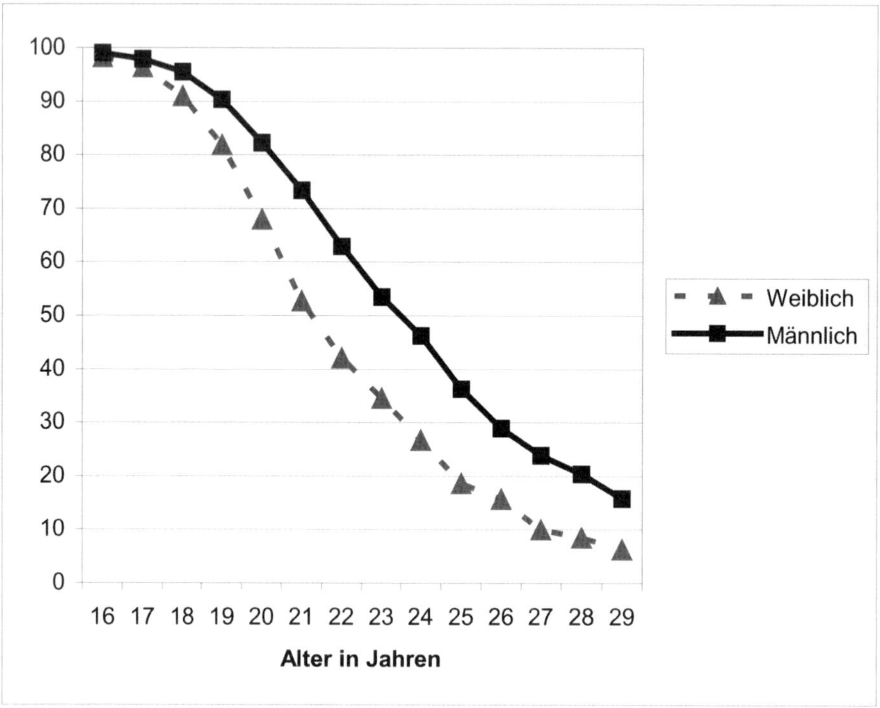

Abb. 1 Anteil lediger Frauen und Männer im Elternhaus nach Alter in Jahren 2007 (in Prozent)
Quelle: Mikrozensus 2007 – Bevölkerung in Familien/Lebensformen am Hauptwohnsitz (nur ledige Kinder); eigene Berechnungen

Die räumliche Verselbständigung der jungen Erwachsenen gegenüber ihrer Herkunftsfamilie hat kaum einen Einfluss auf die Beziehungsqualität im Hinblick auf die Eltern. Junge Erwachsene, die nicht mehr bei den Eltern leben, schätzen die Beziehung zu ihrer Mutter und ihrem Vater in etwa genauso ein wie diejenigen, die noch zuhause wohnen (vgl. Sardei-Biermann 2006b, S. 92f.). Im Vergleich zu Jugendlichen und jungen Erwachsenen, die noch zuhause leben, schätzen die selbständig Lebenden ihre Mutter und ihren Vater etwas weniger häufig als für sie wichtige Personen ein, die Bedeutung der Geschwister ändert sich dagegen nicht und die besten Freundschaften sowie der Freundeskreis verlieren etwas an Wertschätzung – wie anhand von Daten des DJI-Jugendsurvey gezeigt werden kann. Die Partnerbeziehung erfährt bei den selbständig Lebenden die größte Wichtigkeit. Die Unterschiede zwischen den Einschätzungen der noch zuhause Lebenden und den selbständig Lebenden sind allerdings nicht sehr groß (Mittelwertunterschiede von maximal 0,2 einer Skala von 1 bis 4). Auch nach dem Wegzug von der Herkunftsfamilie sind die Mutter und der Vater sowie gegebenenfalls Schwestern und Brüder für die Mehrheit der jungen Erwachsenen noch von erheblicher Bedeutung. Ergebnisse einer repräsentativen Untersuchung zeigen darüber hinaus, dass die meisten nach dem Wegzug von den Eltern nicht sehr weit entfernt von ihnen leben; nur für gut ein Fünftel der 16- bis 30-Jährigen sind ihre Eltern nicht innerhalb einer Stunde erreichbar (vgl. Weick 2008, S. 45f.).

Jugendlichen und jungen Erwachsenen und ihren Eltern gelingt es in der Regel in gemeinsamen Aushandlungsprozessen die bis zum Ende der Kindheit eher einseitig abhängige Eltern-Kind-Beziehung in eine zunehmend reziproke und gleichgewichtige Beziehung zu transformieren (vgl. Fend 1998, Hofer 2003). Dabei erfolgt die Verselbständigung der Jugendlichen von der Herkunftsfamilie und die wechselseitige Ablösung von den Eltern in einer Weise, die es den meisten jungen Erwachsenen ermöglicht, ihrer Herkunftsfamilie auch weiterhin positiv verbunden zu bleiben.

2. Selbständige Lebensformen junger Erwachsener

Nach dem Auszug aus dem Elternhaus gibt es für junge Frauen und Männer unterschiedliche Möglichkeiten eines selbständigen Lebens: das Alleinleben, das Zusammenleben mit einem Partner bzw. einer Partnerin in einer nichtehelichen Lebensgemeinschaft oder Ehe, wobei hier jeweils auch ein Kind bzw. Kinder einbezogen sein können. Andere Lebensformen wie das Zusammenleben mit anderen verwandten bzw. nicht verwandten Personen (z.B. in einer Wohngemeinschaft) sollen hier nicht berücksichtigt werden.

Der Bedeutungsverlust herkömmlicher Normen für die Lebensgestaltung junger Frauen und Männer zeigt sich sehr ausgeprägt im Hinblick auf Eheschließungen: Die Heiratsneigung junger Frauen und Männer geht seit der Wende in beiden Teilen Deutschlands deutlich zurück (vgl. Abbildung 2).

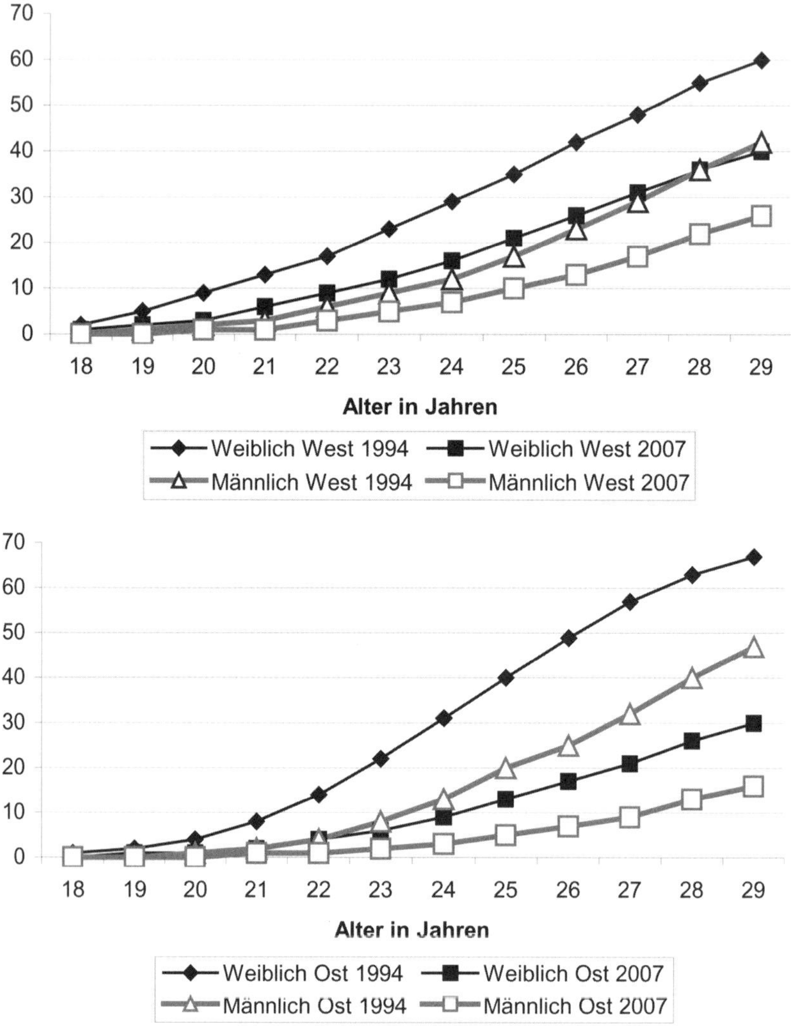

Abb. 2 Anteil verheirateter junger Frauen und Männer in den Altersjahrgängen 18 bis 29 Jahren in West- und Ostdeutschland, 1994 und 2007 (in Prozent)

Quelle: Statistisches Bundesamt, Bevölkerung am 31.12.1994 bzw. 2007 nach Altersjahren und Familienstand; eigene Berechnungen. West = Früheres Bundesgebiet einschließlich Berlin, Ost = Neue Länder ohne Berlin-Ost.

Da die Ehepartner der jungen Frauen zumeist zwei bis drei Jahre älter sind als sie selbst, ist bei der hier betrachteten Altersspanne der 18- bis 29-Jährigen der Anteil der verheirateten Frauen höher als der der gleichaltrigen Männer (vgl. Bundesinstitut für Bevölkerungsforschung 2008, S. 42). Allerdings ist der Aufschub der Heirat bei den Männern ausgeprägter als bei den Frauen. Während 1991 die

Altersdifferenz beim durchschnittlichen Erstheiratsalter von ledigen Frauen und Männern in Westdeutschland noch 2,5 Jahre und in Ostdeutschland 2,1 Jahre betrug, erhöhen sich diese Altersdifferenzen im Jahr 2006 in West und Ost auf 3 Jahre. 1991 betrug das durchschnittliche Heiratsalter lediger Männer im Westen 28,7 Jahre und im Osten 26,6 Jahre, das der ledigen Frauen im Westen 26,1 Jahre und im Osten 24,5 Jahre. 2006 betrugen die jeweiligen Heiratsalter in West und Ost in Jahren: 32,5 und 32,6 bei den Männern, 29,5 und 29,6 bei den Frauen (vgl. Statistisches Bundesamt 2008).

Das Hinauszögern der Heirat bei den jungen Frauen und Männern ist dabei auch einem späteren Eintritt in den Arbeitsmarkt sowie den wachsenden Schwierigkeiten, einen gut bezahlten und sicheren Arbeitsplatz zu finden geschuldet. Das partnerschaftliche Zusammenleben junger Frauen und Männer wird seltener als Ehe und häufiger als nichteheliche Lebensgemeinschaft realisiert (vgl. nächster Abschnitt). Dies gilt insbesondere dann, wenn keine Kinder vorhanden sind. Lebensgemeinschaften mit Kindern sind insbesondere in den alten Bundesländern häufiger eheliche (vgl. Sardei-Biermann 2006a, S. 59). In der 15. Shell Jugendstudie bezeichnen noch 39 % der 12- bis 25-Jährigen Heiraten als „in", wobei die westdeutschen Jugendlichen eine Heirat weitaus positiver beurteilen als die ostdeutschen Jugendlichen (vgl. Shell Deutschland Holding 2006, S. 56).

Auf der Einstellungsebene erfahren alternative Lebensformen zunehmend Akzeptanz (vgl. Dorbritz u. a. 2005). Anhand der zwei Jugendsurvey-Wellen 1992 und 2003 lässt sich nachweisen, dass nichteheliche Lebensgemeinschaften für junge Frauen und Männer seit Beginn der 1990er Jahre auch faktisch an Bedeutung gewonnen haben (vgl. Tabelle 3). Das Zusammenleben mit einem Partner wird von jungen Frauen zunehmend in einer nichtehelichen Lebensgemeinschaft verwirklicht und immer weniger in einer Ehe. Eine parallele Entwicklung zeigt sich bei den jungen Männern, allerdings auf einem niedrigeren Niveau. Darüber hinaus zeigen die jungen ostdeutschen Frauen und Männer eine stärkere Präferenz für diese Lebensform im Vergleich zu den westdeutschen Befragten.

Tab. 3: Nichteheliche Lebensgemeinschaften nach Geschlecht und Altersgruppen in West- und Ostdeutschland* 1992 und 2003 (in Prozent)

	West		*Ost*	
	18-24	*25-29*	*18-24*	*25-29*
Frauen 1992	10	16	16	13
Frauen 2003	15	23	21	33
Männer 1992	6	18	9	14
Männer 2003	8	25	10	29

Quelle: DJI-Jugendsurvey 1992 und 2003; Basis: deutsche Befragte.
* West = Früheres Bundesgebiet, Ost = Neue Länder einschließlich Berlin-Ost.

Der Rückgang von Lebensformen mit Kindern

Die Verantwortungsübernahme für eigene Kinder kann als eine wichtige Etappe im Übergang junger Menschen in das Erwachsenenleben betrachtet werden. Für junge Frauen spielen eigene Kinder bis zum 30. Lebensjahr eine wesentlich größere Rolle als für junge Männer. Allerdings lässt sich seit Beginn der 1990er Jahre ein drastischer Rückgang von Lebensformen mit Kindern in dieser Altersspanne beobachten. Die Geburtenrate, die in Ostdeutschland vor der Wende deutlich höher war als in Westdeutschland, brach dort nach der Wende ein und unterschritt sogar das Westniveau. Inzwischen ist es aber zu einer weitgehenden Angleichung der Geburtenraten in West- und Ostdeutschland gekommen (vgl. Schmitt 2007, S. 3, Statistisches Bundesamt 2008).

In Abbildung 3 ist der Anteil von unter 30-Jährigen mit Kindern im Haushalt in West- und Ostdeutschland im Jahr 2007 dargestellt. Es zeigen sich hinsichtlich dieser Lebensform kaum noch Ost-West-Unterschiede: Nur die jungen ostdeutschen Frauen haben etwas häufiger Kinder als ihre westdeutschen Altersgenossinnen. Die jungen Männer in West und Ost leben etwa zu gleichen Anteilen mit Kindern. Die parallele Entwicklung der zunehmenden Kinderlosigkeit junger Frauen und Männer spricht dafür, dass hierbei nicht nur die Entscheidungen der jungen Frauen für bzw. gegen Kinder eine Rolle spielen, sondern auch die veränderten Lebensperspektiven junger Männer, die eine Vereinbarkeit von Familiengründung und Ausbildungs- und Berufsplänen nur schwer ermöglichen (vgl. Bundesministerium für Familie, Senioren, Frauen und Jugend 2008, S. 9).

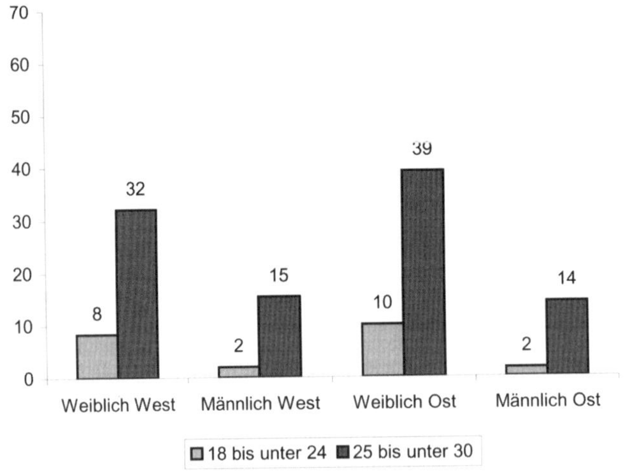

Abb. 3 Anteil junger Frauen und Männer mit Kindern im Haushalt nach Altersgruppen in West- und Ostdeutschland, 2007 (in Prozent)

Quelle: Mikrozensus 2007 – Bevölkerung in Familien/Lebensformen am Hauptwohnsitz; eigene Berechnungen. Westdeutschland = Früheres Bundesgebiet ohne Berlin, Ostdeutschland = Neue Länder einschließlich Berlin.

Gründe für die starke Verzögerung von Elternschaft sind für junge Frauen und Männer die längeren Ausbildungszeiten und die steigende Bildung. Im DJI-Jugendsurvey wie auch in anderen Untersuchungen kann nachgewiesen werden, dass ein hohes Bildungsniveau den Aufschub von Familiengründungen besonders befördert – bei jungen Männern und Frauen gleichermaßen (z. B. Sardei-Biermann 2008, Institut für Demoskopie Allensbach 2005). Solange junge Menschen in der Berufsausbildung sind, werden kaum Lebensformen mit Kindern realisiert. Aber auch für junge Erwerbstätige kommen Kinder meistens noch nicht in Betracht, da sie sich häufig in unsicheren Beschäftigungsverhältnissen befinden und nur über geringe Einkommen verfügen (vgl. Sardei-Biermann 2006a, S. 61, Bundeszentrale für gesundheitliche Aufklärung 2005). Insbesondere für junge Männer ist die gesicherte ökonomische Situation eine wichtige Voraussetzung für eine Familiengründung. Kühn (2005), Rost (2007) und die Väter-Studie der Bertelsmann Stiftung (Zerle/Krok 2008, S. 46f.) nennen als wichtige Voraussetzungen für einen Kinderwunsch bei jungen Männern einen sicheren Arbeitsplatz, ein ausreichendes Einkommen sowie eine stabile Partnerschaft.

Die Individualisierungsprozesse in modernen Gesellschaften führen auch dazu, dass Einpersonenhaushalte an Bedeutung gewinnen. Diese Entwicklung lässt sich auch bei jungen Menschen zeigen: Seit Beginn der 1990er Jahre steigt der Anteil junger Frauen und Männer, die in Einpersonenhaushalten leben deutlich an (vgl. Tabelle 4). Insbesondere in den neuen Bundesländern und hier bei den jungen Männern im Alter von 25 bis 29 Jahren lassen sich die stärksten Zuwächse konstatieren.

Tab. 4: Einpersonenhaushalte* nach Geschlecht und Altersgruppen in West- und Ostdeutschland 1991 und 2007 (in Prozent)

	West			Ost		
	unter 20	*18-24*	*25-29*	*unter 20*	*18-24*	*25-29*
Weiblich 1991	1	19	19	1	10	6
Weiblich 2007	1	22	24	2	28	28
Männlich 1991	0	18	24	1	13	14
Männlich 2007	1	21	32	1	29	42

Quelle: Mikrozensus 1991 bis 2007.
* Anteil von Einpersonenhaushalt an der jeweiligen Altersgruppe in Prozent.
1991: West = Früheres Bundesgebiet, Ost = Neue Länder und Berlin-Ost.
2007: West = Früheres Bundesgebiet ohne Berlin, Ost = Neue Länder einschließlich Berlin.

Zusammenfassend lässt sich zur Entwicklung von Lebensformen bei jungen Frauen und Männern seit Beginn der 1990er Jahre sagen, dass es zu einem weiteren biographischen Aufschub selbständiger Lebensformen gekommen ist und sich darüber hinaus ein deutlicher sozialer Wandel in den gewählten Lebensformen abzeichnet: Die jungen Menschen – insbesondere die jungen Männer – bleiben länger im Elternhaus. Sie wählen zunehmend die Lebensform des Alleinlebens und dies besonders ausgeprägt in den neuen Bundesländern. Die geschlechtsspezifischen Unterschiede in der Wahl der verschiedenen Lebensformen bleiben seit Beginn der 1990er Jahre weiterhin deutlich sichtbar und vergrößern sich zum Teil.

Das Eingehen partnerschaftlicher und familialer Lebensformen wird dabei ganz wesentlich von den jeweiligen Bildungsressourcen der jungen Männer und Frauen bestimmt: Junge Erwachsene der unteren Bildungsgruppe, die mit ihrem Partner bzw. Partnerin ohne Kind zusammenleben, sind häufiger verheiratet; darüber hinaus leben junge Erwachsene der unteren Bildungsgruppe viel häufiger bereits in einer familialen Lebensform mit Kindern (vgl. Sardei-Biermann 2006a, S. 51). Dies hat mit den Möglichkeiten der Vereinbarkeit von Familie und Beruf zu tun. Während der Ausbildung realisieren nur wenige junge Menschen bereits eine Familiengründung. Dies gilt mittlerweile in Ost- und Westdeutschland. In den neuen Bundesländern zeigte sich Anfang der 1990er Jahre nach der deutschen Vereinigung noch eine viel frühere Familiengründung als in den alten Bundesländern, die zum Teil noch während der Ausbildung realisiert wurde. Mit dem Wegfall der staatlichen Begünstigungen für junge Eltern in Ausbildung, wie sie in der DDR praktiziert worden sind, und dem starken Geburtenrückgang nach der Wende in den neuen Bundesländern ist auch die Elternschaft während der Ausbildung in den neuen Bundesländern zu einer Seltenheit geworden.

Die ethnische Zugehörigkeit bzw. der Migrationshintergrund spielen auch eine große Rolle für die Wahl partnerschaftlicher und familialer Lebensformen. Insbesondere junge Erwachsene, die selbst nicht in Deutschland geboren sind, realisieren viel häufiger eheliche Lebensgemeinschaften und familiale Lebensgemeinschaften mit Kindern (vgl. Sardei-Biermann 2006a, S. 47ff.).

3. Lebensentwürfe junger Menschen im Fokus von Familie und Beruf

Wie die Entwicklung der Lebensformen bei jungen Frauen und Männern seit Beginn der 1990er Jahre gezeigt hat, spielen familiale Lebensformen bis zum Ende des dritten Lebensjahrzehnts zunehmend nur eine marginale Rolle. Auch eheliche Partnerschaften, die mit Vorstellungen einer stärkeren Verbindlichkeit und einer Perspektive von Elternschaft eingegangen werden, verlieren in diesem Lebensabschnitt an Bedeutung. Wird es für junge Menschen immer schwieriger, langfristige Planungen zu machen und Lebensziele im Hinblick auf Freizeit, Ausbildung, Beruf und Familie miteinander zu vereinbaren? Im Folgenden sollen die Lebenskonzepte junger Frauen und Männer im Hinblick auf unterschiedliche Lebensbereiche dargestellt werden. Wünschen sich junge Menschen heute weniger Kinder als früher? Welche Rollenbilder haben junge Frauen und Männer heute? Haben alte Rollenvorstellungen ausgedient?

In den Lebenskonzepten junger Frauen und Männer erfahren die Lebensbereiche, die sich auf die Freizeit und die soziale Nahumwelt beziehen, wie Freunde, Herkunftsfamilie und Partnerschaft, die höchste Wertschätzung. Sehr hohe Bedeutung erfährt der Beruf, obwohl die berufliche Etablierung in immer späteren Lebensabschnitten erfolgt. Auch eine eigene Familie wird von der Mehrheit junger Menschen als sehr wichtig angesehen, auch wenn sie für viele junge Menschen noch eine Lebensetappe in fernerer Zukunft ist. Deutlich nachgeordnet sind die Lebensbereiche Politik, Kunst und Kultur sowie Religion (vgl. Gille 2008a). Zwischen 1992 und 2003 ist für fast alle Lebensbereiche die Wertschätzung größer geworden, außer bei den beiden Lebensbereichen „Freizeit und Erholung" und „Kunst und Kultur", die in ihrer Wertigkeit weitgehend stabil geblieben sind bzw. etwas an Bedeutung verloren haben. Den stärksten Zugewinn an Wertschätzung erfährt der Lebensbereich „eigene Familie und Kinder." Ein beträchtlicher Bedeutungsanstieg zeigt sich auch beim Lebensbereich „Partnerschaft." Die hohen Bewertungen für „Eltern und Geschwister" steigen noch weiter an; auch „Schul- und Berufsausbildung" sowie „Arbeit und Beruf" erfahren mehr Zustimmung.

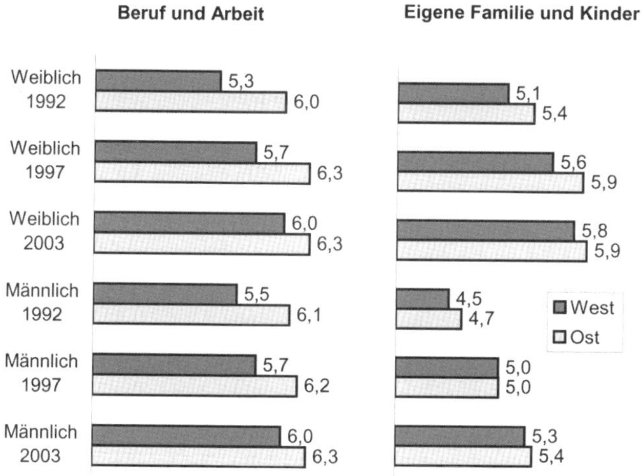

Abb. 4 Wichtigkeit von „Beruf und Arbeit" und „eigene Familie und Kinder" nach Geschlecht in West- und Ostdeutschland 1992 bis 2003 (Mittelwerte)*

Quelle: DJI-Jugendsurvey 1992, 1997 und 2003; deutsche Befragte.
* Mittelwerte einer Skala 1 = überhaupt nicht wichtig bis 7 = sehr wichtig. Die Frage lautete: „Wie wichtig sind für Sie persönlich die einzelnen Lebensbereiche auf dieser Liste?"
West = Früheres Bundesgebiet, Ost = Neue Länder einschließlich Berlin-Ost.

Im Folgenden sollen die Ergebnisse zu den beiden Lebensbereichen (zukünftiger) Beruf und (zukünftige) eigene Familie dargestellt werden, die beide stark an Wertschätzung gewonnen haben (vgl. Abbildung 4). Der Bedeutungsanstieg für den Lebensbereich „Arbeit und Beruf" ist in allen Altersgruppen zu beobachten, allerdings am deutlichsten bei den 16- bis 20-Jährigen. Während 1992 noch eine klare Altersdifferenzierung in der Wertschätzung einer eigenen Familie und von Beruf und Arbeit zu verzeichnen war, d. h. die jüngeren Befragten hier geringere Voten abgaben, gilt diese Altersdifferenzierung 2003 nur noch in abgeschwächter Form für den Familienbereich und so gut wie gar nicht mehr für den Berufsbereich. Obwohl sich die Ausbildungszeiten verlängern und der Berufseintritt hinauszögert, werden die Probleme, die mit dem Erreichen ökonomischer Selbstständigkeit zu tun haben, den jungen Menschen immer früher bewusst. Ähnlich gegensätzliche Ergebnisse zu objektiven Entwicklungen und subjektiven Bewertungen lassen sich für den Lebensbereich „eigene Familie und Kinder" feststellen. Obwohl junge Menschen eine Familiengründung immer weiter hinausschieben, steigt die persönliche Wertschätzung des Lebensbereichs Familie an, wobei die jungen Frauen zu allen Zeitpunkten die eigene Familie etwas höher bewerten als ihre männlichen Altersgenossen.

Die Wertschätzung von „Beruf und Arbeit" ist bei den jungen Männern in Ostdeutschland ausgeprägter als bei jenen in Westdeutschland. Dies ist der nach wie vor schwierigen Arbeitsmarktlage in den ostdeutschen Bundesländern mit ihrem deutlich höheren Arbeitslosigkeitsrisiko geschuldet. Dabei zeigen sich im Ausmaß der Berufsorientierung zwischen Frauen und Männern in den neuen Bundesländern keine Unterschiede. In den alten Bundesländern nimmt die Wichtigkeit von „Beruf und Arbeit" bei den jungen Männern im Beobachtungszeitraum deutlich zu. Die jungen westdeutschen Frauen bleiben etwas zurückhaltender in der Bewertung des beruflichen Lebensbereichs. Dies kann als ein Hinweis auf die stärkere Orientierung der westdeutschen jungen Frauen an herkömmlichen Rollenbildern interpretiert werden im Vergleich zu den ostdeutschen jungen Frauen (vgl. Gille 2008a).

Die Befunde des DJI-Jugendsurvey im Hinblick auf den Bedeutungsanstieg von Familie und Beruf werden auch durch neuere Ergebnisse gestützt. So wird in der 15. Shell Jugendstudie bei 12- bis 25-Jährigen ebenfalls ein Bedeutungsanstieg des Lebensbereichs „Familie" zwischen 2002 und 2006 konstatiert (vgl. Langness et al. 2006, S. 49f.). In der Brigitte-Studie 2008 wird die Zeitreihe des DJI-Jugendsurvey in Bezug auf die Wichtigkeit von Familie und Beruf für das Jahr 2008 fortgesetzt und es wird ein weiterer Anstieg in der Wichtigkeit dieser beiden Lebensbereiche festgestellt – allerdings hier nur bezogen auf junge Frauen (vgl. Redaktion Brigitte 2008, S. 63f.).

Eine mögliche Interpretation für den Bedeutungsanstieg von Familie und Beruf vor dem Hintergrund einer Verlängerung der Jugendphase und einem Hinauszögern von Schritten der beruflichen Etablierung und der Familiengründung könnte sein, dass den jungen Männern und Frauen angesichts unsicherer Ausbildungs- und Berufschancen private Lebenszusammenhänge als Rückhalt und soziales Netz und Qualifikationserwerb und eigenständige Existenzsicherung als ökonomische Absicherung immer wichtiger werden. Ganz ähnliche Schlussfolgerungen ziehen die Autoren der 15. Shell Jugendstudie (vgl. Langness et al. 2006, S. 49f.) und die Autoren der Österreichischen Jugend-Wertestudie (vgl. Friesl et al. 2008).

Die gestiegene Familienorientierung junger Menschen kommt auch in einem deutlichen Anstieg des Kinderwunsches noch kinderloser 16- bis 29-Jähriger zum Ausdruck, wie der Zeitvergleich zwischen zweiter und dritter Welle des DJI-Jugendsurvey zeigt (vgl. Tabelle 5). So stieg zwischen 1997 und 2003 der Anteil derjenigen, die sich vorstellen können, einmal Kinder zu haben, deutlich an und dies stärker bei den jungen Männern als bei den jungen Frauen. Eine in etwa gleich bleibende Minderheit kann sich nicht vorstellen, einmal Kinder zu haben. Die Unentschlossenen nehmen deutlich ab, wiederum stärker bei den jungen Männern. Zu anderen Ergebnissen kommt allerdings die 15. Shell Jugendstudie, die seit 2002 einen Rückgang des Kinderwunsches feststellt (vgl. Langness u. a. 2006, S. 51f.).

Tab. 5: Kinderwunsch noch kinderloser 16- bis 29-Jähriger nach Geschlecht in West- und Ostdeutschland 1997 und 2003 (in Prozent)

	West				***Ost***			
	Weibl. 97	*Weibl. 03*	*Männl. 97*	*Männl. 03*	*Weibl. 97*	*Weibl. 03*	*Männl. 97*	*Männl. 03*
Ja, möchte einmal Kinder haben	66	82	57	80	75	87	64	78
Nein	9	6	11	5	6	5	5	7
Weiß (noch) nicht	25	12	32	15	19	9	31	15

Quelle: DJI-Jugendsurvey 1997 und 2003, Basis: deutsche Befragte.
West = Früheres Bundesgebiet, Ost = Neue Länder und Berlin-Ost.

Nach den Daten des DJI-Jugendsurvey gilt für beide Zeitpunkte, dass sowohl bei den jungen Männern wie den Frauen der Kinderwunsch stärker ausgeprägt ist, wenn eine feste Partnerschaft vorhanden ist. Eckhard und Klein 2006 können auch in ihrer Untersuchung nachweisen, dass der Kinderwunsch von jungen Männern von einer als stabil eingeschätzten Partnerschaftsbeziehung abhängt (vgl. Eckhard/Klein 2006, S. 67f.). Bemerkenswert ist, dass der Kinderwunsch bei jungen Erwachsenen unabhängig vom Lebensalter ist – nur bei den ostdeutschen jungen Frauen zeigt sich, dass die 27- bis 29-Jährigen einen geringeren Kinderwunsch haben als die jüngeren Altersgruppen. Möglicherweise kommt es in dieser Teilgruppe zu einem stärkeren Aufschub des Kinderwunsches angesichts zunehmend wahrgenommener Vereinbarkeitsprobleme.

Der Zeitvergleich anhand der beiden Jugendsurvey-Wellen (1997 und 2003) ergibt einen steigenden Kinderwunsch bei noch kinderlosen 16- bis 29-Jährigen, wobei der Anteil derjenigen, die ihren Kinderwunsch schon realisiert haben, gesunken ist. Cornelißen (2006, S. 143) interpretiert diese wachsende Kluft zwischen Aufschub von Familiengründungen und gestiegenen Kinderwünschen als ein größer werdendes Elternpotential, „das nach geeigneten Rahmenbedingungen für eine Familiengründung sucht." Der größere Kinderwunsch sowie die höhere Wertschätzung des privaten Lebensbereichs bei jungen Männern und Frauen sind möglicherweise der Ausdruck einer Suche nach festen Ankerpunkten im Leben angesichts ungewisser Perspektiven im Erwerbsleben. Dabei ist der gewünschte Zeitpunkt der Familiengründung bildungsabhängig: Je höher die formale Bildung der jungen Männer und Frauen ist, desto später wird die Geburt von Kindern geplant. Dabei schieben nicht nur die Männer die Geburt von Kindern immer weiter auf. Ein Drittel der Frauen im Alter von 22 bis 25 Jahren will das erste Kind erst in fünf bis zehn Jahren (vgl. Bundesministerium für Familie, Senioren, Frauen und Jugend 2007, S. 32).

Spiegeln sich die veränderten Lebenskonzepte junger Menschen in ihren Vorstellungen von Weiblichkeit und Männlichkeit wider? Werden Kinderbetreuung und Hausarbeit auch als Teil der männlichen Rolle wahrgenommen sowie Beruf als Teil der weiblichen Rolle? Im Folgenden werden die normativen Rollenerwartungen junger Frauen und Männer im Hinblick auf familiäre Arbeit und Erwerbsarbeit im zeitlichen Wandel anhand von Ergebnissen des DJI-Jugendsurvey dargestellt. Traditionelle Rollenvorstellungen, wie sie beispielsweise in der Zustimmung zur Rolle des Mannes als „Hauptverdiener" und der Frau als Verantwortliche für Haushalt und Kinder zum Ausdruck kommen, verlieren an Bedeutung. Allerdings bleiben die Geschlechterdifferenzen in der Zustimmung zu herkömmlichen Rollenbildern über die Zeit konstant: Die jungen Frauen sind weniger traditionell orientiert als die jungen Männer. Darüber hinaus sind höhere Bildungsressourcen unverändert wichtige Voraussetzungen für die Zustimmung zu egalitären Rollenbildern.

Insgesamt werden zwar tradierte Rollenbilder mehrheitlich abgelehnt, aber junge westdeutsche Erwachsene, die bereits Kinder zu versorgen haben, vertreten eher herkömmliche Rollenmuster. 2003 deutet sich bei den westdeutschen jungen Männern ein Einstellungswandel ab: In Lebensgemeinschaften ohne Kinder weisen die jungen Männer ein hohes Ausmaß an modernen Rollenorientierungen auf, das dem der Frauen in dieser Lebensform entspricht. Dieser Befund kontrastiert dann besonders deutlich mit dem nach wie vor hohen Ausmaß an

Traditionalismus von Männern und Frauen in familiären Lebensformen. Hier werden Tendenzen einer möglichen Retraditionalisierung von Rollenbildern bei jungen Frauen und Männern in Westdeutschland deutlich, wenn sie Kinder haben. In den neuen Bundesländern variiert das Rollenverständnis der jungen Männer und Frauen mit der Lebensform nicht so ausgeprägt (vgl. Gille 2008a).

4. Resümee

Das Hinausschieben von Familiengründung zum Ende des dritten Lebensjahrzehnts oder noch darüber hinaus ist ein Phänomen, das auch mit anderen Wandlungstendenzen in der Jugendphase einhergeht, die ganz allgemein mit der Ausdehnung der Jugendphase beschrieben werden (vgl. Münchmeier 1998, Zinnekker 2003, Hurrelmann 2007, Sardei-Biermann 2008). Insbesondere der Anstieg des Bildungsniveaus und der damit verlängerte Verbleib in Ausbildungsinstitutionen haben zu einer Ausdehnung der Jugendphase beigetragen. Junge Menschen verbleiben länger im Elternhaus, da sie später ökonomische Unabhängigkeit erreichen. Aber auch die Gründung von partnerschaftlichen und familialen Lebensformen wird in spätere biographische Abschnitte verschoben. Dabei zeigen sich bei den jungen Männern Entwicklungen, die auf eine stärkere Ausdehnung der Jugendphase hinweisen als bei den jungen Frauen.

Die fortschreitende Globalisierung von Arbeitsmärkten trifft mit ihren Auswirkungen einer zunehmenden Flexibilisierung von Beschäftigungsverhältnissen vor allem junge Menschen. Unsichere Arbeitsplätze, erhöhte Mobilitätsanforderungen einerseits sowie gewachsene Anforderungen an Leistungsbereitschaft und zeitlichem Engagement in aufstiegsorientierten Berufsfeldern andererseits erschweren jungen Menschen langfristige Planungen im privaten Bereich. In den Lebensentwürfen der jungen Männer – und auch der jungen Frauen – spiegeln sich diese gesellschaftlichen Veränderungsprozesse wider: Ausbildung und die berufliche Etablierung rücken immer mehr ins Zentrum der Lebensplanungen, aber auch Partnerschaft und Familie werden zu immer wichtigeren Bezugspunkten.

Der Wertewandel allgemein sowie der Wandel in den Rollenorientierungen haben in den letzten zwei Jahrzehnten zu einem deutlichen Rückgang herkömmlicher Rollenbilder bei jungen Menschen beigetragen (vgl. Gille 2008b). Allerdings ist die Kluft zwischen egalitären und partnerschaftlichen Vorstellungen zur Arbeitsteilung von Familien- und Erwerbsarbeit und der Realität recht groß. Bisher haben vor allem die jungen Frauen mit ihrer gestiegenen Bildungs- und Erwerbsbeteiligung zu einer Veränderung traditioneller Rollenbilder beigetragen, allerdings bedeutete dies für sie auch zunehmend den Verzicht auf Familie in frühen Lebensabschnitten und gestiegene Kinderlosigkeit. Die jungen Männer entwickeln zwar zunehmend auch eine stärkere Familienorientierung, aber sie scheinen zum Teil noch an ihrer herkömmlichen Ernährerrolle festzuhalten. Da es schwieriger wird und länger dauert, sich beruflich fest zu etablieren, kommt es auch bei ihnen zu einem weiteren Aufschub von partnerschaftlichen Lebensformen und Familiengründungen.

Literatur

Bundesinstitut für Bevölkerungsforschung (in Zusammenarbeit mit dem Statistischen Bundesamt) (Hrsg.), 2008: Bevölkerung. Daten, Fakten, Trends zum demographischen Wandel in Deutschland. Wiesbaden

Bundesministerium für Familie, Senioren, Frauen und Jugend (Hrsg.), 2007: Demographischer Wandel. Ergebnisse einer Repräsentativbefragung unter der bis 25-jährigen Bevölkerung in Deutschland. Berlin

Bundesministerium für Familie, Senioren, Frauen und Jugend (Hrsg.), 2008: Die Mehrkinderfamilie in Deutschland. Expertisen für das Kompetenzzentrum, Band 1. Prof. Dr. Hans Bertram, im Auftrag der prognos AG, Geschäftsstelle des Kompetenzzentrums für familienbezogene Leistungen. Berlin

Bundeszentrale für gesundheitliche Aufklärung (Hrsg.), 2005: Männer Leben. Studie zu Lebensläufen und Familienplanung – Vertiefungsbericht. Eine Studie im Auftrag der BZgA von C. Helfferich, H. Klindworth, J. Kruse. Köln: BZgA

Cornelißen, W. 2006: Kinderwunsch und Kinderlosigkeit im Modernisierungsprozess. In: Berger, P. A./Kahlert, H. (Hrsg.): Der demographische Wandel. Chancen für die Neuordnung der Geschlechterverhältnisse. Frankfurt/New York: Campus Verlag, S. 137–163

Dorbritz, J./Lengerer, A./Ruckdeschel, K., 2005: Einstellungen zu demographischen Trends und zu bevölkerungsrelevanten Politiken. Ergebnisse der Population Policy Acceptance Study in Deutschland. Schriftenreihe des Bundesinstituts für Bevölkerungsforschung. Sonderheft

Eckhard, J./Klein, T., 2006: Männer, Kinderwunsch und generatives Verhalten. Eine Auswertung des Familiensurvey zu Geschlechterunterschieden in der Motivation zur Elternschaft. Wiesbaden: VS Verlag für Sozialwissenschaften

Fend, H., 1998: Eltern und Freunde. Soziale Entwicklung im Jugendalter. Entwicklungspsychologie der Adoleszenz in der Moderne. Band V. Bern: Hans Huber

Friesl, C./Kromer, I./Polak, R. (Hrsg.), 2008: Lieben – Leisten – Hoffen. Die Wertewelt junger Menschen in Österreich. Wien: Czernin Verlag

Gensicke, T., 2006: Zeitgeist und Wertorientierungen. In: Shell Deutschland Holding (Hrsg.): Jugend 2006. Eine pragmatische Generation unter Druck. Frankfurt am Main: Fischer Taschenbuch Verlag, S. 169–202

Gille, M., 2006: Werte, Geschlechtsrollenorientierungen und Lebensentwürfe. In: Gille, M./Sardei-Biermann, S./Gaiser, W./Rijke, J. de: Jugendliche und junge Erwachsene in Deutschland. Lebensverhältnisse, Werte und gesellschaftliche Beteiligung 12- bis 29-Jähriger. Jugendsurvey 3. Wiesbaden. VS Verlag für Sozialwissenschaften, S. 131–211

Gille, M., 2008 (Hrsg.): Jugend in Ost und West seit der Wiedervereinigung. Ergebnisse aus dem replikativen Längsschnitt des DJI-Jugendsurvey. Jugendsurvey 4. Wiesbaden: VS Verlag für Sozialwissenschaften

Gille, M., 2008a: Wandel des Rollenverständnisses junger Frauen und Männer im Spannungsfeld von Familie und Beruf. In: Gille, M. (Hrsg.): Jugend in Ost und West seit der Wiedervereinigung. Ergebnisse aus dem replikativen Längsschnitt des DJI-Jugendsurvey. Jugendsurvey 4. Wiesbaden: VS Verlag für Sozialwissenschaften, S. 173–210

Gille, M., 2008b: Umkehr des Wertewandels? Veränderungen des individuellen Werteraums bei Jugendlichen und jungen Erwachsenen seit Beginn der 1990er Jahre. In: Gille, M. (Hrsg.): Jugend in Ost und West seit der Wiedervereinigung. Ergebnisse aus dem replikativen Längsschnitt des DJI-Jugendsurvey. Jugendsurvey 4. Wiesbaden: VS Verlag für Sozialwissenschaften, S. 119–172

Gille, M./Krüger, W. (Hrsg.), 2000: Unzufriedene Demokraten. Politische Orientierungen der 16- bis 29jährigen im vereinigten Deutschland. DJI-Jugendsurvey 2. Opladen: Leske+Budrich

Gille, M./Sardei-Biermann, S./Gaiser, W./Rijke, J. de, 2006: Jugendliche und junge Erwachsene in Deutschland. Lebensverhältnisse, Werte und gesellschaftliche Beteiligung 12- bis 29-Jähriger. Jugendsurvey 3. Wiesbaden. VS Verlag für Sozialwissenschaften

Hofer, M., 2003: Selbständig werden im Gespräch. Wie Jugendliche und Eltern ihre Beziehung verändern. Bern: Hans Huber

Hoffmann-Lange, U., (Hrsg.), 1995: Jugend und Demokratie in Deutschland. DJI-Jugendsurvey 1. Opladen: Leske+Budrich

Hurrelmann, K., 2007: Lebensphase Jugend. 9., aktualisierte Auflage. Weinheim u. München: Juventa Verlag

Institut für Demoskopie Allensbach, 2005: Das subjektive Zeitfenster für die Elternschaft. Eine Untersuchung des Instituts für Demoskopie Allensbach im Auftrag des Bundesministeriums für Familie, Senioren, Frauen und Jugend. Allensbach am Bodensee

Jacob, M./Kleinert, C., 2007: Does unemployment help or hinder becoming independent? The role of employment status for leaving the parental home. IAB Discussion Paper, No. 5. http://doku.iab.de/discussionpapers/2007/dp0507.pdf

Krieger, S./Weinmann, J., 2008: Lebensformen in der Bevölkerung, Kinder und Kindertagesbetreuung. In: Statistisches Bundesamt, Gesellschaft Sozialwissenschaftlicher Infrastruktureinrichtungen, Wissenschaftszentrum Berlin für Sozialforschung (Hrsg.): Datenreport 2008. Ein Sozialbericht für die Bundesrepublik Deutschland. Bonn: Bundeszentrale für politische Bildung, S. 27–43

Kühn, T., 2005: Die Bedeutung von Familiengründung für die Biografiegestaltung junger Männer. In: Tölke, A./Hank, K. (Hrsg.), 2005: Männer – Das „vernachlässigte" Geschlecht in der Familienforschung. Sonderheft 4 der Zeitschrift für Familienforschung. Wiesbaden: VS Verlag, S. 127–151

Langness, A./Leven, I./Hurrelmann, K., 2006: Jugendliche Lebenswelten: Familie, Schule, Freizeit. In: Shell Deutschland Holding (Hrsg.): Jugend 2006. Eine pragmatische Generation unter Druck. Frankfurt a. M.: Fischer Taschenbuch, S. 49–102

Münchmeier, R., 1998: „Entstrukturierung" der Jugendphase. Zum Strukturwandel des Aufwachsens und zu den Konsequenzen für Jugendforschung und Jugendtheorie. In: Aus Politik und Zeitgeschichte B31, 3–13

Redaktion BRIGITTE (Hrsg.), 2008: Frauen auf dem Sprung. Die BRIGITTE-Studie 2008. Die Lebensentwürfe junger Frauen in Deutschland im Alter von 17 bis 19 und 27 bis 29 Jahren. Eine repräsentative Untersuchung im Auftrag der Zeitschrift BRIGITTE in Zusammenarbeit mit dem Wissenschaftszentrum Berlin für Sozialforschung (WZB) und dem Sozialforschungsinstitut infas, Bonn (Verfasserin: J. Allmendinger). Hamburg

Rost, H., 2007: Der Kinderwunsch von Männern und ihr Alter beim Übergang zur Vaterschaft. In: Mühling, T./Rost, H. (Hrsg.): Väter im Blickpunkt. Perspektiven der Familienforschung. Opladen/Farmington Hills: Verlag Barbara Budrich, S. 77–96

Sardei-Biermann, S., 2006a: Private Lebensformen Jugendlicher und junger Erwachsener. In: Gille, M./Sardei-Biermann, S./Gaiser, W./de Rijke, J.: Jugendliche und junge Erwachsene in Deutschland. Lebensverhältnisse, Werte und gesellschaftliche Beteiligung 12- bis 29-Jähriger. Schriften des Deutschen Jugendinstituts: Jugendsurvey 3. Wiesbaden: VS Verlag für Sozialwissenschaften, S. 39–61

Sardei-Biermann, S., 2006b: Soziale Nahwelt und Lebensverhältnisse in subjektiver Einschätzung. In: Gille, M./Sardei-Biermann, S./Gaiser, W./de Rijke, J: Jugendliche und junge Erwachsene in Deutschland. Lebensverhältnisse, Werte und gesellschaftliche Beteiligung 12- bis 29-Jähriger. Schriften des Deutschen Jugendinstituts: Jugendsurvey 3. Wiesbaden: VS Verlag für Sozialwissenschaften, S. 87–130

Sardei-Biermann, S., 2008: Lebensverhältnisse Jugendlicher und junger Erwachsener im Wandel. In: Gille, M. (Hrsg.): Jugend in Ost und West seit der Wiedervereinigung. Ergebnisse aus dem replikativen Längsschnitt des DJI-Jugendsurvey. Jugendsurvey 4. Wiesbaden: VS Verlag für Sozialwissenschaften, S. 15–47

Schimpl-Neimanns, B., 2006: Auszug aus dem Elternhaus: Ergebnisse des Mikrozensuspanels 1996-1999. ZUMA-Arbeitsbericht Nr. 2006/04. Mannheim: ZUMA

Schmitt, C., 2007: Familiengründung und Erwerbstätigkeit im Lebenslauf. In: Aus Politik und Zeitgeschichte, 7/2007, S. 3–8

Schupp, J./Spieß, C.K., 2008: Lebenssituationen und -einstellungen von Kindern und Jugendlichen. In: Statistisches Bundesamt, Gesellschaft Sozialwissenschaftlicher Infrastruktureinrichtungen, Wissenschaftszentrum Berlin für Sozialforschung (Hrsg.): Datenreport 2008. Ein Sozialbericht für die Bundesrepublik Deutschland. Bonn: Bundeszentrale für politische Bildung, S. 188–192

Shell Deutschland Holding (Hrsg.), 2006: Jugend 2006 – Eine pragmatische Generation unter Druck. 15. Shell Jugendstudie. Frankfurt am Main: Fischer

Statistisches Bundesamt (Hrsg.), 2008: Fachserie 1/Reihe 1: Natürliche Bevölkerungsbewegung 2006. Wiesbaden

Weick, St., 2008: Familie und Lebensformen. In: Statistisches Bundesamt, Gesellschaft Sozialwissenschaftlicher Infrastruktureinrichtungen, Wissenschaftszentrum Berlin für Sozialforschung (Hrsg.): Datenreport 2008. Ein Sozialbericht für die Bundesrepublik Deutschland. Bonn: Bundeszentrale für politische Bildung, S. 44–49

Zerle, C./Krok, I., 2008: Null Bock auf Familie? Der schwierige Weg junger Männer in die Vaterschaft. Hrsg. von Bertelsmann Stiftung. Gütersloh: Verlag Bertelsmann Stiftung

Zinnecker, J., 2003: Jugend als Moratorium. Essay zur Geschichte und Bedeutung eines Forschungskonzepts. In: Reinders, H./Wild, E. (Hrsg.): Jugendzeit – Time Out? Zur Ausgestaltung des Jugendalters als Moratorium. Opladen, S. 37–64

MERLE HUMMRICH

Jugend und Schule

Bei der Diskussion des Zusammenhangs von Jugend und Schule wird oftmals eine Perspektive auf Konflikte und Spannungen eingenommen, da die Wissens- und Sachvermittlungsaufgabe der Schule in Widerspruch zu den jugendlichen Individuationsaufgaben steht. Eine solche Hypothese blendet jedoch aus, dass gerade die Verlängerung der Schulzeit ein modernisiertes Verständnis von Jugend erst ermöglicht (vgl. Helsper/Busse/Kramer/Hummrich 2008) und Schule heutzutage aus dem jugendlichen Alltag kaum wegzudenken ist (Helsper/Böhme 2002). Für Jugendliche entsteht so eine kulturelle Freisetzung mit doppeltem Anforderungscharakter: sie müssen sich einerseits schulisch qualifizieren, andererseits zu einer eigenständigen Auseinandersetzung mit Selbst-, Welt- und Sachbezügen kommen (King/Koller 2006). Unter Perspektive dieser grundlegenden Ambivalenz werden im Folgenden zunächst theoretische Ansätze zum Verhältnis von Jugend und Schule dargestellt. Dann erfolgt ein Durchgang durch den Zusammenhang Jugend und Schule mit Bezugnahme auf unterschiedliche Ebenen der sozialen Wirklichkeit. Hier werden folgende Aspekte in den Blick genommen: die Bedeutung sozialer Ungleichheit (Kapitel 2), die institutionellen Übergänge (Kapitel 3), die Bedeutung der Schulkultur (Kapitel 4) sowie der interaktiv ausgestalteten Arbeitsbündnisse (Kapitel 5) und schließlich die Möglichkeitsräume jugendlicher Individuation im Verhältnis zur Schule (Kapitel 6).

1. Theoretische Bestimmungen und ihre Perspektivität auf die Ambivalenz von Jugend und Schule

Eine erste theoretisch fundierte Verhältnisbestimmung zum Thema Jugend und Schule wird mit dem Blick auf ausgewählte theoretische Positionen eröffnet, die ich im Folgenden in Anlehnung an Helsper und Böhme (2002) entfalten möchte. Diese bieten wiederum unterschiedliche Perspektiven auf die Ambivalenz von Jugend und Schule.

1. Strukturfunktionalistische Bestimmungen von Schule, wie sie etwa in den Ansätzen von Parsons (1981), Dreeben (1980) und Fend (1981) zugrunde gelegt werden, machen deutlich, dass unter der Bedingung der Ausdehnung der Schulzeit durch die Einführung der allgemeinen Schulpflicht und insbesondere durch das mit der Bildungsexpansion entstehende Bildungsmoratorium (Dudek 2002), Schule die zentrale Instanz der sozialen, qualifikatorischen und ideologischen Reproduktion geworden ist. Die hierin ruhende Chance der kulturellen Freisetzung impliziert eine Verlängerung der Jugendphase.

Ihre Dauer variiert zwischen einer auf Ausbildung und Einmündung in das Erwerbsleben gerichteten Durchgangsphase und einem Moratorium, das bis weit in das dritte Lebensjahrzehnt hineinreicht (vgl. Jugendwerk der Deutschen Shell 1985, Zinnecker 1987, Reinders 2003). Auch wenn Bourdieus Ansatz dieser reproduktionsorientierten Linie in mancherlei Hinsicht folgt, so macht er doch darauf aufmerksam, dass hierin auch Widersprüche ruhen. Denn das Versprechen sozialer Gleichheit durch umfassende Beschulung wird dadurch unterwandert, dass durch die Höherqualifizierung, niedrigere Abschlüsse entwertet werden – es kommt zu einer „Inflationierung" der Bildungstitel (Bourdieu 1999), durch welche die Absolventen der niedrigeren Schulformen zu „intern Ausgegrenzten" werden (Bourdieu u.a. 1997, S. 529). Gleichzeitig differenzieren sich gymnasiale Bildungsangebote zwischen dem Image einer „höheren Volksschule" und gesteigerter Exklusivität mit dem Ziel der Elitebildung aus (vgl. Helsper u.a. 2001, Helsper 2006, Baumert/Watermann/Schümer 2003).

2. Sozialökologische Ansätze in der Tradition Bronfenbrenners (z.B. Fend/Knörzer/Nagl 1976, Pekrun 1983) zeigen die Wirkmächtigkeit der schulischen Umwelt in Bezug auf Bedingungen des Lernens und die Persönlichkeitsentwicklung der Schüler. Der sozial-konstruktivistische Ansatz (vgl. Reich 1997, Huschke-Rhein 1999) kann in diesem Zusammenhang ebenfalls als einer gesehen werden, der die Interdependenzen in der sozialen Welt Schule herausarbeitet. Hier werden vor allem die Selbstgestaltungspotenziale Jugendlicher betrachtet, die zum Teil in Widerspruch zur Dominanz linearer Lernkonzepte stehen (ebd.). Eine besondere Radikalisierung beinhaltet in diesem Zusammenhang die Perspektive der Systemtheorie auf den Kontext von Jugend und Schule (vgl. Luhmann 2002; Helsper/Böhme 2002). Diese geht davon aus, dass das organisationsförmige schulische System und das psychische System des Jugendlichen autopoeitische, d.h. jeweils in sich geschlossene, Systeme sind, in denen Vermittlungsabsichten Jugendliche nicht erreichen, da Wissensaneignung, Bildung und Ausbildung kognitiver Kompetenzen nur eigenaktiv vom psychischen System erzeugt werden. Dem Jugendlichen wird die Form des Schülers gegeben, damit er im System Schule anschließen kann. Hierin liegt ein Technologiedefizit, weil die Ebenendifferenz von organisationsförmigen und psychischen Systemen verkannt wird (vgl. Luhmann/Schorr 1988). Der Anpassungsdruck an Schule wird damit konterkariert durch die Gefahr von Verweigerung und Indifferenz Jugendlicher gegenüber dem System Schule und seinen erziehenden Absichten (vgl. Helsper/Böhme 2002).

3. Symbolisch-interaktionistische Ansätze (z.B. Hurrelmann/Neubauer 1986) blicken auf die zunehmende Befähigung Jugendlicher, gestaltend in die Schule einzugreifen und zugleich ihre lebensweltlichen Orientierungen in die

Schule zu tragen (vgl. Zinnecker 1987, Kalthoff/Kelle 2000). Insbesondere Studien zur Peerkultur heben dabei die Eigenwelten jugendlicher Schüler heraus, die mit den organisatorischen Rahmungen kreativ umgehen (vgl. Breidenstein 2006, Breidenstein/Meier 2004). Jedoch ist an dieser Stelle zu erwähnen, dass auch die Ansätze, die die Optionen gestiegener Partizipation betonen und den Blick auf die Eigenwelten Jugendlicher in der Schule richten, von Ambivalenzen gekennzeichnet sind. Denn die Eigenaktivität kann sich gerade unter Bedingungen immer früherer Autonomie- und Partizipationsansprüche (vgl. Heitmeyer/Olk 1991, Ziehe 1996) einerseits schulnah, als Annäherung an das schulische Ideal der „Lebensform Schüler" entfalten oder Formen der maximalen Distanzierung annehmen, in denen z. B. jugendkulturelle und mediale Erlebnis- und Extaseorientierungen aufgegriffen werden (vgl. Helsper u. a. 2008).

4. Hier kann mit der Sicht der psychoanalytischen Studien angeschlossen werden, die Schule als Feld deuten, das von lebenspraktischen Problemen und Krisen – etwa der Adoleszenzkrise – durchdrungen ist. Dabei tragen Jugendliche ihre Individuationsprobleme und emotional-diffusen Bedürfnisse in die Schule hinein und reinszenieren hier ihre lebensgeschichtlichen Konflikte (vgl. Helsper/Böhme 2002, S. 570). Als Kulturinstanz weist die Schule diese Spannungen und Konflikte zurück – sie tabuisiert sie und produziert Unbewusstheit (vgl. Erdheim 1982, Wellendorf 1973). Mit dieser theoretischen Perspektivnahme ist nun ein weiterer Blick auf Ambivalenz im Verhältnis von Jugend und Schule eröffnet. Denn Schule setzt Schüler nicht nur kulturell frei, sie begrenzt auch ihre emotional-diffusen Bedürfnisse und kann somit als abweisende Instanz empfunden werden, die Adoleszenzkrisen verschärft (vgl. Wagner-Winterhager 1990, Winterhager-Schmid 2000).

5. Machtanalytische Perspektiven im Anschluss an Foucault (z. B. Thiemann 1985, Pongratz 2004) betrachten Schule als Kontroll- und Disziplinarraum. Der Zusammenhang von Fähigkeit, Kommunikation und Macht (vgl. Dreyfus/Rabinow/Foucault 1987, S. 252) stellt sich in der Schule als verschachtelter dar – Schule wird als Machtdispositiv bezeichnet, das zum einen durch seine Einlagerung in die Disziplinargesellschaft, zum anderen durch die „'sanften', panoptischen Disziplinartechniken" (Pongratz 2004, S. 250) gekennzeichnet ist. Das heißt: physische Gewalt ist immer weniger in den Schulalltag eingeschrieben, aber die Machtstrukturen werden nach wie vor schulisch vermittelt und treten den Schüler als Sozialzwänge und anonyme, diffundierende Zwangsverhältnisse – etwa im Autonomieideal und im Partizipationsideal – gegenüber (ebd.). Dies begründet eine neue Anforderungsstruktur für Jugendliche, die zugleich auch Ansprüche an Selbstkontrolle und -disziplinierung beinhaltet (vgl. Helsper u. a. 2008).

6. Modernitätskritische Ansätze (z. B. du Bois-Reymond 1998) und Ansätze zur reflexiven Modernisierung (vgl. Helsper u. a. 2001) sehen Ambivalenz als im Kern des Verhältnisses von Jugend und Schule. Neben den hier bereits angeklungenen Widersprüchen stellen sie besonders folgende heraus: Schule fordert einerseits eine rationale, asketische Lebensführung, andererseits ist sie Instanz der Entfaltung von Erlebnisansprüchen. Auf der einen Seite bietet sie Möglichkeiten der kulturellen Verselbständigung, auf der anderen Seite konfrontiert sie als Selektionsinstanz Jugendliche beständig mit den Möglichkeiten des Scheiterns und der Exklusion. Schule – so lässt sich resümierend sagen – kann Bildungsprozesse gleichermaßen eröffnen und beschließen. So treffen in der Hauptschule immer ressourcenärmere Schüler aufeinander (vgl. Solga/Wagner 2004), was zu einer „doppelten Benachteiligung“ (Schümer 2004) führt: ökonomisch, kulturell und sozial kapitalschwache Schüler werden in ihrer Kompetenzentwicklung benachteiligt und finden sich in besonders problembelasteten Milieus zusammen. In Deutschland wird Schule also für relevante Gruppen von Jugendlichen zum Risiko (vgl. Helsper u. a. 2008), während sie doch global einen erweiterten Möglichkeitsraum der Kompetenzentwicklung darstellt.

2. Die Bedeutung sozialer Ungleichheit für das Verhältnis von Jugend und Schule

Jugendliche treffen mit unterschiedlichen Voraussetzungen und vor dem Hintergrund unterschiedlicher Lebenslagen auf die Schule. Um diese soll es im Folgenden unter besonderer Würdigung der Strukturkategorien Klasse/Milieu, Geschlecht und Ethnizität gehen.

Die Diskussion um die *Milieuzugehörigkeit* als Ursache der Benachteiligung hat seit den PISA-Studien Konjunktur (vgl. Ehmke/Hohensee/Heidemeier/Prenzel 2004, Schümer 2004, Baumert/Trautwein u.a. 2003, Baumert/Schümer 2001, 2003), wurde aber auch schon in vorgängigen Studien, die sich mit der Tragweite der Bildungsexpansion befassten, deutlich (vgl. Becker/Lauterbach 2004, Ditton 2008, Köhler 1992). Während das Gymnasium von etwa 50 % Kindern und Jugendlichen aus der mittleren und oberen Dienstklasse besucht wird, sind hier nur 10 % Arbeiterkinder zu finden, wohingegen die Hauptschule nur von 13 % Kindern und Jugendlichen aus der oberen, mittleren und unteren Dienstklasse besucht wird und hier mit ca. 40 % die Kinder ungelernter Arbeiter überwiegen (vgl. Baumert/Schümer 2001, 2002, Ehmke 2004). Ebenso weisen die Bildungsaspirationen der Eltern für ihre Kinder deutliche Unterschiede je nach Schichtzugehörigkeit auf (vgl. Ditton 2008, Merkens/Wessel 2002). Der Hauptschulabschluss findet in den Vorstellungen der Arbeitereltern mit 28 % durchaus breite Akzeptanz, während er für die höheren Dienstklassen kaum in Betracht gezogen wird (IFS 2002). Auch in Bezug auf die Realschule gibt es Unterschiede: 48 % der Arbeitereltern und 30 % der Beamteneltern stellen sich die mittlere Reife als idealen Schulabschluss für ihre Söhne und Töchter vor. Schließlich kehrt sich das Verhältnis gänzlich um, wenn es um den gymnasialen Schulbezug geht: 70 % der Beamteneltern und lediglich 24 % der Arbeitereltern stellen sich das Gymnasium als ideale Schulform für ihr Kind vor. Noch deutlichere Kontraste zeigen sich bei Betrachtung der Bildungsnähe oder Bildungsdistanz der Elternhäuser. Hier sind bildungsorientierte Eltern zu 100 % auf das Gymnasium orientiert, bildungsferne nur noch zu 1,9 % (vgl. Ditton 1992, Helsper/Hummrich 2005). Aber nicht nur die Bildungsorientierung der Elternhäuser verringert die Chancengleichheit von Kindern und Jugendlichen aus den unteren sozialen Schichten in Bezug auf die gleichberechtigte Teilhabe am Bildungssystem. Auch in den Laufbahnempfehlungen am Ende der vierten bzw. sechsten Schulklasse spiegelt sich soziale Ungleichheit wider. Die Lehrerempfehlungen klaffen dabei zwar nicht so sehr auseinander wie die elterlichen Aspirationen, aber es zeigt sich, dass Kinder aus Arbeiterfamilien höhere Leistungen erbringen müssen, um die gleiche Schullaufbahnempfehlung zu erhalten wie Kinder aus Familien der oberen sozialen Lagen (vgl. Merkens/Wessel 2002, Ditton 1992). Gegen Ende der Sekundarstufe I zeigen sich darüber hinaus gravierende Unterschiede in der Kompetenzentwicklung (vgl. Baumert/Schümer 2001). In Deutschland ist der Unterschied in der mittleren Lesekompetenz am größten im Vergleich zu den anderen OECD-Ländern. Dies ist unter anderem durch die mit der frühen Selektion und Einteilung in unterschiedliche Schulformen entstehenden „selektionsbedingten Lernmilieus" zu erklären.

In Bezug auf die Thematisierung des *Geschlecht*s war in den letzten Jahren von einer Umkehr traditioneller Geschlechterdifferenzen die Rede: nicht mehr die Mädchen, sondern die Jungen sind inzwischen diejenigen, die weniger Chancen im Bildungssystem haben (vgl. Stanat/Kunter 2001, 2003). 56 % der Schüler in den leistungsstarken Schulformen sind Mädchen, Jungen hingegen sind mit 55 % an Haupt-, und 69 % an Sonderschulen repräsentiert. Der Anteil an Sitzenbleibern und Jugendlichen ohne Schulabschluss ist deutlich männlich dominiert (vgl. BMBF/Weißhuhn/Rövenkamp 2002, Krohne/Meier 2004). Zugleich mahnen jedoch Kritiker dieser Zahlen an, dass Mädchen zwar quantitativ aufgeholt haben, sie jedoch in den nachschulischen Ausbildungsgängen benachteiligt seien (vgl. Deutsche Shell 2000, Krüger 1996). Interessant ist nun, dass der höhere Erfolg von Mädchen in der Schule bereits in den 1970er Jahren auffiel und hier bereits Zinnecker (1978) die Privilegierung der Mädchen heraushob, während Jungen trotz schlechterer Leistungen mehr Selbstvertrauen entwickeln und vor allem nach der Schule erfolgreicher scheinen (vgl. Faulstich-Wieland 1984). Das bedeutet, dass die Reproduktion von Geschlechterungleichheiten in verschiedenen biografischen Phasen für die Geschlechter eine unterschiedliche Wirksamkeit besitzt und unterschiedliche Ebenen der Persönlichkeit betrifft. Es zeigt aber auch, dass die Ergebnisse zur Benachteiligung von Mädchen und Jungen im Bildungssystem relativ beständig ist und die Defizitorientierung in Bezug auf Jungen bzw. der Protektionismus in Bezug auf Mädchen nicht zum Abbau der Geschlechterungleichheiten beiträgt (vgl. Faulstich-Wieland/Weber/Willems 2004). Vielmehr sind auch hier die unterschiedlichen Lebenslagen und die jeweiligen Lebensphase zu berücksichtigen.

In Bezug auf die Strukturkategorie der *Ethnizität* arbeiten die PISA-Studien deutliche Benachteiligungsstrukturen heraus (vgl. Baumert/Schümer 2001a, Schümer 2004). Die Konzentration Migrantenjugendlicher auf Haupt- und Sonderschulen ist außerordentlich hoch (vgl. Auernheimer 2003, Karakaşoğlu-Aydın 2001), viermal so viele Migrantenjugendliche wie Deutsche erreichen keinen Berufsabschluss (vgl. BMFSFJ 2000) und die Quote der Sitzenbleiber unter den Migrantenjugendlichen ist deutlich erhöht (vgl. Krohne/Meier 2004). Auch hier sind Mädchen in der Schule inzwischen erfolgreicher als Jungen und erreichen durchschnittlich auch bessere Schulabschlüsse (vgl. Gille/Sardei-Biermann/Gauser/de Rijke 2006, Gogolin 2005, King 2006). Dennoch haben Mädchen in Bezug auf die Berufschancen das Nachsehen: nur 33 % der Mädchen finden einen Ausbildungsplatz, während es bei den Jungen 44 % sind (vgl. Solga 2005). Daneben sind Integrationschancen auch davon abhängig, welchen (Rechts-) Status Migrantenjugendliche in Deutschland haben. So wird und wurde Kindern und Jugendlichen aus Flüchtlingsfamilien lange Zeit überhaupt erst Zugang zum Bildungssystem gewährt, wenn ihr Aufenthaltsstatus geklärt war (vgl. Hamburger/Hummrich 2007). Ursache für die Benachteiligung sind nicht kulturelle Differenzen oder mangelnde Sprachkenntnisse, sondern die frühe Selektion im deutschen Schulwesen (vgl. Gogolin 2005, Fend 2004), die in Widerspruch zur relativ hohen Bildungsbereitschaft und zur gestiegenen Bildungsbeteiligung von Migrantenjugendlichen steht (vgl. Nauck 2000, Boos-Nünning/Karakaşoğlu 2005). Insgesamt muss davon ausgegangen werden, dass Migrantenjugendliche in hohem Maße von Mechanismen institutioneller Diskriminierung betroffen sind (vgl. Gomolla/Radtke 2002), die durch Einbeziehung nicht-leistungsbezogener Kriterien bei der Beurteilung der Leistungsfähigkeit gekennzeichnet sind stattdessen Fremdheitseffekte bzw. kulturalisierende Ausdeutungen von Handlungsproblemen zur Grundlage der Selektion machen (vgl. Hamburger 1999, Hummrich 2002, 2006 Radtke 2004, Gogolin/Neumann/Roth 2003).

Auf einer *allgemeineren Ebene* lassen sich die je spezifisch wirksam werdenden Benachteiligungsrisiken oder Privilegierungschancen fassen, wenn man ihre Wirksamkeit als Ausdrucksgestalt eines symbolischen Kampfes einordnet, in dem bestehende Ordnungsstrukturen immer wieder verteidigt werden (vgl. Bourdieu 2006). So wird unter der Perspektive der Benachteiligung im Bildungssystem deutlich, dass dessen Strukturierung nicht nur entlang objektiver, meritokratischer Kriterien wie der individuellen Leistungsfähigkeit erfolgt, sondern dass das geschlechts-, ethnizitäts- und klassenunabhängige Prinzip der Meritokratie von Annahmen darüber unterlaufen wird, welche Leistungsfähigkeit Personen besitzen. Gerade über dieses zweite Prinzip werden schulische Passungsverhältnisse hergestellt. Jedoch muss abschließend festgehalten werden, dass die Bedeutsamkeit der sozialen Lage für den Bildungserfolg oder -misserfolg im Jugendalter nicht deterministisch verstanden werden darf. So gibt es innerhalb der sozialen Lage deutliche Differenzierungen, etwa in Bezug auf die Bildungsorientierung der Eltern und ihrer Kinder, die kulturellen Praktiken in den Familien (vgl. Büchner/Brake 2006, Brake/Büchner 2006), die Verknüpfung von kulturellem, sozialen und ökonomischem Kapital oder den Erziehungs-, Stützungs- und Anregungshaltungen (dazu: Helsper/Hummrich 2005). Diese können vornehmlich mit mikrostrukturellen Analysen aufgedeckt werden.

3. Schulische Übergänge in der Jugendphase

Der Übergang in die Sekundarstufe I schließt in Deutschland an die Grundschule bzw. die Orientierungs- oder Förderstufe an und fällt damit zeitlich genau in den Beginn der frühen Adoleszenz. In den 1950er Jahren gingen in Westdeutschland fast 80 % aller Siebtklässler zur Volksschule (später Hauptschule), 6,1 % zur Realschule und 13,2 % zum Gymnasium (vgl. Hansen/Rolff 1990), in der DDR waren alle Schüler zu diesem Zeitpunkt in der zehnjährigen POS (Lenhardt/Stock 1997). Diese Verhältnisse haben sich inzwischen stark gewandelt: 2002 gab es 22,4 % Hauptschüler, 24,5 % Realschüler und 29,6 % Gymnasiasten, 9,7 % der Schüler besuchten eine Gesamtschule und 9 % die Haupt- und Realschulzweige der Sekundar- und Mittelschulen (vgl. KMK 2003). Allerdings muss hier berücksichtigt werden, dass es große länderspezifische Unterschiede gibt: während die Hauptschule in einigen Bundesländern eher als „Restschule" bezeichnet werden muss (z. B. in Hamburg und Berlin) oder in den neuen Bundesländern in die Sekundar- oder Mittelschule integriert ist, gehen in Bayern, Baden-Württemberg und Rheinland-Pfalz noch über 40 % eines Jahrgangs zur Hauptschule. Der Gymnasialbesuch schwankt zwischen 34 % in Berlin und 25 % in Niedersachsen (vgl. Ditton 2008, Baumert/Schümer 2002).

Insgesamt zeigt auch die Abschlussstatistik des Statistischen Bundesamtes (2004), dass der Realschulabschluss mit 40,2 % zum neuen sozialen Standard geworden ist (gegenüber 25,5 % Hauptschulabschluss). Nur ein Viertel aller Schüler verlassen die Schule mit der Hochschulreife, und jeder elfte Schüler verlässt die Schule ohne einen Mindestabschluss. Das DJI-Übergangspanel (vgl. Reißig/Gaupp/Tex 2008) zeigt, dass die Übergänge in den Beruf Stabilität verheißen, sprich: wer nach dem Hauptschulabschluss oder – und dies ist immerhin bei jedem/jeder Fünften ohne Schulabschluss der Fall – ohne Schulabschluss in eine Ausbildung einmündet, verbleibt hier relativ zuverlässig.

Das deutsche Schulsystem stellt sich auch nach dem biografisch sehr frühen Übergang in die Sekundarstufe I sehr selektiv dar. Zum einen erfolgen mit der hier vorgenommenen Zuordnung zu verschiedenen leistungsniveaubezogenen Schulformen oft irreversible Festlegungen. Zum Anderen sind Abstiege in viel stärkeren Maße als Aufstiege zu finden: nur jeweils 10% steigen aus der Integrierten Gesamtschule und der Realschule ins Gymnasium auf (vgl. Tillmann/Meier 2001). Ähnlich – wenn auch nicht ganz so drastisch – verhält es sich mit dem Aufstieg aus der Haupt- in die Realschule. Zwar sind seit den 1950er Jahren die Chancen, auf dem Gymnasium zu verbleiben, deutlich gestiegen (vgl. Hansen/Rolff 1990) und auch sind Schulform und Schulabschluss zunehmend entkoppelt (vgl. KMK 2003), jedoch zeigt sich das Schulsystem immer noch als wenig durchlässig und es ist zu erwarten, dass die Entkopplung von Schulabschluss und Schulform letztlich bei anschließenden berufsbezogenen und institutionellen Auswahlprozessen eine zunehmende Rolle spielt (vgl. Helsper/Hummrich 2005).

Die Selektionsmechanismen des Schulsystems liegen jedoch nicht nur in den Übergängen zwischen Schulformen. Auch „Sitzenbleiben“ und Klassenwiederholungen gehören zum schulischen Alltag und betreffen zirka ein Viertel der Schüler, wobei die PISA-Studie auch feststellt, dass lediglich 64% der Schüler die Schullaufbahn geradlinig und ohne Verzögerung durchlaufen (vgl. Tillmann/Meier 2001). Bellenberg (1999) stellt dabei heraus, dass die Geradlinigkeit mit steigendem Schulniveau zunimmt: 87% der Gymnasiasten, 74% der Gesamtschüler und nur 57% der Realschüler sowie 51% der Hauptschüler durchlaufen die Schulkarriere ohne Bruch.

Die hier angedeuteten Rahmenbedingungen von Schulkarrieren sollen nicht darüber hinwegtäuschen, dass es auch innerhalb der unterschiedlichen Verläufe Erfahrungen von Prekarisierung gibt, etwa wenn Schüler über längeren Zeitraum Misserfolge haben. Dies kann zu Wiederholungen und Sitzenbleiben führen, doch gelten auch Schüler als schlecht und versagend, wenn sie dauerhaft zu denjenigen gehören, die gerade noch so „durchkommen“. Hier zeigen Schüler durchgehende Beeinträchtigungen hinsichtlich ihrer Selbsteinschätzung, ihrer Kontroll- und Selbstwirksamkeit und sind stark von Leistungsangst betroffen (vgl. Fend 1997). Die dauerhafte Prekarisierung kann auch als Ursache der Schulverweigerung gesehen werden, wobei sie keineswegs die einzige Ursache ist, denn daneben können auch familiale Problem- und Konfliktlagen dazu führen, dass Schüler dauerhaft der Schule fernbleiben (vgl. Schreiber-Kittl/Schröpfer 2002). Insgesamt ist schulisches Handeln von Jugendlichen in Deutschland sehr stark in organisatorische Rahmungen eingebunden und geht stark mit der Bedrohung von Abstieg und Degradierung einher. Dies wird auch dadurch unterstrichen, dass die hier nicht diskutierten Formen des „Scheiterns auf hohem Niveau" (vgl. Helsper/Hummrich 2005, S. 111), also z.B. das Verfehlen von Abiturnotendurchschnitten oder der Ausstieg aus elitären Schulen, die Degradierungsmöglichkeiten noch einmal vielfältiger werden lassen.

4. Die Bedeutung von Schulklima und Schulkultur für Jugendliche

Auch die Bedeutsamkeit von Schulklima der Schulkultur für die Ausgestaltung von Lernprozessen in der Jugendphase muss im Zusammenhang der institutionellen Rahmungen betrachtet werden. Die Frage, welchen Effekt das *Schul- bzw. Klassenklima* für Jugendliche hat, kann in diesem Zusammenhang nicht eindeutig beantwortet werden: So führen Baumert u. a. (2001) aus, dass das Klassen- oder Schulklima nur einen geringen bis keinen Einfluss auf das Lern- oder Leistungsverhalten von Schüler hat, während etwa Weinert (2001) und Fend (1998) darauf hinweisen, dass die innerschulischen Bedingungen wie Unterrichtsqualität und Lehrerhaltungen von hoher Bedeutsamkeit sind.

Jugendliche sind jedoch nicht nur Objekt der schulischen Funktionalität und ihrer Reproduktionsprozesse, sondern treten auch handelnd in die Schule ein (vgl. Helsper/Böhme 2002, S. 568) und setzen sich mit den idealen Konzepten auseinander, welche die einzelnen Schulen zum Verhältnis von Jugend und Schule entwerfen (vgl. Helsper u. a. 2001). Hiermit sind wir bei einem Konzept von *Schulkultur*, das die Bedeutsamkeit der symbolischen Ordnung für das Verhältnis von Jugend und Schule erfasst und in ihm eine grundlegende Bedingung des Handelns von Jugendlichen innerhalb der Schule sieht. Schulen können dabei nicht als homologe Sinnmuster bezeichnet werden, sondern stellen vielmehr Sinnnetze dar, in denen sich konkurrierende, dominierende und dominierte pädagogische imaginären Sinnentwürfe entfalten (vgl. Helsper 2006, S. 181), die wiederum den schulischen Akteuren Möglichkeitsräume der Partizipation und Selbstverantwortung zugestehen – unabhängig davon, ob eine Schulkultur an einer paternalistischen, autoritären Haltung (vgl. Sennett 1985), an Partizipation und Selbstverantwortlichkeit, an Leistung oder erzieherischen Idealen orientiert ist (vgl. Helsper/Hummrich 2005). Dabei haben die schulischen Milieubezüge eine hohe Bedeutsamkeit innerhalb der dominanten schulkulturellen Entwürfe – auch, was den Zusammenhang von Jugend und Schule anbelangt. Hier können milieubezogene Passungskonstellationen festgestellt werden, in die das einfließt, was in den schulkulturell dominanten Sinnentwürfen an bevorzugten Milieus eingeht (vgl. Helsper 2006). So erscheinen etwa die „schweren Gymnasien" Schülern aus bildungsfernen Milieus eher unbewältigbar, während Schüler aus bildungsprivilegierten Milieus von ihnen angezogen werden (vgl. Bourdieu 2006).

5. Schulisch-pädagogische Arbeitsbündnisse

Bei Betrachtung der konkreten interaktiv ausgestalteten Beziehungen innerhalb der Schule sollen vor allem die professionell pädagogischen Generationsbeziehungen zwischen Lehrer und Schüler im Zentrum stehen. Diese wiederum fassen wir als Arbeitsbündnisse auf, die nicht etwa auf (inhaltlich-)vertraglichen Vereinbarungen zwischen Lehrer und Schüler (vgl. Meyer 2004) basieren, da die Schüler durch die Schule erst zu lebenspraktischer Autonomie gelangen sollen. Vielmehr soll eine strukturelle Bestimmung des Arbeitsbündnisses mit Bezug auf Oevermann (2002, 2008) erfolgen. Eine ganz allgemeine Charakterisierung lässt sich wie folgt skizzieren: Das Arbeitsbündnis ist durch die stellvertretende Krisenbewältigung im Prozess der Entstehung des psychisch Neuen gekennzeichnet. Lehrer handeln als Krisenhelfer bei ontogenetischen Krisen, als Wissens- und Normvermittler und sind durch ihre prophylaktisch-therapeutische Haltung an der Entfaltung lebenspraktischer Autonomie beteiligt, die im Idealfall durch die „kindliche Neugier“ als Voraussetzung der Lernmotivation gespeist wird. Charakteristisch für die sich hier entwickelnde Lehrer-Schülerbeziehung ist die widersprüchliche Einheit diffuser und spezifischer Sozialbeziehungen (vgl. Helsper/Hummrich 2008a). Der Lehrer muss dabei drei Arbeitsbündnisformen einnehmen: „erstens (…) das Arbeitsbündnis mit dem einzelnen Schüler eingebettet in die Vergemeinschaftung der Schulklassenangehörigen“ (Oevermann 2008, S. 76); zweitens das Arbeitsbündnis zwischen Lehrer und Schulklasse und drittens das Arbeitsbündnis mit den Eltern, da es sich bei den Schülern zunächst noch nicht um autonome Lebenspraxen handelt, sondern um solche, die in Abhängigkeit von ihren Familien stehen (ebd.). Diese Formen des Arbeitsbündnisses sollen nun auf der Grundlage empirischer Befunde ausdifferenziert werden.

1. Die dyadischen Arbeitsbündnisse zwischen Lehrer und Schüler können sich in unterschiedlichen Strukturvarianten darstellen. Dabei kann davon ausgegangen werden, dass Schulen unterschiedliche idealtypische Arbeitsbündnisse formulieren und die konkret vorfindbaren Arbeitsbündnisse dazu in je spezifischen Passungskonstellationen stehen. Die Varianz dessen, was Schulen als idealtypische dyadische Arbeitsbündnisse zugrunde legen, reicht von Beziehungskonstellationen, die vor allem sachorientiert sind (z. B. in exklusiven gymnasialen Schulkulturen) über schwächer werdende Sachorientierungen bis hin zu vor allem beziehungsorientierten Konstellationen (z. B. in reformpädagogischen Schulen), in denen die Sachorientierung durch die Beziehung erfolgt (vgl. Helsper u. a. 2009, Hummrich/Helsper/Graßhoff 2007). Hier seien exemplarisch einige Strukturvarianten benannt: In besonders „exklusiven Lehrer-Schüler-Konstellationen“, in denen die Bildungs- und Leistungsambitionen des Schülers in Richtung einer jugendlichen „Lebensform Schüler“ verweisen, sind in der spezifischen Ausgestaltung des Arbeitsbünd-

nisses wechselseitige Bestätigungen angelegt, die etwa dem Lehrer einen Erhalt der Unterrichtsordnung gewährleisten und dem Schüler Individuationsgewinne durch schulisches Engagement versprechen (vgl. ebd., Helsper 2009, Helsper u. a. 2009, Hummrich 2008). Konterkariert werden solche exklusiven Arbeitsbündnisse hingegen durch Konstellationen, in denen Entgrenzungen das Arbeitsbündnis dominieren (vgl. Wernet 2003, Helsper u. a. 2009), etwa weil Lehrer ihre Selbstproblematiken kompensieren oder weil die Beziehungen konflikthaft aufgeladen sind (vgl. Sandring 2006). Auch Arbeitsbündnisse, die in den Sachbezügen leerlaufen, weil die Beziehungslogik mit ihren emotional diffusen Anteilen das Verhältnis dominiert, stehen in Widerspruch zu den oben genannten exklusiven Beziehungen (vgl. Helsper u. a. 2009).

2. Die dyadischen Arbeitsbündnisse sind eingebettet in die Klassengemeinschaft und müssen an diese zurückgebunden werden (vgl. Helsper/Hummrich 2008a), um nicht für Entgrenzungen anfällig zu werden. Das bedeutet, es muss – ausgehend von den Spezifizierungen in den dyadischen Arbeitsbündnissen – eine Reuniversalisierung stattfinden, in denen die universalistischen Bezüge zur Klasse wiederhergestellt werden (a. a. O., S. 60) und Prinzipien der Gleichbehandlung genüge getan wird. In der Rekonstruktion unterschiedlicher Arbeitsbündnisstrukturen (vgl. Helsper u. a. 2007, Helsper u. a. 2009) wird zugleich deutlich, dass dabei auch die Zusammensetzung der Schulklasse von zentraler Bedeutung ist und die Peerkonstellationen eine Rolle spielt. Dies zeigt bereits Willis (1979) in seiner Studie „Spaß am Widerstand", in der er ausführt, wie sich die Jungen, die zu den „lads" gehören, wechselseitig in ihrer widerständigen Haltung bestärken und in welchem Verhältnis ihr Verhalten zur Schulklasse steht. Die Einbettung der Arbeitsbündnisse in den Peerzusammenhang impliziert damit nicht nur den Anspruch der Gleichbehandlung, sondern auch den der Differenzierung: je nach Peermilieus, die in der Klasse repräsentiert sind, gibt es beispielsweise eine breitere oder weniger breite Akzeptanz von jenen dyadischen Arbeitsbündnissen, die als „exklusive Lehrer-Schüler-Dyade bezeichnet" wurde. Die hier angesprochene Reuniversalisierung bedarf also zugleich einer doppelten Respezifizierung: einerseits der Einbeziehung der unterschiedlichen Peermilieus sowie der unterschiedlichen psychosozialen Befindlichkeiten der Jugendlichen; andererseits der Ermöglichung von Besonderung in je einzelnen dyadischen Arbeitsbündnissen (vgl. Helsper/Hummrich 2008a, S. 61 f.).

3. In den dyadischen und den Klassenarbeitsbündnissen muss darüber hinaus die Bedeutung der familialen Herkunftsmilieus berücksichtigt werden. Oevermann (2008, S. 76) merkt diesbezüglich an, dass das Arbeitsbündnis mit der Familie eine „Dunkelzone in der pädagogischen Praxis" sei, doch auch hierzu vorfindbare Studien sind noch rar. Zwar liegen einige Befunde

zur Bedeutung der elterlichen Bildungsaspirationen und der Haltungen zu schulischem Lernen vor, die die unterstützenden Potenziale schulaffiner Eltern und die Problematik der Schuldistanz kennzeichnen (vgl. Busse/Helsper 2004), aber Befunde zur direkten Lehrer-Eltern-Interaktion stehen noch aus. Dennoch werden über die Konstruktion von „Hausaufgaben" die elterlichen Unterstützungsleistungen zu einem wichtigen Bestandteil der „Schularbeit" (ebd.). Qualitative Studien zeigen nun, dass der familiale Erfahrungshintergrund und die Schülerbiographie eng miteinander verwoben sind (vgl. Kramer 2002, Hummrich 2002, Wiezorek 2005; Nittel 1992) und dass die familialen Strukturen eine grundlegende Bedingung dafür sind, wie Schüler auf die Schulkultur insgesamt, aber auch auf die Lehrer-Schüler-Interaktion treffen (vgl. Helsper u. a. 2009). Mit Bezug auf den ersten Punkt kann gezeigt werden, dass etwa in exklusiven Lehrer-Schüler-Beziehungen familiale Paradoxien bearbeitet werden können (vgl. auch Helsper/Hummrich 2008a) oder dass schulische Anerkennungs- und Passungsprobleme dort entstehen können, wo die familialen Erziehungshaltungen schulisch abgewehrt werden (vgl. Helsper u. a. 2009, Kramer 2002, Hummrich 2002). Insgesamt kann damit gefolgert werden, dass die schulischen Chancen deutlich steigen, wenn schulhomologe Passungskonstellationen ausgeformt werden können (vgl. Helsper/Hummrich 2008b). Die tatsächlichen interaktiv ausgeformten Kontakte zwischen Lehrer und Eltern finden wir meist nur in Form institutioneller Arrangements wie Elternabend oder -sprechtag. Längere Beratungsgespräche sind hingegen eher selten und die Akzeptanz der Elternpartizipation durch Lehrer eher gering (vgl. IFS 2002, S. 44). Doch darf hierbei nicht übersehen werden, dass die mancherorts kritisierte mangelnde Kontaktdichte auch Vorteile gerade für solche Schüler implizieren kann, die Schule als Individuationsraum nutzen, um sich vom Elterhaus zu distanzieren.

6. Die Bedeutung der Schule für das Selbstkonzept und die Individuation Jugendlicher

Die Bedeutung der Schule für die Entwicklung des jugendlichen Selbst nehmen pädagogisch-psychologische Studien in den Blick. Diese zeigen, dass im Laufe der Schulzeit die Einflussnahme der Leistungsbewertung auf die Selbsteinschätzung der Kompetenzen eine zunehmende Bedeutung hat (vgl. Helmke 1998) und dass unter Bedingungen der Leistungskontrolle und des Leistungsdrucks auch Leistungsangst entstehen kann, die nicht nur Jugendliche mit schwachen, sondern auch solche mit guten Leistungen betrifft (vgl. Fend 1997, Helmke 1983). Das Selbstwertgefühl ist jedoch mit steigendem Alter zunehmend unabhängig von schulischen Bewertungen (Fend 1997) und die subjektive Relevanz der Schule kann mit zunehmendem Alter verringert werden. Dies kann darin begründet liegen, dass die Bedeutsamkeit kompensatorischer Peerbezüge gesteigert wird (vgl. Fend 1997, 2000) oder eine zunehmende Bezugnahme auf „Eigenwelten“ erfolgt, etwa in Form von medialen und jugendkulturellen Sinnbezügen (vgl. Helsper/Böhme 2002) oder als Rückzug von schulischen Ordnungen, die Lernen praktisch unmöglich machen (vgl. Ziehe 2005). Die Haltungen Jugendlicher gegenüber der Schule formen sich also ambivalent aus – zwischen Identifikation und Abwehr der schulischen Leistungsorientierung (vgl. auch Parsons 1997).

Die Frage nach der Ermöglichung von Individuation durch Schule ist nimmt die Bedeutsamkeit der Schule für die Transformation der Selbst-, Welt und Sachbezüge (vgl. King/Koller 2006) in den Blick und thematisiert zugleich die Neubalancierung von Verbundenheit und Autonomie stattfindet (vgl. Gerhard 2005, Hofer 2007, Reinders 2008). Autonomie stellt sich dabei unter Bedingungen der radikalisierten Moderne und den mit ihr verbundenen Individuatisierungsschüben (vgl. Beck 1986) als dominantes Narrativ dar (vgl. Reckwitz 2006), das Jugendlichen in Form von Verselbständigungsansprüchen machtvoll gegenübertritt (vgl. Helsper 1992). Oevermanns (2008) Skepsis gegenüber der Individuationsermöglichung durch Schule aufgrund der professionalitätsverhindernden Schulpflicht, die Schulen als Behörden erscheinen lässt, stehen Annahmen zur „gymnasialen Reflexionskultur“ gegenüber (vgl. Arbeitsgruppe Bildungsbericht 1990, Baumert/Roeder/Watermann 2003), welche Schule als Feld der Individualisierung und Besonderung kennzeichnen (vgl. Krüger/Helsper u. a. 2006). Dabei müssen jedoch die Individuationsräume der Schule zu den familialen (und milieuspezifischen) Ermöglichungsstrukturen ins Verhältnis gesetzt werden (vgl. King 2004). So zeigt sich in der „exklusiven Lehrer-Schüler-Dyade“ typischerweise eine Bearbeitung familialer Individuationsparadoxien, die durch widersprüchliche Bindungsanforderungen und –angeboten in der Familie bedingt sind (vgl. Hummrich 2008, Helsper/Hummrich 2008a, Graßhoff 2008). Bei antagonistischen, sich umkehrenden, den Jugendlichen ausstoßenden oder emotional defizitären familialen Generationsbeziehungen wird hingegen deutlich, dass Individuationsrisiken, die familial erfahren werden, schulisch nur begrenzt kompensiert werden können (vgl. Helsper u. a. 2009).

7. Zusammenfassung und Ausblick

Zusammenfassend betrachtet nimmt Schule im Jugendalter eine besondere Position ein und bestimmt den Alltag Jugendlicher grundlegend. Als Errungenschaft gesellschaftlicher Modernisierung ermöglicht sie eine verlängerte Jugendphase, entlastet die Familie von der Vermittlung von Sachbezügen und ist funktionaler Bestandteil der gesellschaftlichen Integration. Gerade hier ist ihr Stellenwert für Jugendliche jedoch ambivalent einzuordnen und Schule selbst stellt ein ambivalentes Handlungsfeld dar. Dies wurde dargelegt, indem die theoretischen und gesellschaftlich ungleichen Bedingungen des Verhältnisses von Jugend und Schule aufgezeigt, und gleichermaßen auf Schule als Handlungsfeld eingegangen wurde. Der doppelten Aufforderung der Schule, zum einen die Freisetzungspotenziale zu nutzen, zum anderen sich an den leistungsbezogenen Habitus anzupassen, begegnen Jugendliche vor dem Hintergrund unterschiedlicher milieu-, geschlechts- und ethnizitätsspezifischer, aber auch individueller Voraussetzungen, die sich als bildungsförderlich oder als bildungshemmend erweisen können. Die Abkehr von einer deterministischen Sichtweise, die makrostrukurelle Kategorien zur Grundlage der Analyse dieser unterschiedlichen Bedingungsfaktoren macht, ermöglicht hier die Hinwendung zu einer Perspektive, die auch die Wechselwirkungen zwischen Bedingungsfaktoren in den Blick nimmt. In weiterführenden Diskussionen ist nun zu fragen, wo die Möglichkeiten und Grenzen schulischen Handelns liegen und welches die Konsequenzen immer weiter auf den Alltag von Jugendlichen ausgreifender schulischer Konzepte ist. So zeigen etwa Untersuchungen zur Ganztagsschule (vgl. Holtappels/Klieme/Rauschenbach/Stecher 2007), dass vor allem integrative gebundene ganztagsschulische Konzepte in der Lage sind, einen Beitrag zum Abbau sozialer Ungleichheit zu leisten. Dagegen weisen Studien, welche die Individuationschancen und -risiken im Spannungsfeld von Schule-Jugendlichen-Familie betrachten, auf die begrenzten Möglichkeiten der Schule hin, im Fall emotionaler Anerkennungsdefizite kompensatorisch zu wirken (vgl. Helsper u. a. 2009). Gerade zu den Ermöglichungsstrukturen und den Grenzen der Schule im Ausgreifen auf Jugend und in Bezug auf die Lösung jugendlicher Problemlagen bedarf es weiterführender Untersuchungen, welche auch die genetisch-prozesshafte Dimension der Entwicklung in der Adoleszenz in den Blick nehmen.

Literatur

Arbeitsgruppe Bildungsbericht am Max-Planck-Institut für Bildungsforschung, 1990: Das Bildungswesen in der Bundesrepublik Deutschland. Ein Überblick für Eltern, Lehrer und Schüler. Reinbek bei Hamburg: Fischer.

Auernheimer, G., 2003: Schieflagen im Bildungssystem. Die Benachteiligung der Migrantenkinder. Opladen: Leske+Budrich

Baumert, J./Cortina, K./Leschinsky, A., 2003: Grundlegende Entwicklungen und Strukturprobleme im allgemeinbildenden Schulsystem. In: Cortina, K.S./Baumert, J./Leschinsky, A./Meyer, K.U./Trommer, L. (Hrsg.): Das Bildungswesen in der Bundesrepublik Deutschland. Reinbek bei Hamburg: Rowohlt, S. 52–148

Baumert, J./Roeder, P.M./Watermann, R., 2003: Das Gymnasium – Kontinuität im Wandel. In: Cortina, K.S./Baumert, J./Leschinsky, A./Meyer, K.U./Trommer, L. (Hrsg.): Das Bildungswesen in der Bundesrepublik Deutschland: Strukturen und Entwicklungen im Überblick. Reinbek bei Hamburg: Rowohlt

Baumert, J./Watermann, R./Schümer, G., 2003: Disparitäten der Bildungsbeteiligung und des Kompetenzerwerbs. Ein institutionelles und psychologisches Mediationsmodell. In: Zeitschrift für Erziehungswissenschaft, 6. Jg., H. 1, S. 46–72

Baumert, J./Schümer, G., 2001: Familiäre Lebenswelten, Bildungsbeteiligung und Kompetenzerwerb. In: Baumert, Jürgen u.a. (Hrsg.): PISA 2000. Basiskompetenzen von Schülerinnen und Schülern im internationalen Vergleich. Opladen: Leske+Budrich, S. 323–408

Baumert, J./Schümer, G., 2002: Familiäre Lebensverhältnisse, Bildungsbeteiligung und Kompetenzerwerb im nationalen Vergleich. In: Deutsches PISA-Konsortium (Hrsg.): PISA 2000 – Die Länder der Bundesrepublik Deutschland im Vergleich. Opladen: Leske+Budrich, S. 159–203

Baumert, J./Trautwein, U./Artelt, C., 2003: Schulumwelten – institutionelle Bedingungen des Lehrens und Lernens. In: Deutsches PISA-Konsortium (Hrsg.): PISA 2000. Ein differenzierter Blick auf die Länder der Bundesrepublik Deutschland. Opladen: Leske+Budrich, S. 261–333

Baumert, Jürgen/Klieme, Eckhard/Neubrand, Michael/Prenzel, Manfred/Schiefele, Ulrich/Schneider, Wolfgang/Stanat, Petra/Tillmann, Klaus-Jürgen/Weiß, Manfred (Hrsg.), 2001: PISA 2000. Basiskompetenzen von Schülerinnen und Schülern im internationalen Vergleich. Opladen: Leske+Budrich

Beck, U., 1986: Risikogesellschaft. Auf dem Weg in eine andere Moderne. Frankfurt a.M.: Suhrkamp

Becker, R./Lauterbach, W. (Hrsg.), 2004: Bildung als Privileg? Erklärungen und Befunde zu den Ursachen der Bildungsungleichheit. Wiesbaden: VS-Verlag

Bellenberg, G., 1999: Individuelle Schullaufbahnen. Eine empirische Untersuchung über Bildungsverläufe von der Einschulung bis zum Abschluß. Weinheim/München: Juventa

Bois-Reymond, M. du, 1998: Aura und Modernisierung der Schule. In: Keuffer, J./Krüger, H.-H./Reinhardt, S. u.a. (Hrsg.): Schulkultur als Gestaltungsaufgabe. Weinheim: Beltz, S. 326–338

Bourdieu, P., 1999: Die feinen Unterschiede. Frankfurt a.M.: Suhrkamp

Bourdieu, P., 2006: Wie die Kultur zum Bauern kommt. Über Bildung, Schule und Politik. Hamburg: VSA-Verlag

Bourdieu, P. u.a., 1997: Das Elend der Welt. Zeugnisse und Diagnosen alltäglichen Leidens an der Gesellschaft. Konstanz: UVK

Büchner, P./Brake, A., 2006: Bildungsort Familie. Transmission von Bildung und Kultur im Alltag von Mehrgenerationenfamilien. Wiesbaden: VS-Verlag

Breidenstein, G., 2006: Teilnahme am Unterricht. Ethnographische Studien zum Schülerjob. Wiesbaden: VS-Verlag

Breidenstein, G./Meier, M., 2004: „Streber" – Zum Verhältnis von Peerkultur und Schülererfolg. In:. Pädagogische Rundschau, Heft 5, 2004, S. 549–536

Bundesministerium für Bildung, Wissenschaft, Forschung und Technologie/Weißhuhn, G./ Rövekamp, J., 2002: Lebenslagen von Mädchen und Frauen im Zusammenhang mit Bildung und Wissenschaft, Berlin: BMBF Publik

Bundesministerium für Familie, Senioren, Frauen und Jugend (BMFSFJ; Hrsg.), 2000: Familien ausländischer Herkunft in Deutschland. Leistungen – Belastungen – Herausforderungen. Sechster Familienbericht. Berlin

Busse, S./Helsper, W., 2004: Schule und Familie. In: Böhme, J./Helsper, W. (Hrsg.): Handbuch der Schulforschung. Wiesbaden: VS-Verlag, S. 439–464

Deutsche Shell (Hrsg.), 2000: 13. Shell Jugendstudie, Bd. 1 und 2, Opladen: Leske+Budrich

Ditton, H., 1992: Ungleichheit und Mobilität durch Bildung. Weinheim: Juventa

Ditton, H., 2008: Schule und sozial-regionale Ungleichheit. In: Helsper, Werner/Böhme, Jeanette (Hrsg.): Handbuch der Schulforschung. Wiesbaden: VS-Verlag, S. 605–625

Dreeben, R., 1980: Was wir in der Schule lernen. Frankfurt a. M.: Suhrkamp

Dreyfus, H.L./Rabinow, P./Foucault, M., 1987: Jenseits von Strukturalismus und Hermeneutik. Bodenheim: Athenaeum

Dudek, P., 2002: Geschichte der Jugend. In: Krüger, H.-H./Grunert, C. (Hrsg.): Handbuch Kindheits- und Jugendforschung. Opladen: Leske+Budrich, S. 333–350

Ehmke, T./Hohensee, F./Heidemeier, H./Prenzel, M., 2004, Familiäre Lebensverhältnisse, Bildungsbeteiligung und Kompetenzerwerb. In: Prenzel, Manfred/Baumert, Jürgen/Blum, W./Lehmann, R./Leutner, D./Neubrand, M./Pekrun, R./ Rolff, Hans-Günther/Rost, U./Schiefele P.-K. (Hrsg.): PISA 2003. Der Bildungsstand der Jugendlichen in Deutschland. Ergebnisse des zweiten internationalen Vergleichs. Münster: Waxmann, S. 225–254

Erdheim, M., 1982: Die gesellschaftliche Produktion von Unbewusstheit. Frankfurt a. M.: Suhrkamp

Faulstich-Wieland, H., 1984: Erfolgreich in der Schule, diskriminiert im Beruf: Geschlechtsspezifische Ungleichheiten bei der Berufseinmündung. In: Rolff, H.G./Hansen, R./Klemm, K./Tillman, K.-J. (Hrsg.): Jahrbuch der Schulentwicklung, Bd. 3. Weinheim/Basel: Juventa, S. 117–144

Faulstich-Wieland, H./Weber, M./Willems, K., 2004: Doing Gender im heutigen Schulalltag. Empirische Studien zur sozialen Konstruktion von Geschlecht in schulischen Interaktionen. Weinheim/München: Juventa

Fend, H., 1981: Theorie der Schule, 2. Auflage. Weinheim: Beltz

Fend, H., 1997: Der Umgang mit Schule in der Adoleszenz. Aufbau und Verlust von Lernmotivation, Selbstachtung und Empathie. Entwicklungspsychologie der Adoleszenz in der Moderne. Bd. IV. Bern/Göttingen/Toronto/Seattle: Huber

Fend, H., 1998: Qualität im Bildungswesen. Schulforschung zu Systembedingungen, Schulprofilen und Lehrerleistung. Weinheim/München: Juventa

Fend, H., 2004: Was stimmt mit dem deutschen Bildungssystem nicht? Wege zu Erklärung von Unterschieden in Bildungssystemen. In: Schümer, G./Tillmann, K.-J./Weiß, M. (Hrsg.): Die Institution Schule und die Lebenswelt der Schüler. Vertiefende Analysen der PISA-2000-Daten zum Kontext von Schülerleistungen. Wiesbanden: VS-Verlag, S. 15–38

Fend, H./Knörzer, W./Nagl, W., 1976: Sozialisationseffekte der Schule. Weinheim/Basel: Beltz

Gerhard, A.-K., 2005: Autonomie und Nähe. Individuationsentwicklung Jugendlicher im Spiegel familiärer Interaktion. Weinheim/München: Juventa

Gille, M./Sardei-Biermann, S./Gauser, W./de Rijke, J., 2006: Jugendliche und junge Erwachsene in Deutschland. Lebensverhältnisse, Werte und gesellschaftliche Beteiligung 12- bis 29-Jähriger. Schriften des Deutschen Jugendinstituts: Jugendsurvey 3. Wiesbaden: VS-Verlag

Gogolin, I., 2005: Kinder und Jugendliche mit Migrationshintergrund: Herausforderungen für Schule und außerschulische Bildungsinstanzen. In: Sachverständigenkommission Zwölfter Kinder- und Jugendbericht (Hrsg.): Materialien zum Zwölften Kinder- und Jugendbericht, Band 3: Kompetenzerwerb von Kindern und Jugendlichen im Schulalter. München: Verlag Deutsches Jugendinstitut, S. 301–388

Gogolin, I./Neumann, U./Roth, H.-J., 2003: Förderung von Kindern und Jugendlichen mit Migrationshintergrund. Expertise für die Bund-Länder-Kommission für Bildungsplanung und Forschungsförderung. BLK-Materialien zur Bildungsplanung und Forschungsförderung, Heft 107

Gomolla, M./Radtke, F.-O., 2002: Institutionelle Diskriminierung. Die Herstellung ethnischer Differenz in der Schule. Opladen: Leske+Budrich

Hamburger, F., 1999: Modernisierung, Migration und Ethnisierung. In: Gemende, M./Schröer, W./Sting, S. (Hrsg.): Zwischen den Kulturen. Pädagogische und sozialpädagogische Zugänge zur Interkulturalität. Weinheim/München: Juventa, S. 37–53

Hamburger, F./Hummrich, M., 2007: Familie und Migration. In: Ecarius, J. (Hrsg.): Handbuch Familienforschung. Wiesbaden: VS-Verlag, S. 112–136

Hansen, R./Rolff, H.-G., 1990: Abgeschwächte Auslese und verschärfter Wettbewerb – Neuere Entwicklungen in den Sekundarschulen. In: Rolff, H.-G./Bauer, K.-O./Klemm, K./Pfeiffer, H. (Hrsg.): Jahrbuch für Schulentwicklung, Bd. 6. Weinheim/München: Juventa, S. 45–79

Heitmeyer, W./Olk, T. (Hrsg.), 1991: Individualisierung von Jugend. Weinheim/München: Juventa

Helmke, Andreas, 1983: Prüfungsangst. Ein Überblick über neuere theoretische Entwicklungen und empirische Ergebnisse. In: Psychologische Rundschau 34, 4, S. 193–211

Helmke, Andreas, 1998: Vom Optimisten zum Realisten? Zur Entwicklung des Fähigkeitsselbstkonzeptes vom Kindergarten bis zur 6. Klassenstufe. In: Weinert, Franz. E. (Hrsg.): Entwicklung im Kindesalter. Weinheim: Beltz, S. 115–133

Helsper, W., 1992: Individualisierung, Individuation, Idealtität: Zur Rekonstruktion einer Fallstruktur „fiktionaler Individuierung" in Mädchenbiographien. In: Jahrbuch für psychoanalytische Pädagogik 4, Mainz: Mathias-Grünewald-Verlag, S. 104–136

Helsper, W., 2006: Elite und Bildung im Schulsystem – Schulen als Institutionen-Milieu-Komplexe in der ausdifferenzierten höheren Bildungslandschaft. In: Ecarius, J./Wigger, L. (Hrsg.): Elitebildung – Bildungselite. Opladen: Budrich, S. 162–186

Helsper, W./Böhme, J., 2002: Jugend und Schule. In: Krüger, H.-H./Grunert, C. (Hrsg.): Handbuch Kindheits- und Jugendforschung. Opladen: Leske+Budrich, S. 567–596

Helsper, W./Böhme, J./Kramer, R.-T./Lingkost, A., 2001: Schulkultur und Schulmythos. Rekonstruktionen zur Schulkultur I. Opladen: Leske+Budrich

Helsper, W./Busse, S./Hummrich, M./Kramer, R.-T., 2008: Zur Bedeutung der Schule für Jugendliche – Ambivalenzen zwischen Schule als Lebensform und Schuldistanz. In: Bingel, G./Nordmann, A./Münchmeier, R.: Die Gesellschaft und ihre Jugend. Strukturbedingungen jugendlicher Lebenslagen. Opladen: Budrich, S. 189–210

Helsper, H./Hummrich, M., 2005: Erfolg und Scheitern in der Schulkarriere. Ausmaß, Erklärungen, biografische Auswirkungen und Reformvorschläge. In: Sachverständigenkommission Zwölfter Kinder- und Jugendbericht (Hrsg.): Materialen zum Zwölften Kinder- und Jugendbericht, Band 3: Kompetenzerwerb von Kindern und Jugendlichen im Schulalter. München: Verlag Deutsches Jugendinstitut, S. 95–174

Helsper, W./Hummrich, M., 2008a: Arbeitsbündnis, Schulkultur und Milieu. Reflexionen zu Grundlagen schulischer Bildungsprozesse. In: Breidenstein, G./Schütze, F. (Hrsg.): Paradoxien in der Reform der Schule. Ergebnisse qualitativer Sozialforschung. Wiesbaden: VS-Verlag, S. 43–72

Helsper, W:/Hummrich, M., 2008b: Familien. In: Coelen, T./Otto, H.-U. (Hrsg.): Grundbegriffe Ganztagsbildung. Das Handbuch. Wiesbaden: VS-Verlag, S. 371–381

Helsper, W./Kramer, R.-T./Hummrich, M./Busse, S., 2009: Jugend zwischen Familie und Schule. Eine Studie zu pädagogischen Generationsbeziehungen. Wiesbaden: VS-Verlag

Helsper, W./Krüger, H.-H./Fritzsche, S./Sandring, S./Wiezorek, C./Böhm-Kasper, O./ Pfaff, N., 2006: Unpolitische Jugend? Eine Studie zum Verhältnis von Schule, Anerkennung und Politik. Wiesbaden: VS-Verlag

Helsper, W./Ullrich, H./Stelmaszyk, B./Graßhoff, G./Höblich, D./Jung, D., 2007: Autorität und Schule. Die empirische Rekonstruktion der Klassenlehrer-Schüler-Beziehung an Waldorfschulen. Wiesbaden: VS-Verlag

Hofer, M., 2006: Wie Jugendliche und Eltern ihre Beziehung verändern. In: Ittel, A./Merkens, H. (Hrsg.): Interdisziplinäre Jugendforschung: Jugendliche zwischen Familie, Freunden und Feinden. Wiesbaden: VS-Verlag, S. 9–27

Holtappels, H.G./Klieme, E./Rauschenbach, T./Stecher, L. (Hrsg.), 2007: Ganztagsschulen in Deutschland. Ergebnisse der Ausgangserhebung der »Studie zur Entwicklung von Ganztagsschulen« (StEG). Weinheim/München: Juventa

Hummrich, M., 2002: Bildungserfolg und Migration. Biografien junger Frauen in der Einwanderungsgesellschaft. Opladen: Leske+Budrich

Hummrich, M., 2006: Fremdheit als konstitutives Moment der Migrationsforschung. In: Badawia, T./Luckas, H./Müller, H. (Hrsg.): Das Soziale gestalten. Über Mögliches und Unmögliches der Sozialpädagogik. Wiesbaden: VS-Verlag, S. 295–310

Hummrich, M., 2008: Die Öffnung der Schule durch soziale Schließung – zum Zusammenhang von generationaler Ordnung und Lernen. In: Breidenstein, G./Schütze, F. (Hrsg.): Paradoxien in der Reform der Schule. Ergebnisse qualitativer Sozialforschung. Wiesbaden: VS-Verlag, S. 297–312

Hummrich, M./Helsper, W./Graßhoff, G., 2007: Möglichkeiten einer empirischen Ausdifferenzierung (reform) pädagogischer Beziehungen. In: Graßhoff, G./Höblich, D./Idel, T.-S./Kunze, K./Stelmaszyk, B. (Hrsg.): Reformpädagogik trifft Erziehungswissenschaft. Mainz: Logophon, S. 211–242

Huschke-Rhein, R., 1999: Lernen, Leben, Überleben. Die Schule als 'Lernsystem' und das 'Lernen fürs Leben' aus der Perspektive systemisch-konstruktivistischer Lernkonzepte. In: Voß, R. (Hrsg.): Die Schule neu erfinden. Neuwied u. a.: Luchterhand, S. 33–55

Hurrelmann, K./Neubauer, G., 1986: Sozialisationstheoretische Subjektmodelle in der Jugendforschung. In: Heitmeyer, W. (Hrsg.): Interdisziplinäre Jugendforschung. Fragestellungen, Problemlagen, Neuorientierungen. Weinheim/München: Juventa, S. 157–173

Institut für Schulentwicklungsforschung (IFS), 2002: IFS-Umfrage: Die Schule im Spiegel der öffentlichen Meinung – Ergebnisse der 12. IFS-Repräsentativbefragung der bundesdeutschen Bevölkerung. In: Rolff, H.-G./Holtappels, H.G./Klemm, K./Pfeiffer, H./ Schulz-Zander, R. (Hrsg.): Jahrbuch der Schulentwicklung. Band 12. Weinheim/München: Juventa, S. 13–51

Jugendwerk der Deutschen Shell (Hrsg.), 1985: Jugendliche und Erwachsene 1985. Generationen im Vergleich Opladen: Leske+Budrich

Karakaşoğlu-Aydın, Y., 2001: Kinder von Zuwandererfamilien im Bildungssystem. In: Böttcher, Wolfgang/Klemm, Klaus/Rauschenbach, Th. (Hrsg.): Bildung und Soziales in Zahlen. Statistisches Handbuch zu Daten und Trends im Bildungssystem. Weinheim/ München: Juventa, S. 273–313

King, V., 2004: Die Entstehung des Neuen in der Adoleszenz. Adoleszenz, Individuation, Generativität und Geschlecht. Wiesbaden: VS-Verlag

King, V., 2006: Ungleiche Karrieren. Bildungsaufstieg und Adoleszenzverläufe bei jungen Männern und Frauen aus Migrantenfamilien. In: King, V./Koller, H.-C. (Hrsg.): Adoleszenz – Migration – Bildung. Bildungsprozesse Jugendlicher und junger Erwachsener mit Migrationshintergrund. Wiesbaden: VS-Verlag, S. 27–46

King, V./Koller, H.-C., 2006: Adoleszenz als Möglichkeitsraum für Bildungsprozesse unter Migrationsbedingungen. Eine Einführung. In: King, V./Koller, H.-C. (Hrsg.): Adoleszenz – Migration – Bildung. Bildungsprozesse Jugendlicher und junger Erwachsener mit Migrationshintergrund. Wiesbaden: VS-Verlag, S. 9–26

Köhler, Helmut, 1992: Bildungsbeteiligung und Sozialstruktur in der Bundesrepublik. Zu Stabilität und Wandel der Ungleichheit von Bildungschancen. Berlin

Kramer, R.-T., 2002: Schulkultur und Schülerbiographien. Das „schulbiographische Passungsverhältnis". Rekonstruktionen zur Schulkultur II. Opladen: Leske+Budrich

Krohne, J. A./Meier, U., 2004: Sitzenbleiben, Geschlecht und Migration. In: Schümer, G./Tillmann, K.-J./Weiß, M. (Hrsg.): Die Institution Schule und die Lebenswelt der Schüler. Vertiefende Analysen der PISA 2000-Daten zum Kontext von Schülerleistungen. Wiesbaden: VS-Verlag, S. 117–147

Krüger, H., 1996: Die andere Bildungssegmentation. Berufssystem und soziale Ungleichheit zwischen den Geschlechtern am Beispiel der Umstrukturierung in Pflegeberufen. In: Heinz, W. R./Bolder, A./Heid, H./Rodax, K. (Hrsg.): Jahrbuch Bildung und Arbeit '96. Die Wiederentdeckung der Ungleichheit. Opladen: Leske+Budrich, S. 252–275

Kultusministerkonferenz (KMK), 2003: Bildungsbericht für Deutschland. Erste Befunde. Opladen: Budrich

Lenhardt, G./Stock, M., 1997: Bildung, Bürger, Arbeitskraft. Schulentwicklung und Sozialstruktur in der BRD und der DDR. Frankfurt a.M.: Suhrkamp

Luhmann, N., 2002: Das Erziehungssystem der Gesellschaft. Frankfurt a.M.: Suhrkamp

Luhmann, N./Schorr, K.-E., 1988: Reflexionsprobleme im Erziehungssystem. Frankfurt a.M.: Suhrkamp

Merkens, H./Wessel, A., 2002: Zur Genese von Bildungsentscheidungen. Eine empirische Studie in Berlin und Brandenburg. Hohengehren: Schneider

Meyer, H., 2004: Was ist guter Unterricht? Struktur, Lernzeit, Klima. Berlin: Cornelsen

Oevermann, U., 2002: Professionalisierbarkeit und Professionalisierungsbedürftigkeit pädagogischen Handelns. In: In: Kraul, M./Marotzki, W./Schweppe, C. (Hrsg.): Biographie und Profession. Bad Heilbrunn: Klinkhardt, S. 19–63

Oevermann, U., 2008: Profession contra Organisation? Strukturtheoretische Perspektiven zum Verhältnis von Organisation und Profession in der Schule. In: Helsper, W./Busse, S./Hummrich, M./Kramer, R.-T. (Hrsg.): Pädagogische Professionalität in Organisationen. Neue Verhältnisbestimmungen am Beispiel der Schule. Wiesbaden: VS-Verlag, S. 55–77

Parsons, T., 1981: Sozialstruktur und Persönlichkeit. Frankfurt a.M.: Suhrkamp

Parsons, T., 1997: Die Schulklasse als soziales System. Einige Funktionen in der amerikanischen Gesellschaft. In: Baumgart, F. (Hrsg.): Theorien der Sozialisation. Bad Heilbrunn/Obb.: Klinkhardt, S. 99–116

Pekrun, R., 1983: Schulische Persönlichkeitsentwicklung. Frankfurt a.M./Bern/New York: Lang

Pongratz, L. A., 2004: Freiwillige Selbstkontrolle. Schule zwischen Disziplinar- und Kontrollgesellschaft. In: Ricken, N./Rieger-Ladich, M. (Hrsg.): Michel Foucault – Pädagogische Lektüren. Wiesbaden, S. 243–259

Radtke, F.-O., 2004: Die Illusion der meritokratischen Schule. Lokale Konstellationen der Produktion von Ungleichheit im Erziehungssystem. In: Bade, K.J./Bommes, M. (Hrsg.): Migration – Integration – Bildung. Grundfragen und Problembereiche. IMIS-Beiträge 23, Institut für Migrationsforschung und Interkulturelle Studien (IMIS), Universität Osnabrück, S. 143–178

Reckwitz, A., 2006: Das hybride Subjekt. Eine Theorie der Subjektkulturen von der bürgerlichen Moderne zur Postmoderne. Konstanz

Reich, K., 1997: Systemisch-konstruktivistische Pädagogik: Einführung einer interaktionistisch-konstruktivistischen Pädagogik. Neuwied u. a.: Luchterhand

Reinders, H., 2003: Jugendtypen. Ansätze einer differenziellen Theorie der Adoleszenz. Opladen: Leske+Budrich

Reinders, H., 2008: Individuationsprozesse und interethnische Freundschaften bei Jugendlichen türkischer Herkunft. In: Zeitschrift für Erziehungswissenschaft, H. 2/08, S. 312–327

Reißig, B./Gaupp, N./Tex, L., 2008: Hauptschüler auf dem Weg von der Schule in die Arbeitsweg: Das DJI-Übergangspanel. Wiesbaden: VS-Verlag

Sandring, S., 2006: Die 'schlimmste Klasse' der Schule – Inkonsistente Anerkennungsbeziehungen zwischen Stigmatisierung und pädagogischer Problembearbeitung. In: Helsper, W./Krüger, H.-H. u. a. (Hrsg.): Unpolitische Jugend? Eine Studie zum Verhältnis von Schule, Anerkennung und Politik. Wiesbaden: VS-Verlag, S. 231–258

Schreiber-Kittl, M./Schröpfer, H., 2002: Abgeschrieben? Ergebnisse einer empirischen Untersuchung über Schulverweigerer. Übergänge in Arbeit, Band 2. Wiesbaden: VS-Verlag

Schümer, G., 2004: Zur doppelten Benachteiligung von Schülern aus unterprivilegierten Gesellschaftsschichten im deutschen Schulwesen. In: Schümer, G./Tillmann, K.-J./Weiß, M. (Hrsg.): Die Institution Schule und die Lebenswelt der Schüler. Vertiefende Analysen der PISA-2000-Daten zum Kontext von Schülerleistungen. Wiesbaden: VS-Verlag, S. 73–114

Sennett, R., 1985: Autorität. Frankfurt a. M. Fischer

Solga, H./Wagner, S., 2004: Die Bildungsexpansion und ihre Konsequenzen für das soziale Kapital der Hauptschule. In: Engler, S./Krais, B. (Hrsg.): Das kulturelle Kapital und die Macht der Klassenstrukturen. Weinheim: Juventa, S. 97–114

Solga, H., 2005: Ohne Abschluss in die Bildungsgesellschaft. Die Erwerbschancen gering qualifizierter Personen aus soziologischer und ökonomischer Perspektive, Opladen: Budrich

Stanat, P./Kunter, M., 2001: Geschlechterunterschiede in Basiskompetenzen. In: Deutsches PISA-Konsortium (Hrsg.): PISA 2000. Basiskompetenzen von Schülerinnen und Schülern im internationalen Vergleich. Opladen: Leske+Budrich, S. 251–270

Stanat, P./Kunter, M., 2003: Kompetenzerwerb, Bildungsbeteiligung und Schullaufbahn von Mädchen und Jungen im Ländervergleich. In: Deutsches PISA-Konsortium (Hrsg.): PISA 2000. Ein differenzierter Blick auf die Länder der Bundesrepublik Deutschland. Opladen: Leske+Budrich, S. 211–243

Tillmann, K./Meier, U., 2001: Schule, Familie und Freunde – Erfahrungen von Schülerinnen und Schülern in Deutschland. In: Baumert, J./Klieme, E./Neubrand, M./Prenzel, M./Schiefele, U./Schneider, W./Stanat, P./Tillmann, K.-J./Weiß, M. (Hrsg.): PISA 2000. Basiskompetenzen von Schülerinnen und Schülern im internationalen Vergleich. Opladen: Leske+Budrich, S. 468–511

Wagner-Winterhager, L., 1990: Jugendliche Ablösungsprozesse im Wandel des Generationsverhältnisses. Auswirkungen auf die Schule. In: Die Deutsche Schule 82, H. 4, S. 452–465

Weinert, Franz E., 2001: Schulleistungen – Leistungen der Schule oder der Schüler. In: Weinert, Franz E. (Hrsg.): Leistungsmessungen in Schulen. Weinheim: Beltz

Wellendorf, F., 1973: Schulische Sozialisation und Identität. Weinheim/Basel: Beltz

Wernet, A., 2003: Pädagogische Permissivität. Schulische Sozialisation und pädagogisches Handeln jenseits der Professionalisierungsfrage. Opladen: Leske+Budrich

Wiezorek, C., 2005: Schule, Biographie und Anerkennung. Eine fallbezogene Diskussion der Schule als Sozialisationsinstanz. Wiesbaden: VS-Verlag

Willis, P., 1979: Spaß am Widerstand. Gegenkultur in der Arbeiterschule. Bodenheim: Althenaeum Verlag

Winterhager-Schmid, L. (Hrsg.) 2000: Erfahrung mit Generationendifferenz. Weinheim: Beltz

Ziehe, T., 1996: Vom Preis des selbstbezüglichen Wissens. In: Combe, A./Helsper, W. (Hrsg.): Pädagogische Professionalität. Frankfurt a.M.: Suhrkamp, S. 924–943

Zinnecker, J. 1978: Emanzipation der Frau und Schulausbildung. Zur schulischen Sozialisation und gesellschaftlichen Position der Frau. Weinheim: Beltz

Zinnecker, J., 1987: Jugendkultur 1940–1985. Opladen: Leske+Budrich

ANDREAS OEHME

Jugend im Übergang in Arbeit

Die Lebensphase Jugend wird seit den letzten Jahrzehnten zunehmend durch den Übergang in Arbeit geprägt. Der Erwerb von Bildungszertifikaten und die Platzierung am Arbeitsmarkt dominieren mehr und mehr die Zeit von den letzten Schuljahren an bis in das Alter von 30 Jahren und darüber. Was einmal in den geregelten Bahnen des Bildungs- und Ausbildungssystems in enger Verzahnung mit dem Beschäftigungssystem ablief, ist heute zu einer biographischen Aufgabe jedes und jeder Einzelnen geworden, die oft viele Jahre in Anspruch nimmt und die zeitlich und im Ergebnis offen ist. Die Phase des Jugendalters ist inzwischen vorrangig zu einer Phase des Übergangs geworden.

Die Diskussionen diesbezüglich sind überwiegend an Problemen orientiert, die an bestimmten „Problemgruppen" festgemacht werden. Den Hintergrund dafür bildet die Vorstellung, dass es nach wie vor eine gesellschaftlich normale und institutionell geregelte Form der Übergänge wie auch der Erwerbsarbeit (als deren Ziel) gäbe, mit der nur einige Problemgruppen nicht zurecht kommen. Diese Sichtweise verkennt allerdings, dass sich die Struktur der Übergänge insgesamt gewandelt hat. Das lässt sich sowohl in Bezug auf die Übergangsverläufe (Abschnitt 1) als auch in Bezug auf die Übergangsstrukturen (Abschnitt 2) zeigen. Dies ist entscheidend für die professionelle Ausgestaltung von Bildung- und Unterstützungsstrukturen, die derzeit insbesondere unter den Begriffen Übergangsmanagement und Berufsorientierung thematisiert wird. Eine auf Problemgruppen und deren Defizite ausgerichtete Politik bringt nicht nur eine verstärkte Stigmatisierung von Jugendlichen mit sich, sondern mündet heute in eine verschärfte Kontrolle und Selektion (Abschnitt 3). Eine Bewältigung der Übergangsproblematik sowohl auf individueller als auch auf gesellschaftlicher Ebene wird dem gegenüber nur mit einer professionellen Praxis möglich, die die arbeitsgesellschaftliche Dimension ihres Handelns reflektiert und Angebote schafft, die nicht stigmatisieren, selektieren und so soziale Benachteiligungen reproduzieren (Abschnitt 4).

1. Jugend im Übergang

Wie sehr sich die „Wege" bzw. Übergänge der Jugendlichen in Arbeit in den letzten Jahrzehnten verändert haben, zeigt ein Blick auf die „Idee", die diesbezüglich in dem gesellschaftlichen Modell von Jugend steckte. Jugend als eigene Lebensphase entstand mit dem Industriekapitalismus und seiner sozialen Arbeitsteilung (vgl. Böhnisch 2008). Sie hatte im Wesentlichen den Zweck, Jugendliche auf die spätere Phase der Erwerbsarbeit im Erwachsenenalter vorzubereiten, indem sie sie gerade von ihr fern hielt. In dem pädagogischen Schonraum Jugend bzw. dem „Jugendmoratorium" (vgl. Zinnecker 1991) sollten die Jugendlichen die entsprechenden Fähigkeiten und Kräfte entwickeln, die sie später für ihr (bzw. das ihnen zugedachte) Leben in der Erwerbsarbeitsgesellschaft benötigten. Jugendlichen sollten die Anforderungen und Härten der Arbeitsgesellschaft nicht bzw. nicht direkt, sondern pädagogisch aufbereitet und gefiltert vermittelt werden, um sie durch Bildung und Ausbildung (verbunden mit entsprechenden Sozialisationsprozessen) auf sie vorzubereiten. Insofern war die Jugendphase auch fester Bestandteil einer sozialstaatlich abgesicherten, in institutionelle Statuspassagen gegliederten Normalbiographie, die den Weg der Menschen „von der Wiege bis zur Bahre" rahmte.

Zu diesem Konzept von Jugend gehört das entsprechende System von Bildungs- und Ausbildungseinrichtungen, das darauf ausgelegt ist, die Heranwachsenden innerhalb bestimmter Bildungs- und Ausbildungsstränge (wie z. B. über das dreigliedrige Schulsystem oder die Unterscheidung zwischen betrieblicher Ausbildung, Fachschulen und Hochschulen usw.) möglichst homogen zu sozialisieren. Das Bildungs- und Ausbildungssystem in Verzahnung mit dem Beschäftigungssystem strukturierte die Wege der Jugendlichen in Beruf und Arbeit ähnlich einem Schienensystem, das aus aneinander gereihten institutionellen „Stationen", so genannten Statuspassagen bestand. Von einer Statuspassage zur nächsten, etwa von der Schule in die Berufsausbildung und von da in Arbeit, vollzog sich die Entwicklung vom Jugendlichen zum Erwachsenen. Lernen und Arbeiten musste sich also einerseits in der Regel in die Bildungsinstitutionen einpassen, um eine arbeitsgesellschaftliche Integration zu vollziehen, konnte dies andererseits jedoch – bei Einhaltung der „Spielregeln" durch die Jugendlichen – im Allgemeinen auch. Das System der Abfolge von Statuspassagen erhielt im Wesentlichen dadurch Sinn, dass der Zielpunkt Erwerbsarbeit und damit eine eigene Existenz, der Erwachsenenstatus, gesellschaftliche Integration und Anerkennung tatsächlich auch erreichbar waren.

An diesen Modellen von Übergängen in Arbeit orientieren sich zwar heute noch mehr oder weniger – oft auch nur implizit – viele Bildungseinrichtungen, Professionelle, Politik, Bundesagentur für Arbeit (BA) und die Menschen selbst, aber die Realität entfernt sich davon mehr und mehr. In Folge des strukturellen Wandels der Arbeitsgesellschaft können die verschiedenen Institutionen wie Schule, berufliche Ausbildung und Erwerbsarbeitsverhältnis die Integration in die Arbeitsgesellschaft nicht mehr in dem Maße gewährleisten, für die sie in der Nachkriegsphase konzipiert waren. Sowohl die Anschlüsse dieser Institutionen untereinander als auch ihre Fähigkeit, grundsätzlich alle Menschen gesellschaftlich zu integrieren, sind heute problematischer geworden. Die „Schienenstränge" sind oftmals brüchig und bilden in der Praxis eher ein Gleiswirrwarr als ein transparentes System, auch wenn es von den Bildungsplanern anders „gedacht" ist. Die Anschlüsse von einer Institution zur nächsten bis in die Erwerbsarbeit sind brüchig und fragil und deshalb oft von Unsicherheiten und entsprechenden Ängsten geprägt, wie die letzten Jugendstudien immer wieder bestätigt haben (vgl. Münchmeier 2008). Selbst zunächst „erfolgreich" aussehende Werdegänge können sich heute plötzlich zur Sackgasse verwandeln, etwa wenn Firmen im Zuge neuer Managementstrategien neu profiliert und umstrukturiert werden, wenn sie zur Erhöhung der Produktivität Entlassungen vornehmen, pleite gehen oder ihre Produktion verlagern und kein vergleichbarer Ersatz an Arbeitsstellen bleibt (vgl. Bude 2008).

Biographisierte Übergänge

Im Zuge dieser Phänomene hat sich zumindest in der Forschung allmählich eine biographisch orientierte Perspektive auf Übergänge etabliert (vgl. z. B. Stauber u. a. 2007). Hier liegt das Augenmerk weniger auf den institutionellen Statuspassagen als auf den Übergangsphasen als Teil der individuellen Biographien insgesamt. Die Übergänge in Arbeit lassen sich so aus dem (subjektiven) Blickwinkel der Jugendlichen beleuchten. Damit wird analytisch zugänglich, dass sich die Übergänge „biographisiert" haben, d. h. dass sie mehr an individuelle biographische Verläufe als an standardisierte und institutionalisierte Gleise geknüpft sind. Zudem lässt sich in dieser Perspektive zeigen, wie sich die Herausforderungen des Übergangs im Alltag der Jugendlichen darstellen und mit welchen Handlungsstrategien sie diese bewältigen.

Von Übergängen wird heute allerdings meist auch dann gesprochen, wenn es in Wirklichkeit um Statuspassagen geht. Übergänge werden dabei auf Anschlüsse zwischen den verschiedenen Institutionen verkürzt: Die Frage ist dann wieder, wie der „schwierige" Anschluss von einer Institution (etwa der Schule, der Lehre oder einer arbeitsmarktpolitischen Maßnahme) zur nächsten hergestellt werden kann. Dabei erscheint die jeweilige Statuspassage als „rettender Anker", von dem man stillschweigend annimmt, dass er ein weiterer Schritt zur endgültigen Integration in Erwerbsarbeit und Gesellschaft sei. Genau dies wird aber durch die empirisch erfahrbare Realität in Übergängen immer wieder in Frage gestellt.

Im Gegensatz zu diesem verkürzten Verständnis kann der biographisch orientierte Blick auf Übergänge aufzeigen, wie grundlegend sich mit dem Strukturwandel der Arbeitsgesellschaft die Wege in Arbeit verändern. Die Übergänge biographisieren sich immer mehr; sie folgen einer eigenen Logik, nämlich der der individuellen Biographie (vgl. Alheit 2002, 2003; Nohl 2006). Der „rote Faden" eines Überganges aus der individuellen Perspektive ist also immer seltener die logische Abfolge verschiedener Bildungsinstitutionen, die nur an wenigen Stellen „Weichenentscheidungen" zulassen bzw. erfordern. Er besteht eher aus einer Abfolge von verschiedenen – formellen wie informellen – Lernprozessen, die im

Rahmen verschiedener biographisch erreichbarer Lern- oder auch Vermittlungskontexte (im Sinne von Vermittlung von Zugängen zu Bildung und Arbeit usw.) ablaufen. Welche Kontexte erreichbar sind, hängt von vielen Faktoren ab, ganz besonders aber vom sozioökonomischen Status. Generell beinhaltet aber der Übergang in Arbeit heute nicht nur Qualifizierungsprozesse im Rahmen institutioneller Curricula, sondern oft auch mehrere Orientierungs- und Umorientierungsphasen (wie Aupair- und Studienaufenthalte, FSJ und ÖSJ usw.), entscheidende Lernerfahrungen an nonformalen und informellen Lernorten (wie Jugendverbänden, Vereinen oder Jugendclubs, Theatergruppen, kirchliche Kontexte, in familiären Settings, Peerkontexten usw.), Zeiten von Arbeitslosigkeit, Beschäftigungs- und Qualifikationsmaßnahmen usw. In all diesen Kontexten können für den Übergang bedeutsame Erfahrungen und Lernprozesse ebenso verortet sein wie soziale Bezüge, Netzwerke usw., die für den weiteren Verlauf wichtig werden. Welche Bedeutung sie tatsächlich für einen Jugendlichen im Übergang haben, das lässt sich kaum noch „objektiv", d. h. allein mit Blick auf den Kontext sagen. Es hängt vor allem davon ab, wie er sich zum „roten Faden" des biographischen Übergangs in Beziehung setzt, welche Anknüpfungspunkte an frühere Lernerfahrungen er bietet, welche Perspektiven er subjektiv eröffnet und wie sie bewertet werden, welche Motivationen er wecken kann, was er verspricht und was nicht.

Die Wichtigkeit der Lernprozesse außerhalb von Institutionen ist vor allem in der Debatte um das informelle Lernen herausgearbeitet worden (vgl. z. B. Rauschenbach u. a. 2006, Otto/Rauschenbach 2004, Hungerland/Overwien 2004). Wenn die Biografien der Menschen zur zentralen Bildungsachse werden, sind Bildungsprozesse nicht mehr so eindeutig den Bildungseinrichtungen zuzuordnen. Es werden Lernprozesse bedeutsam, die nicht Teil eines institutionellen Curriculums sind. In der Diskussion wurde das informelle Lernen allerdings eher selten in seiner biographisch rückgebundenen Eigenlogik betrachtet, sondern immer sehr schnell wieder auf die Bildungsinstitutionen bezogen. Auf diese Weise wird informelles Lernen jedoch lediglich eine Ressource für das formelle Lernen in Bildungseinrichtungen (vgl. etwa Rauschenbach 2007), es soll quasi die problematisch gewordenen schulischen Bildungsprozesse „retten". Dies läuft jedoch auf eine Indienstnahme von informellen und nonformalen Lernorten für das viel engere Ziel der Integration in formale Ausbildung und Erwerbsarbeit hinaus.

Ähnliches gilt für die Debatte um Kompetenzentwicklung, die verständlich machen konnte, dass für den Übergang in Arbeit relevante Lernprozesse nicht nur als formelle Bildung und Qualifizierung beschrieben werden können. Kompetenzen sind aus dieser Perspektive eher als (biographische) Handlungsfähigkeit, als „produktive" Bewältigungsstrategien zu verstehen, die sich gerade in Hinblick auf die Bewältigung und Gestaltung von Übergängen entfalten (vgl.

Böhnisch/Schröer 2002). Dieses Potenzial des Kompetenzbegriffs wurde allerdings zu großen Teilen vergeben, indem er immer wieder auf die Verwertungslogik im Kontext von Arbeitsmarktplatzierung und Erwerbsarbeit bezogen wurde. Was dort (angeblich) nicht gebraucht wird und nicht hineinpasst, wird auch als irrelevant betrachtet. Die Kompetenzdiskussion mündete darum in der Praxis in einen inflationären Gebrauch an Kompetenzfeststellungsverfahren, die vor allem der Identifizierung von Defiziten aller Art bis hin zu „Risikogruppen" und anschließend der „passgenauen" Zuweisung in entsprechende Lern- und Qualifizierungsmodule dienen.

Auf diese Weise wird die institutionelle Logik, die sich als zu eng für eine generelle Integration von Jugendlichen und ihren Lernprozessen erwiesen hatte, wieder zum letztendlichen Bezugsrahmen. Durch den Rückbezug von informellem Lernen und Kompetenzentwicklung auf formale Abschlüsse und auf die Verwertung des so gewonnenen „Humankapitals" am Arbeitsmarkt wird die Enge des institutionellen Ausbildungssystems und des Erwerbsarbeitsmarktes reproduziert. Jugendliche werden so auf den Konkurrenzkampf um knappe Stellen zurückgeworfen und immer wieder in die Informalität abgedrängt (vgl. Kreher/Oehme 2003).

Die in den biographisierten Übergängen liegende Herausforderung der individuellen Bewältigung und die Aufforderung zur subjektiven Gestaltung des Übergangs in Arbeit können schon deshalb keinesfalls als konfliktfreier Prozess angesehen werden: Bereits mit der wachsenden Lehrstellenlücke und zunehmender Arbeitslosigkeit wurde die Jugendphase von ihrem Ende her, eben der Einmündung in Arbeit, ausgehöhlt: Die „Krise der Arbeitsgesellschaft" hatte die Jugend erreicht (vgl. Deutsche Shell AG 1997). Hinzu kam jedoch der im Zuge dieses als Krise wahrgenommenen Strukturwandels eingeleitete Um- und Abbau des Sozialstaates, der auf dem Feld der Bildungs- und der Arbeitsmarktpolitik und hier wiederum besonders für die Jugendlichen „U 25" eine Verstärkung der gesellschaftlichen Dynamik brachte. Mit dem immer stärker werdenden Druck auf Jugendliche, sich dem Wettbewerb auf dem Arbeitsmarkt zu stellen, sich „fit" für den Kampf mit seinesgleichen und mit den Erwachsenen zu machen, sich zu positionieren und nicht zurückzubleiben, wird die Idee eines pädagogischen Schonraums obsolet. Die Probleme der derzeitigen Arbeitsgesellschaft werden heute ohne Bedenken an die Jugendlichen weitergegeben – inzwischen sind selbst Forderungen nach Berufsorientierung vor der 7. Klassenstufe keine Seltenheit, und auch die Sprachförderung im Kindergarten wird in den Kontext der späteren Platzierung auf dem Arbeitsmarkt gestellt.

Das Potenzial der Jugend, kreativ und in Protesthaltung zur Erwachsenengeneration neue Lebensentwürfe zu produzieren, die neue Formen von Lernen und Arbeiten beinhalteten (vgl. Mannheim 1951), ist damit von vornherein auf die Bildung von Humankapital und die Positionierung am Arbeitsmarkt beschränkt.

Gleichzeitig ist der faktische Übertritt in das Berufsleben immer unsicherer geworden und hat sich weiter nach hinten verschoben, ohne dass mit ihm der Kampf um einen (guten) Platz in der Arbeitsgesellschaft beendet wäre. Der Übergang ist zur biographischen Daueraufgabe und zur dauernden Normalität geworden. Er reicht inzwischen nicht nur bei den Studierenden (die diesbezüglich immer eine Sonderstellung hatten), sondern auch im Bereich der beruflichen Ausbildung weit über das Jugendalter hinaus.

2. Übergangsstrukturen

Überblick und Zahlen

Die klassische institutionelle Perspektive thematisiert vor allem Probleme an den beiden institutionellen Schnittstellen, der 1. Schwelle (Schule – Ausbildung) und der 2. Schwelle (Ausbildung – Arbeit). In der Diskussion liegt seit je her das Schwergewicht auf der 1. Schwelle. Der Bildungsbericht der Bundesregierung von 2008 geht hier wie viele anderen Publikationen der letzten Zeit von einer Dreiteilung in Duales System, Schulberufssystem und Übergangssystem aus (vgl. Autorengruppe Bildungsberichterstattung 2008). Dem Dualen System werden nicht nur die klassischen betrieblichen, sondern unter anderem auch die so genannten außerbetrieblichen Ausbildungen zugeordnet, die also ohne Betrieb als Vertragspartner durchgeführt und staatlich finanziert werden. Dieser Unterschied ist allerdings gerade in Hinblick auf die zweite Schwelle erheblich, weil Auszubildende ohne betrieblichen Vertrag wesentlich schwieriger in Arbeitsverhältnisse kommen (vgl. Seibert 2007). Das Schulberufssystem umfasst alle vollzeitschulischen Ausbildungen, die zu einem qualifizierten Abschluss führen und i.d.R. an Berufsschulen, Berufskollegs u.ä. angeboten werden. Der Begriff Übergangssystem ist hier eine Sammelbezeichnung für sämtliche „Maßnahmen außerschulischer Träger und schulischer Bildungsgänge, sofern sie keinen qualifizierenden Berufsabschluss anbieten“ (Autorengruppe Bildungsberichterstattung 2008, S. 99), worunter auch teilqualifizierende Maßnahmen fallen. Damit müssten also sämtliche Maßnahmen und „Bildungsgänge“ erfasst sein, die mehrheitlich aus dem Sektor der Benachteiligtenförderung erwuchsen und die fast ausschließlich zur Kompensation der Lehrstellen- und Arbeitsplatzlücke etabliert wurden. Hierunter fallen die Berufsvorbereitungsmaßnahmen der Bundesagentur für Arbeit (BvB) und der Länder oder Kommunen (BVJ), die i.d.R. an Berufsschulen durchgeführt werden. Beide sind offiziell Maßnahmen für „noch nicht ausbildungsreife“ Jugendliche, die hier verschiedene, meist sehr „klassische“ (handwerkliche) Berufsfelder ausprobieren können. Es ist jedoch allgemein bekannt, dass diese Maßnahmen längst nicht nur der Berufsvorbereitung dienen, sondern schlicht der Erfüllung der Berufsschulpflicht. Zusammen mit den so genannten Fachschulklassen an Berufsschulen/Berufskollegs, die innerhalb von ein oder zwei Jahren eine erste fachliche Vorqualifikation mit der Möglichkeit zur Verbesserung der Schulabschlüsse (etwa den Erwerb des Realschulabschlusses) verbinden, sind sie inzwischen eine Ausweichstation für Jugendliche geworden, die nach der Schule sonst keinen Anschluss, etwa durch eine Lehrstelle finden.

Betrachtet man nun, in welchen der drei Sektoren Jugendliche nach der Schule einmünden, zeigt sich eindrucksvoll, in welchem Maße inzwischen das offiziell nur für die „benachteiligten" Jugendlichen konzipierte Feld des „Übergangssystems" zur Normalität geworden ist. 2006, im ersten Jahr des Wirtschaftsbooms, konnte das Duale System gerade noch 43,5 % aller Schulabgänger, die nicht studieren, aufnehmen. Etwa 17 % gingen in eine vollzeitschulische Berufsausbildung über, die tatsächlich auch mit einem Abschluss endet; knapp 40 % jedoch, nämlich eine halbe Million Jugendliche, mündeten in die staatlich oder kommunal finanzierten Maßnahmen ein, die zu keinem Abschluss führen (vgl. a. a. O., S. 96). Der Vollständigkeit halber sei erwähnt, dass sich als zusätzliche Strategie zur Kompensation des Lehrstellenmangels, die in dieser Statistik nicht auftaucht, das Wiederholen des letzten Schuljahres an allgemeinbildenden Schulen etabliert hat.

Zugleich zeigt sich hier ein klarer Verdrängungsprozess zwischen den unterschiedlichen Bildungsabschlüssen. Die etwa 550.000 Ausbildungsplätze im Dualen System (inklusive außerbetrieblicher Ausbildung) besetzen zu zwei Dritteln AbsolventInnen mit mittleren oder höheren Abschlüssen (Realschulabschluss und Abitur), die 212.000 vollzeitschulischen Berufsausbildungsplätze sogar zu vier Fünfteln. Im Jahr 2006 gingen Jugendliche ohne Hauptschulabschluss zu fast 80 %, mit Abschluss zu 50 % in das Übergangssystem über (vgl. a. a. O., S. 158). Dass selbst erfolgreich abschließende RealschülerInnen noch zu 28 % hier zunächst ihren Platz finden, stellt die pauschale Ausrichtung dieses Sektors auf Benachteiligte vollends in Frage.

Natürlich ist das „Übergangssystem" mehr oder weniger eine Zwischenstation, die vielfach in den Folgejahren in eine andere Perspektive, oft auch eine Ausbildung, mündet. Die statistische Wahrscheinlichkeit dafür klafft jedoch auch hier je nach Schulabschluss, Geschlecht und Migrationshintergrund auseinander. Nach zweieinhalb Jahren sind diejenigen, die über Hoch- oder Fachhochschulreife verfügen, zu 95 % in eine qualifizierende Ausbildung (inklusive Studium) gekommen, HauptschülerInnen dagegen nur zu etwa 68 % (a. a. O., S. 162). Der Rückstand der Jungen gegenüber den Mädchen von ca. 10 % im ersten Jahr gleicht sich im zweiten wieder aus. Zwischen Jugendlichen mit Migrationshintergrund und denen ohne entsteht in diesem Zeitraum allerdings eine Lücke von 17 % (60 zu 77 %, vgl. ebd.). Der Migrationshintergrund, insbesondere ein türkischer, wirkt sich fast in jedem Bereich als benachteiligend aus: Diese Jugendlichen finden bereits schwerer einen Ausbildungsplatz, haben aber auch nach erfolgreicher Ausbildung schlechtere Chancen, in Arbeit zu kommen. Wenn ihnen das gelingt, so ist die Beschäftigung seltener ihrem Berufsabschluss adäquat als bei Deutschen (vgl. Seibert 2007). Dabei ist nachgewiesen, dass die Benachteiligung nicht etwa auf die oft bemühten sprachlichen Defizite, sondern schlicht auf die ethnische Herkunft zurückzuführen ist (vgl. Skrobanek 2008).

Inzwischen ist auch eine „neue Problemlage bei den Jungen" (Autorengruppe Bildungsberichterstattung 2008, S. 11) entstanden, die zunächst an den schlechteren schulischen Leistungen und den höheren Risiken, am Berufsausbildungssystem zu scheitern, festgemacht werden. Damit einher geht jedoch ein Zerfall der männlichen Normalbiographie, die für Männer keine gesellschaftlich anerkannte Perspektive ohne Erwerbsarbeit beinhaltet und zu der es als Orientierungsmuster auch keine vergleichbaren Alternativen gibt. Die jungen Männer stehen damit besonders unter einem starken Behauptungs- und Bewältigungsdruck, wenn der Übergang in Erwerbsarbeit als zentrales Element männlicher Identität bedroht ist, und ihnen stehen dann oftmals keine gesellschaftlich anerkannten bzw. konstruktiven Bewältigungsformen zur Verfügung (vgl. Kreher 2007).

Die Befragungen von HauptschülerInnen im Rahmen des DJI-Übergangspanels zu ihren Wünschen und tatsächlichen Verläufen zeigen ebenso wie die Einblicke in die Praxis, dass der Übergang in die verschiedenen Maßnahmen und Bildungsgänge des „Übergangssystems" nur zu einem Teil den Einsichten und Wünschen der jungen Leute entsprechen (vgl. Reißig u. a. 2008). Zwischen den Plänen im letzten Schuljahr – in denen sicher auch schon die realen Aussichten antizipiert werden – und den tatsächlichen Stationen im Anschluss bestehen große Differenzen, die ebenso große Anpassungsleistungen und Umorientierungen erfordern. Auch der Bildungsbericht sieht das klar: Wenn den neu abgeschlossenen Ausbildungsverträgen all diejenigen Jugendlichen gegenüber gestellt werden, die bei der Bundesagentur als „alternativ" (d. h. nicht in Ausbildung) vermittelt gelten, aber dort dennoch ihren Wunsch nach Vermittlung in Berufsausbildung aufrecht erhalten, dann zeigt sich selbst für das „gute" Jahr 2007 eine Lücke zwischen Ausbildungsplatzangebot und der Nachfrage von mindestens 60.000 (vgl. Autorengruppe Bildungsberichterstattung 2008, S. 100). Die so genannte gesetzlich definierte Nachfrage nach Ausbildungsstellen ist eine Geschäftsstatistik der BA, die mit der sozialen Wirklichkeit nicht allzu viel gemein hat (vgl. Eberhard u. a. 2006). Die Rede von der Entspannung auf dem Ausbildungsmarkt, die einerseits durch zusätzlich geschaffene Ausbildungsstellen seitens der Betriebe, andererseits (bisher nur in Ostdeutschland) durch die sinkenden Schulabgängerzahlen herbeigeführt wurde (vgl. BMBF 2008), ist demnach bestenfalls eine Halbwahrheit. Abgesehen davon, dass die Ausbildungsstellenzuwächse wohl einem Wirtschaftswachstum zu verdanken waren, das nicht gerade realwirtschaftlich fundiert war und bereits 2008 wieder zusammengebrochen ist, reichten sie nicht, um den sogenannten „Überhang“ an „Altbewerbern“, also denjenigen, die zumindest ein Jahr nach Schulabschluss noch eine Ausbildungsstelle suchen, abzubauen.

Berufliche Orientierung

Ein neues Schwerpunktthema, dass nicht dem Bereich des „Übergangssystems“ zugerechnet wird, ist die berufliche Orientierung geworden. Zum einen sollen Jugendliche dadurch Unterstützung erhalten, sich mit ihren eigenen Wünschen und Fähigkeiten besser auseinander zu setzen und sich in der Vielfalt der Möglichkeiten zu orientieren. Berufswahl und Vermittlung soll so „rechtzeitig“, „passgenau“ und „realitätsbezogen“ von statten gehen, nicht zuletzt, um „Warteschleifen“ und Ausbildungsabbrüche zu reduzieren. Zum anderen stehen die Aktivitäten in einem engen Zusammenhang mit der Erwartung eines breiten Fachkräftemangels, der für 2008 zumindest in Ostdeutschland vorhergesagt wurde. Im Zuge dessen hatten auch Betriebe plötzlich ein Interesse, geeignete Bewerber – etwa über betriebliche Praktika – zu finden. Dass sie dabei nach wie vor Jugendliche mit höheren Bildungsabschlüssen bevorzugen und z. T. lieber Lehrstellen unbesetzt lassen als HauptschülerInnen oder „Altbewerber“ einzustellen, zeigen die Erfahrungen gerade in den neuen Bundesländern, so etwa in Sachsen oder Thüringen (vgl. IRIS e.V. Dresden 2008).

In der Praxis zielt Berufsorientierung dann oftmals darauf ab, Jugendliche mit schwächeren Abschlüssen über Betriebspraktika doch noch „unterzubringen“ bzw. die Jugendlichen gleich auf „realistische“ Ziele einzustimmen. Über die „Klebeeffekte“ durch Praktika gibt es geteilte Erfahrungen: Während in den bayrischen Praxisklassen für HauptschülerInnen offensichtlich eine höhere Vermittlungsquote durch Praktika erzielt werden kann (vgl. Gaupp/Hofmann-Lun 2008), konnte die Evaluation des Thüringischen Großprojekts „Berufsstart“ zur Berufsorientierung diesen Effekt kaum nachweisen (vgl. qualiNETZ Beratung und Forschung GmbH 2007). Es ist wahrscheinlich, dass dieser Effekt mindestens so sehr von der regionalen Wirtschaftslage wie von der Berufsorientierung abhängt.

Auch die berufliche Orientierung wird fast generell in einem institutionellen Verständnis begriffen, obwohl bekannt ist, dass Familie und Peergroups, Nebenjobs und Vereinsaktivitäten usw. mindestens ebenso wichtige Orientierungspunkte für Jugendliche bei der Berufswahl sind. Die derzeitigen Aktivitäten konzentrieren sich fast ausschließlich auf die schulische Berufsorientierung, von der man annimmt, dass sie nicht früh genug beginnen kann – möglichst wenigstens mit der 7. Klassenstufe, d. h. je nach Schultyp drei bis vier Jahre und mehr vor Verlassen der Schule. Faktisch ist aber mit dem Schulabschluss der Berufsorientierungsprozess kaum abgeschlossen – im Gegenteil: Die vielfachen Umorientierungsprozesse, die etwa durch vorzeitige Lösungen des Ausbildungsverhältnisses (etwa 20% im Jahr 2006, vgl. BMBF 2008, S. 151), Studienabbrüche und -wechsel (die ähnlich hoch liegen) oder spätere Berufswechsel nötig werden, erfordern einen viel weiteren Orientierungs- und Beratungsbedarf, der nicht immer von den bestehenden Angeboten abgedeckt wird. Berufliche Orientierung und Beratung ist heute zu einem Dauerthema geworden, das auch über die Phase des Jugendalters und erst recht über den Schulbesuch hinausreicht.

Übergangsmanagement

In der Praxis ist die berufliche Orientierung kein homogenes Arbeitsfeld, das eine Gesamtkonzeption aufweisen würde. In den Regionen läuft eine mehr oder minder große Vielzahl an Projekten, durchgeführt und gefördert von vielen Akteuren. Eine sächsische Studie benennt 18 wichtige institutionelle Akteure, darunter fünf Landesministerien, die in Berufsorientierung in Sachsen involviert sind (vgl. IRIS e.V. Dresden 2008). Auch hinter dem Begriff „Übergangssystem" verbirgt sich in Wirklichkeit eine Ansammlung von Maßnahmen, die aus verschiedensten Fördertöpfen auf Grundlage verschiedener gesetzlicher Regelungen von verschiedenen Seiten (Bund, Länder, Kommunen, Kammern, BA) finanziert und von öffentlichen sowie freien Trägern durchgeführt werden. Ein eigenes System ergeben sie bisher nicht einmal der Idee nach.

Seit den 1990er Jahren wurden durch massive Förderungen, zunächst stärker in Ostdeutschland, mehr und mehr jedoch auch in den alten Ländern, Qualifizierungs-, Bildungs-, Beratungs- und Beschäftigungsmaßnahmen ausgebaut, die die Probleme beim Übergang von der Schule in Ausbildung, später dann (besonders durch den Ausbau schulischer Ausbildungsgänge und außerbetrieblicher Ausbildungen) den Übergang in Erwerbsarbeit abfangen, wenn nicht sogar lösen sollten. Dies ist diesem „Übergangssystem" nie gelungen. Es ist vielmehr zu einem „normalen" und stetig wachsendem Sektor in der Bildungslandschaft geworden, ohne dass es als solches wirklich anerkannt wäre. Tatsächlich hat es vor allem die Rückgänge in dem Angebot der betrieblichen Lehrstellen kompensiert (vgl. Baethge u. a. 2007), ohne jedoch freilich ein adäquates Qualifizierungsangebot darstellen zu können, weil es immer auf das „Regelsystem" (Duale Ausbildung) hin orientiert war, aber nie dieses ersetzen durfte (vgl. Galuske 1999). Herausgekommen ist inzwischen – positiv formuliert – eine Vielfalt an Angeboten zur Unterstützung von jungen Leuten im Übergang in Arbeit. Diese geht jedoch vielfach mit einer Unübersichtlichkeit, mit fehlender Abstimmung der Angebote untereinander, mit undurchsichtigen und nicht selten widersprüchlichen Förderzielen und oft mit fehlenden „Erfolgsmeldungen" einher. Es fehlt heute eine Gesamtkonzeption sowohl in der Bildungs- als auch in der Beschäftigungspolitik, die der heutigen Übergangsproblematik gerecht wird und die einen strategischen Rahmen zur Abstimmung der Förderaktivitäten von verschiedenen Bundes- und Landesministerien sowie den Kommunen ermöglichen würde.

Eine Entwicklung der letzten Jahre ist deshalb die Ausrichtung mehrerer Förderprogramme von Bund und Ländern auf Maßnahmen zur Koordinierung des regionalen Angebots an qualifizierenden und beratenden Maßnahmen. Da diese in den meisten Fällen wiederum aus verschiedenen Programmen und Fördergebern finanziert wurden und oft von Trägern mit Eigeninteressen in den Regionen durchgeführt werden, handelt es sich dabei in der Mehrheit um Koordinierungen auf einem bestimmten Gebiet, so etwa für die Klientel der Kompetenzagenturen, um berufliche Orientierung an Schulen, die Koordination von Maßnahmen aus SGB VIII o.ä. Daher ist es keine Seltenheit, in Regionen mehrere Instanzen anzutreffen, die einen Anspruch auf koordinierende Tätigkeiten in der Region erheben. Inwieweit diese Aktivitäten untereinander verzahnt und abgestimmt sind, hängt von mehreren Faktoren ab, so etwa der lokalen Politik und Verwaltung, der Zusammenarbeit unter Akteuren und Trägern oder der Flexibilität, die verschiedene Finanzierungsprogramme geben oder nicht.

Die Diskussion zum Regionalen oder Lokalen Übergangsmanagement ist derzeit noch überschaubar (vgl. z. B. Kruse u. a. 2009, Lex u. a. 2006, Bertelsmann Stiftung 2007). In der Praxis sind durch die Förderprogramme, z. T. jedoch auch auf Initiative in den Kommunen hin in vielen Regionen Ansätze entstanden, die sich durchaus unterscheiden, aber im Großen und Ganzen die gleiche Zielstellung haben, nämlich die Angebote zur Unterstützung, Beratung, Orientierung, Qualifizierung und Ausbildung für junge Menschen im Übergang zu koordinieren, transparenter und bedarfsgerechter zu gestalten.

Übergangsmanagement lässt sich somit im Großen und Ganzen verstehen als die Gestaltung einer sozialen Infrastruktur zur Unterstützung von Menschen in Übergangssituationen. Es geht also nicht nur um die eine oder andere „Maßnahme“ zur Unterstützung, zur Beratung, Begleitung, beruflichen Orientierung usw. im Übergang, sondern um das Zusammenspiel der vielen Maßnahmen, Projekte und Aktivitäten auch im weiten Sinne. Dieses Zusammenspiel soll jungen Menschen eine in Bezug auf ihre Biographie sinnvolle und konstruktive Unterstützung ermöglichen. Der Bezugsrahmen ist dabei die Region (ohne dass dieser Begriff endgültig geklärt wäre), d. h. dieses Zusammenspiel bzw. die Koordinierung der Angebote soll auf einer regionalen Ebene (oft das Gebiet von Kommunen) erfolgen. Konsens ist weiterhin mehr oder weniger, dass dies nur über eine breite Beteiligung der Akteure im Feld möglich ist. Es geht also nicht nur um die Kooperation weniger Hauptakteure, etwa Kommune, BA und Schulen, sondern eher um eine Beteiligung in zivilgesellschaftlicher Perspektive. Grundlegend ist damit eine Vernetzungsperspektive, die quer zu den „versäulten“ Zuständigkeitsprofilen (z. B. Ämtern, Ministerien usw.) liegt und vielmehr flexibel und thematisch bezogen auf die wechselnden Bedarfe in der Region reagiert. Der Blick in andere europäische Länder (z. B. Dänemark, Großbritannien) zeigt, dass hier auch die Jugendlichen zu beteiligten Akteuren werden können und werden sollten, und zwar als Mitgestalter der Übergangsstrukturen, nicht etwa nur der eigenen Übergangswege (vgl. Walther u.a. 2006, IRIS e.V. Dresden 2008); diese Perspektive ist in Deutschland jedoch bislang vollkommen unterbelichtet.

Entgegen vielerlei Hoffnungen, die oft implizit an ein Übergangsmanagement geknüpft sind, ist es wohl kaum dazu geeignet, fehlende Lehr- oder Arbeitsstellen zu beschaffen oder gar die alten, übersichtlichen Übergänge von der Schule in Ausbildung und dann in dauerhafte Arbeit – und dies alles direkt und ohne „Umwege" – wieder herzustellen. Die Perspektive des Übergangsmanagements akzeptiert vielmehr grundlegend einen Bedarf an Unterstützung, an „Umwegen", an Projekten zur Orientierung im Übergang bis hin zu breiten Kommunikationsprozessen zwischen verschiedenen Akteuren in einer Region, die eher lösungsorientiert statt voller Vorwürfe (gegen Schulen, gegen Betriebe, gegen Jugendliche, Eltern usw.) geführt werden. Es geht darum, die Unterstützungsangebote aufeinander abzustimmen und zu strukturieren, den Bedarf an neuen Angeboten und Unterstützungsformen aufzuzeigen, Orientierung im „Dschungel" zu verschaffen und Akteure und BürgerInnen näher zusammenzubringen.

Dabei bietet das Thema Übergangsmanagement die wohl bislang größte Chance, das vorherrschende institutionell verkürzte Verständnis zu öffnen: In vielen Regionen sieht man inzwischen, dass die Infrastruktur zur Unterstützung von Jugendlichen im Übergang so organisiert werden muss, dass sie zu allererst den biographischen Verläufen der Jugendlichen entsprechen und weniger den Eigenlogiken und Interessen der Institutionen und den versäulten Zuständigkeiten in der Verwaltung. Mit einem solchen Perspektivenwechsel wäre es dann auch zutreffender, von der „regionalen Gestaltung von Übergängen in Beschäftigung" (Arnold/Lempp 2008) zu sprechen, weil es hier nicht nur um ein „Management" von vorhandenen Angeboten und Maßnahmen geht, sondern um die Ausgestaltung der regionalen „Übergangsstruktur" insgesamt unter Beteiligung der Akteure, der Träger und der Bürger vor Ort (Jugendliche, junge Erwachsene, Eltern).

Nonformale und informelle Lernorte

In einer solchen erweiterten Gestaltungsperspektive wird es wichtig, auch nonformale und informelle Kontexte mit einzubeziehen, die in irgendeiner Art Jugendlichen wichtige Erfahrungen und Orientierungsprozesse ermöglichen. So sind die Aktivitäten in Jugendverbänden und Vereinen (vgl. Kreher u.a. 2006, Düx u.a. 2008), in Jugendinitiativen wie Jugendkulturzentren, Jugendclubs, Theatergruppen (vgl. Oehme 2007), in jugendlichen Subkulturen (vgl. von Gross 2007), im Nebenjob (vgl. Tully 2006) oder im Zivildienst bzw. den Freiwilligen sozialen/ökologischen Jahren mit breiten Kompetenzentwicklungs- und in einem weiteren Sinne auch mit Berufsorientierungsprozessen verbunden, die oft entscheidenden Einfluss auf die Übergangsverläufe haben. Auch die außerschulische bzw. Offene Jugendarbeit ist gerade für Jugendliche, die von der Schule und schulischen Lernformen eher schwer erreicht werden, ein wichtiger Ort, an dem sie sich Orientierung, Rat und Unterstützung holen können, wo sie untereinander und mit Erwachsenen über Probleme im Übergang und mögliche Bewältigungsstrategien sprechen können. Nicht zu vergessen sind hierbei auch die Familien, die gerade auch bei den Jugendlichen mit keinem oder niedrigeren Bildungsabschlüssen oft – natürlich nicht in jedem Fall – der wichtigste Beratungs- und Unterstützungskontext ist, wenn auch nicht immer in einem arbeitsmarktpolitischen oder bildungsbürgerlichen Verständnis. Vielerorts sind inzwischen auch die Moscheevereine als ein wichtiger Zugang zu türkischen Jugendlichen erkannt worden.

All das sind wichtige Kontexte im Alltag von Jugendlichen, die ihnen Möglichkeit bieten zu klären, was ihnen liegt und was nicht, in denen sie Unterstützung erfahren, in denen ihnen etwas über die Realität der Berufswelt vermittelt wird oder werden könnte, und in denen sie oftmals für ihren Übergangsverlauf entscheidende Kompetenzen entwickeln. Wichtig sind auch die Kontakte, die sie in solchen Kontexten finden, die ihnen wiederum Zugänge zu weiteren Bildungs- und Beschäftigungsmöglichkeiten eröffnen können, sei es eine Lehrstelle im Betrieb eines Verwandten oder Bekannten, seien es Nebenjobs oder auch Schwarzarbeit, die ebenfalls keine unerhebliche Rolle bei der Kompetenzentwicklung einiger Jugendlicher spielt (vgl. Oehme 2007).

Die „Lernhaltigkeit" (Kirchhöfer 2001) solcher Kontexte sind mehr oder weniger bekannt, wenn es auch an detaillierten empirischen Kenntnissen eher mangelt. Aber parallel zur Debatte um Kompetenzentwicklung und informelles Lernen ist im Rahmen der beruflichen Bildung kaum gesehen worden, dass diese Lernorte gerade in ihrer nicht formellen, nicht institutionalisierten Eigenlogik, die ja in Spannung zu den Bildungseinrichtungen steht, ein wichtiger Teil der Übergangsstrukturen sind. In dieser Funktion müssten sie anerkannt werden, ohne sie zu kolonialisieren. Denn mehr als in Schule und Ausbildung ermöglichen solche Kontexte Jugendlichen die Erfahrung, „konkret gestalten zu können und sozusagen sichtbar etwas zu bewirken" (Pohl u. a. 2007, S. 231), fordern sie dazu auf, komplexe Tätigkeiten selbstbestimmt zu organisieren, Probleme kreativ zu bewältigen und ein Selbstbewusstsein in Bezug auf die eigenen Fähigkeiten zu entwickeln. Dennoch fehlt ihnen bislang die Anerkennung von formeller Seite aus – sei es durch die Job-Center, deren Praxis ein Engagement von Jugendlichen in informellen Lernkontexten eher blockiert als achtet oder gar fördert, sei es in der schulischen Berufsorientierung, die sich fast ausschließlich auf arbeitsmarktgängige Berufsbilder bezieht und das Heil in Betriebspraktika sucht, selbst wenn die Lehrstelle oder der Job im Konkreten dann für viele Jugendliche gar nicht erreichbar ist.

3. Stigmatisierungen, Selektion und Kontrolle

Die angeführten empirischen Daten zeigen auch an, dass die institutionellen Systeme für Ausbildung und Arbeit heute ihr Versprechen auf Integration längst nicht mehr halten können. Problematisch wird unter diesen Umständen vor allem die fixe Ausrichtung auf das Bild von einer im Grunde industriellen Arbeitsgesellschaft, das schon lange nicht mehr der Realität entspricht. Zu diesem Bild gehört die Idee, dass Einkommen, soziale Sicherung und Anerkennung nur über Erwerbsarbeit zu erreichen ist und folglich jeder und jede eine solche „haben" muss. Dazu gehört die Vorstellung von Arbeit als Arbeit in Industrie und Handwerk als die tragenden Säulen „der Wirtschaft", das Ideal des Normalarbeitsverhältnisses – acht Stunden am Tag, unbefristet, vertraglich fixiert, sozial abgesichert –, das Leitbild des dualen Systems als Modell der beruflichen Ausbildung. Dazu kommen neuere, ökonomisch ausgerichtete Glaubenssätze, nach denen Bildung nur Akkumulation von Humankapital ist, dass es erfolgreich zu verwerten und zu vermarkten gilt.

Umso knapper Erwerbsarbeit wurde, desto mehr ist sie zu einer Ideologie geworden. Ohne Arbeit, so scheint es, gibt es kein volles Recht auf Leben. Dabei ist es schwer, das Problem irgendwo zu lokalisieren, etwa in der Politik oder der Bundesagentur für Arbeit. Die heutige Arbeitsideologie wird in der ganzen Gesellschaft reproduziert, nicht nur arbeitsmarktpolitisch, nicht nur durch „die Wirtschaft", sondern auch durch die theoretischen Diskurse zum Thema, durch die sozialpädagogische Praxis, durch die Schulen, Eltern und zu einem guten Teil durch die Jugendlichen selbst, die sich oft ebenfalls an ihr ausrichten. Nahezu alle sehen sich heute dazu gezwungen, ihr Heil auf dem Arbeitsmarkt zu suchen. Den enormen Druck, der auf Jugendlichen heute lastet, ertragen sie offensichtlich im stillen Rückzug, praktisch ohne politisch ausgerichteten Protest.

Eine solche Nichtanerkennung der gesellschaftlichen Realität hat zur Folge, dass die gesellschaftlichen Probleme individualisiert werden. Die allermeisten kompensatorischen Bildungs- und Unterstützungsangebote setzen schon als Zugangsvoraussetzung individuelle Defizite – nicht ausbildungsreif, bildungsfern, fehlende oder niedrige Schulabschlüsse, schulmüde usw. – voraus und transportieren mit ihrer pädagogischen Arbeit am Einzelnen zwecks Vermittlung in Ausbildung oder Arbeit die Behauptung, es liege an den jeweiligen Personen selbst, wenn sie nicht erfolgreich im „regulären" System unterkommen. Selten wird ausgesprochen, dass das sogenannte „Übergangssystem" im Wesentlichen auch soziale Selektion und Kontrolle ausübt, was aber entscheidend wäre, um die eigentliche Bedeutung dieser Maßnahmen zu verstehen. So versprechen berufsorientierende Maßnahmen an Schulen ihren TeilnehmerInnen bessere Chancen am Lehrstellenmarkt gegenüber NichtteilnehnmerInnen und bieten sich ganz offen als Dienstleistung für die Betriebe an, ihnen aus der Masse der Bewerber die „geeigneten" Kandidaten herauszufiltern – die ungeeigneten werden alternativ

„versorgt". Schon arbeiten solche Projekte und viele andere Maßnahmen mit Datenbanken, in die Ergebnisse von Assessments, Praktika und Vermittlungsaktivitäten für jeden einzelnen Jugendlichen eingetragen werden, und diese Daten werden nicht selten – zweckmäßigerweise, um doppelte Arbeit zu vermeiden – direkt den Arbeitsagenturen und Job-Centern überspielt. Berufswahlpässe dokumentieren, wie aktiv jemand an Berufsorientierungsmaßnahmen teilgenommen hat – einsehbar für jede Kontrollinstanz, die danach fragt. Im lokalen Übergangsmanagement werden Monitoringsysteme und Online-Verfahren zur Anmeldung der SchülerInnen an Berufskollegs aufgebaut, mit denen die Übergänge der Jugendlichen planbar und überwachbar werden. Es ist inzwischen völlig legitim, mit solchen Mitteln insbesondere Hauptschulklassen auf die sogenannten „Risikopersonen" zu „durchkämmen", um ihnen schon frühzeitig besondere Aufmerksamkeit zukommen zu lassen. Die handfesten ökonomischen Interessen der verschiedenen Akteure solcher Maßnahmen, ganz besonders der BA, der Kommunen, der Träger, werden nur selten zum Thema. Aber selbst wenn man die gute Absicht solcher Fürsorglichkeit nicht in Frage stellt, laufen diese Entwicklungen unweigerlich auf eine Auslese und Stigmatisierung von Jugendlichen heraus, denen – aus welchen Gründen auch immer – Zugänge zu Ausbildung und Arbeit verwehrt werden, die für die heutige Wirtschaft „suboptimal", nicht effektiv einsetzbar und damit ökonomisch überflüssig sind (vgl. Bauman 2005, Bude 2008).

Dabei ist empirisch gar nicht geklärt, welchen Effekt die ganze Aufregung auf einer gesellschaftlichen Ebene hat. Es ist statistisch ersichtlich, dass Menschen ohne Schulabschluss, ohne Berufsabschluss, dass Hauptschüler, Jugendliche mit Migrationshintergrund usw. gegenüber anderen Referenzgruppen ein erhöhtes Risiko haben, am Arbeitsmarkt nicht integriert zu werden. Aber gleichzeitig gibt es auch viele deutsche Jugendliche und erfolgreich abschließende Realschüler mit ähnlichen Problemen, befinden sich unter den Arbeitslosen in etwa gleich viele Menschen mit Berufsabschluss wie ohne. Insofern lässt sich kaum behaupten, dass individuelle Ausbildung das gesellschaftliche Problem der Arbeitslosigkeit löst.

Zudem haben junge Menschen heute bessere Abschlüsse und Qualifikationen als je zuvor: 1970 verließen 68% aller Jugendlichen die Schule mit oder ohne Hauptschulabschluss, und aufgrund der Arbeitsmarktlage wurde darin kein Problem gesehen (vgl. Solga 2006). Heute sind es gerade noch 36 %, und der Hauptschulbesuch ist zu einem pauschalen Stigma geworden. „Gleichzeitig sank der Anteil der deutschen Jugendlichen, die bis zum Alter von 25 Jahren keine Ausbildung oder ein Studium abgeschlossen hatten, von 47 Prozent bei den Geburtsjahrgängen 1919 bis 1921 auf rund 8 Prozent im Geburtsjahrgang 1971 – bei den Männern westdeutscher Herkunft von etwa 30 auf 6 Prozent, bei den Frauen noch eindrucksvoller von fast 70 auf 8 Prozent" (a. a. O., S. 122).

Auch lassen sich die arbeitsmarktpolitischen Effekte einiger „Maßnahmen" bezweifeln, die als Bildungs- und Orientierungsprozess sehr sinnvoll sein können, aber zunehmend arbeitsmarktpolitischen Zielen unterworfen werden. So kommt beispielsweise das DJI-Übergangspanel zum Schluss, dass die Intensität der Berufswahl in der Hauptschule, Bewerbungstrainings und sogar die elterliche Hilfe bei Bewerbungsunterlagen und -gesprächen höchstens einen schwachen signifikanten Einfluss auf die Wahrscheinlichkeit haben, eine Berufsausbildung zu erhalten (vgl. Buhr/Müller 2008). Ähnlich schwach ist der Effekt der sprachlichen Fähigkeiten von Jugendlichen mit Migrationshintergrund an der ersten Schwelle (vgl. Skrobanek 2008) – dennoch steht die Sprachförderung ab dem Kindergartenalter ganz oben auf der Liste der Maßnahmen zur Bekämpfung ihrer Probleme am Ausbildungs- und Arbeitsmarkt. Ob aber eine Indienstnahme von Sprachförderung oder Berufsorientierung für arbeitsmarktpolitische Ziele der eigentlichen Sache dient, ist höchst zweifelhaft.

Es ist zu vermuten, dass eine Erhöhung der Bildungs- und Qualifizierungsabschlüsse für den Einzelnen die Chance am Arbeitsmarkt erhöhen kann, aber damit auch der Verdrängungskampf insgesamt verstärkt wird. Mit zusätzlichen Bildungsbemühungen rückt eine gesellschaftliche Lösung der Übergangsproblematik nur dann wirklich näher, wenn sie an die Entwicklung neuer Formen von Lernen und Beschäftigung geknüpft sind und diese anerkannt und akzeptiert werden. Solange die Arbeitsgesellschaft nicht ihre Idee von Arbeit und den Wegen zu ihr grundlegend hinterfragt, wird sie wohl auf die „prozessuale[] Erzeugung von Überflüssigen" (Solga 2006, S. 144) angewiesen sein, wobei es erst in zweiter Instanz interessiert, nach welchen Kategorien sie diese herstellt.

4. Bewältigung von Übergängen

Dieser gesellschaftlichen Erzeugung von Überflüssigkeit ist eine Perspektive entgegenzustellen, die darauf abzielt, Jugendlichen die konstruktive Bewältigung von Übergängen zu ermöglichen. Das ist nicht nur eine sozialpädagogische, sondern im Wesentlichen auch eine sozialpolitische Perspektive. Hierzu gehört zu allererst die „nüchterne" Anerkennung der empirischen Wirklichkeit, wie sie sich in der Praxis, im Alltag der Menschen und in der Forschung zeigt. Diese fordert uns dazu heraus, viele Normalvorstellungen, die nach wie vor für die Instanzen von Bildung und Beschäftigung handlungsleitend sind, in Frage zu stellen und auszumustern. Sie fordert ebenso dazu heraus, die Breite der für Übergänge faktisch bedeutsamen Lern-, Beratungs- und Unterstützungskontexte zu erkennen und in ihrer Eigenlogik anzuerkennen.

Grundsätzlich muss aber endlich eine breite Diskussion darüber einsetzen, welche Formen von Tätigkeit bzw. Beschäftigung gesellschaftlich als Arbeit anerkannt sein sollten und wie sie entlohnt werden kann. Die Diskussion über Übergänge bekommt erst wirklich Sinn in Zusammenhang mit einer Diskussion über Arbeit und deren Kopplung mit dem Erwerb eines Einkommens. In diesem Zusammenhang werden Jugendliche bisher kaum gehört und noch weniger gefragt, obwohl es schließlich ihre Zukunft ist, in die sie übergehen sollen und obwohl Jugend klassisch das gesellschaftlich Neue entwickelte und verkörperte. Entsprechend wenig präsent sind auch die Formen, in denen Jugendliche schon derzeit die Herausforderungen, vor denen sie im Leben stehen und die zugleich ja immer auch gesellschaftliche Herausforderungen sind, bewältigen.

In einem Diskussionszusammenhang über Arbeit stellt sich dann auch die Frage der Gestaltung von Übergängen und Übergangsstrukturen von selbst. Für die Soziale Arbeit bedeutet dies, einen eigenen Zugang zum Thema Übergänge und Arbeit zu entwickeln, der mit der entsprechenden sozialpädagogischen Fachlichkeit verknüpft ist. Dieser Zugang kann nicht einfach institutionell angelegt sein und sich nicht in einer nachrangigen Position zu „regulären" Bildungs- und Ausbildungs- sowie Beschäftigungssystemen verorten. Eine „Sozialpädagogik des Übergangs" (Pohl u. a. 2007) hat die Aufgabe, „biographische Prozesse von Jugendlichen und jungen Erwachsenen zu unterstützen und die Herstellung einer gewissen Kohärenz in brüchigen Übergängen zu ermöglichen" (a. a. O., S. 232). Sie zieht sich damit durch die Institutionen hindurch und bezieht sich auf die lokalen Übergangsstrukturen wie auf die jugendliche Übergangsphase insgesamt, nicht nur auf einzelne Institutionen und die Herstellung von institutionellen Anschlüssen. Gleichzeitig muss sie auch ihre Grenzen reflektieren: Es gilt, professionelle Angebote in Bezug zu den nonformalen und informellen Kontexten zu setzen, aber nicht, jeden Lernprozess und jeden Lebensbereich in den Dienst des Übergangs in Arbeit zu stellen, wie es derzeit im arbeitsmarktpolitischen Bereich passiert.

In dieser Perspektive müssen die Jugendlichen als handelnde Akteure wahrgenommen und anerkannt werden, als Gestalter ihrer Übergänge ebenso wie als Mitgestalter von Lernorten, von Beschäftigungskontexten und Unterstützungsangeboten. Dies setzt jedoch voraus, dass Jugendliche auch mitgestalten können: Eine wesentliche Aufgabe besteht darin, ihnen konkrete Ermöglichungskontexte lokal zu öffnen, in denen für sie diese Gestaltbarkeit in eigener Sache überhaupt erfahrbar wird, in denen sie verschiedene biographische Optionen erarbeiten und mit ihnen experimentieren können. Erst mit der Aussicht auf bzw. der Erfahrung von Möglichkeiten (nicht Zwängen) zur Gestaltung und Mitbestimmung „wird sozialpädagogische Unterstützung für junge Frauen und Männer wieder attraktiv" (a. a. O., S. 230).

Attraktiv werden die Angebote aber nur dann, wenn sie gesellschaftlich entstigmatisiert werden. Die Trennung zwischen einem legitimen „regulären" Ausbildungssystem und einem „Übergangssystem" für benachteiligte Jugendliche, das ständig unter Rechtfertigungsdruck steht, ist fatal, denn sie reproduziert permanent die soziale Benachteiligung, die mit diesen Angeboten einmal aufgehoben werden sollte. Solange Angebote „jenseits des Regelsystems" nur über negative Kriterien zugänglich sind, sind sie samt den Jugendlichen, die sie in Anspruch nehmen, auch entsprechend negativ angesehen und stigmatisiert. Diese Art der Zugänge setzt die permanente und massenhafte Identifikation – wenn nicht gar die Produktion – von Problemen, Risiken, Bildungslücken und persönlichen Defiziten voraus, die staatlich prämiert werden, indem sie den Zugang zum entsprechenden Angebot eröffnen.

Dabei ist es vollkommen überflüssig, den Zugang zu bestimmten Angeboten auf sogenannte Problemgruppen zu beschränken und damit jedem Menschen ein Defizit anzuhängen, der gerade außerhalb des „regulären" Systems steht. Es ist heute zu einer Normalität geworden, mit widersprüchlichen und verwirrenden Übergangssituationen konfrontiert zu sein, in denen die verschiedensten Formen von Bildung, Beratung und Unterstützung notwendig sind. Entsprechend muss auch eine Übergangsstruktur grundsätzlich allen zugänglich sein, wobei selbstverständlich verschiedene Angebote so gestaltet sein müssen, dass sie die Bedürfnisse bestimmter Zielgruppen ansprechen. Die zukünftige Herausforderung besteht darin, Bildung, Ausbildung, Beschäftigung und die entsprechende Unterstützung in Übergangssituationen so zu organisieren, dass sie der biographischen Heterogenität der jungen Menschen (wie der Erwachsenen auch) entspricht und dabei keine soziale Benachteiligung (re-)produziert wird. Dazu bedarf es einer Vielfalt von ganz verschiedenen Angeboten und Projekten, die im Zusammenspiel eine flexible Struktur ergeben und ausgehend von ihren konkreten biographischen Situationen Jugendlichen die konstruktive Bewältigung von Übergängen und die Suche nach neuen Formen von Arbeit ermöglichen.

Literatur

Alheit, P., 2002: Bildungsprozesse über die Lebensspanne und lebenslanges Lernen. In: Tippelt, R. (Hrsg.): Handbuch Bildungsforschung. Opladen: Leske+Budrich, S. 566–585

Alheit, P., 2003: „Biographizität" als Schlüsselqualifikation. Plädoyer für transitorische Bildungsprozesse. In: ABWF/QUEM (Hrsg.): Weiterlernen – neu gedacht. Erfahrungen und Erkenntnisse. QUEM-report 78. Berlin, S. 7–33

Arnold, H./Lempp, T. (Hrsg.), 2008: Regionale Gestaltung von Übergängen in Beschäftigung. Praxisansätze zur Kompetenzförderung junger Erwachsener und Perspektiven für die Regionalentwicklung. Weinheim u. München: Juventa

Autorengruppe Bildungsberichterstattung (Hrsg.), 2008: Bildung in Deutschland 2008. Ein indikatorengestützter Bericht mit einer Analyse zu Übergängen im Anschluss an den Sekundarbereich I. Bielefeld: Bertelsmann

Baethge, M./Solga, H./Wieck, M., 2007: Berufsbildung im Umbruch. Signale eines überfälligen Aufbruchs. Online verfügbar unter http://library.fes.de/pdf-files/stabsabteilung/04258/studie.pdf

Bauman, Z., 2005: Verworfenes Leben. Die Ausgegrenzten der Moderne. Hamburg: Hamburger Ed.

Bertelsmann Stiftung (Hrsg.), 2007: Leitfaden lokales Übergangsmanagement. Von der Problemdiagnose zur praktischen Umsetzung. Gütersloh: Bertelsmann

BMBF (Hrsg.), 2008: Berufsbildungsbericht 2008. Bonn/Berlin

Böhnisch, L., 2008: Sozialpädagogik der Lebensalter. Eine Einführung. Weinheim: Juventa

Böhnisch, L./Schröer, W., (2002: Soziale Benachteiligung und Kompetenzentwicklung. In: ABWF/QUEM (Hrsg.): Kompetenzentwicklung 2002. Auf dem Weg zu einer informellen Lernkultur. Münster u. a.: Waxmann, S. 199–227

Bude, H., 2008: Die Ausgeschlossenen. Das ende vom Traum einer gerechten Gesellschaft. München: Carl Hanser

Buhr, P./Müller, R., 2008: Wege in die Berufsausbildung. In: Reißig, B./Gaupp, N./Lex, T. (Hrsg.): Hauptschüler auf dem Weg von der Schule in die Arbeitswelt. München: DJI-Verlag, S. 118–135

Deutsche Shell AG (Hrsg.), 1997: Jugend ’97. Zukunftsperspektiven, gesellschaftliches Engagement, politische Orientierungen. Opladen. (12. Shell-Jugendstudie)

Düx, W./Sass, E./Prein, G., 2008: Kompetenzerwerb im freiwilligen Engagement. Eine empirische Studie zum informellen Lernen im Jugendalter. Wiesbaden: VS

Eberhard, V./Krewerth, A./Ulrich, J. G. (Hrsg.), 2006: Mangelware Lehrstelle. Zur aktuellen Lage der Ausbildungsplatzbewerber in Deutschland. Bielefeld: Bertelsmann

Galuske, M., 1999: Jugendsozialarbeit und Jugendberufshilfe. In: Chassé, K. A./Wensierski, H.-J. v. (Hrsg.): Praxisfelder der sozialen Arbeit. Eine Einführung. Weinheim: Juventa, S. 62–75

Gaupp, N./Hofmann-Lun, I., 2008: Ohne Hauptschulabschluss in die Berufsausbildung. Übergangswege von Absolventen der bayrischen Praxisklassen. In: Reißig, B./Gaupp, N./Lex, T. (Hrsg.): Hauptschüler auf dem Weg von der Schule in die Arbeitswelt. München: DJI-Verlag, S. 99–116

Gross, F. von, 2007: Erwerb einkommensrelevanter Leistungskompetenzen in Jugendkulturen am Beispiel der Visual Kei-Szene. In: Mansel, J./Kahlert, H. (Hrsg.): Arbeit und Identität im Jugendalter. Die Auswirkungen der gesellschaftlichen Strukturkrise auf Sozialisation. Weinheim: Juventa, S. 183–200

Hungerland, B./Overwien, B. (Hrsg.), 2004: Kompetenzentwicklung im Wandel. Auf dem Weg zu einer informellen Lernkultur. Wiesbaden: VS

IRIS e.V. Dresden (Hrsg.), 2008: Professionalisierung des Systems der Berufsorientierung im Freistaat Sachsen. Bericht C1/C2: Internationale Fallstudien, Nationale Fallstudien, Ist-Stand Sachsen. Dresden

Kirchhöfer, D., 2001: Perspektiven des Lernens im sozialen Umfeld. In: ABWF/QUEM (Hrsg.): Kompetenzentwicklung 2001. Münster u. a.: Waxmann, S. 95–145

Kreher, T., 2007: „Heutzutage muss man kämpfen“. Bewältigungsformen junger Männer angesichts entgrenzter Übergänge in Arbeit. Weinheim: Juventa.

Kreher, T./Lehmann, T./Seyfarth, P., 2006: Jugendverbände, Kompetenzentwicklung und biografische Nachhaltigkeit. Endbericht. Dresden

Kreher, T./Oehme, A., 2003: Junge Erwachsene in der Informalität. Zur Entkopplung von formellen und informellen Vermittlungsstrukturen. In: Diskurs, Heft 2/2003, S. 29–35.

Kruse, W./Kohlmeyer, K./Kühnlein, G./Paul-Kohlhoff, A./Wiegele, M./Wende, L., 2009: Die Bedeutung des „Lokalen“ beim Übergang Schule-Arbeitswelt: Zwei neue Veröffentlichungen zur Begründung und Praxis (i. E.)

Lex, T./Gaupp, N./Reißig, B. u.a. (Hrsg.), 2006: Übergangsmanagement. Jugendliche von der Schule ins Arbeitsleben lotsen. Ein Handbuch aus dem Modellprogramm „Kompetenzagenturen". München: Deutsches Jugendinstitut

Mannheim, K., 1951: Diagnose unserer Zeit. Gedanken eines Soziologen.

Münchmeier, R., 2008: Jugend im Spiegel der Jugendforschung. In: Bingel, G./Nordmann, A./Münchmeier, R. (Hrsg.): Die Gesellschaft und ihre Jugend. Strukturbedingungen jugendlicher Lebenslagen. Opladen: B. Budrich, S. 13–26

Nohl, A.-M., 2006: Bildung und Spontaneität. Phasen biographischer Wandlungsprozesse in drei Lebensaltern; empirische Rekonstruktionen und pragmatistische Reflexionen. Opladen: B. Budrich

Oehme, A., 2007: Übergänge in Arbeit. Kompetenzentwicklung, Aneignung und Bewältigung in der entgrenzten Arbeitsgesellschaft. Baltmannsweiler: Schneider Verl. Hohengehren

Otto, H.-U./Rauschenbach, T. (Hrsg.), 2004: Die andere Seite der Bildung. Zum Verhältnis von formellen und informellen Bildungsprozessen. Wiesbaden: VS

Pohl, A./Stauber, B./Walther, A., 2007: Sozialpädagogik des Übergangs und integrierte Übergangspolitik. Konsequenzen subjektorientierter Übergangsforschung. In: Stauber, B./Pohl, A./Walther, A. (Hrsg.): Subjektorientierte Übergangsforschung. Rekonstruktion und Unterstützung biografischer Übergänge junger Erwachsener. Weinheim: Juventa, S. 227–250

qualiNETZ Beratung und Forschung GmbH, 2007: Berufsstart: Vertiefte wirtschaftsnahe Berufsvorbereitung während der Schulzeit. Abschlussbericht der wissenschaftlichen Begleitung für den durch das BQF-Programm geförderten Zeitraum 2004 bis 2006

Rauschenbach, T., 2007: Im Schatten der formalen Bildung. Alltagsbildung als Schlüsselfrage der Zukunft. In: Diskurs Kindheits- und Jugendforschung, Jg. 2, H. 4, S. 439–453

Rauschenbach, T./Düx, W./Sass, E. (Hrsg.), 2006: Informelles Lernen im Jugendalter. Vernachlässigte Dimensionen der Bildungsdebatte. Weinheim: Juventa

Reißig, B./Gaupp, N./Lex, T. (Hrsg.), 2008: Hauptschüler auf dem Weg von der Schule in die Arbeitswelt. München: DJI-Verlag

Seibert, H., 2007: Schlechte Chancen in schlechten Zeiten. Ethnische Unterschiede bei den Berufseinstiegschancen von Ausbildungsabsolventen in Westdeutschland zwischen 1977 und 2004. In: Mansel, J./Kahlert, H. (Hrsg.): Arbeit und Identität im Jugendalter. Die Auswirkungen der gesellschaftlichen Strukturkrise auf Sozialisation. Weinheim: Juventa, S. 113–132

Skrobanek, J., (2008: Ungleiche Platzierung durch Diskriminierung. Junge Migranten auf dem Weg in die Ausbildung. In: Reißig, B./Gaupp, N./Lex, T. (Hrsg.): Hauptschüler auf dem Weg von der Schule in die Arbeitswelt. München: DJI-Verlag, S. 136–156

Solga, H., 2006: Ausbildungslose und die Radikalisierung ihrer sozialen Ausgrenzung. In: Bude, H./Willisch, A. (Hrsg.): Das Problem der Exklusion. Ausgegrenzte, Entbehrliche, Überflüssige. Hamburg: Hamburger Ed., S. 121–146

Stauber, B./Pohl, A./Walther, A. (Hrsg.), 2007: Subjektorientierte Übergangsforschung. Rekonstruktion und Unterstützung biografischer Übergänge junger Erwachsener. Weinheim: Juventa

Tully, C.J., 2006: Lernen im Nebenjob. In: Rauschenbach, T./Düx, W./Sass, E. (Hrsg.): Informelles Lernen im Jugendalter. Vernachlässigte Dimensionen der Bildungsdebatte. Weinheim: Juventa, S. 155–172

Walther, A./du Bois-Reymond, M./Biggart, A. (Hrsg.), 2006: Participation in transition. Motivation of young adults in Europe for learning and working. Frankfurt am Main: Lang

Zinnecker, J., 1991: Jugend als Bildungsmoratorium. Zur Theorie des Wandels der Jugendphase in west- und osteuropäischen Gesellschaften. In: Melzer, W./Heitmeyer, W./Liegle, L./Zinnecker, J. (Hrsg.): Osteuropäische Jugend im Wandel. Ergebnisse vergleichender Jugendforschung in der Sowjetunion, Polen, Ungarn und der ehemaligen DDR. Weinheim u. München: Juventa, S. 9–24

Autorinnen und Autoren

Autorinnen und Autoren

Andresen, Sabine, Professorin für Allgemeine Erziehungswissenschaft an der Universität Bielefeld und dort Mitglied im Zentrum für Kindheits- und Jugendforschung und im Bielefeld Center for Education and Capability Research. Arbeitsschwerpunkte: historische und theoretisch systematische Arbeiten zur Bildung, Kindheit und Jugend, erziehungswissenschaftliche Kindheits- und Familienforschung, soziale Ungleichheit und Differenz

Gille, Martina, Dipl.-Soz., wiss. Referentin am Deutschen Jugendinstitut e.V. München. Arbeitsschwerpunkte: Empirische Jugendforschung, Wert- und Geschlechtsrollenorientierungen, gesellschaftliches Engagement und Lebensverhältnisse Jugendlicher und junger Erwachsener im Wandel.

Kutscher, Nadia, Dr. phil., Dipl. Päd., Dipl. Sozialpäd.; Professorin für Soziale Arbeit und Bildung im Kindesalter; Katholische Hochschule Nordrhein-Westfalen. Arbeitsschwerpunkte: Bildung und soziale Ungleichheit, Prävention in der Kinder- und Jugendhilfe, Empirische Bildungsforschung, Kinder, Jugend und Neue Medien

Göppel, Rolf, Dr. phil. habil., Dipl. Päd., Professor für Allgemeine Pädagogik an der Pädagogischen Hochschule Heidelberg. Arbeitsschwerpunkte: Pädagogische Kinder- und Jugendforschung, Psychoanalytische Pädagogik, Verhaltensgestörtenpädagogik

Hafeneger, Benno, Dr. phil., Professor für Erziehungswissenschaft an der Philipps-Universität Marburg. Arbeitsschwerpunkte Jugend und Jugendkultur, Rechtsextremismus, Jugendarbeit und Jugendbildung.

Homfeldt, Hans Günther, Dr. phil, Prof. für Sozialarbeit/Sozialpädagogik an der Universität Trier. Arbeitsschwerpunkte: Soziale Arbeit und Gesundheit, Internationale Soziale Arbeit, schulbezogene Jugendhilfe, aktuelle Themen Sozialer Arbeit.

Hummrich, Merle, Dr. phil., Dipl. Päd., wissenschaftliche Mitarbeiterin (Habilitationsstelle) am Institut für Schulpädagogik und Grundschuldidaktik der Martin-Luther-Universität Halle-Wittenberg, Research Fellow der Jacobs-Summer-Research-Group am Zentrum für Religion, Wirtschaft und Politik der Universität Zürich. Arbeitsschwerpunkte: Jugend und Migration, Qualitative Schul- und Bildungsforschung, soziale Ungleichheit, Qualitative Forschungsmethoden

Oehme, Andreas, Dr. phil., Dipl.-Päd., wissenschaftlicher Mitarbeiter am Institut für Sozial- und Organisationspädagogik der Universität Hildesheim. Arbeitsschwerpunkte: Übergänge in Arbeit, Bildungs- und Beschäftigungshilfen, regionale Beschäftigungsentwicklung, Jugendarbeit.

Rendtorff, Barbara, Dr. phil., Professorin für Schulpädagogik und Geschlechterforschung an der Universität Paderborn. Arbeitsschwerpunkte: Theorie der Geschlechterverhältnisse, Tradierung von Geschlechterbildern im Kontext von Schule.

Sardei-Biermann, Sabine, Dr. rer. pol., Dipl. Soz., wissenschaftliche Referentin am Deutschen Jugendinstitut e.V. Arbeitsschwerpunkte: Jugend und junges Erwachsenenalter, Gender, sozialer Wandel.

Schulze-Krüdener, Jörgen, Dr. phil., Dipl. Päd., Wiss. Angestellter an der Universität Trier. Arbeitsschwerpunkte: Jugend(hilfe)forschung, Professionsforschung, Aus-, Fort- und Weiterbildung von Sozialen Berufen, regionalbezogene Soziale Arbeit.

Seckinger, Mike, Dr. phil., wissenschaftlicher Referent am Deutschen Jugendinstitut. Arbeitsschwerpunkte: Kinder- und Jugendhilfe, Gemeindepsychologie.

van Santen, Eric, Dr. phil., Wissenschaftlicher Mitarbeiter am Deutschen Jugendinstitut e. V., München. Arbeitsschwerpunkte: Kinder- und Jugendhilfe, interinstitutionelle Kooperation, demografischer Wandel, Hilfeverläufe

Walther, Andreas, Dr. rer. soc, Dipl. Päd., Wiss. Angestellter am Institut für Erziehungswissenschaft der Universität Tübingen sowie wissenschaftlicher Mitarbeiter bei IRIS, Institut für regionale Innovation und Sozialforschung Tübingen/Hechingen. Arbeitsschwerpunkte: Jugend und junge Erwachsene, Übergänge in die Arbeit, internationaler Vergleich.

Raum für Notizen

Raum für Notizen

Raum für Notizen

Raum für Notizen